Beiträge zur Westfälischen Kirchengeschichte   Band 13
(Neue Folge der Beihefte zum Jahrbuch
für Westfälische Kirchengeschichte)

Im Auftrag des Landeskirchenamtes der
Evangelischen Kirche von Westfalen und
des Vereins für Westfälische Kirchengeschichte
herausgegeben von
Bernd Hey, Wilhelm Kohl, Gerhard Ruhbach,
Martin Stiewe und Robert Stupperich

Volker Heinrich

Der Kirchenkreis Siegen in der NS-Zeit

1997
Luther-Verlag Bielefeld

Die Deutsche Bibliothek - CIP-Einheitsaufnahme

Heinrich, Volker:
Der Kirchenkreis Siegen in der NS-Zeit / Volker Heinrich.
- Bielefeld : Luther-Verl., 1997
(Beiträge zur westfälischen Kirchengeschichte ; Bd. 13)
Zugl.: Marburg, Univ., Diss., 1996
ISBN 3-7858-0383-4
NE: GT

© Luther-Verlag, Bielefeld 1997
Gesamtherstellung: ROSCH-Buch, Scheßlitz

Vorwort

Nachdem durch die großen Gesamtdarstellungen von Klaus Scholder und Kurt Meier die Erforschung der evangelischen Kirche während der Zeit des Nationalsozialismus abgehandelt schien, ist durch den Blick auf die kleinen Einheiten kirchlichen Lebens die Forschungssituation wieder in Bewegung geraten. Dieser Blick vermag aufzuzeigen, wie verschieden die Zeit des sogenannten „Kirchenkampfes" in unterschiedlichen Kontexten erlebt und verarbeitet wurde. Die Untersuchung eines einzelnen Kirchenkreises versucht nun Mikro- und Makroebene miteinander zu verzahnen und für die Gesamtsicht des Forschungsfeldes fruchtbar zu machen. Dabei erwies sich der westfälische Kirchenkreis Siegen als ein lohnendes Forschungsobjekt: Regional- und konfessionsgeschichtliche Sondertraditionen geben hier der Zeit des „Kirchenkampfes" ihre spezifische Ausprägung.

Die vorliegende Arbeit ist hervorgegangen aus einer Dissertation, die der Fachbereich Evangelische Theologie der Philipps-Universität Marburg im Sommersemester 1996 angenommen hat. Die Dissertation wurde für die Drucklegung noch einmal überarbeitet und gestrafft. In diesem Zusammenhang gilt mein Dank Herrn Prof. Hans Schneider in Marburg, der die Arbeit von Anfang an betreut und begleitet hat. Des weiteren danke ich dem Korreferenten, Herrn Prof. Jochen-Christoph Kaiser, für seine wichtigen methodischen Hinweise und Anregungen.

Die Drucklegung der Arbeit wurde nur möglich durch die großzügige finanzielle Förderung seitens des Kirchenkreises Siegen, dessen Verantwortlichen ich an dieser Stelle ganz herzlich danke. In gleicher Weise gilt mein Dank der Evangelischen Kirche von Westfalen für die finanzielle Unterstützung der Veröffentlichung. Besonders freut es mich, daß diese Arbeit in der Reihe „Beiträge zur Westfälischen Kirchengeschichte" erscheinen kann, und ich danke dem Verein für Westfälische Kirchengeschichte und seinem Herausgeberkreis für ihr Entgegenkommen.

Da diese Arbeit ganz überwiegend auf bisher unveröffentlichten Quellen beruht, waren umfangreiche Quellenstudien in zahlreichen Archiven erforderlich. So gilt mein ganz spezieller Dank den Archivarinnen und Archivaren, den vielen Mitarbeiterinnen und Mitarbeitern in den großen und kleinen Archiven sowie den Zeitzeugen, die durch ihre Geduld und Hilfsbereitschaft einen wesentlichen Anteil an der Entstehung dieses Buches haben.

Meinen Eltern in Dankbarkeit gewidmet.

Marburg, im Januar 1997   Volker Heinrich

Inhaltsverzeichnis

Abkürzungsverzeichnis

BA	Bundesarchiv	KO	Kirchenordnung
Bgm.	Bürgermeister	KSA	Kreissynodalarchiv
BK	Bekennende Kirche	KV	Kirchenvertretung
BR	Bruderrat	LA	Landratsamt
BS	Bekenntnissynode	LKA	Landeskirchenausschuß
DC	Deutscher Christ,	LR	Landrat
	Deutsche Christen	NSV	Nationalsozialistische
DEK	Deutsche Evangelische		Volkswohlfahrt
	Kirche	OGL	Ortsgruppenleiter
Dok.	Dokumente	PKA	Provinzialkirchen-
EK	Evangelisches Kon-		ausschuß
	sistorium (Münster)	PNB	Pfarrernotbund
EKdAPU	Evangelische Kirche der	Präs.	Präsident
	Altpreußischen Union	Prov.	Provinz, Provinzial-
EKvW	(Archiv der) Evange-	RBR	Reichsbruderrat
	lischen Kirche von West-	ref.	reformiert
	falen	RP	Regierungspräsident
EO	Evangelischer Ober-	RGBl.	Reichsgesetzblatt
	kirchenrat	RKA	Reichskirchenausschuß
EZA	Evangelisches Zentral-	RKM	Reichskirchenminister
	archiv (Berlin)	RuPrMdI	Reichs- und Preußischer
FA	Finanzabteilung		Minister des Innern
Fasc.	Faszikel	Schr.	Schreiben
Gestapa	Geheimes Staatspolizei-	SNZ	Siegerländer National-
	amt		zeitung
Gestapo	Geheime Staatspolizei	StA (MS)	Staatsarchiv (Münster)
GeVerb	Gemeinschaftsverband	Stapo	Staatspolizei
	Siegerland und Nachbar-	SZ	Siegener Zeitung
	gebiete	UdW	Unter dem Wort
GG	Größere Gemeinde-	VKL	Vorläufige Kirchenlei-
	vertretung		tung
GV	Gnadauer Verband	VKS	Verhandlungen der Kreis-
KABl.	Kirchliches Amtsblatt		synode (Siegen)
	(der Kirchenprovinz	VO	Verordnung
	Westfalen)	VU	Verfassungsurkunde
Kgm.	Kirchengemeinde	wf.	westfälisch
kirchl.	kirchlich	WHW	Winterhilfswerk

Einleitung

Die Erforschung der Geschichte der evangelischen Kirche während des
Nationalsozialismus hat in den letzten Jahrzehnten eine Fülle an Literatur
hervorgebracht.[1] Dabei wurde diese Epoche der evangelischen Kirche in
Deutschland gemeinhin unter dem Terminus des „Kirchenkampfes" verhandelt. Ist mittlerweile auf die Problematik und Unzulänglichkeit dieses Begriffes hingewiesen worden[2], so ist er doch kennzeichnend dafür, wie diese
Epoche von der zeitgenössischen Kirche und der ihr nachfolgenden Kirchengeschichtsschreibung wahrgenommen wurde: nämlich als Zeit des
Kampfes und der kirchlichen Selbstbehauptung. Zutreffend an dieser Einschätzung ist die Tatsache, daß die evangelische Kirche während der nationalsozialistischen Herrschaft einer schweren äußeren und inneren Bedrohung standzuhalten hatte. Einerseits suchte sich die evangelische Kirche
gegenüber den Gleichschaltungsbestrebungen des nationalsozialistischen
Staates und dessen totalen weltanschaulichen Geltungsanspruch zu behaupten, andererseits führte sie einen Abwehrkampf gegenüber den Deutschen
Christen, die christliche Glaubensinhalte mit den ideologischen Vorgaben
der Nationalsozialisten verbanden und sich letzteren als Partner bei der
Gestaltung der nationalsozialistischen Gesellschaft anboten. Darüber hinaus
fand innerhalb der kirchlichen Opposition selbst eine scharfe Auseinandersetzung um die Grundlagen und den Weg der Bekennenden Kirche im
„Dritten Reich" statt. Einschränkend für den Terminus des Kirchenkampfes
als Epochenbegriff muß jedoch geltend gemacht werden, daß das Geschehen der Jahre 1933–1945 nur in bestimmten Phasen und in Teilbereichen
des kirchlichen Lebens als „Kampf" bezeichnet werden kann.[3] Dies wird
auch in der Untersuchung einer begrenzten kirchlichen Größe, eines einzelnen Kirchenkreises, deutlich. Dennoch braucht aus Gründen der „Sprach-
ökonomie" nicht ganz auf diesen Begriff verzichtet zu werden.

Im Blick auf den Forschungsbereich „Nationalsozialismus und Kirchen"
ist in jüngerer Zeit eine stärkere Konzentration auf die kleinen Einheiten
kirchlichen Lebens zu beobachten. Damit ist zum einen die Lokalgeschichte

---

1 Vgl. die Forschungsberichte von Kurt Meier, in: ThR N.F. 33 (1968), S. 120–173. 238–275;
   ThR N.F. 46 (1981), S. 19–57. 101–148. 237–275. 389; ZKG 99 (1988), S. 63–86; ThR N.F. 54
   (1989), S. 112–168; ThR N.F. 55 (1990), S. 89–106; stärker theoriebezogen: Kurt Meier, Me-
   thodische Anmerkungen zum gegenwärtigen Stand der Kirchenkampfforschung. Der Ertrag des
   Barmenjahres, in: JWKG 80 (1987), S. 45–67; außerdem: Klaus Scholder, Zur gegenwärtigen
   Situation der Erforschung des Kirchenkampfes, in: VF 13 (1968), S. 110–113; Martin Greschat,
   Neue Literatur zur Geschichte des Kirchenkampfes, in: PTh 75 (1986), S. 475–490; Hans-
   Walter Krummwiede, Sammelanzeige neuerer zeitgeschichtlicher Literatur über die evangelische Kirche in Deutschland 1933–1945, in: JGNKG 87 (1989), S. 211–230.
2 Joachim Mehlhausen, Art. „Nationalsozialismus und Kirchen", in: TRE XXIV (1994), S. 43–
   78.
3 Ebd.

gemeint, die wichtige frühere Ansätze weiterführt.[4] Zum anderen ist die Erforschung der kirchlichen Verbände und Vereine[5] zu erwähnen, aber auch die Geschichte der Universitäten[6]. In dieser Forschungstendenz schlägt sich auch das Bemühen nieder, durch die Aufnahme allgemeinhistorischer Methoden wie der Sozial-, Alltags- und Mentalitätengeschichte sowie der Resistenzforschung zu einem integrativen Ansatz kirchlicher Zeitgeschichtsforschung zu gelangen.[7] Die Bedeutung volkskirchlicher Strukturen und Institutionen sowie religiöser Mentalitäten und Milieus findet somit historiographisch stärkere Berücksichtigung.[8]

Wichtige Impulse sind in jüngster Zeit von der historischen Widerstandsforschung ausgegangen. Im Rahmen des Projekts „Bayern in der NS-Zeit"[9] wurde die traditionelle Widerstandsforschung als Motivations- und Aktionsgeschichte des Widerstandes durch einen verhaltens- und wirkungsgeschichtlichen Aspekt ergänzt. Unter Widerstand wurde nun nicht mehr allein die auf die Beseitigung des NS-Regimes abzielende Konspiration und Aktion verstanden, sondern auch die vielfältigen und alltäglichen Formen des zivilen Ungehorsams und der Nonkonformität, die dazu beitrugen, daß sich die NS-Herrschaft nicht im vollen Umfang durchsetzen konnte. Für diese Formen des partiellen Widerstands wurde der Begriff der Resistenz geprägt. Er bedeutet ganz allgemein: „wirksame Abwehr, Begrenzung, Ein-

---

4   Z. B. Karl Friedrich Reimers, Lübeck im Kirchenkampf des Dritten Reiches. Nationalsozialistisches Führerprinzip und evangelisch-lutherische Landeskirche von 1933 bis 1945 (AGK E 8), Göttingen 1965; Herwart Vorländer, Kirchenkampf in Elberfeld 1933–1945 (= AGK E 6), Göttingen 1968; aus jüngerer Zeit: Almuth Meyer-Zollitsch, Nationalsozialismus und evangelische Kirche in Bremen (= Veröffentlichungen aus dem Staatsarchiv der Freien Hansestadt Bremen 51), Bremen 1985; Detlev Minkner, Christuskreuz und Hakenkreuz. Kirche im Wedding 1933–1945 (= SJVCG 9), Berlin 1986.

5   Jochen-Christoph Kaiser, Sozialer Protestantismus im 20. Jahrhundert. Studien zur Geschichte der Inneren Mission 1918–1945, München 1989; Walter Fleischmann-Bisten, Der Evangelische Bund in der Weimarer Zeit und im sogenannten Dritten Reich (= EHS.T 372), Frankfurt a. M. 1989.

6   Leonore Siegele-Wenschkewitz/Carsten Nicolaisen (Hrsg.), Theologische Fakultäten im Nationalsozialismus (= AKZG B 18), Göttingen 1993.

7   Vgl. Martin Greschat, Die Bedeutung der Sozialgeschichte für die Kirchengeschichte. Theoretische und praktische Erwägungen, in: HZ 256 (1993), S. 67–103, und Jochen-Christoph Kaiser, Anmerkungen zum Verhältnis von Kirchen- und Allgemeingeschichte im Rahmen der Diskussion um Kirchliche Zeitgeschichte, in: Martin Greschat, Protestanten in der Zeit. Kirche und Gesellschaft in Deutschland vom Kaiserreich bis zur Gegenwart, hg. v. J.-Chr. Kaiser, Stuttgart 1994, S. IX–XV.

8   Die Diskussion um die konzeptionelle Grundlegung kirchlicher Zeitgeschichte ist noch im Gange. Der Kreis um die seit 1988 erscheinende Zeitschrift „Kirchliche Zeitgeschichte" etwa vertritt eine stärkere Akzentsetzung auf die theologischen Implikationen von Kirchengeschichte im Sinne von Gerhard Ebelings Definition von Kirchengeschichte als Auslegungsgeschichte der Heiligen Schrift; vgl. programmatisch Gerhard Besier/Hans G. Ulrich, Von der Aufgabe kirchlicher Zeitgeschichte – ein diskursiver Versuch, in: EvTh 51 (1991), S. 169–182; zur Diskussion: Anselm Doering-Manteuffel/Kurt Nowak, Kirchliche Zeitgeschichte. Urteilsbildung und Methoden (= Konfession und Gesellschaft 8), Stuttgart/Berlin/Köln 1996, und Jochen-Christoph Kaiser, Kirchliche Zeitgeschichte in Westfalen. Das evangelische Beispiel, in: WF 42 (1992), S. 420–444.

9   Martin Broszat u. a., Bayern in der NS-Zeit, 6 Bde., München, Wien 1977–1983. In Westfalen wurde ein vergleichbares Projekt auf den Weg gebracht, das sich methodisch am Bayern-Projekt orientiert; Hans-Ulrich Thamer, Verfolgung, Verweigerung und Widerstand in Westfalen in der NS-Zeit. Eine Projektskizze, in: WF 39 (1989), S. 496–503.

dämmung der NS-Herrschaft oder ihres Anspruches, gleichgültig von welchen Motiven, Gründen und Kräften her"[10]. Ausgehend von diesem erweiterten Widerstandsbegriff wurden im Rahmen des Bayern-Projekts die unterschiedlichsten politisch-gesellschaftlichen Sektoren hinsichtlich möglicher Konfliktfelder mit dem NS-Regime untersucht. Dabei konnte beobachtet werden, daß der Kirche eine außerordentlich wirksame Resistenzkraft gegenüber dem Nationalsozialismus zukam.[11]

Diese Ergebnisse befruchteten auch die Diskussion um die Widerstandsproblematik innerhalb der Historiographie des „Kirchenkampfes".[12] Hier ist besonders durch die Leipziger Kirchenhistoriker Kurt Nowak und Kurt Meier die Ansicht vertreten worden, es sei falsch, die Widerstandsgeschichte des Protestantismus im Nationalsozialismus nur von der „radikalen", dahlemitischen Richtung der Bekennenden Kirche her zu schreiben. Die wirksamste Resistenzkraft sei weniger von bekennenden Minoritäten ausgegangen als von der die gesamte Breite der Gesellschaft erfassenden volkskirchlichen Mitte.[13] Schon die Fortexistenz volkskirchlicher Strukturen habe sich als „objektiver Störfaktor" gegenüber dem nationalsozialistischen Totalitätsanspruch erwiesen.[14] Mit dieser Ansicht wurde die Kritik am kirchlichen Notrecht von Dahlem verbunden, es habe sich verengend und im Blick auf eine notwendige Extensität des „Kirchenkampfes" retardierend ausgewirkt.[15]

Demgegenüber hat sich eine Forschungsposition etabliert, die stärker auf die Berücksichtigung der theologischen Voraussetzungen kirchlicher Widerständigkeit in der NS-Zeit abzielt.[16] Danach müsse die Bedeutung christlicher Theologie und kirchlicher Frömmigkeit für die Begründung kirchlichen Widerstandsdenkens und -handelns wieder in das Zentrum kirchengeschichtlicher Forschung rücken.[17] Von diesem Forschungsansatz aus

---

10 Martin Broszat, Resistenz und Widerstand. Eine Zwischenbilanz des Forschungsprojekts „Widerstand und Verfolgung in Bayern 1933–1945", in: ders., Nach Hitler. Der schwierige Umgang mit unserer Geschichte, München 1988, S. 136–161, hier: S. 144.

11 Ebd., S. 152.

12 Vgl. Günter van Norden, Zwischen Kooperation und Teilwiderstand: Die Rolle der Kirchen und Konfessionen. Ein Überblick über Forschungspositionen, in: Der Widerstand gegen den Nationalsozialismus. Die deutsche Gesellschaft und der Widerstand gegen Hitler, hg. v. Jürgen Schmädeke u. Peter Steinbach, München, Zürich 1985, S. 227–239.

13 Kurt Nowak, Wie es zu Barmen kam. Problem- und ereignisgeschichtliche Aspekte der Barmer Bekenntnissynode und ihrer „Theologischen Erklärung", in: Barmen und das Luthertum, hg. v. Reinhard Rittner, Hannover 1984, S. 34 f.; ders., Evangelische Kirche und Widerstand im Dritten Reich. Kirchenhistorische und gesellschaftswissenschaftliche Perspektiven, in: GWU 38 (1987), S. 352–364.

14 Vgl. Kurt Meier, Die zeitgeschichtliche Bedeutung volkskirchlicher Konzeptionen im deutschen Protestantismus zwischen 1918 und 1945, in: ders., Evangelische Kirche in Gesellschaft, Staat und Politik 1918–1945, Berlin (O) 1987, S. 16–39; ders., Position und Funktion der evangelischen Kirche im zweiten Weltkrieg, in: WZ(L).G 37 (1988) 1, S. 55–64, und Meier III, S. 587–616.

15 Meier, Bedeutung, S. 35.

16 Vgl. Gerhard Besier, Widerstand im Dritten Reich – ein kompatibler Forschungsgegenstand für gegenseitige Verständigung heute? Anfragen aus historisch-theologischer Perspektive, in: KZG 1 (1988), S. 50–68.

17 Ebd., S. 67.

kann auch das auf den theologischen Voraussetzungen von Barmen beruhende kirchliche Notrecht von Dahlem und die darauf aufbauende Selbstorganisation der Bekennenden Kirche im Rahmen der Widerstandsproblematik ein stärkeres Gewicht erhalten. So wurde jüngst die These vertreten, daß die wirksamste Resistenz eher von der Bekennenden Kirche der altpreußischen Union als der „entschiedenen" Richtung der Bekennenden Kirche ausgegangen sei als von der volkskirchlichen Mitte.[18]

Sicherlich muß zwischen einer mehr theologisch akzentuierten und einer wirkungsgeschichtlich orientierten kirchlichen Widerstandsforschung kein unüberbrückbarer Gegensatz bestehen.[19] Auch wird eine adäquate Beschreibung kirchlichen Widerstandshandelns in der NS-Zeit die Unterscheidung zwischen einer kirchenpolitisch neutralen Mitte und der mit dem Einsatz der persönlichen Existenz kämpfenden „entschiedenen" Bekennenden Kirche berücksichtigen müssen. M. E. scheint jedoch festzustehen, daß die theologischen Implikationen des „Kirchenkampfes" weder für die breiten Schichten des Protestantismus noch für das NS-Regime eine besondere Rolle spielten. Auch wenn den „entschiedenen" Vertretern der Bekennenden Kirche zeitweise eine größere Beachtung zuteil wurde, bekam für das NS-Regime der kirchliche Widerspruch erst durch seine außerordentliche Breitenwirkung Resistenzkraft.[20] Hier sind noch weitere Forschungen notwendig, um resistenzgeschichtlich relevante Einstellungen und Verhaltensweisen in den verschiedenen kirchlich-religiösen Milieus und den unterschiedlichen kirchlichen Ebenen und Organisationsformen nachzuweisen und zu untersuchen.

Im Zusammenhang lokal- bzw. regionalgeschichtlicher Erforschung der evangelischen Kirche im Nationalsozialismus unter resistenz- und mentalitätsgeschichtlichem Aspekt findet auch die Untersuchung eines einzelnen Kirchenkreises ihren historiographischen Ort.[21] Obwohl in den meisten deutschen evangelischen Landeskirchen Kirchenkreise oder Kirchenbezirke existierten, ist diese Größe kirchlichen Lebens bisher noch kaum untersucht worden. Die Kirchenkreise bilden innerhalb der kirchlichen Organisation eine Mittelstufe zwischen Gemeindeebene und landeskirchlicher Leitung, innerhalb der Evangelischen Kirche der altpreußischen Union die Stufe von der Einzelgemeinde zur Kirchenprovinz. Die preußischen Kirchenkreise waren häufig identisch mit den politischen Kreisen. So entsprach der hier untersuchte Kirchenkreis Siegen in seinen Grenzen dem Siegener Landkreis, zuzüglich der angeschlossenen Kirchengemeinde Olpe. Auch die Funktion der Kirchenkreise als Selbstverwaltungskörper (Kreissynodalverband) einerseits und Verwaltungsbezirk der Kirche andererseits war der

18 Andreas Kersting, Kirchenordnung und Widerstand. Der Kampf um den Aufbau der Bekennenden Kirche der altpreußischen Union aufgrund des Dahlemer Notrechts von 1934 bis 1937 (= HUWJK 4), Gütersloh 1994, S. 394.
19 Eine vermittelnde Position mit dem Hinweis auf die Bedeutung mentaler Prägungen für die Widerstandsproblematik vertritt Martin Greschat, Die Bedeutung der Sozialgeschichte für die Kirchengeschichte, S. 97 f.
20 So auch Kaiser, Sozialer Protestantismus, S. 456.
21 Vgl. Kaiser, Kirchliche Zeitgeschichte in Westfalen, S. 425 f.

politischen Ordnung angelehnt. Die Kirchenkreise bilden demnach eine wichtige Schnittstelle innerhalb der kirchlichen Organisation. Hier sind einerseits die Äußerungen der Einzelgemeinden noch vernehmbar, auf der anderen Seite werden überregionale Entwicklungen in ihrer spezifischen regionalen Brechung sichtbar.

Angesichts der besonderen historischen Gegebenheiten in den preußischen Westprovinzen scheint der Ansatz für die Erforschung der Kirchenkreise im Blick auf einen westfälischen Kirchenkreis besonders vielversprechend. Hier sind durch die Arbeiten von Bockermann über Hagen[22], Geck über Recklinghausen[23] und Trütken-Kirsch über Tecklenburg[24] erste Schritte getan worden. Das 1990 gegründete Institut für kirchliche Zeitgeschichte des Kirchenkreises Recklinghausen trägt ebenfalls dem neuen Forschungstrend Rechnung.

Die Rheinisch-Westfälische Kirchenordnung, die im Jahre 1835 für die preußischen Westprovinzen eingeführt wurde, versteht die Kirchenkreise als Kreisgemeinde, d. h. als „Gesamtheit mehrerer Kirchengemeinden, die ein gemeinsames Presbyterium (Kreissynode) haben"[25]. Auf dieser Ebene der kirchlichen Organisation stehen die kirchliche Selbstverwaltung und der Konnex der Gemeinden untereinander noch eindeutig im Vordergrund. Dies gilt insbesondere für Rheinland und Westfalen, wo die Kirchenkreise aufgrund der presbyterial-synodalen Kirchenverfassung eine größere Selbständigkeit gegenüber den Kirchenbehörden besaßen als in den übrigen preußischen Kirchenprovinzen. In der NS-Zeit erwies sich dieser Umstand als bedeutsam, da es diese Selbständigkeit gegenüber den Gleichschaltungsbestrebungen von oben und gegenüber einer als illegitim betrachteten Kirchenbehörde zu verteidigen galt. Der Kampf um die kirchliche Ordnung bewirkte daher in den Kirchenkreisen ein Zusammenrücken der Gemeinden und setzte eine Vielzahl kirchlicher Aktivitäten – gerade auf synodaler Ebene – in Gang. Daß auch auf der Ebene des Kirchenkreises Organe der Bekennenden Kirche entstanden, die den Charakter des regionalen Geschehens nachhaltig prägten, ist bisher zuwenig berücksichtigt worden.[26] Hier stellt sich also historiographisch die Aufgabe, den Wirkungen des „Kirchenkampfes" auf der Stufe des Kirchenkreises nachzuspüren und diese transparent zu machen für die kirchenpolitischen Entwicklungen auf den übergeordneten Ebenen des kirchlichen Lebens.

22 Dirk Bockermann, Die Anfänge des evangelischen Kirchenkampfes in Hagen 1932 bis 1935 (= SPSGNC 4), Bielefeld 1988; vgl. dazu die Rezension von Kaiser, ebd., S. 430 f.
23 Helmut Geck, Die Bekennende Kirche und die Deutschen Christen im Kirchenkreis Recklinghausen unter nationalsozialistischer Herrschaft (1933–1945), Recklinghausen 1984.
24 Heinz-Jürgen Trütken-Kirsch, Der Kirchenkreis Tecklenburg in der NS-Zeit (= BWFKG 10), Bielefeld 1996. Diese Arbeit erschien erst kurz vor Abgabe des Manuskripts und konnte daher in dieser Untersuchung nicht mehr berücksichtigt werden.
25 36,1 KO. Die Verfassungsurkunde der APU (Art. 60) spricht nur von Kirchenkreisen und betont damit den Verwaltungsaspekt, während die Rheinisch-Westfälische KO das Gemeindeprinzip hervorhebt.
26 Vgl. dazu das Kapitel „Aufbau der Kirchenkreise der BKdapU", in: Kersting, Kirchenordnung, S. 192–199. Die in diesem Zusammenhang, ebd., S. 233, geäußerte These, daß die Stufe des Kirchenkreises innerhalb des Aufbaus der Bekennenden Kirche am schwächsten ausgebildet gewesen sei, bedarf indes der Überprüfung.

Darüber hinaus sind die Kirchenkreise auch als Kristallisationspunkte kirchlicher Identität anzusprechen. Im Blick auf die Resistenzforschung läßt sich feststellen, daß der nationalsozialistische Totalitätsanspruch dort seine Grenzen fand, wo er mit traditionellen und tiefverwurzelten Verhaltensweisen, Denkmustern und Mentalitäten kollidierte. Dies läßt sich besonders in einer ländlichen Synode wie dem Kirchenkreis Siegen beobachten, der in seiner geographischen Abgeschlossenheit eine spezifische religiöse, politische und wirtschaftliche Entwicklung aufzuweisen hat, in der sich lang anhaltende religiöse und politische Mentalitäten herausbildeten. Im Rahmen der westfälischen Kirchenprovinz repräsentierte der Kirchenkreis Siegen als ländlicher Industriekreis christlich-soziale Politik, reformiertes Erbe und intensive Kirchlichkeit auf dem Hintergrund der Erweckungsbewegung. Diese historische Prägung kennzeichnet auch die Haltung der Gemeinden zur Zeit des Nationalsozialismus. Eine Untersuchung über den Kirchenkreis Siegen im „Dritten Reich" scheint also insofern eine differenziertere Sichtweise dieser Epoche zu ermöglichen, als sie Erkenntnisse darüber zu gewinnen sucht, wie die gemeinsame Geschichte eines synodalen Verbandes von Kirchengemeinden auch eine spezifische Ausprägung des „Kirchenkampfes" in dieser Region präformiert.

Dabei ist für die Synode Siegen besonders ihr Charakter als reformiertes Kirchengebiet in den Blick zu nehmen.[27] In Westfalen kämpften zwar die unierten, lutherischen und reformierten Kirchengemeinden gemeinsam um den Erhalt ihrer presbyterial-synodalen Ordnung, doch erfuhr dieser Kampf für die reformierten Gemeinden noch eine besondere Zuspitzung, weil nach reformiertem Verständnis die äußere Ordnung der Kirche unmittelbar an das Bekenntnis geknüpft war. Das Siegerland sah sich daher als mitgliederstärkste reformierte Synode Westfalens in eine besondere Verantwortung um die Wahrung der reformierten Belange genommen.[28] Es ist damit auch Ziel dieser Untersuchung, exemplarisch den Beitrag der Reformierten zum „Kirchenkampf" in Westfalen herauszuarbeiten.

Zur kirchlichen Identität des Siegerlandes gehört auch die Gemeinschaftsbewegung. In den meisten Ortschaften existierten Gemeinschaftskreise, die dem Verein für Reisepredigt angehörten. Die weite Verbreitung der Gemeinschaften prägten das kirchliche Leben in der Synode. Es ist daher auch Gegenstand dieser Arbeit, die Auswirkungen der kirchlichen Auseinandersetzungen auf die Gemeinschaften und deren Verhältnis zur Bekennenden Kirche zu untersuchen. Damit wird auch ein Beitrag zur lokalgeschichtlichen Erforschung der Gemeinschaftsbewegung in der NS-Zeit geleistet.[29]

---

27 Dazu: Sigrid Lekebusch, Die Reformierten im Kirchenkampf. Das Ringen des Reformierten Bundes, des Coetus reformierter Prediger und der reformierten Landeskirche Hannover um den reformierten Weg in der Reichskirche (= SVRKG 113), Köln 1994.

28 Weitere Schwerpunkte der Reformierten in Westfalen waren die reformierten Synoden von Tecklenburg und Wittgenstein sowie die reformierte Konferenz der Mark. Daneben gab es noch einzelne verstreute reformierte Gemeinden.

29 Vgl. Erich G. Rüppel, Die Gemeinschaftsbewegung im Dritten Reich. Ein Beitrag zur Geschichte des Kirchenkampfes (= AGK 22), Göttingen 1969.

Für eine regionalgeschichtliche Untersuchung ist natürlich auch der Blick auf die westfälische Forschungssituation wichtig.[30] Hier sind mit der Arbeit von Bernd Hey[31] und der älteren Darstellung von Wilhelm Niemöller[32] wichtige Voraussetzungen auch für die Erforschung des regionalen und lokalen Geschehens gegeben. Über die Geschichte der evangelischen Kirche im Siegerland zur Zeit des Nationalsozialismus gibt es nur wenig Literatur. Neben den sehr knappen Darstellungen von Superintendent Ernst Achenbach („Aus 100 Jahren Siegerländer Kirchengeschichte. Von der Erweckungsbewegung zum Kirchenkampf"[33]) und Pfarrer Walter Thiemann („Das Siegerland im Kirchenkampf"[34]) finden sich nur noch einige Beiträge zu einzelnen Kirchengemeinden[35] und biographische bzw. autobiographische Schriften über einige Pfarrer[36]. Der Verf. war daher ganz überwiegend auf bisher unveröffentlichte Quellen angewiesen. Zu diesem Zweck wurden – einschließlich der Kirchengemeinden – insgesamt 31 lokale und überregionale Archive aufgesucht. Das dabei recherchierte Quellenmaterial war von unterschiedlichem Umfang und auch von unterschiedlicher Qualität. Teilweise waren die Bestände durch Kriegseinwirkungen dezimiert. Dennoch konnte letztlich eine zunächst nicht erwartete Fülle an Material zusammengeführt werden.

30 Vgl. die Sammelrezensionen von Bernd Hey, in: WF 34 (1984), S. 175–183; WF 36 (1986), S. 177–183; WF 38 (1988), S. 309–325; WF 40 (1990), S. 661–687; außerdem: Jochen-Christoph Kaiser, Kirchliche Zeitgeschichte in Westfalen. Das evangelische Beispiel, in: WF 42 (1992), S. 420–444; Werner Danielsmeyer, Zur Lage der Kirchengeschichtsschreibung über den Kirchenkampf in Westfalen, in: JWKG 77 (1984), S. 211–221.
31 Bernd Hey, Die Kirchenprovinz Westfalen 1933–1945 (= BWFKG 2), Bielefeld 1974.
32 Wilhelm Niemöller, Bekennende Kirche in Westfalen, Bielefeld 1952.
33 In: Unsere Kirche. Evangelisches Sonntagsblatt für Westfalen und Lippe (Beilage Kirchenkreis Siegen), Nr. 47/48 u. 49/50 1987, Nr. 1/2 u. 3/4 1988.
34 In: Unter dem Wort. Textbeiträge, Katalog und Abbildungen zu der Ausstellung „Das evangelische Siegerland in Vergangenheit und Gegenwart", veranstaltet vom Kirchenkreis und vom Evangelischen Gemeindeverband Siegen, hg. v. Walter Thiemann, Siegen 1967, S. 96 f.
35 Besonders ausführlich: Hans-Bodo Thieme, Geschichte der Kirchengemeinde Olpe von 1842 bis 1946 im Zusammenhang örtlicher und überörtlicher profan- und kirchengeschichtlicher Bezüge (= Schriftenreihe des Kreises Olpe, Nr. 22), Kreuztal 1993, S. 177–219. Außerdem: Rainer S. Elkar, Menschen – Häuser – Schicksale. Hilchenbach zwischen Monarchie und Diktatur und Republik, Kreuztal 1992 (besonders S. 198–275); Volker Heinrich, „Wir verwerfen die falsche Lehre". Evangelische Kirchengemeinde Eiserfeld im Dritten Reich, in: Eiserfeld – im grünen Kranz der Berge, Dokumentation zur 700jährigen Geschichte des ehemaligen Bergmannsdorfes, zusammengestellt u. bearb. v. Horst G. Koch, hg. im Auftrag des Eiserfelder Heimatvereins, Siegen/Eiserfeld 1992, S. 183–190; ders., Die evangelische Kirchengemeinde Hilchenbach in nationalsozialistischer Zeit (1933–1945), in: Das schönste Haus. 150 Jahre evangelische Kirche in Hilchenbach, hg. v. Presbyterium, Hilchenbach 1996, S. 59–81; Paul an Huef/Helmut Kopsch, 100 Jahre evangelische Kirchengemeinde Weidenau, Weidenau 1973; Walter Thiemann, Wenn du durchs Feuer gehst ... Aus der Geschichte der evangelischen Kirchengemeinde Siegen 1930–1967, Siegen 1973; Hermann Müller, Florenburgs Kirche. Geschichte und Leben einer reformierten Gemeinde Nassau-Oranischen Landes, Hilchenbach 1960, S. 192–194.
36 Besonders hervorzuheben: Ursula Hörsch/Andrea Stötzel, Theodor Noa (1891–1938) (= Beiträge zur Geschichte der Stadt Siegen und des Siegerlandes, Bd. 4), Siegen 1991. Außerdem: Kurt Heimbucher/Adolf Kühn, Aufbruch im Siegerland. Dr. Hermann Müller – Zeuge der Gnade Gottes, Neuhausen-Stuttgart 1983; Volker Fabricius, Pfarrer Romberg und der Kampf der Bekennenden Kirche in Dotzheim (= Schriften des Heimat- und Verschönerungsvereins Dotzheim e.V., Nr. 13), Dotzheim 1988; Walter Thiemann, In meines Herren Hand. Erinnerungen 1934–1939, Sonderdruck aus der Siegerländer Beilage zum Sonntagsblatt „Unsere Kirche", Siegen 1979.

Im Vordergrund standen dabei die kirchlichen Archive. An erster Stelle ist das Archiv des Kreiskirchenamtes in Siegen zu nennen, wo die Unterlagen des Bruderratsvorsitzenden, Pfarrer Dr. Müller, aufbewahrt werden. Dieses Material konnte durch Recherchen in den Archiven der einzelnen Kirchengemeinden ergänzt werden. Leider verfügen nicht alle Kirchengemeinden über ein geordnetes Archiv, was die Suche teilweise erschwerte.[37] Auch der Ertrag war sehr unterschiedlich. Zumindest die Protokollbücher, welche die Niederschriften über die Sitzungen der kirchlichen Körperschaften enthalten, sind in den meisten Kirchengemeinden noch vorhanden. Dadurch lassen sich die kirchenpolitischen Entscheidungen der jeweiligen Presbyterien nachvollziehen. Weiter sind unter den kirchlichen Archiven zu nennen: das Landeskirchliche Archiv der Evangelischen Kirche von Westfalen in Bielefeld mit den Akten des früheren Konsistoriums in Münster und dem bekannten Bielefelder Archiv des Kirchenkampfes, das Evangelische Zentralarchiv in Berlin mit den Akten des früheren Evangelischen Oberkirchenrates und dem angegliederten Archiv für die Geschichte des Kirchenkampfes in der Kirchlichen Hochschule Berlin und das Archiv der Lippischen Landeskirche in Detmold, wo das Depositum des Reformierten Bundes für Deutschland eingesehen wurde. Für die Passagen über die Gemeinschaftsbewegung wurden das Archiv des Gnadauer Verbandes in Dillenburg und das Archiv des Evangelischen Gemeinschaftsverbandes für das Siegerland und die angrenzenden Gebiete in Weidenau herangezogen.

Bei den staatlichen Archiven ist zunächst der kommunale Bereich zu erwähnen. Hier existieren nur in Freudenberg, Hilchenbach, Kreuztal, Siegen und Wilnsdorf benutzbare Archive. Dabei muß für das Archiv der Stadt Kreuztal einschränkend bemerkt werden, daß dieses Archiv noch nicht für den Publikumsverkehr erschlossen ist. Das Stadtarchiv Siegen kann aufgrund von Kriegsverlusten kein Aktenmaterial zum Kirchenkampf vorweisen. Die dortige Sammlung zum Kirchenkampf enthält vorwiegend Kopien von Zeitungsberichten und Flugblättern. Das Nordrhein-Westfälische Staatsarchiv in Münster enthält für den Untersuchungsgegenstand die Akten des früheren Oberpräsidiums der preußischen Provinz Westfalen, des Regierungspräsidenten für den Regierungsbezirk Arnsberg, des Landratsamtes Siegen, der Politischen Polizei und der NSDAP-Kreis- und Ortsgruppenleitungen. Im Bundesarchiv Koblenz und dessen Abteilungen in Potsdam werden u. a. die Akten des früheren Reichsministeriums für die kirchlichen Angelegenheiten aufbewahrt. Hier gibt es nur wenige Hinweise auf lokale Vorgänge des Siegerlandes. Eine Ausnahme bildet ein Aktenband im Potsdamer Archiv zu Vorgängen in der Kirchengemeinde Siegen.

---

37 Z. Zt. werden die Kirchenarchive neu geordnet. Findbücher existieren zu den Kirchengemeinden Ferndorf, Freudenberg, Müsen, Netphen, Oberfischbach, Oberholzklau, Siegen. In den übrigen Kirchengemeinden sind die meisten Akten nach einem älteren Ablagesystem geordnet. Hier wurde jeweils die auf der Akte verzeichnete Signatur übernommen. Bei ungeordneten Akten wird im Quellenverzeichnis die Art der Quelle beschrieben.

Das umfangreiche und weit gefächerte Quellenmaterial galt es in eine adäquate sachliche Ordnung zu bringen. Die Darstellung orientiert sich
zweckmäßigerweise an der allgemeinen Verlaufsgeschichte des „Kirchenkampfes", in die die lokalen Vorgänge eingearbeitet werden. So werden
Mikro- und Makroebene miteinander verzahnt, während gleichzeitig die
Gesamtentwicklung sichtbar bleibt. Dabei liegt das Schwergewicht auf der
kirchenpolitisch besonders bewegten Phase von 1933 bis 1937. Um die
Anknüpfung an die Zeit vor 1933 zu gewährleisten, wird ein Kapitel über
die wichtigsten religiösen, politischen und wirtschaftlichen Entwicklungen
im Siegerland, welche die Zeit des Nationalsozialismus mit vorbereitet haben, vorausgeschickt.

Es ist somit Ziel dieser Untersuchung, ein möglichst umfassendes Bild der
Synode Siegen im „Dritten Reich" entstehen zu lassen. Leider konnte das
kirchliche Vereinswesen im Siegerland aufgrund des geringen Quellenma-
terials keine Berücksichtigung finden, von den Ausführungen über die Jugend einmal abgesehen. Auch auf die detaillierte Schilderung von allen
Vorgängen in einzelnen Kirchengemeinden, die dem Verf. bekannt sind,
mußte im Dienste der Transparenz verzichtet werden. Intendiert ist auch
keine enzyklopädische Erfassung des kirchlichen Lebens in dieser Zeit,
sondern die Darstellung der im Rahmen des „Kirchenkampfes" relevanten
Ereignisse und Fakten. Damit soll die Beschreibung eines Kirchenkreises in
der NS-Zeit exemplarisch durchgeführt werden.

1. Die Vorgeschichte

Gelegentlich wurde das Siegerland[1] in der Forschung als „politisch-kultureller Sonderraum"[2] bezeichnet. In der Tat sind es religiöse und politische als auch wirtschaftliche Gegebenheiten, die durch ihre spezifische Zusammensetzung dieser Region ihre eigene Prägung gegeben, Lebensverhältnisse und Mentalitäten bestimmt haben.

1.1 Die religiöse Eigenart des Siegerlandes

1.1.1 Der reformierte Charakter der Synode Siegen

Das Siegerland ist reformiertes Kerngebiet in Deutschland. Als Teil der Grafschaft Nassau-Dillenburg war es einbezogen in die reformierte Konfessions- und Kirchenbildung in der zweiten Hälfte des 16. Jahrhunderts.[3] In diesem Prozeß nahm Johann VI. von Nassau-Dillenburg (1559–1606)[4] eine wichtige Rolle ein, indem er nach anfänglicher Ablehnung zu einem der eifrigsten Vorkämpfer des reformierten Bekenntnisses avancierte. Nach dem Tode Friedrichs III. von der Pfalz war er eine Zeitlang „das tatsächliche Haupt der deutschen Calvinisten"[5]. Als Direktor des Wetterauer Grafenvereins nahm er Einfluß auf die reformierte Kirchenbildung in den Mitgliedsländern Hanau, Isenburg, Hessen-Kassel, Sayn und darüber hinaus.[6] Die

1 Der Name „Siegerland" ist von dem der Stadt Siegen abgeleitet. Erstmals im 14. Jahrhundert ist dieser Ausdruck als Bezeichnung für das Siegener Land urkundlich belegt; Wilhelm Güthling, Siegen und das Siegerland. Zur Entwicklung des Begriffes Siegerland, in: Siegerland. Blätter des Siegerländer Heimatvereins e.V., 34 (1957), S. 1 f. In der 1617 von Johann Textor von Haiger herausgegebenen „Nassauischen Chronik" heißt es über die Stadt Siegen: „Von dieser Stadt hat auch das Land und die Herrschaft den Namen, daß es das Siegerland genannt wird"; ebd., S. 2. So entsprach das Siegerland lange Zeit dem Gebiet des Fürstentums Nassau-Siegen, in preußischer Zeit dann dem neugebildeten Kreis Siegen. In dieser Untersuchung bezeichnet „Siegerland" das die Synode Siegen umfassende Gebiet, was in dem behandelten Zeitraum dem Landkreis Siegen zuzüglich der Kirchengemeinde Olpe entspricht.

2 Franz Petri, Das Siegerland – geschichtliches Grenzland, in: Franz Petri/Otto Lucas/Peter Schöller, Das Siegerland. Geschichte, Struktur und Funktionen (= Veröffentlichungen des Provinzialinstituts für westfälische Landes- und Volkskunde, Reihe 1, Heft 8), Münster 1955, S. 22.

3 Vgl. Heinz Schilling (Hrsg.), Die reformierte Konfessionalisierung in Deutschland – Das Problem der „Zweiten Reformation" (= SVRG 195), Gütersloh 1986; Meinrad Schaab (Hrsg.), Territorialstaat und Calvinismus, Stuttgart 1993.

4 Vgl. Gerhard Menk, „Qui trop embrasse, peu estreind". Politik und Persönlichkeit Graf Johanns VI. von Nassau-Dillenburg 1580–1606, in: Westdeutsches Jahrbuch für Landesgeschichte 7 (1981), S. 119–157.

5 Alois Schroer, Die Reformation in Westfalen, Bd. I, Münster 1979, S. 447.

6 Vgl. Georg Schmidt, Der Wetterauer Grafenverein. Organisation und Politik einer Reichskorporation zwischen Reformation und Westfälischem Frieden (= Veröffentlichungen der Histori-

wichtigsten Schritte einer reformierten Bekenntnisbildung in Nassau-Dillenburg waren – vorbereitet durch den Zuzug reformierter Theologen aus anderen Landesteilen – die Annahme des von Christoph Pezel[7], dem Führer der Kryptocalvinisten, verfaßten „Nassauischen Bekenntnisses" (1578)[8], die Einführung des Heidelberger Katechismus und der Pfälzer Kirchenordnung (1563)[9] im Jahre 1581 und schließlich der Herborner Ordnung[10], die auf der reformierten Kirchenordnung von Middelburg beruhte, im Jahre 1586. Die auf der Herborner Generalsynode vertretenen Gemeinden aus den Grafschaften Dillenburg, Wittgenstein, Solms und Wied beschlossen erstmals die calvinistische presbyterial-synodale Kirchenordnung für einige deutsche Landeskirchen mit landesherrlichem Kirchenregiment.[11] Dies bedeutete konkret: Aufbau der Kirche aus den Einzelgemeinden von unten nach oben, das Recht der Laien in der Kirche, Selbständigkeit der Kirche in inneren Angelegenheiten, allerdings unter Beibehaltung des landesherrlichen Kirchenregiments. Obwohl diese Kirchenordnung nicht lange in voller Gültigkeit blieb, weil sich die Grafschaft für ihre Durchführung als zu klein erwies, enthielt sie doch Punkte, die Jahrhunderte später von den preußischen Westprovinzen als unaufgebbarer Bestandteil des reformierten Bekenntnisses angesehen wurden. Die letzte große reformierte Kirchenordnung in den nassauischen Gebieten stammt aus dem Jahre 1716. Sie war der kurpfälzischen Kirchenordnung nachgebildet, betonte jedoch das Aufsichtsrecht des Landesherrn. Als die Synode Siegen im Jahre 1937 über ihren konfessionellen Charakter Rechenschaft ablegte, wurde auch diese Kirchenordnung angesprochen und ihre bleibende Bedeutung herausgestellt.[12]

Zur Sicherung der reformierten Lehre gründete Johann VI. die Hohe Schule Herborn, die neben Leyden und Genf das dritte geistige Zentrum des Calvinismus darstellte.[13] Ihr war eine akademische Druckerei angeschlossen, die 1586 als erstes Druckerzeugnis Calvins Glaubenslehre herausbrachte.[14]

schen Kommission für Hessen 52), Marburg 1989; ders., Die „Zweite Reformation" im Gebiet des Wetterauer Grafenvereins. Die Einführung des reformierten Bekenntnisses im Spiegel der Modernisierung gräflicher Herrschaftssysteme, in: Schilling (Hrsg.), Konfessionalisierung, S. 184–213; Paul Münch, Zucht und Ordnung. Reformierte Kirchenverfassungen im 16. und 17. Jahrhundert (Nassau-Dillenburg, Kurpfalz, Hessen-Kassel), Stuttgart 1978; Rolf Glawischnig, Niederlande, Kalvinismus und Reichsgrafenstand 1559–1589. Nassau-Dillenburg unter Graf Johann VI., Marburg 1973.

7 Vgl. Wilhelm H. Neuser, Christoph Pezel (1539–1604), in: HDThG II (1980), S. 292–296; Erich Wennecker, in: BBKL 7 (1994), Sp. 403–408.

8 In: E. F. Karl Müller, Die Bekenntnisschriften der reformierten Kirche, Leipzig 1903, S. 720–739. Es leitete „von der lutherisch-melanchthonischen Kirche zu einem gemäßigten Calvinismus" über; Schroer, Reformation, S. 446.

9 In: Wilhelm Niesel, Bekenntnisschriften und Kirchenordnungen der nach Gottes Wort reformierten Kirche, Zollikon-Zürich ³1938, S. 136–218; Schroer, Reformation, S. 447.

10 In: Niesel, Bekenntnisschriften, S. 290–298.

11 Vgl. Wilhelm H. Neuser, Die Einführung der presbyterial-synodalen Kirchenordnung in den Grafschaften Nassau-Dillenburg, Wittgenstein, Solms und Wied im Jahre 1586, in: JWKG 71 (1978), S. 47–58, hier: S. 56.

12 Das Erbe der Väter. Bekenntnis und Kirchenordnung in der Synode Siegen, Lage [1937].

13 Vgl. Karl Dienst, Art. „Herborn", in: TRE XV (1986), S. 66–69.

14 Heinrich Schlosser/Wilhelm Neuser, Die evangelische Kirche in Nassau-Oranien 1530–1930, Bd. I, Siegen 1930, S. 19.

Die frühe Entwicklung des reformierten Bekenntnisses im Siegerland erlitt jedoch einen Rückschlag, als Nassau-Dillenburg unter den Enkeln Johanns VI. aufgeteilt wurde und es durch den Konfessionswechsel Johanns VIII. zu Erbstreitigkeiten kam.[15] Johann VIII. brachte sich gewaltsam in den Besitz von Nassau-Siegen und leitete dort die Gegenreformation ein. Die Entwicklungen im Dreißigjährigen Krieg ließen diesen Zustand unverändert. Erst im Jahre 1645 gelang es Graf Johann Moritz, Siegen einzunehmen und die Maßnahmen Johanns VIII., der bereits 1638 gestorben war, aufzuheben. Im Rahmen des Westfälischen Friedens kam es dann zu einem Vergleich zwischen der katholischen und der evangelischen Linie. Doch brachte die Teilung der Herrschaft und der Konfessionen weitere Streitigkeiten mit sich. Erst als im Jahre 1743 unter Fürst Wilhelm IV. (1711–1751) Nassau-Dillenburg wieder vereinigt wurde, weil die übrigen Linien ausgestorben waren, stellte sich auch im Siegerland der religiöse Friede endgültig ein.[16] Letztlich war der reformierte Glaubenstypus dominant geblieben.

Zur Verwaltung des Kirchen- und Schulwesens setzte Wilhelm IV. ein Oberkonsistorium ein, das sich von der kirchlichen Verwaltung in lutherischen Kirchen nicht unterschied. Dies zeigt, daß in Nassau-Oranien „der von reformierter Überzeugung geforderte synodale Aufbau der Kirche als eines neben dem Staate selbständigen Körpers nicht bis zum Ende durchgeführt worden"[17] war. Zwar blieben die Organe der kirchlichen Selbstverwaltung weiter bestehen, doch hatte die geschichtliche Entwicklung die Macht des Landesherrn gestärkt. So konnten sich im Siegerland presbyterialsynodale und konsistoriale Elemente vereinigen, wobei das landesherrliche Kirchenregiment bestimmend blieb.[18] Trotz Dominanz der konsistorialen Verwaltung war aber über die Jahrhunderte hinweg das evangelisch-reformierte Bekenntnis vorherrschend geblieben. Im Jahre 1817 betrug der evangelische Teil der Bevölkerung 80 Prozent.[19]

Die Verhandlungen auf dem Wiener Kongreß brachten auch für das Siegerland einschneidende Veränderungen. Die nassau-oranischen Stammlande fielen an Preußen, das diese jedoch sofort wieder an das Herzogtum Nassau abtrat. Das Siegerland war davon ausgenommen und blieb preußisch; es wurde 1817 dem Regierungsbezirk Arnsberg der Provinz Westfalen zugewiesen.[20] Dabei spielten die wirtschaftlichen Interessen Preußens an den

---

15 Vgl. Karl E. Demandt, Das Siegerland im Widerstreit von Glauben, Recht und Politik 1607–1651, in: Hessisches Jahrbuch für Landesgeschichte 32 (1982), S. 175–206.
16 Schlosser/Neuser I, S. 37.
17 Ebd., S. 48.
18 Hertha Köhne, Die Entstehung der westfälischen Kirchenprovinz (= BWFKG 1), Witten 1974, S. 47.
19 Karl Friedrich Schenck, Statistik des vormaligen Fürstenthums Siegen, Siegen 1820 (Nachdr. Kreuztal 1981), S. 35; Hans Kruse, Das Siegerland unter preußischer Herrschaft 1815–1915, Siegen 1915, S. 159.
20 Vgl. Schlosser/Neuser I, S. 53. Burbach und Neunkirchen fielen erst an Nassau, kamen aber infolge eines Gebietstausches am 26. Okt. 1816 zu Preußen; vgl. ebd., S. 59.

Ressourcen des Siegerlandes eine wichtige Rolle. Die neugebildete Kreissynode Siegen wurde dem Konsistorium in Münster unterstellt.[21]

Den preußischen Unionsbestrebungen standen die Siegerländer Gemeinden zurückhaltend gegenüber. Nur zögernd traten sie der Union bei, die sie lediglich als Verwaltungsunion verstanden, innerhalb der sie ihr reformiertes Sonderbekenntnis gewahrt wissen wollten.[22] Auch bei der Einführung einer neuen Agende erzielten die Siegerländer Zugeständnisse, die ihrer reformierten Eigenart Rechnung trugen.[23]

Mit dem Anschluß der Provinzen Rheinland und Westfalen an Preußen mußte auch die kirchliche Verwaltung neu geordnet werden. Die von der preußischen Regierung favorisierte konsistoriale Verfassung, die ihr selbst größere Einflußmöglichkeiten einräumte, stieß hier — nicht nur bei reformierten Gemeinden — auf erheblichen Widerstand. Dabei trat besonders die märkische Gesamtsynode hervor, wo die presbyterial-synodale Ordnung eine lange Tradition hatte und die kirchliche Organisation eine größere Unabhängigkeit gegenüber dem landesherrlichen Kirchenregiment besaß.[24] Diese Unabhängigkeit war man nicht bereit aufzugeben. Die Siegerländer Gemeinden spielten in dieser Auseinandersetzung keine große Rolle, war man doch hier an die konsistoriale Verwaltung gewöhnt. Dennoch nahm man es dankbar zur Kenntnis, als am 5. März 1835 die Rheinisch-Westfälische Kirchenordnung in Kraft trat, die letztlich einen Kompromiß zwischen konsistorialer und presbyterial-synodaler Verfassung darstellte, jedoch besonders auf den unteren Ebenen der kirchlichen Organisation dem Anliegen kirchlicher Selbstverwaltung entgegenkam.[25] Es ist interessant zu beobachten, daß die reformierten Gemeinden des Siegerlandes bei der Einführung einer presbyterial-synodalen Ordnung keine führende Rolle spielten, in der NS-Zeit jedoch, bei dem Versuch, diese Ordnung wieder abzuschaffen, erbitterten Widerstand leisteten. Erst die Erfahrungen des Kirchenkampfes rückten auch hier den Zusammenhang von Bekenntnis und Kirchenverfassung stärker ins Bewußtsein.

---

21 Ebd., S. 61.
22 Schlosser/Neuser I, S. 136.
23 Ebd., S. 160; vgl. Jürgen Kampmann, Die Einführung der Berliner Agende in Westfalen. Die Neuordnung des evangelischen Gottesdienstes 1813–1835 (= BWFKG 8), Bielefeld 1992.
24 Köhne, Entstehung, S. 50. 52.
25 Schlosser/Neuser I, S. 188 f.

1.1.2 Zur Geschichte der Gemeinschaftsbewegung im Siegerland

Der frühere Superintendent Hubbert bezeichnete einmal das Verhältnis von Kirche und Gemeinschaft als „das eigentliche Problem des Siegerlandes"[26]. In der Tat ist die religiöse Eigenart des Siegerlandes nicht zu verstehen, ohne Einblick in die Geschichte des Pietismus im Siegerland und seine Wirkungen auf das kirchliche Leben zu nehmen. Dabei ist zu unterscheiden zwischen dem Pietismus des 17. bzw. 18. Jahrhunderts und der Erweckungsbewegung des 19. Jahrhunderts.[27]

Um die Wende vom 17. zum 18. Jahrhundert wurden einige Städte in der Umgebung des Siegerlandes, wie Herborn, Gießen, Marburg und Berleburg, zu Brennpunkten eines radikalen Pietismus, in denen namhafte Vertreter wie Johann Heinrich Horch(e), Gottfried Arnold, Johann Konrad Dippel, Samuel König und Ernst Christoph Hochmann von Hochenau wirkten.[28] Von diesen Aktivitäten blieb auch das Siegerland nicht unberührt. Hier war es Johann Henrich Reitz, der als Rektor der Siegener Lateinschule in den Jahren 1703/4 die erste Erbauungsversammlung im Siegerland gründete.[29] Für das Siegerland wurde die Entwicklung im nahen Wittgenstein besonders wichtig: Graf Heinrich Albrecht von Wittgenstein und Gräfin Hedwig Sophie von Berleburg förderten die Ausbreitung des Pietismus in ihren Landen, indem sie die andernorts wegen separatistischer Umtriebe verfolgten „Frommen" bei sich aufnahmen. So wurde Wittgenstein zu einem Zentrum des radikalen Pietismus.[30] Durch die 1726 gegründete „Philadelphia-Gemeinde"[31] erfuhr auch der vielleicht berühmteste Sproß des Siegerlandes, Heinrich Jung-Stilling, entscheidende Prägungen.[32] Eine Frucht des regen Wirkens dieser Gemeinde war die „Berleburger Bibel", eine Übersetzung mit Erläuterungen, die der philadelphischen Strömung entsprachen. Die Anziehungskraft dieser Gemeinde war so groß, daß führende Pietisten wie Graf Zinzendorf[33] und Gerhard Tersteegen[34] den Weg nach Berleburg fan-

---

26 Schlosser/Neuser I, S. XVII.
27 Hierzu ausführlich: Jakob Schmitt, Die Gnade bricht durch. Aus der Geschichte der Erweckungsbewegung im Siegerland, in Wittgenstein und den angrenzenden Gebieten, Gießen 1958 (neu aufgelegt 1993).
28 Vgl. Hans Schneider, Der radikale Pietismus im 17. Jahrhundert, in: Geschichte des Pietismus, Bd. 1, hg. v. Martin Brecht, Göttingen 1993, S. 391 ff. Kennzeichen des radikalen Pietismus waren Separatismus, Nonkonformismus und Abweichen von der orthodoxen Lehrmeinung.
29 Ebd., S. 406 f.; Rudolf Mohr, Ein zu Unrecht vergessener Pietist: Johann Henrich Reitz (1655–1720), in: MEKGR (1973), S. 45–109.
30 Vgl. Schmitt, Gnade, S. 86 ff.; Schneider, Pietismus, S. 420 f.
31 Benannt nach Apk. 3, 7 ff.; Schneider, ebd., S. 405.
32 Vgl. Hans Schneider, Jung-Stilling aus der Sicht der Theologie, in: Jung-Stillings Welt. Das Lebenswerk eines Universalgelehrten in interdisziplinären Perspektiven, hg. v. Hans-Günther Krüsselberg u. Wolfgang Lück, Krefeld 1992, S. 196–217; Max Goebel, Geschichte des christlichen Lebens in der rheinisch-westphälischen Kirche, Bd. III, Koblenz 1860, S. 366, schreibt: „Es waren damals in der Grafschaft Siegen überhaupt viele Separatisten und Mystiker, die mit denen in der benachbarten Grafschaft Wittgenstein in lebhaftem Verkehr standen und zu denen namentlich auch der Vater von Jung-Stilling in Grund gehörte."
33 Schmitt, Gnade, S. 115.
34 Ebd., S. 152.

den und auf dem Weg hierher ihre Spuren auch im Siegerland hinterlie-
ßen.[35] Tersteegens Schriften und Briefe jedenfalls fanden im Siegerland
große Verbreitung, was nicht zuletzt Christian Stahlschmidt aus Freudenberg zu verdanken war, der Tersteegen kannte und ihn im Siegerland bekannt machte.[36] So entstanden pietistische Hausversammlungen, in denen
Tersteegens Schriften gelesen wurden.[37]

Die Erweckungsbewegung des 19. Jahrhunderts knüpfte teilweise an die
Theologie Tersteegens an. Der Hauptvertreter dieser Richtung wurde im
Siegerland der Schuhmacher Heinrich Weisgerber (1798–1868).[38] Sein
Wirkungsbereich lag vor allem in der Mitte und im östlichen Teil des Siegerlandes, wo er eine rege Versammlungstätigkeit entwickelte.[39] Er rückte
den biblischen Vortrag in den Mittelpunkt der Erbauungsstunde[40] und verband den Ruf zur Bekehrung mit der Forderung der Heiligung.[41] Neben
diese Richtung trat eine Erweckung, die von Freudenberg, also dem Westen,
ausging und von dort ins Siegerland drang. Sie wurde ausgelöst durch die
Erweckung im Raume Wuppertal-Elberfeld, zu dem seit jeher lebhafte Ge-
schäftsverbindungen bestanden. So brachten Handwerker den „Funken"
nach Freudenberg, wo sie die seit Stahlschmidts Zeiten bestehende Versammlung belebten.[42] Hauptvertreter dieser Richtung war der Freudenberger Gerber Tillmann Siebel (1804–1875).[43] Im Gegensatz zur pietistisch-
mystischen Art Weisgerbers vertrat Siebel einen Pietismus reformierter
Prägung, bei dem der Zusammenhang von Bekehrung und Rechtfertigung
stärker zum Ausdruck kam.[44] Das Wirken Weisgerbers und Tillmann Siebels sowie seines Neffen Jakob Gustav Siebel (1830–1894) machten die
Erweckung zu einer Bewegung, die das ganze Siegerland erfaßte und kaum
eine Ortschaft unberührt ließ. Um die Jahrhundertwende gab es in hundert
von hundertzwanzig Ortschaften pietistische Konventikel und vierzig Versammlungshäuser.[45] Im Jahre 1852 wurde der „Verein für Reisepredigt" als
Dachorganisation der Siegerländer Gemeinschaftskreise gegründet.[46] Seine
Aufgabe war es, durch Berufung von Reisepredigern die Verkündigung des

---

35 Wahrscheinlich hat Tersteegen im Jahre 1736 in Hilchenbach eine Versammlung gehalten;
   Hermann Müller, Florenburgs Kirche. Geschichte und Leben einer Gemeinde Nassau-
   Oranischen Landes, Hilchenbach 1960, S. 262 f.; außerdem besuchte er das Schloß Hainchen,
   wo eine pietistische Hausgemeinschaft existierte; Schmitt, Gnade, S. 148. 153.
36 Ebd., S. 155; Goebel, Geschichte, S. 366 f.
37 Vgl. Ludwig Koechling, Die Separatisten in Freudenberg. Ein Beitrag zur Geschichte des
   Pietismus im Siegerland, in: JVWKG 49/50 (1956/57), S. 101–123.
38 Schlosser/Neuser I, S. 240 ff.; 373 f.
39 Schmitt, Gnade, S. 243.
40 Ebd.
41 Ebd., S. 222.
42 Schlosser/Neuser I, S. 222–224.
43 Ebd. S. 236 ff.; 375; Rudolf Vandré, Ein empfindlicher Dämpfer für Tillmann Siebel und die
   Versammlung in Freudenberg, in: JWKG 88 (1994), S. 196–217.
44 Schlosser/Neuser I, S. 265; Schmitt, Gnade, S. 222. 226 f.
45 Helmut Busch, Die Stoeckerbewegung im Siegerland. Ein Beitrag zur Siegerländer Geschichte
   in der zweiten Hälfte des 19. Jahrhunderts, Siegen 1968, S. 4.
46 Schlosser/Neuser I, S. 387.

Evangeliums zu fördern und die Erweckung in Gang zu halten.[47] Aus rechtlichen Erwägungen heraus wurde die Verlagsbuchhandlung A. Michel & Co. ins Leben gerufen, auf die alle Vereinshäuser der Gemeinschaften überschrieben wurden.[48] Von dieser Verlagsbuchhandlung wurde auch das Organ der Gemeinschaftsbewegung „Der Evangelist aus dem Siegerland" herausgegeben, der ab 1863 monatlich, ab 1904 wöchentlich erschien.[49] So baute die Gemeinschaftsbewegung allmählich vereinshafte Strukturen aus. Weitere Versammlungshäuser wurden gebaut, an vielen Orten entstanden Sonntagsschulen.[50] Auch das christliche Vereinswesen im Siegerland ist im wesentlichen eine Frucht der Erweckungsbewegung.[51] Dies wirkte sich auch insgesamt förderlich auf das kirchliche Leben aus. Das Verhältnis zwischen Kirche und Gemeinschaft war zwar nicht immer ungetrübt, wie z. B. die Diskussionen um außerkirchliche Abendmahlsfeiern zeigten[52], doch wurden durch Persönlichkeiten, die sowohl der Kirche als auch der Gemeinschaftsbewegung nahestanden, immer wieder Brücken gebaut.[53] Im übrigen waren die Siegerländer Gemeinschaftskreise durchaus bestrebt, ihre Eigenständigkeit, die ihnen durch die anfängliche Ablehnung seitens der Kirche aufge-

47 Ebd. In den Statuten hieß es, daß nur Prediger berufen werden sollten, die schon längere Zeit ein Pfarramt bekleidet hatten. Der Vorstand des Vereins sollte die Reiseprediger auswählen und das Konsistorium sie bestätigen. Die Prediger selbst waren gewiesen, ihren Dienst möglichst im Einvernehmen mit den Ortspfarrern auszuüben. Ihnen wurde aufs strengste untersagt, das Abendmahl auszuteilen oder zu taufen; ebd., S. 386. Ein Antrag an die Kreissynode, einen Reiseprediger einzustellen, scheiterte jedoch, so daß der Verein für Reisepredigt selbst die Prediger bestellen mußte; ebd., S. 388. Nachdem es zunehmend Schwierigkeiten bereitete, Theologen für den Dienst, der jeweils auf vier Wochen befristet war, zu gewinnen, entschloß man sich zur ständigen Anstellung eines Diakons; ebd., S. 389. In den revidierten Statuten des Vereins aus dem Jahre 1877 wurde die Stellung der Reiseprediger zur Kirche nicht mehr erörtert und damit eine größere Eigenständigkeit erreicht. Gleichzeitig wurde jedoch als Zweck des Vereins auch die Bewahrung vor sektiererischen und separatistischen Abwegen bestimmt; ebd., S. 392.
48 Schlosser/Neuser II, S. 480.
49 Ebd., S. 482 f.
50 Schlosser/Neuser I, S. 402.
51 Ebd., S. 399 f.; Schmitt, Gnade, S. 396 ff. Als W. A. Siebel, langjähriger Präses der Kreisverbindung der Siegerländer Jünglingsvereine, Ende 1939 den Vorsitz niederlegte, schrieb Jakob Schmitt im „Evangelisten": „Br. Siebel als Präses pflegte bewußt die Beziehungen zu den Gemeinschaften. Die Vereine sind aus den Versammlungen hervorgegangen und haben ihnen auch wieder zu dienen." „Evangelist" Nr. 2 v. 14. 1. 1940.
52 Die Praxis des „Brotbrechens" war seit Ende der sechziger Jahre mancherorts im Siegerland geübt worden. Man sah das Anliegen, die Nießung des Abendmahls auf die wirklich Gläubigen zu beschränken, in der kirchlichen Abendmahlspraxis nicht mehr aufgehoben. Um separatistischen Tendenzen zu begegnen, nahm der Verein für Reisepredigt die Durchführung von außerkirchlichen Abendmahlsfeiern in seine revidierten Statuten auf; vgl. Schlosser/Neuser I, S. 393. Man wollte damit die Bildung unabhängiger Abendmahlsgemeinschaften verhindern, gleichzeitig aber dem Recht auf häusliche Abendmahlsfeiern Raum geben. Die Abendmahlsfrage wurde daraufhin zu einem Dauerthema auf den kirchlichen Synodaltagungen, bis hin zum „Abendmahlsstreit" zu Beginn dieses Jahrhunderts, der an einem Entwurf der Provinzialsynode zur Kirchenzucht entbrannte; ebd., S. 411–413. Darin wurde die Teilnahme an außerkirchlichen Abendmahlsfeiern unter Kirchenzucht gestellt. In der folgenden Diskussion erreichten die Siegerländer Gemeinschaftschristen, an ihrer Spitze der Freudenberger Kirchmeister W. A. Siebel, eine Entschärfung der Vorlage; vgl. Wilhelm H. Neuser, D. Walther Alfred Siebel – Siegerländer Gemeinschaftschrist, reformierter Synodaler und Mann der Bekennenden Kirche, in: JWKG 85 (1991), S. 267–283, hier: S. 271–273; Schmitt, Gnade, S. 423–425.
53 Hier ist besonders der Freudenberger Fabrikant D. W. A. Siebel zu nennen, der sowohl in Gemeinschaftskreisen als auch innerhalb der Landeskirche hohe Ämter innehatte; vgl. W. H. Neuser, D. Walther Alfred Siebel.

zwungen worden war, zu erhalten. Im Gegensatz zu Minden-Ravensberg, wo die von Pfarrern getragene Erweckung in einer konfessionell lutherisch geprägten Kirchlichkeit aufging, war die Erweckung im Siegerland eine Laienbewegung und blieb als solche von der Kirche unabhängig.[54] Dennoch war das Verhältnis zwischen beiden eher durch ein intensives Miteinander als durch ein Nebeneinander bestimmt, war dabei jedoch stark von lokalen Gegebenheiten abhängig. Überregional orientierte man sich im „Westdeutschen Zweig der Evangelischen Allianz" und im „Deutschen Verband für Gemeinschaftspflege und Evangelisation" (Gnadauer Verband).[55] Dabei behielt die Siegerländer Gemeinschaftsbewegung einen ausgeprägt reformierten Charakter. Darin wirkten sich sowohl die vorhandene reformierte Tradition als auch die in den Gemeinschaftskreisen dominierende, durch das Elberfelder Reformiertentum geprägte Freudenberger Richtung und ihre Persönlichkeiten aus.[56] Auch der „Evangelist" war in seiner Haltung und Berichterstattung bewußt reformiert.[57]

So bleibt abschließend der tiefe Einfluß festzuhalten, den Pietismus und Gemeinschaftsbewegung auf das kirchliche und kulturelle Leben ausübten. Intensive Kirchlichkeit und religiöses Leben auf dem Boden von Erweckung und reformierter Tradition prägen das religiöse Lokalkolorit des Siegerlandes bis in die Gegenwart.

1.2   Tendenzen wirtschaftlicher Entwicklung

Das Siegerland bildet schon aufgrund der geographischen Verhältnisse „eine Landschaft für sich"[58]. Ringsum von Bergen umgeben, formt es einen großen geschlossenen Gebirgskessel, der nur nach Westen hin etwas weniger stark ausgeprägt ist. Neben dieser geographischen Abgeschlossenheit stellt die Grenzlage eine historische Konstante des Siegerlandes dar.[59] Unter wechselnden politischen Konstellationen war es stets Grenzland zu benachbarten Herrschaftsgebieten. In preußischer Zeit, als der Landkreis Siegen im heutigen Umfang festgelegt wurde (1815), bildete es im Westen die Grenze zur Rheinprovinz und im Osten zu Hessen. Auch kirchlich gesehen verlief hier die Grenze zwischen den drei evangelischen Kirchenprovinzen Rhein-

---

54 Busch, Stoeckerbewegung, S. 5.
55 Schlosser/Neuser I, S. 353. 355 f.
56 Hier ist vor allem die Familie Siebel zu nennen; vgl. Schlosser/Neuser I, S. 391. 398; W. H. Neuser, D. Walther Alfred Siebel.
57 Schlosser/Neuser I, S. 483.
58 Ludwig Bald, Das Fürstentum Nassau-Siegen. Territorialgeschichte des Siegerlandes, Marburg 1939, S. 2.
59 Vgl. Franz Petri, Das Siegerland – geschichtliches Grenzland, in: Franz Petri/Otto Lucas/Peter Schöller, Das Siegerland. Geschichte, Struktur, Funktionen (= Veröffentlichungen des Provinzialinstitutes für westfälische Landes- und Volkskunde, Reihe 1, Heft 8), Münster 1955, S. 47.

land, Westfalen und Hessen-Nassau. Das katholische Dekanat Siegen grenzt mit dem angeschlossenen Wittgenstein sogar an vier verschiedene Kirchengebiete: an die Diözesen Fulda, Limburg, Trier und Köln.[60]

Trotz dieser peripheren Lage konnte sich das Siegerland durchaus ein politisches Eigengewicht verschaffen, was vor allem mit den hier entfalteten wirtschaftlichen Energien zusammenhängt.[61] Die Grundlage für die wirtschaftliche Entwicklung des Siegerlandes bildeten die reichen Eisenerzvorkommen, die schon früh Erzbergbau sowie Hütten- und Hammergewerbe hervorbrachten und das Montangewerbe zum vorherrschenden Erwerbszweig im Siegerland machten. Diese Entwicklung hat die Lebensverhältnisse im Siegerland nachhaltig geprägt.[62] Weitere natürliche Voraussetzungen für die Entwicklung des Montangewerbes waren die zahlreichen Wasserläufe, die zum Betreiben der Blasebälge und Hämmer dienten, sowie der Waldreichtum, der das für die Verhüttung benötigte Brennmaterial (Holzkohle) bereitstellte.[63] Die Herstellung von Holzkohle war Bestandteil der für das Siegerland charakteristischen Haubergswirtschaft: In den ausgedehnten Eichenschälwaldungen, den „Haubergen", wurde einerseits die in den Gerbereien als Gerbstoff verwendete Eichenlohe gewonnen, andererseits das Holz, das von den Köhlern zu Holzkohle verarbeitet wurde. Diese aufeinander abgestimmten, z. T. in genossenschaftlicher Form betriebenen Wirtschaftsbereiche – hinzu kommt noch die Landwirtschaft, die aufgrund der ungünstigen natürlichen Bedingungen meist nur im Nebenerwerb betrieben wurde – prägen das traditionelle Bild einer vorindustriellen Wirtschaftsidylle im Siegerland.[64] Neuere Forschungen haben dieses Bild jedoch ins Wanken gebracht.[65] Die sog. Wirtschaftsharmonie offenbart sich nämlich bei näherem Hinsehen als eine ausgesprochene Mangelwirtschaft. Die latente Knappheit der natürlichen Energieträger begrenzte sowohl Zahl und Größe als auch Betriebszeiten der Hütten- und Hammerwerke. Nur durch gesetzliche Reglementierung und die Einfuhr von Energieträgern aus den Nachbargebieten ließ sich das komplizierte Siegerländer Wirtschaftsgefüge über Jahrhunderte aufrechterhalten.[66]

Das Aufkommen des modernen Industriekapitalismus seit dem Beginn des 19. Jahrhunderts stellte die traditionellen Produktionsverhältnisse im Siegerland grundsätzlich in Frage. Neue Technologien wie die Koksverhüt-

---

60 Peter Schöller, Einheit und Raumbeziehung des Siegerlandes, in: ebd., S. 93.
61 Petri, Siegerland, S. 47.
62 Lothar Irle, Der Siegerländer Mensch und seine Heimat, in: Siegerland 32 (1955), S. 46: „Besiedlung, Formung der Kulturlandschaft und Besonderheiten des Siegerländers hängen auf das engste mit der Gewinnung, Bearbeitung und Weiterverarbeitung des Eisens zusammen."
63 Konrad, Zur Sozial- und Wirtschaftsgeschichte im 19. Jahrhundert, in: Disharmonien, S. II.12.
64 Vgl. P. Fickeler, Das Siegerland als Beispiel wirtschaftsgeschichtlicher und wirtschaftsgeographischer Harmonie, in: Erdkunde, Archiv für wissenschaftliche Geographie, Bd. VIII (1954), Lfg. 1, S. 15–51.
65 Vgl. Hartmut Eichenauer, Das Siegerland als Beispiel wirtschaftsgeschichtlicher und wirtschaftsgeographischer Harmonie?, in: Sauerland – Siegerland – Wittgensteiner Land, Münster 1989, S. 219–242.
66 Ebd., S. 223; Konrad, in: Disharmonien, S. II.12.

tung und die Dampfmaschine schufen auch im Montanbereich die Basis für eine grundlegende Modernisierung. Die Zersplitterung der Produktion und des Kapitals[67] wirkten sich im Siegerland jedoch entwicklungshemmend aus. Die um ihren sozialen Status besorgten Gewerken hielten an ihren überkommenen Produktionsformen fest und widersetzten sich der notwendigen Modernisierung, indem sie z. B. die Eisenbahn, den Motor der Industrialisierung, und den Anschluß an den Rhein und das Ruhrgebiet verhinderten.[68] Die von der preußischen Regierung 1830 erlassene Hütten- und Hammerordnung unterstützte diesen restaurativen Trend, indem sie den Siegerländer Wirtschaftsraum gegenüber den neu entstehenden Märkten abschottete und so die traditionellen Produktionsverhältnisse konservierte.[69] Auf die Dauer ließ sich die Privilegierung und Monopolisierung der Siegerländer Betriebe allerdings nicht durchhalten. Als 1861 doch die Eisenbahn kam und 1869 die Hammer- und Hüttenordnung beseitigt wurde, kam auch die Öffnung zu den anderen Märkten und damit ein verschärfter Konkurrenzdruck. Die nun beginnende Modernisierung, für die die Neuanlage der Charlottenhütte (erste Kokshochofenanlage im Siegerland)[70] im Jahre 1864 beispielhaft steht, konnte die Versäumnisse der Vergangenheit jedoch nicht mehr wettmachen. Ein kontinuierlicher Niedergang des Montangewerbes im Siegerland setzte ein, der einst bestehende organische Zusammenhang von Berg-, Hütten- und Hammerwerken löste sich auf.[71] Dies führte auch zu einer Veränderung der sozialen Verhältnisse. Viele Gewerken verloren ihren Anteil an den Produktionsstätten und waren nun gezwungen, sich bei niedrigen Löhnen und langen Arbeitszeiten als Lohnarbeiter zu verdingen.[72] Auswärtige Kapitalgeber drangen ins Siegerland und kauften dort im großen Maßstab Betriebe auf. Dies gilt besonders für die Zeit des Ersten Weltkrieges, als unter den Bedingungen der Kriegswirtschaft ein neues Interesse an den natürlichen Ressourcen des Siegerlandes einen kurzfristigen Aufschwung brachte. Sogar das Gerbereigewerbe und die Haubergswirtschaft, die seit dem ausgehenden 19. Jahrhundert in Bedeutungslosigkeit versunken waren, erlebten eine neue Blüte.[73] Der enorme Zentralisationsprozeß aber machte das Siegerland nun vollends zur Filiale der Großkonzerne an Rhein und Ruhr. Dies brachte zwar Kapital und wirtschaftliches Wachstum für das Siegerland, machte es als peripheren Standort aber auch anfälliger für wirtschaftliche Krisen.[74] Als gegen Ende der Weimarer Republik die weltweite Wirtschaftskrise auch die deutschen Industriegebiete erfaßte, war das Sie-

67 Noch um die Wende zum 20. Jahrhundert überwog die Betriebsgröße unter 50 Arbeitern; Renker, Die Anfänge der Siegerländer Arbeiterbewegung, in: Disharmonien, S. III.2.
68 Konrad, Zur Sozial- und Wirtschaftsgeschichte im 19. Jahrhundert, in: Disharmonien, S. II.16 f.
69 Ebd., S. II.12.
70 Ebd., S. II.22.
71 Ebd., S. II.21.
72 Ebd., S. II.28 f.; Renker, Anfänge, in: Disharmonien, S. III.2 f.
73 Konrad, Zur sozialen und wirtschaftlichen Lage im Ersten Weltkrieg, in: Disharmonien, S. V.1.
74 Eichenauer, Siegerland, S. 239.

gerland besonders stark betroffen. Durch zahlreiche Betriebsstillegungen[75] schnellten die Arbeitslosenzahlen in astronomische Höhen.[76] In Klafeld, dem industriellen Zentrum des Siegerlandes, waren 1932 70 Prozent der arbeitsfähigen Bevölkerung arbeitslos.[77] Das Wort vom „sterbenden Siegerland" machte die Runde. Es ist kein Wunder, daß in dieser schwierigen Zeit auch das alte christlich-soziale Paradigma nicht mehr trug und die NSDAP einen gewaltigen Aufschwung im Siegerland erfuhr.

1.3   Die christlich-soziale Bewegung

Die beschriebene religiöse und soziale Prägung des Siegerlandes wirkte sich auch auf das Wahlverhalten der Bevölkerung aus. Denn besonders für die pietistisch orientierten Kreise stand bei Wahlentscheidungen das Anliegen einer „christlichen" Politik im Vordergrund. Dies erklärt die großen Erfolge, die der preußische Hofprediger und Gründer der Christlich-sozialen Partei, Adolf Stoecker[78], im Siegerland erzielen konnte.[79] Seine Partei erstrebte „auf der Grundlage des Christentums und der Vaterlandsliebe"[80] eine „auf der Solidarität der Gesellschaft beruhende Wirtschaftsordnung". Dazu bekämpfte sie „alle unchristlichen und undeutschen Einrichtungen", insbesondere „den falschen Liberalismus und die drückende Kapitalherrschaft, [...] das übergreifende Judentum und die revolutionäre Sozialdemokratie". Demgegenüber erblickte man „in der Geltendmachung der Lebenskräfte des

---

75 1932 waren von 42 bestehenden Erzgruben nur noch sechs in Betrieb; Gründel, Die ökonomische Entwicklung im Siegerland in der Zeit von 1928–1932, in: Disharmonien, S. IX.10. Die Erzförderung sank von 1929 bis 1932 um 74,6 Prozent, die Roheisenproduktion um 82,2 Prozent; ebd., S. IX.28.

76 Entwicklung der Arbeitslosigkeit im Siegerland (nach Gründel, ebd., S. 24):

	1930	1931	1932
Jan.	–	1.661	6.323
Febr.	–	1.914	7.074
März	–	2.112	7.676
April	–	2.233	7.761
Mai	–	2.332	8.309
Juni	–	2.677	8.705
Juli	–	3.015	9.200
Aug.	–	3.473	8.487
Sept.	870	3.728	8.795
Okt.	1.160	4.210	8.868
Nov.	1.387	4.988	9.344
Dez.	1.514	5.685	9.985

77 Ebd., S. IX.22. Dies hatte auch Auswirkungen auf die Kirchengemeinde. Für das Jahr 1932 rechnete das Presbyterium mit einem Rückgang des Einkommens um 50 Prozent; Kgm. Klafeld, Protokollbuch des Presb. v. 20. 4. 1932. Bei der Einführung von Pfr. Pfeil am 24. April wurde „um der Not der Zeit willen" auf das Kaffeetrinken (!) verzichtet; vgl. ebd. v. 6. 4. 1932.

78 Vgl. GK 9,2 (1993), S. 261–277 [Lit.].

79 Vgl. Helmut Busch, Stoeckerbewegung.

80 Dieses und die folgenden Zitate aus dem Eisenacher Programm der Christlich-sozialen Partei von 1895, in: W. Mommsen, Deutsche Parteiprogramme, S. 80–83.

Evangeliums auf allen Gebieten" die beste Hilfe für die Schäden am deutschen Volk. Im Gegensatz zu revolutionären Entwürfen vertrat die Christlich-soziale Partei also ein konservatives Modell der Sozialreform, deren Trägerin die Monarchie selbst sein sollte. Mit diesen Forderungen fand Stoecker bei seinen persönlichen Auftritten im Siegerland lebhafte Zustimmung.[81] In dieser Zustimmung verband sich pietistische Gesinnung mit dem antiindustriekapitalistischen Ressentiment weiter Teile der Siegerländer Bevölkerung.[82] Von 1881 bis 1908 vertrat Adolf Stoecker – nur durch eine Wahlperiode (1893–1898) unterbrochen – als Abgeordneter den Siegener Wahlkreis im Reichstag. Besonders bei den Gemeinschaftschristen galt es als selbstverständlich, christlich-sozial zu wählen, weil man damit „zur Wahrung der religiös-sittlichen Interessen"[83] beitragen wollte. Auch die stärker kirchlich orientierte Bevölkerung stand voll hinter Stoecker, so daß man mit Recht sagen kann, daß der Zuspruch, den Stoecker im Siegerland fand, ein „Ausfluß des hier kräftig pulsierenden christlichen Lebens"[84] darstellte. Daß es sich bei diesem Zuspruch um ein ausgesprochen regionales Phänomen handelte, verdeutlicht der Vergleich mit den Wahlergebnissen auf Reichsebene. Im Jahre 1912 zum Beispiel erzielte die Christlich-soziale Partei im Siegerland 52,4 Prozent, im Reich aber nur 0,8 Prozent![85] Die bleibende Verbundenheit der Siegerländer mit Adolf Stoecker drückte sich auch in den Gedächtnisfeiern aus, die im Jahre 1935 anläßlich des 100. Geburtstages Stoeckers vielerorts stattfanden.[86]

81 Ebd., S. 39.
82 Gerhard Renker, Christlich-sozial, deutschnational, faschistisch?, in: Disharmonien. Fotos und Dokumente zur Siegerländer Gesellschaftsgeschichte. Katalog zur Ausstellung vom 4.–31. Januar 1980, hg. v. der Arbeitsgruppe Regionalgeschichte an der Gesamthochschule Siegen, Siegen o. J., S. XII.7; zu den wirtschaftlichen Faktoren vgl. Peter Meintz, Die Entwicklung der kurkölnisch-siegerländer Grenze und raumwirksame Differenzierungen, in: Sauerland – Siegerland – Wittgensteiner Land. Jahrestagung der Geographischen Kommission in Olpe 1989, Münster 1989, S. 214: „Die wirtschaftliche Führungsschicht war bodenständig und z. T. ,genossenschaftlich' organisiert, die Arbeiterschaft war aufgrund der Realteilung ebenfalls überwiegend bodenständig, orientierte sich an historisch gewachsenen Bindungen und sah in STOEKERS [sic!] Bewegung eine mit der Tradition im Einklang stehende Partei. ,Der Mittelstand' (Handwerker, Kaufleute und mittlerer Gewerkenstand) votierte für STOEKER [sic!], da dieser eine aktive Mittelstandspolitik forderte, um die bedrohliche Konzernbildung und den Verfall eines ,leistungsfähigen Mittelstandes' aufzuhalten."
83 Busch, Stoeckerbewegung, S. 127.
84 Ebd., S. 130.
85 Ebd., S. 239.
86 So z. B. 1935 im Eiserfelder Kirchensaal; vgl. Kgm. Eiserfeld, Protokollbuch des Presb. v. 23. 10. 1935. Vgl. auch die Ankündigung zweier großer Feiern zum Gedenken des „großen Kämpfers und Streiters für Volk und Kirche, D. Adolf Stöckers", in: „Unter dem Wort", Nr. 48/1935. Im GDEK.B Nr. 35/1935, S. 127, war ein Aufruf zu diesen Feiern ergangen. Darin wurde die bleibende Bedeutung Stoeckers betont: „Selbst aus den einfachen Schichten des Volkes stammend, verstand er das Volk. Er sah die Mächte des Umsturzes, die marxistische Verführung der Massen, den zersetzenden Einfluß des Judentums, die verderbliche Macht des Materialismus und Mammonismus und erkannte die Ursache von allem in der Gottentfremdung und Entchristlichung des deutschen Volkes."

1.4 Der Kirchenkreis Siegen während der Weimarer Republik

1.4.1 Kirchliche Entwicklungen

Der Ausgang des Ersten Weltkrieges und der Zusammenbruch des Kaiserreichs bedeuteten auch für die evangelische Kirche einen grundlegenden Wandel.[87] Mit dem Ende des landesherrlichen Kirchenregiments war auch das protestantische Staatskirchentum des Kaiserreichs, das „Defensivbündnis von Thron und Altar"[88], von dem Kirche und Obrigkeit in mancherlei Hinsicht profitiert hatten, beseitigt worden. Die evangelische Kirche mußte sich nun selbst eine eigene Verfassung geben. Bedenken brachte die Siegener Synodalversammlung vom Oktober 1919 der geplanten Einführung des Verhältniswahlrechts entgegen. Dadurch würden politische und soziale, d. h. unkirchliche Gesichtspunkte hervorgekehrt und „bedauerliche Wahlagitationen" eingeführt.[89] Bereits im Mai desselben Jahres hatte der Synodale Walther Alfred Siebel, Mitglied im Vertrauensrat des Evangelischen Oberkirchenrates und der Verfassunggebenden Versammlung der Altpreußischen Union, auf der „Reformierten Konferenz für Rheinland und Westfalen" vor einer sozialdemokratischen Machtübernahme in der Kirche gewarnt und die Durchführung von Urwahlen abgelehnt.[90] Bei den Beratungen der Verfassunggebenden Versammlung der Altpreußischen Union setzte sich Siebel als Vertreter der „Gemeinschaftsgruppe" für die Mündigkeit der Gemeindeglieder und die Lockerung des Parochialzwangs ein. Außerdem lehnte er den Bischofstitel scharf ab. Bei der neuerlichen Diskussion um die Einführung des Bischofstitels für die preußischen Generalsuperintendenten erteilte die Kreissynode selbigen Bestrebungen „grundsätzlich" und unter Verweis auf ihre konfessionelle Eigenart eine Absage.[91]

Bei der kirchlichen Neuordnung blieben die Grundzüge der Rheinisch-Westfälischen Kirchenordnung erhalten. Art. 161 der Verfassungsurkunde für die Evangelische Kirche der Altpreußischen Union (EKdAPU) vom

---

87 Vgl. zu diesem Kap.: Klaus Scholder, Die Kirche und das Dritte Reich, Bd. I, Frankfurt a. M./ Berlin 1986; Hans-Walter Krumwiede, Evangelische Kirche und Theologie in der Weimarer Republik, Neukirchen-Vluyn 1990; Richard Ziegert (Hrsg.), Die Kirche und die Weimarer Republik, Neukirchen-Vluyn 1994; Kurt Nowak, Evangelische Kirche und Weimarer Republik. Zum politischen Weg des deutschen Protestantismus 1918–1932 (= Arbeiten zur Kirchengeschichte 7), Göttingen 1981.
88 Jochen Jacke, Kirche zwischen Monarchie und Republik. Der preußische Protestantismus nach dem Zusammenbruch von 1918 (= Hamburger Beiträge zur Sozial- und Zeitgeschichte XII), Hamburg 1976, S. 15–20.
89 Schlosser/Neuser II, S. 421.
90 W. H. Neuser, D. Walther Alfred Siebel, S. 275 f.
91 Schlosser/Neuser II, S. 424 f.; vgl. Herwart Vorländer, Aufbruch und Krise. Ein Beitrag zur Geschichte der deutschen Reformierten vor dem Kirchenkampf (= BGLRK 37), Neukirchen-Vluyn 1974, S. 51–63.

29. September 1922 sicherte den Kirchenprovinzen Westfalen und Rheinland ein Sonderrecht und bestimmte, daß bei Kirchengesetzen, welche die Kirchenordnung betrafen, vorher die Provinzialsynoden zu hören seien.[92] Die Rheinisch-Westfälische Kirchenordnung vom 6. November 1923 betonte den synodalen Aufbau der Kirche und ihre Eigenständigkeit gegenüber den Verwaltungsbehörden. Den Gemeinden wurde das Recht zuerkannt, ihre Pfarrer selbst zu wählen und eine Umlage zu erheben.[93]

Als Selbstverwaltungsorgane der Gemeinden wirkten das Presbyterium und die Größere Gemeindevertretung, letzteres ein Gremium, das es heute nicht mehr gibt.[94] Mitglieder der Größeren Gemeindevertretung waren einerseits die Presbyter, andererseits die Gemeindeverordneten, die in direkter Wahl von den wahlberechtigten Gemeindegliedern gewählt wurden.[95] Das Presbyterium dagegen wurde von der Größeren Gemeindevertretung gewählt.[96] Da die Presbyter auch „geborene" Mitglieder der Größeren Gemeindevertretung waren, bedeutete dies, daß das neue Presbyterium jeweils von dem alten mitgewählt wurde. Diese auf Kontinuität ausgerichteten Bestimmungen sollten später bei den Kirchenwahlen des Jahres 1933 dazu beitragen, den Siegeszug der „Deutschen Christen" in Westfalen zu behindern. Gleichzeitig muß man aber bedenken, daß dieses Siebwahlsystem einem konservativen Geist entsprach, der demokratische Strukturen innerhalb der Kirche nur in abgeschwächter Form zulassen wollte.[97]

Als Selbstverwaltungsorgane des Kirchenkreises bestimmte die Kirchenordnung die Kreissynode und den Kreissynodalvorstand.[98] Die Kreissynode setzte sich aus dem Kreissynodalvorstand, den Gemeindepfarrern, den von den Gemeindevertretungen gewählten Laienvertretern sowie den Fachvertretern zusammen.[99] Die Kreissynode wählte den Kreissynodalvorstand und damit auch den Superintendenten als den Vorsitzenden der Kreissynode. In den anderen preußischen Provinzialkirchen wurden die Superintendenten vom Provinzialkirchenrat ernannt.[100] Zwar mußten auch im Rheinland und in Westfalen der Superintendent und der Synodalassessor vom Kirchensenat bestätigt werden, weil sie zugleich Organ der kirchlichen Selbstverwaltung und der allgemeinen kirchlichen Verwaltung waren, doch besaßen die rheinischen und westfälischen Gemeinden hier ein Stück Selbstbestimmung mehr.

---

92 Vgl. dazu Bernd Hey, Die Kirchenprovinz Westfalen 1933–1945 (BWFKG 2), Bielefeld 1974, S. 16 f.
93 Ebd., S. 17; § 15,3 KO.
94 Art. 10 VU.
95 § 18 KO.
96 § 9 u. 15 KO.
97 Vgl. die Diskussion um das kirchliche Wahlrecht bei Jochen Jacke, Kirche zwischen Monarchie und Republik, S. 165–170 und 277–286.
98 § 37 KO.
99 § 38 KO.
100 Art. 78 VU.

Im Jahre 1932 zählte die Synode Siegen 19 Gemeinden mit 105.392 Gliedern[101]:

Gemeinde	Seelen:	Pfarrstelle(n):
1. Burbach	4.079	1
2. Eiserfeld	4.347	1
3. Ferndorf	9.300	2
4. Freudenberg	3.400	1
5. Hilchenbach	4.410	1
6. Klafeld	7.200	2
7. Krombach	4.093	1
8. Müsen	2.500	1
9. Netphen	3.800	2
10. Neunkirchen	5.781	2
11. Niederdresselndorf	2.522	1
12. Niederschelden	6.326	2
13. Oberfischbach	3.000	1
14. Oberholzklau	1.850	1
15. Olpe	650	1
16. Rödgen	4.000	1
17. Siegen	27.100	6
18. Weidenau	9.042	3
19. Wilnsdorf	1.900	1

Die Tagung der Kreissynode vom 19. Juni 1933 bestand aus 104 stimmberechtigten Mitgliedern, davon 31 Pfarrer, 66 Älteste und 7 Fachvertreter.[102]
Der Aufbau der Kirchenprovinz Westfalen entsprach dem der Kirchenkreise. Selbstverwaltungsorgane waren hier die Provinzialsynode und der Provinzialkirchenrat.[103] Letzterer war wie der Kreissynodalvorstand zugleich Organ der allgemeinen kirchlichen Verwaltung. Als Repräsentanten der Kirchenprovinz wählte die Provinzialsynode den Präses, der zugleich den Vorsitz im Provinzialkirchenrat innehatte.[104] Dieses Amt verwaltete von 1927 bis zur kirchlichen Neuordnung im Jahre 1945 – seit dem 16. März 1934 als Präses der Bekenntnissynode – Präses D. Koch.[105] Neben dieser

---

101 VKS v. 19. 6. 1933, Anhang: Statistische Übersicht betr. Äußerungen des kirchlichen Lebens im Jahre 1932.
102 Ebd., S. 5.
103 § 53,3 KO.
104 § 59 KO; Art. 97,4 VU.
105 Karl Koch, D., geb. 6. 10. 1876 Witten, gest. 28. 10. 1951 Bielefeld, Ordination 1902, Pfarrer Holtrup 1904, Bünde 1914, Bad Oeynhausen 1916–1949, zugl. Superintendent Vlotho und Präses der westfälischen Provinzialsynode 1927, Präses der westfälischen Kirche 1945–1949, Preußischer Landtagsabgeordneter/DNVP 1919–1933 und Reichstagsabgeordneter 1930–1932, Präses der Bekenntnissynode der DEK und Vorsitzender des Reichsbruderrates Mai 1934, Mitglied der 1. Vorläufigen Kirchenleitung Oktober 1934, Mitglied des Rates der EKdAPU; vgl. Wilhelm Niemöller, Karl Koch, Präses der Bekenntnissynode (= Beihefte zum Jahrbuch des Vereins für westfälische Kirchengeschichte 2), Bethel bei Bielefeld 1956; BBKL, Bd. 4 (1992), Sp. 215–220.

kirchlichen Selbstverwaltung arbeiteten das Konsistorium und der General-superintendent als Organe der allgemeinen kirchlichen Verwaltung.[106] Der Generalsuperintendent führte als geistlicher Leiter der Kirchenprovinz den Vorsitz im Konsistorium[107], sein ständiger Vertreter bei der Erledigung der laufenden Geschäfte war der Konsistorialpräsident.[108] Die Mitglieder des Konsistoriums wurden nach Anhörung des Provinzialkirchenrates vom Kirchensenat ernannt.[109]

Die Kirchenprovinz Westfalen war Teil der Evangelischen Kirche der Altpreußischen Union (EKdAPU). Ihre obersten Organe waren die General-synode als Gesetzgebungsinstanz[110], der Kirchensenat als oberstes Leitungsorgan[111] und der vom Kirchensenat gewählte Evangelische Oberkirchenrat als oberste Verwaltungsbehörde.[112] Diese kirchliche Organisations-form zeigt die Verzahnung von konsistorialen und presbyterial-synodalen Strukturen. Das wird besonders an der Schnittstelle von Kirchenprovinz und Landeskirche, dem Provinzialkirchenrat, deutlich. Er ist einerseits durch gewählte Mitglieder der Provinzialsynode und andererseits durch „geborene" Mitglieder aus der allgemeinen kirchlichen Verwaltung besetzt.[113] In diesem Organ traten später auch die Konflikte des Kirchenkampfes offen zutage.

Auf den unteren Ebenen der Kirche standen eindeutig die Strukturen der Selbstverwaltung im Vordergrund, entsprechend den Bestimmungen der Rheinisch-Westfälischen Kirchenordnung. Hier, auf den gemeindenahen Ebenen, konnte das aus reformierter Tradition erwachsene Anliegen eines Aufbaus der Kirche von unten nach oben am weitestgehenden verwirklicht werden. Dieser Umstand sollte sich im „Kirchenkampf" als äußerst bedeutsam erweisen. Noch im Jahre 1931 schrieb der Siegener Superintendent i. R. Heinrich Hubbert im Blick auf das Jubiläum der Einführung des Heidelberger Katechismus im Siegerland:

„Unsere reformierten Gemeinden stört niemand, und sie lassen sich auch nicht stören. Kein Kirchenregiment wird jemals so töricht sein, unseren Geist dämpfen, unsere Entwicklung hindern und unserer Eigenart die Berechtigung aberkennen zu wollen."[114]

Daß genau dies nur wenige Jahre später der Fall sein sollte, konnte damals noch niemand ahnen.

In den zwanziger Jahren dieses Jahrhunderts gingen auch Kirche und Gemeinschaft weiter aufeinander zu. Der Schock des Zusammenbruchs von 1918 und die kirchenpolitischen Auseinandersetzungen der frühen Weima-

---

106 Art. 99,1 VU.
107 Art. 104,1 VU.
108 Art. 105,1 VU.
109 Art. 107,1 VU.
110 Art. 110 VU.
111 Art. 126 VU.
112 Art. 126,4 u. 126,5 VU.
113 Hey, Kirchenprovinz, S. 19.
114 Schlosser/Neuser I, S. XVII.

rer Zeit ließen die christlichen Kreise enger zusammenrücken. Superintendent Hubbert schrieb im Januar 1931: „Der Friede und die Arbeitsfreudigkeit in der Synode Siegen sind seit langem nicht so groß und ungetrübt gewesen als im letzten Jahrzehnt."[115] Und das Synodalprotokoll vom 19. Juni 1933 vermerkte lapidar: „Das Verhältnis zu den Gemeinschaften wird kurz und erfreulich als gut bezeichnet."[116] Dies lag nicht zuletzt daran, daß die Gemeinschaften ihren Einfluß innerhalb der Kirche verschiedentlich dahingehend geltend machten, daß Pfarrer, die der Gemeinschaftsbewegung nahestanden, ins Siegerland berufen wurden.[117]

Die Verleihung der theologischen Ehrendoktorwürde durch die Theologische Fakultät der Universität Münster an den Gemeinschaftschristen und Synodalen W. A. Siebel im Zusammenhang des Reformationsjubiläums 1930 wurde auch als Anerkennung der Gemeinschaftsbewegung verstanden. Der Vorstand des Vereins für Reisepredigt vergewisserte sich aus diesem Anlaß noch einmal über die Grundsätze der Gemeinschaftsarbeit: einfache, klare Wortverkündigung „mit dem Ziel der Erweckung von toten Gliedern der Kirche", Pflege der Bekehrten und Stärkung der reformatorischen Heilslehren von Luther über Calvin bis zu den späteren großen Lehrern und „Vätern".[118]

---

115 Schlosser/Neuser I, S. XVIII.
116 VKS v. 19. Juni 1933, S. 20.
117 Entsprechend äußerte sich W. A. Siebel in einem Brief an Michaelis v. 18. 12. 1940, in: GV, Nachlaß Michaelis, Briefe „S". Anhand der Biographien bei Bauks, Pfarrer, läßt sich feststellen, daß bei den Studienorten der Pfarrer, die zwischen 1933 und 1945 im Siegerland tätig waren, Halle, Bonn, Münster und Tübingen überproportional vertreten sind, also Universitäten, die sich entweder durch eine pietistische oder reformierte Tradition oder durch den Standortfaktor Westfalen auszeichnen.
118 GeVerb, Protokollbuch v. 21. 11. 1930.

Abb.1: Aufbau der Evangelischen Kirche der Altpreußischen Union

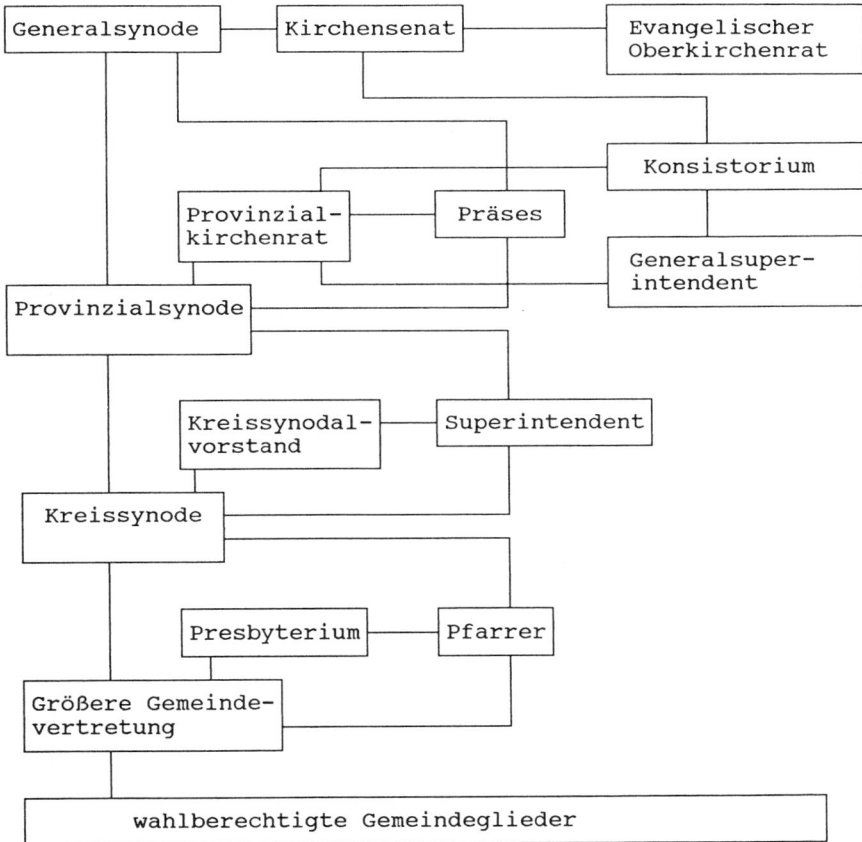

1.4.2 Glaube und Politik im Siegerland

Die politischen Wirren des Neuanfangs nach 1918 ließen viele eher rückwärts denn nach vorne schauen. Der Siegener Superintendent Stein jedenfalls trauerte auf der ersten ordentlichen Nachkriegssynode im Jahre 1919 den vergangenen Zeiten nach und beklagte die „Treulosigkeit" des deutschen Volkes gegenüber seinem Kaiser.[119] Der Schmerz über den Verlust angestammter Rechte und die Furcht vor dem Vordringen des „gottlosen" Kommunismus waren Ursache dafür, daß die Mehrheit der evangelischen Christen sich im Lager derer wiederfand, die sich der alten monarchischen Ordnung verbunden fühlten und die Bewahrung nationaler Werte verfolgten. Dabei konnte man im Siegerland auf die politischen Traditionen der Kaiserzeit zurückgreifen. Seit 1912 war Stoeckers „Schwiegersohn"[120], Pfarrer Reinhard Mumm (1873–1932), an die Spitze der Christlich-sozialen Partei getreten. Von 1912 bis 1932 gehörte er ununterbrochen dem Deutschen Reichstag an, zunächst als Vertreter der Christlich-Sozialen, dann, nach dem Zusammenschluß mit der Deutschnationalen Volkspartei (DNVP) im Jahre 1918, als Vertreter der Deutschnationalen.[121] Dabei vertrat er 1912 den Wahlkreis Siegen-Wittgenstein-Biedenkopf, ab 1919 den Großwahlkreis Westfalen-Süd, also jeweils auch die alte christlich-soziale Wählerschaft des Siegerlandes.[122] Unterstützt wurde er dabei von Walther Alfred Siebel, der als Unternehmer, Synodaler und führender Gemeinschaftschrist im Siegerland höchstes Ansehen genoß. Er rief im Jahre 1919 die christlichen Kreise dazu auf, sich in der DNVP zusammenzufinden, und wurde selbst Kreistagsabgeordneter und erster Kreisdeputierter dieser Partei.[123] Als das Bündnis aus DNVP und DVP im Siegerland 51,8 Prozent (!) der Stimmen erzielte, kommentierte der „Evangelist":

„Unser Land hat seinem Namen wieder Ehre gemacht. Es wird wohl nirgends in unserem Vaterlande so gewesen sein, daß in einem Industriekreis die rechtsstehenden Parteien einen so glänzenden Sieg davongetragen haben als hier. Es darf nicht unerwähnt bleiben, daß unsere Gemeinschaften und Vereine mit großer Freudigkeit Mann für Mann um die heiligsten Güter gestritten haben."[124]

Damit war die Affinität zwischen pietistischen Gemeinschaften und rechtspopulistischer Politikoption eindrucksvoll bewiesen. Über die politische Haltung der evangelischen Pfarrerschaft hingegen lassen sich nur schwer Aussagen treffen, da sich diese im Blick auf ihr Amt Zurückhaltung aufer-

---

119 Schlosser/Neuser II, S. 419.
120 Mumm heiratete 1909 eine Pflegetochter Stoeckers.
121 Vgl. Helmut Busch, Reinhard Mumm als Reichstagsabgeordneter, in: JVWKG 65 (1972), S. 189–217.
122 Ebd.
123 W. H. Neuser, D. Walther Alfred Siebel, S. 275–277.
124 Zitiert: Helmut Busch, Das Problem einer christlichen Politik in den Siegerländer Wahlkämpfen während der Weimarer Zeit, in: JWKG 71 (1978), S. 119–165, hier: S. 141.

legten.[125] Es besteht indes kein Zweifel, daß sich gerade in der Frage des umstrittenen Religionsunterrichts an den Schulen ihre Interessen mit denen der Deutschnationalen Volkspartei trafen. Und für die jeweiligen Superintendenten läßt sich ein inniges Verhältnis zu Reinhard Mumm nachweisen.[126] Als im Jahre 1924 im zu wählenden Reichstag Abstimmungen über das Reichsschulgesetz, ein Gesetz gegen „Schund und Schmutz", ein Gesetz zum Schutz der Jugend und andere sittliche Fragen anstanden, erinnerte Superintendent Hubbert die evangelischen Christen an ihre Wahlpflicht, was einem Aufruf für die DNVP gleichkam. Gerade der sittliche Zustand der Gemeinden, die Klage über Materialismus, Vermassung der Gesellschaft, Verwahrlosung der Jugend, „Tanzwut", Alkoholismus und andere Erscheinungen des Zeitgeistes waren ein ständig wiederkehrendes Thema auf den Kreissynodaltagungen der Weimarer Zeit.[127] Es gab sogar die Anregung, zu Beginn eines jeden Gottesdienstes die Zehn Gebote zu verlesen, um wenigstens diese Grundlagen „einzuhämmern".[128] In dieser Zeit sittlicher Auflösung sah man im Evangelium das „Bollwerk unserer Kultur"[129] und in der DNVP den politischen Partner. So gilt auch für die Weimarer Zeit die Feststellung, daß nur diejenige Partei im Siegerland Macht und Einfluß gewinnen konnte, „die programmatisch die Wahrung christlicher Belange vertrat"[130]. Daher ging aus den Wahlkämpfen von 1919 bis 1928 jeweils die DNVP als stärkste Partei hervor[131], deren Parteiprogramm Anliegen der früheren Christlich-sozialen Partei aufnahm und die in ihren Verlautbarungen hervorhob, „für die Erhaltung eines lebendigen Christentums im Staats- und Volksleben eintreten zu wollen. In den Siegerländer Wahlkämpfen kam diesem Argument entscheidende Bedeutung zu."[132] Das Blatt der Gemeinschaftsbewegung „Der Evangelist aus dem Siegerland" warb vor Wahlen unverblümt für die Deutschnationale Volkspartei.[133]

Die Sozialdemokratische Partei dagegen rangierte im Siegerland stets weit unter dem Reichsdurchschnitt. Dies lag zum einen an der sozialen Situation der Siegerländer Arbeiterschaft, die ein klassisches „Proletariat" nicht entstehen ließ, zum anderen an der von der SPD propagierten Trennung von

---

125 Nur einmal wird berichtet, daß ein Pfarrer als Leiter einer deutschnationalen Wahlversammlung auftrat; Busch, Das Problem einer christlichen Politik, S. 140; nach Karl-Wilhelm Dahm, Pfarrer und Politik. Soziale Position und politische Mentalität des deutschen evangelischen Pfarrerstandes zwischen 1918 und 1933 (= Dortmunder Schriften zur Sozialforschung 29), Köln/Opladen 1965, S. 147, sind in der Weimarer Zeit 70–80 Prozent aller Pfarrer einem „konservativ-nationalen" Denktypus zuzurechnen, dessen Kennzeichen eine Rückorientierung auf die „heilige und unheilige Vergangenheit" sowie die „Vorwärtsutopie einer neuen Synthese von ,Nation und Altar'" sind. Die christlich-sozial orientierten Pfarrer stellen eine Teilgruppe dieses Pfarrertyps dar; ebd., S. 152.
126 Vgl. Busch, ebd.
127 Vgl. Schlosser/Neuser II, S. 419, 445–449.
128 Ebd., S. 446.
129 Sup. Hubbert im Vorwort zu Schlosser/Neuser I, S. XX.
130 Helmut Busch, Das Problem einer christlichen Politik, S. 120.
131 1919 zusammen mit DVP: 51,8 %; 1920: 39,5 % (im Reich: 14,4 %); 4. 5. 1924: 45,7 % (19,5 %); 7. 12. 1924: 41,9 % (20,5 %); 1928: 34,0 % (14,3 %); Busch, Stoeckerbewegung, S. 242.
132 Busch, R. Mumm, S. 126.
133 Busch, Das Problem einer christlichen Politik, S. 141.

Kirche und Staat[134], was sie für konservativ-christliche Kreise unwählbar machte. Für letztere schien mit den religionspolitischen Forderungen der SPD der Weg in die „Gottlosigkeit" vorgezeichnet. Ihren größten Wahlerfolg im Siegerland erzielten die Sozialdemokraten 1928 mit 20,4 Prozent (im Reich: 29,8 Prozent), als die Stimmenzersplitterung unter den bürgerlichen Parteien zunahm und die DNVP als Regierungspartei Einbußen hinnehmen mußte.[135]

Um die Stimmverluste der DNVP von 1928 aufzuholen, wurde im Siegerland und den angrenzenden Gebieten eine „Christlich-soziale Vereinigung" gegründet. Man glaubte, durch Betonung des christlich-sozialen Gedankens die abtrünnigen Wähler zurückgewinnen zu können.[136] Darüber hinaus beteiligte man sich an der Gründung einer Christlich-sozialen Reichsvereinigung am 18. 8. 1928 in Bielefeld. Dort betonte man, es gehe um die Sammlung der Christlich-Sozialen für die Deutschnationalen, nicht um eine eigene Parteigründung. Dies änderte sich aber, als Hugenberg den Parteivorsitz übernahm und die DNVP in eine radikale Oppositionshaltung zur Weimarer Republik führte. Es kam zu innerparteilichen Auseinandersetzungen mit dem gemäßigten und christlich-sozialen Flügel, die schließlich zu dem Ausscheiden der christlich-sozialen Abgeordneten aus der Reichstagsfraktion führten.[137] Als Reinhard Mumm über diese Vorgänge vor der Siegener Ortsgruppe berichtete, sprach ihm diese ihr volles Vertrauen aus.[138]

Nachdem sich am 28. Dezember 1929 der Christliche Volksdienst und die Christlich-soziale Reichsvereinigung zum Christlich-sozialen Volksdienst vereinigt hatten, beschloß auch die Mehrheit des Siegener deutschnationalen Kreisvereins, sich der neuen Partei anzuschließen. Sie trat in Westfalen unter der Bezeichnung Evangelischer Volksdienst 1930 erstmals bei Reichstagswahlen an.[139] Die Wahlergebnisse zeigten, daß die religiösen Gruppen des Siegerlandes dem christlich-sozialen Gedanken treu geblieben und zum Evangelischen Volksdienst übergewechselt waren. Während die DNVP auf verschwindende 3,7 Prozent (im Reich: 7,0 Prozent) absackte, konnte der Evangelische Volksdienst auf Anhieb 30,5 Prozent (im Reich: 2,5 Prozent) der Stimmen auf sich vereinen.[140] Nur in wenigen Gebieten des Deutschen Reiches (u. a. Minden-Ravensberg, Teile Ostpreußens, Württembergs, Frankens und Badens[141]) erhielten die Christlich-Sozialen einen ähnlich hohen Stimmenanteil. Dabei läßt sich feststellen, „daß sich der Volksdienst jetzt und in den folgenden Jahren ausschließlich aus Christlich-

134 Hier ist vor allem die Auseinandersetzung um den Religionsunterricht zu nennen; vgl. Scholder I, S. 19 ff.; Busch, Das Problem einer christlichen Politik, S. 129. 143.
135 Busch, Stoeckerbewegung, S. 243.
136 Busch, Das Problem einer christlichen Politik, S. 147.
137 Vgl. Günther Opitz, Der Christlich-soziale Volksdienst. Versuch einer protestantischen Partei in der Weimarer Republik, Düsseldorf 1969, S. 137–155.
138 Busch, Das Problem einer christlichen Politik, S. 150.
139 Ebd., S. 151–153.
140 Ebd., S. 155.
141 S. die Auflistung bei Opitz, Volksdienst, S. 339–344.

sozialen, vornehmlich aus evangelischen Mitgliedern der christlichen Gewerkschaften, Mitgliedern der evangelischen Arbeitervereine und tätigen
Mitgliedern der evangelisch volksmissionarischen Bewegungen und Verbände sowie aus Gemeinschaftskreisen und aus Freikirchen zusammensetz-
te"[142]. Auch zwei Pfarrer hatten sich öffentlich für den Evangelischen
Volksdienst eingesetzt.[143] Soziologisch gesehen waren es aber mehr die
„kleinen Leute", welche dem Evangelischen Volksdienst ihre Stimme gaben.[144]

Doch die Ergebnisse der Reichstagswahlen vom 19. September 1930
zeigten auch den Vormarsch der nationalsozialistischen Partei: 22 Prozent
der Stimmen erhielt die NSDAP im Siegener Wahlkreis, mehr als im
Reichsdurchschnitt (18,3 Prozent).[145] Dies bedeutete gegenüber der Wahl
vom 28. Mai 1928 eine Steigerung um 16,2 Prozent! Die NSDAP begann
nun, ihre Parteiorganisation im Siegerland auszubauen und durch Werbe-
veranstaltungen die Wähler an sich zu binden. Dabei mußte natürlich besonders der Evangelische Volksdienst Ziel politischer Attacken werden.[146]
Ihm wurde u. a. vorgeworfen, zusammen mit der Sozialdemokratie die Regierung Brüning unterstützt zu haben.[147] Besondere Aufmerksamkeit wurde
der Widerlegung der gegnerischen Behauptung geschenkt, es sei für Christen nicht möglich, Hitler zu wählen. Adolf Hitler wurde als vorbildliche
christliche Persönlichkeit dargestellt.[148] Die Neigung vieler Siegerländer,
politischen Leitbildern zu folgen – siehe Stoecker, Mumm – sollte auf Hitler
ausgedehnt werden. Den Erfolg dieser Propaganda zeigte das Wahljahr
1932: Bei der preußischen Landtagswahl am 24. April erlebte der Evangelische Volksdienst einen katastrophalen Einbruch, indem er 65 Prozent seiner
Stimmen im Siegerland verlor, während die NSDAP auf überragende 53,8
Prozent hochschoß.[149] Die Reichstagswahl vom 31. Juli 1932 bestätigte
diesen Trend. Die NSDAP erhielt im Landkreis Siegen 49,5 Prozent der
Stimmen, der Evangelische Volksdienst dagegen nur 10,8 Prozent.[150] Die
NSDAP war nun stärkste Partei im Siegerland und lag dabei deutlich über
dem Reichsdurchschnitt (37,4 Prozent). Damit bestätigte sich der reichsweit
zu beobachtende Trend, nach dem im Juli 1932 jeder zweite Wähler einer
Splitterpartei zur NSDAP überwechselte.[151] So bedeutet das Wahljahr 1932
einen tiefen Einschnitt in der politischen Geschichte des Siegerlandes. Denn

---

142 Ebd., S. 179.
143 Ernst Achenbach (Niederschelden) und Theodor Noa (Siegen); vgl. Busch, Das Problem einer
     christlichen Politik, S. 156, Anm. 170; Hörsch/Stötzel, Theodor Noa, S. 283–286.
144 Ebd., S. 183.
145 Busch, Stoeckerbewegung, S. 243.
146 Hörsch/Stötzel, Theodor Noa, S. 273 ff.
147 Busch, Das Problem einer christlichen Politik, S. 158.
148 Vgl. die entspr. Propagandaschriften, abgedr. bei Hörsch/Stötzel, Theodor Noa, S. 394 ff.
149 Ebd., S. 331 f.
150 Busch, Stoeckerbewegung, S. 243.
151 Jürgen W. Falter, Hitlers Wähler, München 1991, S. 365. Nach Falter entstammten NSDAP-
     Wähler vornehmlich dem evangelisch-bürgerlichen Lager. Innerhalb dieser Gruppe waren die
     Haltequoten der interessenbezogenen und partikularistischen Gruppierungen besonders gering;
     vgl. ebd., S. 368.

„es markiert das Ende der fünfzigjährigen christlich-sozialen Vorherrschaft, die 1881 mit der Wahl Stoeckers begonnen hatte"[152]. Zwar waren stets auch andere parteipolitische Gruppierungen im Siegerland präsent gewesen, auch solche, die nicht spezifisch „christliche" Anliegen vertraten, doch war über fünfzig Jahre hinweg diejenige Partei dominant geblieben, die sich eine dezidiert „christliche" Politik auf die Fahnen geschrieben hatte. Der NSDAP war es nun gleichsam im Handstreich gelungen, diese Phalanx aufzubrechen und die christlichen Wählerkreise an sich zu ziehen. Im Wahlkampf zu den Reichstagswahlen am 5. März 1933 versuchte der Evangelische Volksdienst im Siegerland noch einmal Boden gegenüber der NSDAP gutzumachen. Der Landesführer des Evangelischen Volksdienstes in Westfalen, Pfarrer Lic. Schmidt (Bochum), rechtfertigte in einer Wahlrede die bisherige Politik seiner Partei und beschwor den alten Geist der Stoeckerbewegung als Wegweiser für die Zukunft.[153] Die NSDAP hingegen erhielt im Wahlkampf massive Unterstützung durch die SA-Standarte Siegerland, die in einem achttägigen „Marsch für Hitler" die meisten Orte des Siegerlandes durchwanderte und damit das Interesse der Öffentlichkeit auf sich zog.[154] Der Marsch begann am 25. Februar im Hickengrund und endete am Tag vor der Wahl in Geisweid. In Burbach nahmen die Marschierer an einem Gottesdienst teil. Teilweise war die „braune Kolonne" (SZ) tausend Mann stark.[155] „Solche Kundgebungen hat das Siegerland noch nicht erlebt"[156], schrieb die Siegener Zeitung.

Die propagandistische Wirkung dieses Marsches war enorm. Der Nationalsozialismus präsentierte sich hier im wahrsten Sinne als (Massen-)Bewegung, die von einer Woge der Begeisterung getragen wurde. In einer Wahlveranstaltung am Rande des Marsches verurteilte Standartenführer Giesler den Kampf des Evangelischen Volksdienstes gegen Adolf Hitler, „der solche Beweise christlichen Geistes gab wie nie ein Kanzler vor ihm"[157]. Für den Siegerländer Christen käme nur die Wahl von Adolf Hitler als den „christlichen Kanzler"[158] in Frage. Diese Propaganda verfehlte ihre Wirkung auf die frommen Siegerländer Wähler nicht. Am 5. März 1933 konnte die NSDAP 53,1 Prozent (im Reich: 43,9 Prozent)[159] der Wählerstimmen für sich verbuchen und damit ihre Stellung in der Gunst der Wähler gegenüber dem Vorjahr noch einmal ausbauen.[160]

Wenn man nach den Gründen für diesen Umschwung im Wahlverhalten der Siegerländer Bevölkerung fragt, so lassen sich folgende Tendenzen feststellen:

---

152 Busch, Das Problem einer christlichen Politik, S. 164.
153 SZ v. 21. 2. 1933.
154 SZ v. 28. 2. 1933; 1. 3. 1933; 4. 3. 1933.
155 SZ v. 28. 2. 1933.
156 SZ v. 4. 3. 1933.
157 Ebd.
158 Ebd.
159 Busch, Stoeckerbewegung, S. 243.
160 SZ v. 6. 5. 1933.

1. Den Vertretern der NSDAP gelang es, ihre Partei so darzustellen, daß ihre Politik mit der christlichen Weltanschauung als vereinbar erschien. Dadurch machten sie die NSDAP für viele überhaupt erst wählbar.
2. Viele Siegerländer neigten im religiösen wie im politischen Leben dazu, Leitfiguren zu folgen, die durch ihre christlich geprägte Persönlichkeit eine „christliche" Politik plausibel machten. Nach dem Tode der christlich-sozialen Leitbilder, Adolf Stoecker und Reinhard Mumm[161], konnte Hitler mit seiner demagogischen Ausstrahlung und seinem Hang zu religiösem Pathos diese Stelle leicht einnehmen.
3. In der Weimarer Zeit pflegten die evangelischen Verbände des Siegerlandes stets Wahlempfehlungen auszusprechen. 1932 und 1933 hielten sich die Verbände jedoch aufgrund interner Differenzen zurück. Als die klaren Weisungen ausblieben, erlagen viele dem Sog der neuen Strömung. Den Christlich-Sozialen gelang es nicht einmal, ihre eigene, an sich schon schmale Basis zu mobilisieren.
4. Der Evangelische Volksdienst wurde durch seine Regierungsbeteiligung für die ökonomische Krise mitverantwortlich gemacht. Im Siegerland war durch den Niedergang des Erzbergbaus und der Eisenverhüttung die Arbeitslosigkeit besonders hoch. Während die unpopulären Maßnahmen der Regierung Brüning wenig Zustimmung fanden, konnte die NSDAP durch ihre Versprechungen die Hoffnungen der Menschen auf sich lenken.[162] Wahrscheinlich traten bei vielen Wählern nun wirtschaftliche Gründe in den Vordergrund und verdrängten etwaige weltanschauliche Bedenken gegenüber antichristlichen Strömungen in der Hitler-Partei.[163]
5. Jahrelang besaß die christlich-soziale Bewegung durch das Bündnis mit der DNVP auch auf Reichsebene politisches Gewicht. In einer Splitterpartei wie dem Evangelischen Volksdienst jedoch war der christlich-soziale Gedanke zur Bedeutungslosigkeit verurteilt. Darum gaben die Wähler lieber der erstarkenden NSDAP ihre Stimme als einer im Niedergang begriffenen Partei. Auch der Wunsch, die politische Unsicherheit durch Herbeiführen „klarer Verhältnisse" zu beenden, mag sich hier widerspiegeln.

---

161 Mumm starb am 22. August 1932.
162 Busch, Das Problem einer christlichen Politik, S. 165.
163 Nach Falter, Hitlers Wähler, S. 299 f., erzielte die NSDAP im Schnitt um so bessere Ergebnisse, je niedriger der Arbeitslosenanteil lag, während für die KPD das Gegenteil gilt. Diese Beobachtung trifft auf das Siegerland nicht zu, wo die KPD aufgrund der weltanschaulichen Bindung vieler Wähler trotz hoher Arbeitslosigkeit keine mögliche Wahlalternative darstellte.

2. Der Kirchenkreis Siegen im Jahr der „Machtergreifung"

2.1 Evangelische Kirche und Nationalsozialismus

An der Jahreswende 1932/33 konnte man im „Evangelisch-kirchlichen Sonntagsblatt für Siegerland und Wittgenstein" lesen:

> „Wieder neigt sich ein Jahr zum Ende, und wieder war es ein Jahr der Sorge und der Not, und ein Jahr des Ringens der Geister. Und noch ist keine Entscheidung gefallen, weder im Ringen um wirtschaftlichen Aufstieg, noch im Kampfe um die Seele unseres Volkes. Aber man hat das Gefühl, daß zukunftsschwere Entscheidungen bald kommen müssen und werden, daß sich bald zeigen muß, ob es, wenn auch noch so langsam, wieder aufwärts geht, oder ob wir noch tiefer sinken, und dann auch erst den entscheidenden Ansturm der Gottlosigkeit erleben werden."[1]

Noch ahnten die Leser nicht, in welcher Weise sich diese Vorahnungen erfüllen sollten. Doch geben schon diese wenigen Zeilen einen guten Einblick in die geistige Situation dieser Tage, die geprägt waren durch die Sorge um die wirtschaftliche Existenz, die Furcht vor der Ausbreitung des „gottlosen" Kommunismus und den Wunsch nach einem Ende der politischen Wirren der Weimarer Zeit. Auch in breiten kirchlichen Kreisen bestand eine tiefe Aversion gegen die Weimarer Republik, die man als ein aufgezwungenes System und darum als Intermezzo verstand. Diese Abneigung und die Sehnsucht nach einem „starken Staat", der das Christentum fördern und die Öffentlichkeitsgeltung der Kirche sichern würde, hatten auch in ihr die Bereitschaft geweckt, sich dem Nationalsozialismus zu öffnen[2], der seit den Wahlerfolgen der vergangenen Jahre mit Macht die Führung im Staat anstrebte. Pfarrer Dr. Müller (Hilchenbach), der später in der Siegerländer Bekenntniskirche eine führende Rolle spielte, beobachtete jedenfalls, daß der Nationalsozialismus gerade unter seinen „konservativ und vaterlandstreu eingestellten Gemeindegliedern"[3] Fuß fassen konnte. Zwar bedauerte Müller, daß sich „aus der städtischen Intelligenz"[4] keiner an die Spitze der Bewegung gestellt habe, doch war bei dieser „Intelligenz" durchaus Sympathie für sie vorhanden. Von sich selbst schrieb Müller, er sei lange Zeit „der einzige und wohl auch erste stille Nationalsozialist"[5]

---

1 Ev.-kirchl. Sonntagsblatt Nr. 1/1933.
2 Meier I, S. 3.
3 Nachtrag zur Geschichte der Gemeinde v. 20. 3. 1939, in: Kgm. Hilchenbach, 1/9. Zur Geschichte Hilchenbachs vgl. Rainer S. Elkar, Menschen – Häuser – Schicksale. Hilchenbach zwischen Monarchie, Diktatur und Republik, Kreuztal 1992; Volker Heinrich, Die evangelische Kirchengemeinde Hilchenbach in nationalsozialistischer Zeit (1933–1945), in: Das schönste Haus. 150 Jahre evangelische Kirche in Hilchenbach, hg. v. Presbyterium, Hilchenbach 1996, S. 59–81.
4 Kgm. Hilchenbach, Privat-Chronik, S. 18.
5 Ebd., S. 19. Müller war demnach aber selbst kein Parteimitglied.

unter den Siegerländer Amtsbrüdern gewesen. Hilchenbach war daher auch die erste Kirchengemeinde, welche – anläßlich einer größeren Parteiveranstaltung im Frühjahr 1931 – die Hakenkreuzfahne in ihrer Kirche duldete.[6]

Am 30. Januar 1933, dem Tage der „Machtergreifung" Hitlers, waren die Siegerländer Pfarrer auf der monatlichen Pfarrkonferenz versammelt. Als die Nachricht von der Ernennung Hitlers zum Reichskanzler bekannt wurde, „stoben [sie] weithin kopflos auseinander"[7], um die von der Kreisleitung geforderten Dankgottesdienste durchzuführen. Diese waren Teil der allgemeinen Euphorie, welche dieses Ereignis begleitete. In einem bisher ungekanntem Maße konnte Hitler auf die Unterstützung der Bevölkerung bauen. „Der neue Führer wurde von einem beispiellosen Vertrauen getragen"[8], schrieb Pfarrer Müller in seiner Chronik.

So wurde auch das Ergebnis der Reichstagswahlen vom 5. März 1933 allenthalben mit Genugtuung aufgenommen. „Der Tag der erwachenden Nation hat im Siegerland Gefühle der Dankbarkeit, der Freude und der Begeisterung ausgelöst"[9], kommentierte die Siegener Zeitung den deutlichen Wahlerfolg der Nationalsozialisten. In zahlreichen Gemeinden des Siegerlandes fanden wiederum zum Teil spontan Dankgottesdienste statt, an denen auch NS-Verbände in Uniform teilnahmen.[10] Darin wurde unter anderem für die „Bewahrung vor dem drohenden bolschewistischen Umsturz"[11] gedankt. In Eiserfeld veranstaltete man einen Umzug, der in einen Gottesdienst mündete und mit einer Kundgebung auf dem Marktplatz unter Beteiligung von gemischtem Chor und Posaunenchor endete. Auf der Halde am Gilberg wurde ein Freudenfeuer entfacht.[12]

Die Äußerungen Hitlers zur Kirchenfrage in seiner Regierungserklärung vom 23. März 1933[13] wurden dankbar aufgenommen und als Beginn einer neuen Verbundenheit von Kirche und Staat gewertet. Das Presbyterium der Kirchengemeinde Klafeld äußerte seine Überzeugung, daß es nicht ein „Schachzug politischer Klugheit" sei, daß sich Hitler in dieser Weise der Mitarbeit der Kirche versichere, sondern „seiner ehrlichen Überzeugung" entspringe, „daß ohne den Segen Gottes das große Werk nicht geschehen

---

6 Ebd., S. 18 f. Müller schrieb: „Es war wie ein Anbruch einer neuen Zeit, als die Fahnen mit dem rollenden Sonnenrade zur Kirche getragen wurden." Müller mußte sich in dieser Angelegenheit Kritik von der „Volkszeitung" und vom Konsistorium gefallen lassen. Vorsichtshalber hatte Müller die Maßnahme durch die Kirchenvertretung bestätigen lassen. Voraussichtlich spielte er auf diese Presseschelte an, als er am 30. 6. 1933 in einem Briefentwurf schrieb: „Unter uns lebt nicht ein Schatten von Reaktion, manche von uns haben bisher schon der NS-Bewegung bereitwillig gedient und einige sind wegen ihrer Haltung zum Nationalsozialismus sogar öffentlich in der einst gegnerischen (sic!) Presse verfemt worden." In: Kgm. Hilchenbach, Bd. 1/9; vgl. Protokollbuch des Presb. v. 30. 5. u. 26. 8. 1931.
7 Kgm. Hilchenbach, Privat-Chronik, S. 19.
8 Ebd.
9 SZ v. 7. 3. 1933.
10 SZ v. 7. 3. 1933 und 8. 3. 1933; VKS v. 19. 6. 1933, S. 36 f.
11 VKS v. 19. 6. 1933, S. 36.
12 SZ v. 8. 3. 1933.
13 KJ 1933–1944, 2. Aufl. 1976, S. 23. Darin bezeichnete Hitler die beiden christlichen Konfessionen als „wichtigste Faktoren der Erhaltung unseres Volkstums". Er sicherte die Einhaltung bestehender Kirchenverträge zu und versprach, den Konfessionen „den ihnen zukommenden Einfluß" in Schule und Erziehung einzuräumen.

kann, das nun vor uns steht"[14]. Hitlers Werbefeldzug um das Vertrauen der Kirchen hatte vollen Erfolg gehabt. Dies belegt auch die erste offizielle Stellungnahme zur nationalsozialistischen Machtübernahme seitens der evangelischen Kirche im Siegerland, die Superintendent Heider am 19. Juni 1933 auf der Tagung der Kreissynode in Müsen abgab[15]:

> „Die prophetische Verkündigung ist wieder Wirklichkeit geworden: Siehe, da ist euer Gott! Durch alle Verwirrung und alles Hin und Her des politischen Geschehens hat Gott die Dinge so gelenkt und gestaltet, daß zur rechten Stunde die rechten Männer am rechten Platze standen, um die tödliche Gefahr [des Kommunismus, d. Vf.] von uns abzuwenden."[16]

Damit wurde dem nationalen Umschwung eine geradezu heilsgeschichtliche Dimension zugesprochen. Eine ganz ähnliche Sichtweise zeigte Pfarrer Wehmeier (Ferndorf) in seinem Bericht auf der Kreissynode über die Arbeit der evangelischen Arbeiter- und Volksvereine:

> „[...] die Zeit ist erfüllt; jetzt ist die von Gott gegebene Gelegenheit da; nun helft alle mit, daß unsere geliebte Kirche nicht zum zweitenmal die Aufgabe am deutschen Arbeiter versäume, die sie ihm vor 50 Jahren schuldig blieb und ihn mit in die Arme des geisttötenden Marxismus trieb!"[17]

Solche Formulierungen in biblisch-messianischer Phraseologie unterstreichen die Bedeutung, die man den politischen Ereignissen zumaß. Sie erschienen in den Augen der kirchlichen Beobachter als eine Art Zeitenwende biblischen Ausmaßes. Die Abwehr des Kommunismus wurde als Sieg über die „Mächte aus dem Abgrund" (s. nächste Seite) gefeiert. Entsprechend nahm man auch die Inhaftierung führender Kommunisten im Landkreis mit Genugtuung, zumindest aber mit stillschweigender Billigung auf.[18] Der Landrat jedenfalls konstatierte ein „allgemeines Aufatmen", nachdem man die „Vertreter der Verbrüderungsidee" unschädlich gemacht habe.[19] Solche Gewaltakte bei der Ausschaltung von politischen Gegnern des Nationalsozialismus fanden in dem Bericht des Superintendenten keine Erwähnung. Man war bemüht, nicht selbst dem Vorwurf der „Reaktion" ausgesetzt zu sein. Superintendent Heider unterstrich daher die enge Verbundenheit von Volkstum und evangelischer Kirche und wies Vorwürfe, die Kirche habe in der Vergangenheit versagt, zurück: Der „nationale Umbruch" wäre ohne den evangelischen Volksteil als dem „Hauptträger der Bewegung"[20] kaum gelungen. Die anwesenden Delegierten stellten sich voll hinter die Ausführungen ihres Superintendenten und faßten einstimmig folgenden Beschluß:

14 Jahresbericht der ev. Kirchengemeinde Klafeld zu den Verhandlungen der Kreissynode 1933 (Abschr.), in: Kgm. Klafeld, Nr. 120–124.
15 Vgl. dazu auch Thieme, Olpe, S. 180 f.
16 VKS v. 19. 6. 1933, S. 9.
17 Ebd., S. 54.
18 Zwischen dem 1. März und dem 22. Mai 1933 wurden insgesamt 62 Festnahmen aus politischen Gründen registriert; davon waren 60 Kommunisten betroffen. Außerdem kam es zu zahlreichen Haussuchungen; Lagebericht des Landrats v. 29. 5. 1933, in: STA MS, Kr. Siegen, LA, Nr. 1839, S. 19.
19 Ebd., S. 18.
20 VKS, S. 10. Dies hing natürlich damit zusammen, daß bisher das Zentrum als politische Vertretung des Katholizismus fungiert hatte.

„Wie ein Schifflein auf wogendem Meer durchlebt die Kirche des Evangeliums eine politische und geistige Revolution von einer Weise und Tiefe, wie sie die Geschichte des deutschen Volkes sonst nicht mehr aufzuweisen hat. Wenn in diesem Umbruch der Zeiten die Kirche als die Zeugin des lebendigen Gottes nicht den Mächten aus dem Abgrund erlegen ist, sondern inmitten eines für Vaterland und Gott neu erwachten Volkes ihren Dienst umfassender und durchdringender als bisher tun darf, so weiß die Kreissynode Siegen für dieses erhebende Geschehen dem allmächtigen und gnädigen Gott, dem Herrn seiner Kirche auf Erden, in tiefer Beugung die Ehre zu geben, der in den Männern der jetzigen Reichsführung, in erster Linie unserem Reichskanzler Adolf Hitler, die Werkzeuge für die Ausführung ihres [gemeint wohl: seines] Willens mit unserem Volk gesetzt hat. Die Kreissynode dankt es den Männern der nationalen Erhebung, daß sie dem vielzerrissenen Deutschen Reiche eine neue, machtvolle Einheit gegeben und in unserem Volke den Lebenswillen für die gottgewollte Freiheit und Ehre entzündet haben. Wir freuen uns des heiligen Eifers des jungen Deutschlands in der Bekämpfung alles seelenzerfressenden Schundes und Schmutzes in Literatur und Kunst und des wagemutigen Ringens um eine sittliche Erneuerung unseres veräußerlichten Volkslebens in Brauch und Sitte. Wir begrüßen die Einigung des gesamten deutschen Lehrerstandes auf dem Boden eines bewußt nationalen und christlichen Erziehungszieles für die deutsche Jugend. Vor allem aber stellt die Kreissynode mit Freuden fest, daß Adolf Hitler sein Kanzlerwort für den Aufbau einer staatsfreien, aber zutiefst volksverbundenen Kirche gegeben hat. Die Synode ruft daher alle evangelischen Glieder unserer Siegerländer Gemeinden auf, die Glaubens- und Liebeskräfte des reformatorischen Christentums mit aller Kraft zur Vollendung des Aufbaues von Volk und Staat der Reichsführung zur Verfügung zu stellen.“[21]

In dieser Erklärung wird das national-konservative, christliche Weltbild der Siegerländer Kirchenvertreter in dreifacher Hinsicht dokumentiert: In politischer Hinsicht zunächst wurde die „neue, machtvolle Einheit“ des Deutschen Reiches und der Wille des Volkes „für die gottgewollte Freiheit und Ehre“ begrüßt. Im Gegensatz dazu war die Weimarer Zeit innenpolitisch durch Parteienstreit und außenpolitisch durch den als Knebelung und Demütigung erlebten Versailler Vertrag geprägt. Indem nun das aktuelle politische Geschehen als Sieg über die „Mächte aus dem Abgrund“ gewertet wurde, kam ihm geradezu eine religiöse Weihe zu. Im Blick auf das öffentliche Leben und den sittlichen Zustand der Gesellschaft zeigten sich die Synodalen als Verfechter einer „sittlichen Erneuerung“ des Volkslebens unter Rückgriff auf „Brauch und Sitte“. Dies wurde verknüpft mit einem „bewußt nationalen und christlichen“ Erziehungsideal. In kirchenpolitischer Hinsicht schließlich wurde das Versprechen einer „staatsfreien“ Kirche dankbar zur Kenntnis genommen, wobei diese Kirche natürlich „zutiefst volksverbunden“ sein sollte. In dem „für Vaterland und Gott“ erwachten Volk sollte die Kirche ihren Dienst „umfassender und durchdringender als bisher“ ausrichten dürfen. Mit diesen Elementen: nationale Einheit und Stärke des Deutschen Reiches, „Sauberkeit“ des öffentlichen Lebens, Belebung des Brauchtums sowie Freiheit und Volksverbundenheit der Kirche, ist das Weltbild der Siegerländer Synodalen kurz und treffend charakterisiert. Sie umreißen das konservative Profil einer Kirche, die in den „Männern der nationalen Erhebung“ die kongenialen Partner erblickte.

---

21 Ebd., S. 60.

So ist diese Erklärung ein eindrucksvolles und zugleich beklemmendes Zeugnis für Aufbruchsstimmung, die sich auch unter dem evangelischen Kirchenvolk des Siegerlandes ausgebreitet hatte. Sie zeigt, welch gewaltiger Selbsttäuschung die Synodalen erlegen waren, als sie, im Glauben, dem Abgrund entronnen zu sein, geradewegs auf ihn zusteuerten. Doch Hitler hatte mit demagogischem Gespür religiöse Sprache und Symbolik zu nutzen verstanden und damit in kirchlichen Kreisen die Hoffnung geweckt, daß mit der „nationalen Erhebung" auch ein geistlicher Neuaufbruch verbunden sein würde, nachdem sich in der Weimarer Zeit große Teile der Bevölkerung von der Kirche abgewandt hatten. Das Siegerland war zwar von der Austrittswelle verschont geblieben[22], doch erhoffte man sich auch hier von den politischen Veränderungen neue Impulse für das religiöse Leben. Der „ungemein kompakt wirkende Einsatz Hitlers für das Christentum"[23] in den ersten Wochen seiner Amtszeit hinterließ in den kirchlichen Kreisen einen tiefen und prägenden Eindruck. Nur so ist es zu erklären, daß noch Jahre später, als der Kampf um die evangelische Kirche schon voll entbrannt war, auch die bekenntnistreuen Kreise immer wieder ihre Treue gegenüber Staat und Führer bekräftigten. Bei den verschiedenen „Volksabstimmungen" gaben Vertreter der evangelischen Kirche Empfehlungen für Hitler und seine Politik ab.[24]

Die enge Verbindung von evangelischer Kirche und Nationalsozialismus zeigte sich auch bei Feiertagen und besonderen kirchlichen Ereignissen. Am Volkstrauertag und am 1. Mai des Jahres 1933 wurden besondere Gottesdienste anberaumt, an denen NS-Verbände in Uniform teilnahmen. Vielfach „schmückten" Hakenkreuzfahnen den Altarraum.[25] Ähnlich verlief auch das Erntedankfest im Jahre 1933, an dem besonders das Winterhilfswerk als einigendes Band zwischen den verschiedenen Bevölkerungsschichten gewürdigt wurde.[26] Auch die Grundsteinlegung zur neuen Kirche in Dreistiefenbach stand ganz im Zeichen der neuen Zeit. In der Gründungsurkunde wurde der „nationalen deutschen Erhebung" gedacht, die „nach Jahren der Schmach und

---

22 Stötzel/Hörsch, Theodor Noa, S. 246.
23 Scholder I, S. 288.
24 So Pfr. Demandt bei der Abstimmung um den Austritt aus dem Völkerbund am 12. 11. 1933: „Unsere Kirche ist mit unserem deutschen Volke verbunden. Es muß erwartet werden, daß jedes Gemeindeglied unser Vaterland und seinen Kanzler in seinem Kampf um Deutschlands Ehre unterstützt." Kgm. Freudenberg, Proklamationsbuch v. 12. 11. 1933. D. W. A. Siebel vor der Abstimmung über die Ernennung Hitlers zum Reichspräsidenten: „Das deutsche Volk ist am 19. August zu einer großen Entscheidung gerufen. Wir Christen sind lebendige Glieder unseres zu nationaler Erhebung erwachten Volkes und alle kirchlichen Kämpfe der letzten Zeit haben uns nicht den Blick für die große Verantwortung gegen Volk und Vaterland getrübt. Wir stehen in dankbarer Treue hinter dem Führer Adolf Hitler und werden dies am Sonntag mit unserem ‚Ja' bekräftigen." SNZ v. 18. 8. 1934. Beim Plebiszit über die Politik Hitlers am 29. März 1936 forderte das Presbyterium der Kirchengemeinde Ferndorf die Gemeindeglieder auf, „ihrer Wahlpflicht im Sinne des Führers zu genügen".Vgl. Kgm. Ferndorf, Protokollbuch des Presb. v. 12. 3. 1936, Proklamationsbuch v. 22. 3. 1936. Und das Ergebnis der „Volksabstimmung" am 10. April 1938 wertete das Presbyterium in Eiserfeld als Beweis dafür, daß die Gemeinde „geschlossen und treu hinter dem Führer" stehe; vgl. Kgm. Eiserfeld, Protokollbuch des Presb. v. 15. 4. 1938.
25 VKS v. 19. 6. 1933, S. 36 f.
26 SZ v. 2. 10. 1933.

Schande, des politischen, sittlichen und religiösen Niedergangs das deutsche Volk wieder zu nationaler und religiöser Selbstbesinnung geführt" habe.[27]

Ein weiterer Höhepunkt im Feierkalender des Jahres 1933 war der 450. Geburtstag Martin Luthers, der mit Festgottesdiensten und Festkundgebungen unter Beteiligung politischer und religiöser Verbände begangen wurde. Luthers Wirken wurde als beispielhaft für das enge Verhältnis von Deutschtum und christlichem Glauben gewürdigt.[28]

Gerade auf dem Gebiet des Vereinswesens wurde das In- und Miteinander von Nationalsozialismus und evangelischer Kirche augenfällig. So wirkte zum Beispiel die Kapelle des Evangelischen Volksvereins[29] in Siegen gleichzeitig als Musikzug der SA.[30] Der Kreisleiter der NSDAP war zugleich Vorstandsmitglied des Evangelischen Volksvereins.[31] Als der Volksverein im November 1934 sein 50. Jubiläum feierte, waren neben den Vertretern der Kirchen auch die Größen des politischen Lebens versammelt. Nachdem der Vorsitzende des Vereins, Pfarrer Röhrig, der verstorbenen Mitglieder gedacht hatte, ergriff Kreisleiter Burk die Gelegenheit, um auch der gefallenen „braunen Kämpfer" zu gedenken. Daraufhin erhob sich die Versammlung zum Singen des Horst-Wessel-Liedes „und grüßte mit erhobener Hand die Toten der NSDAP"[32]. In seiner Festansprache beschrieb Pfarrer Paul Schmidt (Siegen) die Aufgabe des Vereins dahingehend, die Volksgemeinschaft zu fördern, die der „Führer" ersehne.[33] So flossen gerade in den kirchlichen Vereinen die Traditionen aus Politik und Kirche zusammen und bildeten ein enges Geflecht von ideellen und personellen Verbindungen. Auch bei der Gründung einer Evangelischen Akademie in Siegen im November 1933 ließ sich dieser Trend beobachten.[34] Die evangelische Kirche war in den Gleichschritt der nationalsozialistischen Bewegung eingeschwenkt, und es schien selbstverständlich, daß sich nun auch die Kirche selbst unter dem Eindruck der politischen Verhältnisse entscheidend würde wandeln müssen.

---

27 SZ v. 26. 6. 1933.
28 Vgl. den Bericht der SZ v. 20. 11. 1933 über die Feiern in Rödgen: „Und als die Rödger Kirchenglocken gestern morgen ihre eherne Stimme von stolzer Bergeshöhe herab durch die von ihr zu betreuenden Täler erklingen ließen, da zogen die evangelischen Gemeindeglieder von allen Seiten aus ihren stillen, nebelumschleierten Orten hinauf zum altehrwürdigen Gotteshause, dessen wuchtiger Turm im goldenen Glanze der durchbrechenden Herbstessonne der besonderen Bedeutung des Tages auch äußerlich ein feierliches Gepräge zu verleihen schien, und als von Eisern her der lange, von den einzelnen Vereinen und den Gliederungen der NSDAP. gebildete Zug unter Vorantritt der Kapelle des Evangelischen Volksvereins und des Posaunenchors des Jünglingvereins mit Posaunenschall und Paukenschlag die Höhe erreicht hatte, da wurde es lebendig in dem Bergdörfchen, und schnell war das geräumige Gotteshaus dicht gefüllt von Menschen, die als evangelische Christen ihrem großen Reformator und Glaubenshelden an seinem 450. Geburtstage danken wollten für das, was er durch seine mutige Tat im Auftrage des allmächtigen Schöpfers für uns geleistet hat."
29 Der Ev. Volksverein war aus einem Gesellenverein hervorgegangen und hatte im Laufe der Jahre den Charakter eines ev. Bürgervereins angenommen; Schlosser/Neuser I, S. 328.
30 SZ v. 12. 11. 1934.
31 Ebd.
32 Ebd.
33 Ebd.
34 S. u. Kap. 2.7.

2.2 Die Diskussion um die kirchliche Neuordnung im Sommer 1933

Die Neuordnung der Kirche sollte dem Einvernehmen zwischen Kirche und Staat auch äußerlich eine angemessene Form geben.[35] „Die neue Kirche im neuen Staat" mußte daher grundlegend anders aussehen als das überkommene System der zu einem Kirchenbund zusammengeschlossenen 28 evangelischen Landeskirchen. Der Siegener Superintendent Heider brachte in seinem Jahresbericht auf der Kreissynode am 19. Juni 1933 in Müsen die kirchenpolitische Hauptforderung dieser Tage und Wochen auf den kurzen Nenner: „Die evangelische Kirche muß einig werden. Die 28 Landeskirchen müssen verschwinden."[36] Wie jedoch die angestrebte Einigung der Kirche verwirklicht werden sollte, darüber gingen auch im Reich die Meinungen auseinander, zumal die konfessionellen Unterschiede innerhalb der evangelischen Kirche einen Zusammenschluß erschwerten. Mitte April 1933 wurde daher ein Gremium gebildet und ermächtigt, die erforderlichen Maßnahmen zur Neuordnung der Kirche zu treffen.[37] Ihm gehörten der Präsident des evangelischen Kirchenbundes und des Evangelischen Oberkirchenrates der EKdAPU, D. Kapler, der lutherische Landesbischof Marahrens (Hannover)[38] und der reformierte Studiendirektor D. Hesse (Elberfeld)[39] an. Auch der Bevollmächtigte Hitlers in Angelegenheiten der evangelischen Kirche, Wehrkreispfarrer Ludwig Müller[40], nahm an den Beratungen des sog. Dreiergremiums teil. Ihm ging es vor allem darum, die „Glaubensbewegung Deutsche Christen"[41], die als „Evangelische Nationalsozialisten" einen Führungsanspruch in der neuen evangelischen Kirche erhoben, und die bestehenden Kirchenleitungen auf eine gemeinsame Linie zu bringen. Damit sollte die beabsichtigte Gleichschaltung der Kirche vorangetrieben werden. Zu diesem Zweck war es notwendig, daß die radikalen Richtlinien des DC-Leiters Hossenfelder, die u. a. den Ausschluß von „Nicht-Ariern" aus der Kirche vorsahen und die in kirchlichen Kreisen Widerspruch erzeugt hat-

---

35 Vgl. Horst Kater, Die Deutsche Evangelische Kirche in den Jahren 1933 und 1934. Eine Rechts- und Verfassungsgeschichtliche Untersuchung zu Gründung und Zerfall einer Kirche im nationalsozialistischen Staat (= AGK 24), Göttingen 1970.
36 VKS v. 19. 6. 1933, S. 10; vgl. den Bericht der Kgm. Klafeld zur Synode: „Wir hoffen, daß der Traum in Erfüllung gehen möge: eine große evangelische Kirche derer, die in deutscher Zunge den Gott und Vater unseres Herrn Jesu Christi anrufen." In: Kgm. Klafeld, Nr. 120–124.
37 Scholder I, S. 386.
38 Kurt Schmidt-Klausen, August Marahrens. Landesbischof in Hannover. Wirklichkeit und Legende, Hannover 1989; BBKL, Bd. 5 (1993), Sp. 738–745.
39 Hermann Albert Hesse, Lic., geb. 22. 4. 1877 Weener/Ostfriesland, gest. 26. 7. 1957 Elberfeld, Ordination und Pfarrer Duisburg-Meiderich 1902, Bremen 1909, Elberfeld 1916–1946, zugl. Direktor des Reformierten Predigerseminars und Dozent an der Theologischen Schule ebd. 1929, Mitgl. des Reichsbruderrates Mai 1934, Moderator des Reformierten Bundes 1934–1936.
40 Thomas Martin Schneider, Reichsbischof Ludwig Müller. Eine Untersuchung zu Leben, Werk und Persönlichkeit (= AKIZ B 19), Göttingen 1993.
41 Vgl. Kurt Meier, Die Deutschen Christen. Das Bild einer Bewegung im Kirchenkampf des Dritten Reiches (= AGK E 3), Göttingen ³1967; Hans-Joachim Sonne, Die politische Theologie der Deutschen Christen (= GTA 21), Göttingen 1982.

ten[42], zu entschärfen. Müller gelang es, sich mit neuen Richtlinien[43] bei den Deutschen Christen durchzusetzen und selbst die Leitung der Glaubensbewegung zu übernehmen. Damit waren auch seine eigenen Chancen, als Reichsbischof an der Spitze der künftigen Reichskirche zu stehen, stark gestiegen. Nun galt es nur noch, zu abschließenden Verhandlungen mit dem Dreiergremium zu kommen, das vom 18.–20. Mai in Loccum tagen sollte.

Im Siegerland wurde die Diskussion um die Neuordnung der Kirche aufmerksam verfolgt. Die verschiedenen kirchlichen Gruppierungen hielten Versammlungen ab, um ihre Haltung zu der kirchlichen Neuordnung zu formulieren. Den Anfang machten am 9. Mai die Deutschen Christen, die damit zum ersten Mal in Siegen an die Öffentlichkeit traten.[44] Die Leitung der Versammlung hatte der Leiter der Deutschen Christen im westfälischen Untergau Arnsberg, Pfarrer Hellweg aus Elsoff (Wittgenstein)[45]. Als Referent war Jugendsekretär Twellmann (Witten) geladen, der den Zuhörern unter dem Thema „Die kommende deutsche Volkskirche" die kirchenpolitischen Zielsetzungen der Deutschen Christen als der „S.A. unserer Pfarrer" nahezubringen suchte. Er betonte die Notwendigkeit des „Führerprinzips" in der künftigen Reichskirche und lehnte den Parlamentarismus in der Kirche ab.[46] Damit erntete er nicht nur Zustimmung unter den anwesenden Geistlichen. Superintendent Heider forderte eine freie Kirche in einem freien Staat. Pfarrer Paul Schmidt (Siegen) sprach sogar die Gesinnungsunterdrückung, die der Nationalsozialismus betrieb, an und lehnte eine Diktatur in Deutschland ab. Dafür bezog er Schelte durch die Siegerländer Nationalzeitung.[47]

Trotz dieser kritischen Stimmen waren die Deutschen Christen auch im Kirchenkreis Siegen auf dem Vormarsch. Die neuen Richtlinien und die massive Unterstützung der Glaubensbewegung durch die neue Staatsführung in den nächsten Wochen ließen die anfänglichen Vorbehalte in den Hintergrund treten.

Wenige Tage nach der Versammlung der Deutschen Christen tagte der Siegerländer Zweigverein des Reformierten Bundes[48] gemeinsam mit Vertretern aus der Synode Wittgenstein und den benachbarten reformierten Gebieten Nassaus, insgesamt 800 Pfarrer, Älteste und Gemeindeglieder.[49] In den reformierten Kreisen stieß besonders die Forderung eines Reichsbi-

---

42 Vgl. Scholder I, S. 406–409.
43 KTGQ IV/2, S. 119–121.
44 SNZ v. 16. 5. 1933.
45 Vgl. Hey, Kirchenprovinz, S. 78, Anm. 104.
46 SNZ v. 16. 5. 1933.
47 Ebd.
48 Der Zweigverein war am 14. 2. 1927 gegründet worden und verfolgte „den Zusammenschluß und eine engere Verbindung der Gemeinden und Freunde des reformierten Bekenntnisses untereinander behufs Wahrung und Pflege der Güter der reformierten Kirche in Lehre, Gottesdienst und Verfassung"; VKS v. 19. 6. 1933, S. 54; vgl. Sigrid Lekebusch, Die Reformierten im Kirchenkampf. Das Ringen des Reformierten Bundes, des Coetus reformierter Prediger und der reformierten Landeskirche Hannover um den reformierten Weg in der Reichskirche (= SVRKG 113), Köln 1994; Robert Steiner, Der Weg der reformierten Kirchen und Gemeinden 1933–1950, in: KJ 77 (1950), S. 228–332.
49 Gauger, Chronik der Kirchenwirren, 1. Teil, S. 76.

schofsamtes auf Ablehnung, da sie darin einen Angriff auf die presbyterial-synodale Ordnung und die damit verbundene kirchliche Selbstverwaltung sahen. Im überfüllten Saal des Siegener Volkshauses räumte Hauptredner Otto Weber[50], Direktor der Theologischen Schule in Elberfeld, auch Schwächen im presbyterial-synodalen System ein, lehnte aber ein Bischofsamt entschieden ab.[51] Im Anschluß an seinen Vortrag verabschiedete die Versammlung eine Erklärung, die von Pastor Langenohl (Rheydt)[52] vorgelegt worden war:

„1. Die Versammlung dankt dem Präsidenten D. Kapler für die Berufung des Dreimännerausschusses und stellt sich in Vertrauen und Fürbitte hinter Dr. Hesse – Elberfeld als den Sachwalter des uns angestammten reformierten Bekenntnisses.
 2. Sie vertraut fest darauf, daß in der kommenden geeinten deutschen evangelischen Kirche die reformierten Gebiete in Lehre und Verfassung nach den Grundsätzen ihrer Glaubensüberzeugung geordnet werden. Darum lehnt sie einen Reichsbischof als geistlichen Führer und Träger des kirchlichen Lehramtes ab.
 3. Sie läßt sich neu aufrufen zum Zeugnis des Glaubens von dem gekreuzigten und auferstandenen Herrn und erkennt als alleinige Norm ihres Glaubens, ihres Lebens und ihrer Verfassung die Heilige Schrift an, das im Alten und Neuen Testament geoffenbarte Wort Gottes. Ihr Bekennen des seligmachenden Evangeliums folgt dem Heidelberger Katechismus als der maßgebenden reformierten deutschen Bekenntnisschrift."[53]

Damit war der reformierte Standpunkt grundsätzlich formuliert: das Bekenntnis als Norm auch der kirchlichen Verfassung, Ablehnung eines Reichsbischofs als geistliches Oberhaupt und Zuordnung zum reformierten Mitglied des Dreimännergremiums. Auch andere reformierte Versammlungen faßten ähnliche Beschlüsse. So gaben in Elberfeld über 2.000 Vertreter aus den reformierten Gemeinden des Bergischen Landes am 15. Mai eine Erklärung ab, die der Siegener Kundgebung teilweise im Wortlaut entsprach. Auch die Düsseldorfer „Theologische Erklärung zur Gestalt der Kirche"[54] vom 20. Mai 1933, die bedeutendste reformierte Stellungnahme dieser Zeit, sprach die Ablehnung einer episkopal verfaßten Reichskirche deutlich aus.[55]

50 Otto Weber, Dr. theol. h. c., geb. 4. 6. 1902 Köln-Mülheim, gest. 19. 10. 1966 Randolin – St. Moritz/Schweiz, Dozent Theologische Schule Elberfeld 1928–1933, Seminardirektor ebd. seit 1930, o. Prof. für reformierte Theologie Göttingen 1933, Geistlicher (reformierter) Minister in der Reichskirchenregierung 27. 9.–25. 11. u. 2. 12.–22. 12. 1933, komiss. 23. 2. 1934. Mitgl. der NSDAP und des NS-Lehrerbundes 1933, des NS-Dozentenbundes 1934, der Glaubensbewegung Deutsche Christen Mai bis November 1933.
51 „Wir können keinen deutschen Papst gebrauchen; also weder Demokratie noch Papismus." Wiedergabe der SZ v. 15. 5. 1933.
52 Wilhelm August Langenohl (1895–1969), Pfr. Düsseldorf u. Rheydt, Mitgl. im Moderamen des Reformierten Bundes.
53 SZ v. 15. 5. 1933.
54 Auch hier sprach Otto Weber. Die Erklärung betonte noch besonders die Bedeutung der Presbyterien und Synoden als Leitungsorgane der Kirche und sah die künftige Reichskirche als „Bündnis gleichberechtigter Bekenntnisse"; Herwart Vorländer, Kirchenkampf in Elberfeld 1933–1945 (= AGK E 6), Göttingen 1968, S. 29 f. Die Kirchengemeinde Freudenberg schloß sich dieser Erklärung an; vgl. Protokollbuch des Presb. v. 21. 5. 1933. Das Presbyterium der Kirchengemeinde Klafeld lehnte die Erklärung mehrheitlich ab. Es forderte die Bildung einer Bekenntnisunion, die Abschaffung parlamentarischer Formen in der Kirche und die Einteilung der Gemeinde in „Blocks"; vgl. Protokollbuch des Presb. v. 22. 5. 1933.
55 KJ 77 (1950), S. 230 f.

Die Empfindlichkeit der Reformierten in der Bischofsfrage ist auch vor dem Hintergrund der Diskussion in den zwanziger Jahren zu sehen. Schon damals hatten sich in einem jahrelangen Disput die reformierten Kreise, an ihrer Spitze Pastor D. Hesse, vehement gegen den Bischofstitel ausgesprochen.[56] Der Gesetzentwurf wurde schließlich mit knapper Mehrheit abgelehnt. Als aber im Jahre 1933 die Bischofsfrage wieder auf den Tisch kam, mußte dies für die Reformierten als ein „Ärgernis ersten Ranges"[57] erscheinen.

Nur wenige Tage nach der Versammlung des reformierten Zweigvereins tagte auch der Zweigverein des Evangelischen Bundes[58] in Siegen. Als Hauptredner trat der Vorsitzende des Zweigvereins, Pfarrer Paul Schmidt, auf, der für den Erhalt der kirchlichen Union plädierte. Er reagierte damit auf ein „Wort zur Kirchenreform", das Pfarrer Barth aus Oberfischbach am 12. Mai in der Siegener Zeitung veröffentlicht hatte. Darin hatte Barth ein Ende der Unionskirche gefordert, die er als ursächlich für ein weitverbreitetes Desinteresse der Menschen an der Kirche bezeichnete. Demgegenüber forderte er die Wiederaufrichtung von lutherischen und reformierten Bekenntniskirchen unter dem Dach einer großen „Kirche deutscher Nation" als kirchlicher Verwaltungseinheit.[59] Diesem Anliegen einer reformierten Eigenkirche widersprach Pfarrer Schmidt vehement. Er forderte den Erhalt der Union und ein friedliches Nebeneinander der Bekenntnisse in der kommenden Reichskirche. Nur in einer Union könne das zersplitterte Reformiertentum sein Sondergut bewahren.[60] Zu den Deutschen Christen sagte Schmidt, es sei nicht zu ertragen, daß man bei ihnen Hitler so nahe an Christus nenne.[61] Das Evangelium sei über das Deutschtum zu stellen. Darum begrüßte Schmidt die Ablösung Hossenfelders als Führer der Deutschen Christen, so daß deren Leitung nun „in den Händen biblisch denkender Männer" liege. Durch diese Maßnahme und die neuen Richtlinien seien „Vertrauensgrundlagen" gegeben. Dies verdeutlichte den Stimmungswandel, der sich langsam gegenüber den Deutschen Christen abzeichnete.

Mit der Versammlung des Zweigvereins des Evangelischen Bundes war die Reihe von öffentlichen Meinungskundgebungen der verschiedenen kirchenpolitischen Gruppen innerhalb der Kreissynode Siegen abgeschlossen. Dabei hatten sich im wesentlichen drei verschiedene Richtungen herausgebildet: 1. die Deutschen Christen mit ihrer Forderung einer nach dem Führerprinzip verfaßten Reichskirche, 2. die streng konfessionell denkenden Kreise, die eine reformierte Eigenkirche forderten und einen Reichsbischof sowie die Union ablehnten, und 3. die traditionell gesinnten Kreise, welche

---

56 Vgl. Herwart Vorländer, Aufbruch und Krise, S. 51–63.
57 Meier I, S. 489.
58 Der 1886 gegründete Evangelische Bund bemühte sich um ein rechtes Verhältnis von Kirche und Staat und um eine Zusammenfassung des deutschen Protestantismus durch Betonung des gemeinsamen reformatorischen Glaubensgutes; vgl. ³RGG I (1957), Sp. 789–792; Walter Fleischmann-Bisten, Der Evangelische Bund in der Weimarer Zeit und im sogenannten Dritten Reich (= EHS.T 372), Frankfurt a. M. 1989.
59 SZ v. 12. 5. 1933; vgl. SZ v. 17. 5. 1933.
60 Vgl. dazu auch Schmidts Ausführungen im Ev.-kirchl. Sonntagsblatt Nr. 21 v. 21. 5. 1933.
61 SZ v. 20. 5. 1933.

die Union erhalten wollten und in der Reichskirche vor allem die Chance zu einer engeren Zusammenfassung des deutschen Protestantismus sahen. Gemeinsam war allen Parteien das Anliegen, eine einheitliche evangelische Kirche in Deutschland zu bilden. Wie diese neue Einheit aussehen sollte, darüber gingen die Meinungen auseinander.

Diese verschiedenen Optionen trafen auch auf der Tagung der Kreissynode am 19. Juni 1933 in Müsen aufeinander. Pfarrer Buscher stellte als Vorsitzender des Zweigvereins des Reformierten Bundes den Antrag, die Synode möge sich „voll und ganz" dem im geistlichen Ministerium vorgesehenen reformierten Mitglied zuordnen.[62] Der Antrag wurde mit 86 gegen 14 Stimmen angenommen, allerdings nur mit dem Zusatz:

„Unbeschadet dieser Zuordnung bekennt sich die Synode zur Union und fordert, daß die rheinisch-westfälische Unionskirche ihre eigene kirchliche Art im Rahmen der großen deutsch-evangelischen Kirche behält und weiter pflegt."[63]

Damit war sowohl dem Anliegen, den reformierten Charakter der Synode zu erhalten, als auch der Forderung zum Verbleib in der Union Rechnung getragen worden. Der konfessionalistische Standpunkt war zurückgewiesen worden.

In bezug auf die Stellung gegenüber dem Amt des Reichsbischof blieb die Synode seltsam unschlüssig. In der Zwischenzeit hatten sich in Loccum Wehrkreispfarrer Müller und das Dreiergremium auf ein „Manifest" geeinigt, in dem die neue Reichskirche als Bund gleichberechtigter Bekenntnisse mit einem lutherischen Reichsbischof an seiner Spitze konzipiert wurde. Die Nominierung des Reichsbischofs sollte durch die Repräsentanten der Landeskirchen und den Dreimännerausschuß unter Ausschluß staatlicher Mitwirkung erfolgen.[64] Im Ringen um die Besetzung dieses Amtes wurde schließlich Friedrich von Bodelschwingh[65], der sich nach einigem Drängen zur Kandidatur bereit erklärt hatte, vom Landeskirchenausschuß nominiert. Am 27. Mai wandte sich der designierte Reichsbischof zum ersten Mal mit einem Grußwort an die Gemeinden.[66] Die Deutschen Christen empfanden jedoch die Wahl Bodelschwinghs als Affront gegen ihre Bewegung und gegen ihren Kandidaten, den Bevollmächtigten Hitlers, Ludwig Müller. Ein beispielloser Propagandafeldzug gegen Bodelschwingh setzte ein, bei dem auch Hitler seine kirchenpolitische Neutralität aufgab und den gesamten Parteiapparat für die Deutschen Christen zur Verfügung stellte. Es begannen turbulente Wochen, in denen die Pfarrer und Gemeinden vor der Entscheidung standen, sich für oder gegen Bodelschwingh auszusprechen. „Mit dem Kampf um diese Entscheidung begann der Kirchenkampf."[67]

62   VKS v. 19. 6. 1933, S. 60 f.
63   Ebd.
64   Scholder I, S. 410 f.
65   Vgl. Hartmut Lehmann, Friedrich von Bodelschwingh, in: Martin Greschat (Hrsg.), GK Bd. 9,2 (1984), S. 244–260.
66   Scholder I, S. 421.
67   Ebd., S. 422.

Auf der Tagung der Siegener Kreissynode erklärte nun eine Anzahl von Delegierten, „vom reformierten Standpunkt aus zur Bischofsfrage grundsätzlich keine Stellung nehmen zu wollen"[68]. Erst nach eingehender Erörterung wurde ein Antrag, den Pfarrer Paul Schmidt eingebracht hatte, mit 73 Ja-, 18 Nein-Stimmen und neun Stimmenthaltungen angenommen. Darin sprach die Kreissynode Reichsbischof Bodelschwingh „ihr volles Vertrauen"[69] aus. Eine grundsätzliche Stellungnahme zu dem Amt des Reichsbischofs wurde damit jedoch nicht verbunden. Vermutlich ging es den Synodalen in erster Linie um eine Vertrauenskundgebung für Bodelschwingh als Person, der in Westfalen ein besonders hohes Ansehen genoß, und damit um ein Votum gegen Ludwig Müller. Die eigentliche Bischofsfrage wurde ausgeklammert, weil über deren grundsätzliche Bewertung kein Konsens erzielt werden konnte.[70] Nur wenige Tage später jedoch trat Bodelschwingh zurück, nachdem er keine ausreichende Basis mehr für die Ausübung seines Amtes gesehen hatte. In Preußen war D. Kapler vom Amt des Präsidenten des Evangelischen Oberkirchenrates zurückgetreten. Da sein Nachfolger nach der „politischen Klausel" des Kirchenvertrages durch die preußische Regierung bestätigt werden mußte, wurde dieses Amt vorerst nur kommissarisch neu besetzt. Dennoch sah Kultusminister Rust mit dieser Maßnahme den Kirchenvertrag verletzt und ernannte einen Staatskommissar für sämtliche preußischen Landeskirchen. Mit August Jäger[71] als Staatskommissar berief er an die Spitze der größten deutschen Landeskirche, der Altpreußischen Union, einen Mann, der erklärtermaßen für die radikale politische Gleichschaltung der Kirche eintrat. Daraufhin trat Bodelschwingh als Reichsbischof zurück. Es begannen turbulente Wochen, in denen sich die kirchlichen Ereignisse überschlugen. Jäger löste sofort alle kirchlichen Vertretungen innerhalb der preußischen Landeskirche auf und setzte Bevollmächtigte an ihre Stelle. Die Behörden wurden angewiesen, jeden Widerstand gegen diese Maßnahme „sofort zu unterdrücken" und den Pfarrern, kirchlichen Vereinen und Gemeinschaften „die erforderlichen Belehrungen"[72] zu geben. Der Bevollmächtigte für die Kreissynoden Siegen und Wittgenstein, der DC-Funktionär Pfarrer Hellweg aus Elsoff, wandte sich am 2. Juli an die Vorsitzenden der Presbyterien und erbat Vorschlagslisten für die Ernennung von Gemeindeausschüssen, welche die aufgelösten Pres-

---

68 VKS v. 19. 6. 1933, S. 61.
69 Ebd.
70 Auch ein Bezug zu den Elberfelder „Forderungen zur Gestalt der Kirche" v. 4. Juni 1933 fehlte. Darin hatten führende reformierte Theologen und Älteste das Amt des Reichsbischofs im Sinne eines „Repräsentanten" oder „Geschäftsführers" interpretiert. Ein übergeordnetes, mit besonderer geistlicher Vollmacht und Autorität ausgestattetes Amt war jedoch nach wie vor abgelehnt worden. KJ 77 (1950), S. 231 f.
71 August Jäger war Leiter der Kirchenabteilung im preußischen Kultusministerium, später rechtskundiges Mitglied („Rechtswalter") des Geistlichen Ministeriums in der Reichskirchenregierung (12. 4.–26. 10. 1934).
72 Vfgg. Jäger v. 28. 6. 1933 (Abschr.), in: Stadtarchiv Hilchenbach, Nr. 2/1042; Bgm. des Amtes Keppel v. 1. 7. 1933 (Abschr.), in: ebd.

byterien ersetzen sollten.[73] Im Presbyterium der evangelischen Kirchengemeinde Neunkirchen wurde am 5. Juli über diese Verfügung beraten und ein
Vorschlag erarbeitet, der auch den örtlichen Vertrauensmann der Deutschen
Christen berücksichtigte.[74] In den meisten Gemeinden kam es dazu jedoch
nicht mehr. Aufgrund massiver Proteste gegen das Vorgehen Jägers wurden
in Westfalen, wo die kirchlichen Vertretungen ein besonders reges Eigenleben führten, die Presbyterien, die Synodalvorstände und der Provinzialkirchenrat wieder eingesetzt.[75]

Am 25. Juni hatten sich auch die altpreußischen Generalsuperintendenten
gegen den Staatseingriff ausgesprochen und für den 2. Juli zu einem Buß-
und Betgottesdienst aufgerufen. Daraufhin ordnete Jäger für denselben Tag
einen Dankgottesdienst an, in dem ein von Hossenfelder verfaßtes „Wort an
die Gemeinde" verlesen werden sollte. Angesichts dieser Vorgänge hielt
Pfarrer Dr. Müller (Hilchenbach) eine Stellungnahme der Pfarrerschaft der
Synode Siegen für unabdingbar. Als Vorlage für die Pfarrkonferenz verfaßte
er einen Brief an den Landrat des Kreises Siegen und an den Evangelischen
Oberkirchenrat.[76] Darin äußerte Müller Bedenken gegen die Anordnung
eines Festgottesdienstes, die Verlesung der Botschaft Hossenfelders und
gegen die Belehrung und Verwarnung der Gemeinden durch staatliche Instanzen. Für einen Festgottesdienst fehle „die hierzu erforderliche Freudigkeit". In der derzeitigen Verwirrung bedeute die Anordnung eines Festgottesdienstes „eine Knechtung der Gewissen" und eine „höchst bedauerliche
Verkennung der Art, in der geistliche Dinge behandelt sein wollen". Auch
die befohlene Verlesung müsse zu einer „inneren Unaufrichtigkeit" bei den
Pfarrern führen. Darüber hinaus verletzten die angedrohten Disziplinarmaß-
nahmen „Ehrempfinden" und „Dienstfreudigkeit" eines ganzen Standes, der
sich angesichts dieser Lage „an Methoden französischer Besatzungsmetho-
den erinnert" fühle. Die Anordnung sei daher abzulehnen, „zumal auf einem
Boden, der ein so differenziertes, empfindliches religiöses Leben hat und
auf dem unser Stand so von der Freikirche beobachtet ist, wie im Siegerland"[77].

Diesen Briefentwurf hielt Müller jedoch zurück, als er auf der Pfarrkonferenz die „Unentschiedenheit bei den Amtsbrüdern"[78] bemerkte. Noch waren
angesichts sich überstürzender Ereignisse die Pfarrer nicht zu einer gemein-

73 Hellweg v. 2. 7. 1933, in: Kgm. Burbach, III, Bd. 5, Fasc. 2. Am 7. 7. 1933 wurde Pfr. Dr.
    Schmidt (Siegen) als Beauftragter für die Kreissynode Siegen eingesetzt, Hellweg blieb Beauf-
    tragter für Wittgenstein; vgl. KABl., Sonderausgabe v. 8. 7. 1933.
74 Kgm. Neunkirchen, Protokollbuch des Presb. v. 5. 7. 1933.
75 Hey, Kirchenprovinz, S. 38. Diese Sonderregelung blieb nur wenige Tage in Kraft, da der
    Bevollmächtigte für die Provinz, Adler, durch den rheinischen Landrat Krummacher abgelöst
    wurde. Adler blieb Unterkommissar für Westfalen. Krummacher hob die letzten Anordnungen
    Adlers auf und wollte die Gemeinde- und Synodalausschüsse wiederherstellen. Im Siegerland
    leitete Pfr. Dr. Schmidt diese Maßnahme. Er bat in einem Schreiben die Amtsbrüder um Angabe
    geeigneter Persönlichkeiten, unter Beteiligung der Deutschen Christen; vgl. Schmidt v. 11. 7.
    1933, in: Kgm. Burbach, III, Bd. 5, Fasc. 2. Doch auch diese Maßnahme kam nicht mehr zur
    Durchführung, da am 14. Juli alle Bevollmächtigten abberufen wurden; Hey, ebd., S. 39 f.
76 Entwurf v. 30. 6. 1933, in: Kgm. Hilchenbach, Bd. 1/9: Chronik.
77 Ebd.
78 Kgm. Hilchenbach, Privat-Chronik, S. 21.

samen Stellungnahme fähig. Der Bevollmächtigte für die Provinz Westfalen, Adler[79], kam jedoch den Siegerländer Pfarrern zu Hilfe, indem er die Befolgung der behördlichen Anordnung der Gewissensentscheidung der Pfarrer anheimstellte.[80] So teilte am 1. Juli Superintendent Heider den Amtsbrüdern mit, sämtliche Verfügungen für den 2. Juli seien aufgehoben.[81] Statt dessen sei eine Abkündigung sowie der offene Brief des Reichspräsidenten an Hitler vom 1. Juli zu verlesen. Darin hatte Hindenburg seine Sorge über die kirchliche Lage zum Ausdruck gebracht und Hitler die Befriedung der Verhältnisse nahegelegt. Hitler hatte daraufhin Innenminister Frick mit der Behandlung dieser Frage betraut.[82] In der Kanzelabkündigung wurde dieser Vorstoß und der „Friedenswunsch der beiden Führer des Volkes"[83] begrüßt. Wenige Tage später gaben dann 21 Siegerländer Pfarrer, darunter Superintendent Heider, folgende Erklärung zur kirchlichen Lage ab:

„Wir unterzeichneten Pfarrer stehen durchaus loyal zum neuen Staat und sind insbesondere zu dem vertrauensvollen Zusammenarbeiten bereit, das der Bevollmächtigte für unsere Provinz Westfalen, Pfarrer Adler, erbeten hat und danken ihm für die Art, mit der er die Geschäfte führt. Damit aber die Sorge um die innere Freiheit der Kirche, von der der Herr Reichspräsident spricht und die auch uns bewegt, von uns genommen werde, halten wir es für erforderlich,
1. daß staatliche Machtmittel in der Kirche nicht weiter eingesetzt und Ordnungslosigkeiten, wo sie bestehen sollten, durch andere Mittel beseitigt werden;
2. daß der politische Druck aufhöre, unter den die Verkündigung des göttlichen Wortes gesetzt ist, da eine lebendige Verkündigung durch solchen Druck gehemmt wird;
3. daß die bisherigen Kirchenführer nicht mehr öffentlich beschuldigt werden, solange ihnen die Möglichkeit der öffentlichen Verteidigung nicht zugestanden wird;
4. daß insbesondere unserem Generalsuperintendenten D. Weirich, dem wir als unserem geistlichen Führer zur Treue verpflichtet sind, der Verkehr mit Pfarrern und Gemeinden wieder freigegeben werde;
5. daß die auf Anregung des Herrn Reichspräsidenten begonnenen Verhandlungen allseitig mit ernstem Willen zur Verständigung geführt werden;
6. daß bei der Neuordnung der Kirchenverfassung die besonderen Verhältnisse der Provinz Westfalen berücksichtigt werden."[84]

In den kirchenpolitischen Wirren, welche diese Wochen im Sommer 1933 kennzeichneten, zeigte sich hier zum ersten Mal der Wille zur Selbstbehauptung angesichts einer Kirchenpolitik, welche die Gleichschaltung der Kirche allzuschnell und unter Mißachtung kirchlicher Strukturen und Mentalitäten durchführen wollte. Bei aller politischen Konformität wurde die Unabhängigkeit der Kirche bei der geplanten Neuordnung betont.

---

79 Bruno Adler, geb. 4. 1. 1896 Itzehohe, gest. 18. 11. 1954 Minden, Kriegsdienst 1915–1919, Ordination und Pfarrer Werne a. d. Lippe 1925, Weslarn 1925–1933, Bevollmächtigter Westfalen 25. 6. 1933, theol. Hilfsreferent Konsistorium Münster August 1933, Bischof des Bistums Münster 5. 10. 1933, als Bischof beurlaubt November 1934, im Wartestand (Bischof a. D.) 1. 9. 1939, Kriegsdienst August 1939–1946, Ruhestandsversetzung 1946. Provinzialleiter der westfälischen Deutschen Christen 1932. S. Friedrich Wilhelm Bauks, Der westfälische DC-Bischof Bruno Adler, in: JWKG 80 (1987), S. 153–159.
80 Hey, Kirchenprovinz, S. 39.
81 In: Kgm. Freudenberg, D 6.
82 Meier I, S. 103.
83 Heider v. 1. 7. 1933, in: Kgm. Freudenberg, D 6.
84 In: Kgm. Burbach, III, Bd. 5, Fasc. 2. Das genaue Datum der Erklärung ist unbekannt.

Die Arbeit des Verfassungsausschusses war inzwischen weitergegangen. Vom Abschluß der neuen Kirchenverfassung erhofften sich viele ein Ende der angespannten Situation. Am 11. Juli tagten auf Einladung des Konsistoriums die westfälischen Superintendenten in Münster. Superintendent Heider berichtete darüber in einem Brief an die Amtsbrüder.[85] Auf beiden Seiten seien Fehler gemacht worden, schrieb Heider, „meines Erachtens diesmal die größeren auf Seiten des Staates". Doch sei es nun notwendig, unter das Vergangene einen Strich zu ziehen und den Neuaufbau in Angriff zu nehmen.

Am 14. Juli 1933 wurden die neue Kirchenverfassung der DEK und das entsprechende Reichsgesetz veröffentlicht.[86] Sie sah vor, daß am 23. Juli 1933 Kirchenwahlen im gesamten Bereich der DEK stattfinden sollten. Gleichzeitig wurden Staatskommissar Jäger und seine Bevollmächtigten zurückgezogen.[87]

2.3 Die Kirchenwahlen

Für die Vorbereitung der Kirchenwahlen blieb den Gemeinden nur etwas mehr als eine Woche Zeit. Diese kurze Frist kam den Deutschen Christen zugute, die bereits die für einen Wahlkampf erforderliche geschlossene Organisationsform besaßen und zudem den ganzen Parteiapparat der NSDAP hinter sich wußten. Hitler selbst nahm in einer Rede am Vorabend der Wahl für die Deutschen Christen Stellung.[88] Damit war die Wahl praktisch entschieden. In allen Landeskirchen (außer Bayern) gewannen die Deutschen Christen eine große Mehrheit. Westfalen blieb die einzige preußische Provinzialkirche, in der sich die Deutschen Christen nicht durchsetzen konnten.[89]

Wie verlief nun die Wahl im Siegerland? Hier standen die Deutschen Christen vor dem Problem, daß sie bei der Bevölkerung noch nicht sehr bekannt waren. Bei den letzten Kirchenwahlen im Herbst 1932 waren sie nur in Weidenau mit einer eigenen Liste vertreten gewesen.[90] So beklagte auch Pfarrer i. R. Blecher (Siegen) auf einer Versammlung der Vertrauens-

85 Heider v. 12. 7. 1933, in: Kgm. Hilchenbach, Tit. I, No. 7.
86 GDEK Nr.1 v. 7. 10. 1933, S. 2–4; RGBl. I.1933, S. 471.
87 Meier I, S. 103.
88 Scholder I, S. 567.
89 Zwar muß man auch hier von einer Mehrheit der DC-Gemeindeverordneten ausgehen, sie konnte sich nur nicht bis in die Provinzialsynode durchsetzen. Dies lag zum einen an dem besonderen westfälischen Siebwahlsystem, das den Wahlsieg der Deutschen Christen abschwächte, zum anderen an den „geborenen" Mitgliedern der Provinzialsynode, die den Ausschlag zugunsten der Gruppe „Evangelium und Kirche" gaben; vgl. Hey, Kirchenprovinz, S. 43–49; Wilhelm H. Neuser, Die Kirche und ihre Ordnung – Die Kirchenwahlen des Jahres 1933 in Westfalen, in: JWKG 76 (1983), S. 204.
90 VKS v. 19. 6. 1933, S. 17.

männer der Glaubensbewegung aus Stadt und Landkreis Siegen Anfang Juli, daß der Bewegung noch viele zweifelnd gegenüberstünden.[91] Er drückte aber seine Überzeugung aus, daß die Deutschen Christen die Führung in der evangelischen Kirche übernehmen würden. Zu diesem Zweck wurden weitere Versammlungen in den Ortschaften abgehalten, bei denen sich Blecher als eifriger Agitator für die Deutschen Christen betätigte.[92] Außerdem veröffentlichten sie einen Wahlaufruf, in dem sie dazu aufforderten, nur solche Kandidaten zu wählen, die sich vorbehaltlos zum „Dritten Reich" bekannten.[93]

Am 23. Juli waren zunächst die Gemeindeverordneten für die Größere Gemeindevertretung durch die wahlberechtigten Gemeindeglieder zu wählen. Die übrigen kirchlichen Organe (Presbyterien, Synoden) wurden danach mittelbar gewählt. Bei den Wahlen zur Größeren Gemeindevertretung wurden — soweit dies heute noch feststellbar ist — in allen Kirchengemeinden des Siegerlandes Einheitslisten aufgestellt.[94] Dies bedeutete, daß die eigentliche Wahlhandlung ausfiel und die jeweils Erstgenannten auf den Listen als gewählt galten. Nur in Netphen wurden zwei Listen eingereicht, jedoch ohne kirchenpolitischen Hintergrund.[95] Außer in Netphen wurde nur noch in einem Gemeindebezirk (Würgendorf, Kgm. Burbach) eine Verhältniswahl durchgeführt, nachdem ein Einspruch gegen die Wahl eingegangen war und der Wahlkommissar eine Mehrheitswahl angeordnet hatte.[96]

Die Aufstellung von Einheitslisten spiegelt auch eine verbreitete Abneigung gegenüber demokratischen Entscheidungsformen innerhalb der Kirche wider. Pfarrer Wehmeier sah in den Einheitslisten eine Sicherung gegenüber „demokratischer Verzerrung"[97], wodurch gewährleistet sei, daß nur solche Männer berufen (!) würden, die für dieses Gemeindeamt geeignet seien. Und als im Jahre 1936 die Größeren Gemeindevertretungen aufgelöst wurden, schrieb Pfarrer Dr. Müller, man traure „diesem fragwürdigen demokratischen Gebilde"[98] nicht nach.

---

91 SNZ v. 4. 7. 1933. Blechers Vortrag zu dem Thema: „Wie entstand und was will die Glaubensbewegung ‚Deutsche Christen'", geriet zu einer einzigen Lobeshymne für Adolf Hitler. Auch einige Pfarrer waren anwesend, darunter Pfr. Germann (Krombach), der über die Tagung der DC vom 22.–24. Juni in Dortmund berichtete.
92 Am 12. Juli im Ferndorfer Konfirmandenhaus; vgl. Kgm. Ferndorf, Proklamationsbuch v. 9. 7. 1933, und Ende August in Deuz, hier allerdings vor einer „allzu kleinen Versammlung"; SNZ v. 25. 8. 1933.
93 SZ v. 19. 7. 1933.
94 SZ v. 21. 7. 1933. Für die Kirchengemeinden Krombach, Oberfischbach, Rödgen und Wilnsdorf konnten keine Ergebnisse ermittelt werden. Der Hinweis von W. H. Neuser, Walther Alfred Siebel, in: JWKG 85 (1991), S. 281, in Freudenberg habe es keine Einheitsliste gegeben, trifft nur auf die Wahl des Presbyteriums zu; vgl. Kgm. Freudenberg, Protokollbuch des Presb. v. 15. 8. 1933. Das Ergebnis von 10:22 zugunsten der DC, das W. Niemöller, Bekennende Kirche in Westfalen, S. 62, anführt, muß sich auf die Zusammensetzung der Einheitsliste beziehen. In ganz Westfalen fand nur in 71 von 431 Gemeinden eine Wahlhandlung statt; Hey, Kirchenprovinz, S. 43.
95 Der Bezirk Dreistiefenbach hatte eine eigene Liste aufgestellt, um im Blick auf den geplanten Kirchenbau eine stärkere Interessenvertretung durchzusetzen; SZ v. 22. 7. 1933.
96 Kgm. Burbach, Protokollbuch des Presb. v. 30. 7. 1933.
97 Vortrag auf der Kreissynode am 16. 9. 1933, in: RKZ 83 (1933), S. 329–332, hier: S. 330.
98 Kgm. Hilchenbach, Privat-Chronik, S. 37.

Die Tatsache, daß fast überall Einheitslisten aufgestellt wurden, wirft natürlich die Frage auf, wie diese zusammengesetzt wurden und wie hoch der Anteil an Deutschen Christen auf ihnen war. Superintendent Heider berichtete am 18. Juli, daß die Deutschen Christen teilweise 51 Prozent der Listenplätze für sich reklamierten.[99] Heider wies darauf hin, daß solche Forderungen unzulässig seien, allenfalls eine Beteiligung der Deutschen Christen sei zu gewährleisten. Tatsächlich konnten die Deutschen Christen jedoch vielerorts ihre Forderungen nach paritätischer Berücksichtigung (bzw. nach Majorität) durchsetzen. Dabei nahmen zum Teil auch Vertreter der NSDAP aktiv an den Verhandlungen mit der Wahlkommission, welche die Wahllisten aufstellte, teil.[100] Hier wurde deutlich, welche Weichenstellung mit dieser „Wahl" erreicht werden sollte.

In einigen Gemeindebezirken war die Dominanz der Deutschen Christen so offenkundig, daß die Einheitsliste gleich nach ihnen benannt wurde.[101] Eine interessante Verbindung ergab sich im Bezirk Niederschelden-Mitte, wo die Einheitsliste die Bezeichnung „Deutsche Christen-Evangelische Gemeinschaft" trug.[102] Auch in Weidenau wurde den Deutschen Christen eine Parität auf der Wahlliste eingeräumt.[103] Es gab allerdings auch Gemeinden, in denen keine Dominanz der Deutschen Christen zu beobachten war. Für Hilchenbach berichtet Pfarrer Dr. Müller, daß der Anteil der Deutschen Christen auf der Wahlliste ein Viertel bis ein Fünftel betrug, und zwar als Ergebnis einer gütlichen Einigung.[104] In Müsen wurden dieselben Personen wie im Vorjahr gewählt[105], ebenso – bis auf eine Ausnahme – in Olpe.[106] In Oberholzklau wurde genau die Hälfte der bisherigen Gemeindeverordneten ausgetauscht.[107] Diese Angaben lassen jedoch keine Schlüsse auf die kirchenpolitische Zusammensetzung zu.

Diese Ergebnisse zeigen, wie schwierig es ist, aus der Tatsache der Einheitslisten Rückschlüsse auf deren kirchenpolitische Zusammensetzung zu ziehen. Hier spielten lokale Gegebenheiten eine starke Rolle. Auf einer Versammlung der Deutschen Christen am 28. Juli in Siegen wurde die Wahl

99 Heider v. 18. 7. 1933, in: Kgm. Oberfischbach, C 6.
100 Kgm. Neunkirchen, Protokollbuch des Presb. v. 27. 7. 1933: „Es wird wegen Aufstellung einer Einheitsliste verhandelt. Die N.S.D.A.P. ist zu Verhandlungen bereit, unter Voraussetzung der Zubilligung von 51% der Vertreter." Auch in einem Bericht der Deutschen Christen in Klafeld war davon die Rede, daß die Einheitsliste „im Einvernehmen mit der politischen Ortsgruppe" aufgestellt wurde. Sie habe außer „Parteigenossen" nur solche Gemeindeglieder enthalten, die „damals politisch tragbar" und für die neuen Aufgaben geeignet erschienen; Bericht über die kirchliche Lage v. 20. 1. 1935, in: P. A. Schmidt. Auch in Hilchenbach zwei Mitglieder der Deutschen Christen, einer davon zugleich Ortsgruppenleiter der NSDAP, in den Wahlausschuß berufen. Für den Wahlmodus wurde „gebührende Berücksichtigung der neuen nationalen Bewegung" vereinbart; vgl. Protokollbuch des Presb. v. 17. 7. 1933.
101 Im Bezirk Gosenbach (Kgm. Niederschelden); Protokollbuch des Presb. v. 20. 7. 1933.
102 Ebd.
103 Erklärung Reinacher v. 26. 6. 1934, in: Kgm. Weidenau, Ordner zum Kirchenkampf, Fasc. 1. Laut Reinacher wurde den Deutschen Christen dieses Zugeständnis im Blick auf die von ihnen erwartete volksmissionarische Offensive gewährt.
104 Kgm. Hilchenbach, Privat-Chronik, S. 21.
105 Kgm. Müsen, Protokollbuch des Presb. v. 30. 7. 1933.
106 Thieme, Olpe, S. 185.
107 Kgm. Oberholzklau, Protokollbuch des Presb. v. 23. 10. 1932 und 20. 7. 1933.

jedenfalls insgesamt als Sieg für die Deutschen Christen ausgelegt.[108] Kreisleiter Baum deutete aber auch an, daß die gewünschte Resonanz bei der Bevölkerung noch nicht erreicht worden war.[109] Offensichtlich verhielten sich viele noch abwartend, bevor sie den Schritt der Mitgliedschaft wagten. Da die Bevölkerung von der Wahl praktisch ausgeschlossen war, ist es auch nicht möglich, von ihrem Ausgang auf die kirchenpolitische Einstellung der evangelischen Bevölkerung insgesamt zu schließen. Der Wahlausgang war weniger Ausdruck der öffentlichen Meinung als Ausdruck der veröffentlichten Meinung, also des durch die Propagandawirkung entstandenen Meinungsdrucks auf die an der Wahl Beteiligten.

Auch bei der Wahl der neuen Presbyterien wurden in den meisten Kirchengemeinden des Siegerlandes Einheitslisten aufgestellt. Sie unterlagen ebenfalls den Gruppeninteressen. In Siegen sicherten sich die Deutschen Christen 51 Prozent der Sitze[110]. In einigen Gemeinden wurden die alten Presbyter, die ja erst im Januar desselben Jahres in ihr Amt eingeführt worden waren, bestätigt (z. B. in Olpe[111]) oder aber nur zum Teil ersetzt. In Ferndorf erklärten die Deutschen Christen, daß man grundsätzlich das alte Presbyterium anerkenne und nur wünsche, daß es dem „neuen Geist" Raum gebe.[112] In Eiserfeld dagegen überstanden nur drei der acht bisherigen Presbyter die Neuwahlen. Im neuen Presbyterium bekannten sich nun sechs zu den Deutschen Christen.[113] Nur im Bezirk Burbach-Stadt und in Freudenberg kam es zu einer Verhältniswahl, weil zwei Wahlvorschläge eingegangen waren. In Freudenberg stellte sich das alte Presbyterium komplett auf einer Liste zur Wahl, die andere Liste ist vermutlich den Deutschen Christen zuzuordnen. Bei der Wahl wurden 41 Stimmen abgegeben (zusammengesetzt aus: 32 Gemeindeverordneten (davon 22 Deutsche Christen), die bisherigen acht Presbyter und der Pfarrer). Die Auszählung ergab 17:24 Stimmen (3:5 Sitze) für den zweiten Wahlvorschlag.[114] Als Vertreter für die Kreissynode wurden der altbewährte D. W. A. Siebel und ein Vertreter des zweiten Wahlvorschlags (DC) gewählt.[115]

Superintendent Heider berief für den 16. August die Kreissynode nach Siegen ein.[116] Gegenstand waren die Wahl der Abgeordneten für die Provinzialsynode und die Wahl eines neuen Synodalvorstandes, mit Ausnahme des Superintendenten und des Synodalassessors, die — laut Einladungsschreiben — bereits vom Kirchensenat für die achtjährige Wahlperiode bestätigt worden seien. Dies traf allerdings nur für den Superintendenten zu, der seit

108 SNZ v. 1. 8. 1933.
109 „Leider steht die Siegerländer Bevölkerung, vielleicht durch nicht genügende Aufklärung, unserer Bewegung noch nicht so freundlich gegenüber, wie es eigentlich sein müßte." Ebd. Baum kündigte daher eine Reihe von öffentlichen Versammlungen im Siegerland an.
110 Heider an EK v. 21. 12. 1934, in: EZA 7/6662.
111 Thieme, Olpe, S. 185.
112 Kgm. Ferndorf, Protokollbuch des Presb. v. 30. 7. 1933.
113 Kgm. Eiserfeld, Lagerbuch, S. 65.
114 Kgm. Freudenberg, Protokollbuch des Presb. v. 15. 8. 1933; vgl. Anm. 93.
115 Ebd.
116 Einladungsschreiben v. 10. 8. 1933, in: KSA, KV Siegen.

1931 amtierte. Synodalassessor Demandt (Freudenberg) und sein Stellvertreter Vethake (Ferndorf) waren erst am 19. Juni 1933 gewählt und noch nicht bestätigt worden. Darum waren für diese Ämter Neuwahlen erforderlich.[117]

Zunächst jedoch vernahmen die Delegierten einen Vortrag von Pfarrer Wehmeier (Ferndorf) über des Thema „Die Wiege der Rheinisch-Westfälischen Kirchenordnung"[118]. Wehmeier pries die Vorzüge eines organischen Gemeindeaufbaus nach reformierter Tradition auch für die Neuordnung der Kirche. Die Synode Siegen, „die noch am stärksten reformierten Geist in Westfalen vertritt"[119], nahm Wehmeier in eine besondere Verantwortung dafür, daß in den Bewegungen dieser Zeit die Stimme der Reformierten besser gehört werde. Bei den anschließenden Abstimmungen fand jeweils eine Verhältniswahl statt, weil die Deutschen Christen und die Gruppe „Kirche und Evangelium" eigene Wahlvorschläge einbrachten. Bei der Wahl der Vertreter für die Provinzialsynode betrug das Stimmenverhältnis 44:47 für die Deutschen Christen.[120] Dies bedeutete, daß beide Gruppen je zwei der vier Vertreter in die Provinzialsynode entsandten. Pfarrer Vethake und D. W. A. Siebel wurden in ihrem Mandat bestätigt, für die Deutschen Christen wurden Kreisleiter Willi Baum und Kirchmeister Münker (Krombach) nominiert.[121] Bei der Wahl des neuen Kreissynodalvorstandes ergab sich ein Patt von jeweils 45 Stimmen.[122] Durch Los wurde bestimmt, daß die Deutschen Christen den Posten des Synodalassessors besetzen konnten. So traten Pfarrer Dr. Schmidt (Siegen) als Synodalassessor und Pfarrer Buscher (Klafeld) als sein Stellvertreter in den Synodalvorstand ein. Der bisherige Assessor Demandt wurde zum Skriba ernannt. Die Ämter der vier Synodalältesten wurden mit je zwei Vertretern beider Richtungen besetzt.

Versucht man die Ergebnisse der Kirchenwahlen im Sommer 1933 für die Synode Siegen zusammenzufassen, so ist zunächst das massive Vordringen der Deutschen Christen in die kirchlichen Körperschaften festzustellen. Obwohl die evangelische Bevölkerung des Siegerlandes nur mäßiges Interesse an der Glaubensbewegung gezeigt hatte, war es durch das Engagement einzelner und den politischen Meinungsdruck gelungen, den Deutschen Christen — unter Berücksichtigung lokaler Unterschiede — in allen kirchlichen Gremien ein nennenswertes Mitspracherecht oder gar die Mehrheit zu verschaffen. Die Tatsache, daß die Deutschen Christen in der Kreissynode mit der Hälfte der Delegierten vertreten waren, weist auch auf die Verhältnisse in den Gemeinden selbst zurück. Weiter ist festzustellen, daß die Kirchenwahlen im Siegerland völlig unspektakulär verliefen. Überall herrschte der Wille zur gütlichen Einigung vor. Erst im Laufe der nächsten Wochen und Monate traten — forciert durch die Vorgänge in Preußen und im Reich — die Gegensätze zwischen den kirchlichen Gruppierungen hervor. Pfarrer Dr.

117 Neuser, JWKG 76 (1983), S. 204.
118 RKZ 83 (1933), S. 329–332.
119 Ebd., S. 331.
120 Ev.-kirchl. Sonntagsblatt Nr. 35/1933; Thieme, Olpe, S. 184.
121 SZ v. 17. 8. 1933; Neuser, Die Kirche und ihre Ordnung, S. 208.
122 Abschr. des Wahlprotokolls, in: EKvW 2neu, Siegen II; Ev.-kirchl. Sonntagsblatt Nr. 35/1933.

Müller bezeichnete es später als Fehler, daß nicht schon bei den Kirchenwahlen eine „energische Werbung" und eine „Klärung der umstrittenen Fragen" betrieben, sondern ein Posten nach dem anderen aufgegeben wurde.[123] So aber konnten die Deutschen Christen – begünstigt durch die kurze Wahlvorbereitung – an dem Vertrauensvorschuß, der dem Nationalsozialismus entgegengebracht wurde, partizipieren und auf die kirchlichen Entscheidungsebenen vordringen. Insgesamt wird man jedoch die Bedeutung dieser Kirchenwahlen für den Verlauf des Kirchenkampfes nicht allzu hoch einschätzen dürfen. Schon drei Monate später wurden durch die Erschütterungen, welche die Kundgebung der Deutschen Christen im Berliner Sportpalast auslöste, die Mehrheitsverhältnisse in vielen Gremien wieder verändert. Die skandalösen Äußerungen, die bei dieser Kundgebung fielen, erhitzten auch die frommen Gemüter im Siegerland und bewirkten, daß sich viele ihrer Mitglieder wieder von der Glaubensbewegung lösten.

2.4 Die „Judenfrage" in der Sicht der evangelischen Kirche

2.4.1 Stimmen zur nationalsozialistischen Rassenpolitik

„Die entscheidende Grundlage für Hitlers Weltanschauung war die Rassenfrage."[124] Sie wurde daher auch zum wesentlichen Bestandteil der nationalsozialistischen Gewaltherrschaft. Die aus der Weltanschauung des Nationalsozialismus entwickelte Rassenpolitik zielte in erster Linie auf die jüdische Bevölkerung und führte von der anfänglichen Ausgrenzung und Entrechtung der Juden bis zu deren systematischer Vernichtung und Ausrottung.[125]

Wer sich heute mit der Geschichte des Holocausts beschäftigt, muß die beklemmende Feststellung machen, daß die nationalsozialistische Rassenpolitik von weiten Teilen der deutschen Bevölkerung entweder mitgetragen oder – wenn auch nicht immer in ihrer letzten Konsequenz – toleriert oder aber stillschweigend hingenommen wurde. Die Nationalsozialisten konnten auf einer bereits vorgeprägten Judenfeindschaft aufbauen, die – aus unter-

---

123 Vgl. Kgm. Hilchenbach, Privat-Chronik, S. 21.
124 Klaus Scholder, Judentum und Christentum in der Ideologie und Politik des Nationalsozialismus 1919–1945, in: ders., Die Kirchen zwischen Politik und Gewaltherrschaft, S. 247.
125 Vgl. zum Problemfeld insgesamt: Herbert A. Strauss/Norbert Kampe (Hrsg.), Antisemitismus. Von der Judenfeindschaft zum Holocaust (= Schriftenreihe der Bundeszentrale für Politische Bildung 213), Frankfurt a. M. 1985. Zum Verhältnis Kirche – Juden: Wolfgang Gerlach, Als die Zeugen schwiegen. Bekennende Kirche und Judentum, Berlin 1987; Jochen-Christoph Kaiser/Martin Greschat (Hrsg.), Der Holocaust und die Protestanten. Analysen einer Verstrickung (= Konfession und Gesellschaft 1), Frankfurt a. M. 1988; Marijke Smid, Deutscher Protestantismus und Judentum 1932/33 (= HUWJK 2), München 1990; Eberhard Röhm/Jörg Thierfelder, Juden – Christen – Deutsche 1933–1945, Bd. 1, Stuttgart 1990, Bd. 2, Stuttgart 1992.

schiedlichen Quellen sich speisend – im Bewußtsein der Menschen veran-
kert war. Von dieser verbreiteten judenfeindlichen Stimmung war auch die
evangelische Kirche nicht ausgenommen. Hier gab es seit Jahrhunderten
eine judenfeindliche Tradition, die zwar nicht rassisch, aber religiös begründet war. In dieser Tradition stand zum Beispiel der im Siegerland so
hochgeschätzte preußische Hofprediger Adolf Stoecker, dem das zweifel-
hafte Verdienst gebührt, den Kampf gegen die Juden auf der Ebene der
Parteipolitik salonfähig gemacht zu haben.[126] Seine Äußerungen über die
Juden prägten noch zu Beginn des „Dritten Reiches" das antijüdische Ressentiment der kirchlichen Mitte.[127] So war es möglich, daß im April 1933
mit dem Boykott jüdischer Geschäfte und dem „Gesetz zur Wiederherstellung des Berufsbeamtentums" der Kampf gegen die Juden in aller Öffentlichkeit (!) einsetzen konnte, ohne daß ein Aufschrei durch diese Öffentlichkeit ging. Von den in Siegen lebenden Glaubensjuden – ihre Anzahl
betrug 124, im ganzen Siegerland 213[128] – wurde der Boykott dadurch um-
gangen, daß sie ihre Geschäfte am 1. April 1933 geschlossen hielten.[129]
Auch die evangelische Kirche im Siegerland war aktiv beteiligt an der
Durchführung des „Arierparagraphen", der jüdische Bürger von den meisten
Berufsgruppen ausschloß und die Grundlage für die nationalsozialistische
Ausgrenzungspolitik gegenüber Juden in den ersten Jahren der NS-
Herrschaft bildete. Er war gleichzeitig Voraussetzung für die weiteren Stu-
fen der Judenverfolgung, weil er den Status des „Judeseins" definierte und
damit den betreffenden Personenkreis festlegte. Die Kirchen ließen sich in
diese Praxis einspannen, indem sie ganz selbstverständlich die verlangten
„Ariernachweise" ausstellten. Ohne diese Mitwirkung der Pfarrämter wäre
die Durchführung des „Arierparagraphen" unmöglich gewesen, da die Unterlagen der Standesämter nur bis in das Jahr 1876 zurückgingen.[130] Einen
Widerspruch gegen den „Arierparagraphen" oder gar eine Weigerung,
„Ariernachweise" auszustellen, sind im Siegerland nicht bekannt.[131] Noch
heute kann man in den Kirchenarchiven die entsprechenden Anfragen finden.[132] Der Staat ergriff außerdem Maßnahmen, um die Sicherung der in
den Kirchenbüchern vorhandenen Aufzeichnungen zu gewährleisten und
unerwünschte Benutzung oder Manipulation derselben auszuschließen. Am
1. August 1933 erließ der Preußische Minister für Wissenschaft, Kunst und

126 Vgl. Thomas Nipperdey, Deutsche Geschichte 1866–1918, Bd. II, München 1992, S. 296;
    Martin Greschat, Protestantischer Antisemitismus in Wilhelminischer Zeit – das Beispiel des
    Hofpredigers Adolf Stöcker, in: Antisemitismus. Von religiöser Judenfeindschaft zur Rassen-
    ideologie, hg. v. Günter Brakelmann und Martin Rosowski, Göttingen 1989, S. 27–51.
127 Vgl. Röhm/Thierfelder, Juden – Christen – Deutsche, Bd. I, S. 71 ff.
128 Klaus Dietermann/Gerd Übach/Hans Joachim Welkert, Die Juden im Siegerland zur Zeit des
    Nationalsozialismus. Eine Handreichung für Geschichts- und Deutschlehrer, Siegen 1981, S.
    39; Walter Thiemann, Von den Juden im Siegerland, Siegen ²1970.
129 Sie waren überwiegend selbständige Kaufleute (27) und Metzger (19); ebd., S. 35.
130 Röhm/Thierfelder, Juden – Christen – Deutsche, Bd. 2/I, S. 339.
131 Man sah hier allenfalls ein organisatorisches Problem. Und Pfr. Dr. Müller (Hilchenbach)
    klagte, daß „infolge der regen Arierforschung […] die schönen Register so ruiniert" würden;
    Kgm. Hilchenbach, Privat-Chronik, S. 27.
132 Kgm. Ferndorf, N-1.22.

Volksbildung eine Verordnung, mit der alle Urkunden, „die Zeugnis vom Werden und Schicksal des deutschen Volkes"[133] gaben, unter „Schriftdenkmalschutz" gestellt wurden. Dazu zählten insbesondere Kirchenbücher, Bürgerbücher, Leichenpredigten und kirchenbuchähnliche Aufzeichnungen. Begründet wurde dies mit „bevölkerungs- und rassepolitischem Interesse"[134]. In Zusammenarbeit mit den Kirchen sollte die feuer- und diebstahlsichere Aufbewahrung der Urkunden gesichert werden. Außerdem wurden Bestimmungen zur Benutzung der Urkunden erlassen. Die Benutzung durch „unberufene" Personen sollte unterbleiben und nur denen erlaubt sein, die sich als geeignet ausweisen konnten. In Zweifelsfällen war die Frage der Eignung durch Anfrage bei dem Sachverständigen für Rasseforschung (!) beim Reichsministerium des Innern zu klären.[135]

Die Euphorie über den nationalsozialistischen Umbruch war verbunden mit einer allgemeinen Hysterie der „Arisierung", die alle Bereiche des gesellschaftlichen Lebens erfaßte und den Rassismus im Denken der Menschen verankerte. Dieser Rassismus hatte natürlich viele Abstufungen. Eine sicherlich nicht ganz untypische Stellungnahme zur Rassenpolitik des Staates gab die Kirchengemeinde Müsen auf der Tagung der Kreissynode am 19. Juni 1933 ab:

„Auch der Übertreibung des an sich richtigen Rassegedankens muß die Kirche widerstehen und darf weder die Heiden- noch die Judenmission noch die Forderung des Friedens unter den Völkern – bei aller Betonung unserer Lebensrechte – zurückstellen."[136]

Hier zeigte sich ebenso das grundsätzliche Einverständnis mit der nationalsozialistischen Rassenlehre wie auch das Bestreben, sie durch das christliche Liebesgebot und den Missionsgedanken zu begrenzen. Durch die Abwehr einer „Übertreibung" des Rassegedankens sollten die negativen Folgen der Rassenpolitik für den einzelnen abgemildert und die Möglichkeit zur Mission offengehalten werden. Zu einer grundsätzlichen Infragestellung der Rassenlehre gelangte man jedoch nicht. Dies lag auch daran, daß die theologische Begründung des Rassismus inzwischen hoffähig geworden war. Rassen wurden als Schöpfungsordnungen Gottes aufgefaßt. Pfarrer i. R. Blecher (Siegen) erläuterte diesen Zusammenhang während einer Versammlung der Deutschen Christen in Siegen und sprach dem Nationalsozialismus das Verdienst zu, den Artikel von der Schöpfung wieder aufgegriffen zu haben. Die Entstehung der Rassen führte Blecher auf den Turmbau zu Babel zurück, wo Gott die bis dahin geeinte Menschheit in Völker und Rassen getrennt habe. Was Gott geschieden habe, dürfe der Mensch nicht einen![137] Es lag natürlich ein gewisser Widerspruch darin, die Rassen einerseits als Schöpfungsordnung zu verstehen und sie andererseits als eine Folge der

---

133 KABl. Nr. 1 v. 1. 1. 1934, S. 3 f.; vgl. Amt Ferndorf, Fach 60, Nr. 2, H. 1.
134 Ebd.
135 Ebd. Dort auch Zählbögen über die im Bereich des Amtes Ferndorf in den Kirchengemeinden vorhandenen Kirchenbücher.
136 VKS v. 19. 6. 1933, S. 17.
137 SNZ v. 1. 8. 1933.

Unordnung, also der menschlichen Sünde, zu interpretieren. Abgesehen davon läßt sich ein Rassebegriff aus der Geschichte vom Turmbau nicht erheben. Doch fanden solche vagen theologischen Thesen besonders in den Kreisen der Deutschen Christen durchaus Zustimmung. Wenige Monate später äußerte sich Blecher in einem Vortrag vor der Evangelischen Akademie Siegen erneut zum Rassebegriff und zog die praktische Konsequenz aus seiner pseudotheologischen Herleitung:

„Wer dürfte aber einen, was Gott zerschlug? Rassenmischung und Bastardisierung ist nicht nach seinem Gesetz. Unser Staat hat also nach göttlichem Willen die Pflicht, heterogene Elemente aus der arisch-germanischen Rasse auszuscheiden."[138]

Dies war die Sprache des Unmenschen, ob sie nun so wörtlich aus dem Munde Blechers gekommen war oder nicht. Mit pseudotheologischen Überlegungen dieser Art wurden dem Staat alle Optionen für seine unmenschliche Rassenpolitik offengehalten. Auch Pfarrer Dr. Schmidt (Siegen) – 1933 noch Deutscher Christ – äußerte in einem Vortrag ähnliche Gedanken und blieb nur in der Konsequenz etwas gemäßigter:

„Ich bitte jedoch herzlich darum, zu beachten, daß wir mit der Forderung der Reinerhaltung von Volkstum und Rasse, mit der wir uns als Deutsche Christen auf den Boden der jetzigen Staatsführung ganz bewußt und vorbehaltlos stellen, nicht Rassenhaß und Völkerhaß predigen."[139]

Auch müsse die Missionsarbeit unter allen Völkern und Rassen als die „eigentliche Lebensbetätigung der Kirche" erhalten bleiben. Damit befand sich Schmidt allerdings im Widerspruch zu den Richtlinien der Deutschen Christen, die die Judenmission ablehnten.

2.4.2 Diskussion um den „Arierparagraphen" in der Kirche

War für die evangelische Kirche im Siegerland die Rassengesetzgebung des NS-Staates offenbar kein Anlaß zu kritischer Stellungnahme, so schieden sich die Geister an der Frage, wie die Kirche mit Christen jüdischer Herkunft umgehen solle. Als die von Deutschen Christen beherrschte preußische Generalsynode am 6. September 1933 den „Arierparagraphen" auch für den Bereich der preußischen Landeskirche und die in ihr tätigen Geistlichen und Kirchenbeamten einführte[140], regte sich dagegen heftiger Widerstand. Der Kampf gegen den „Arierparagraphen" in der Kirche war eine der Initialzündungen für die Entstehung der Bekennenden Kirche.[141] Das Pres-

---

138 Wiedergabe der SNZ v. 14. 12. 1933.
139 Wiedergabe der SZ v. 19. 10. 1933.
140 Kirchengesetz betreffend die Rechtsverhältnisse der Geistlichen und Kirchenbeamten, in: KJ 1933–1944, 2. Aufl. 1976, S. 33 f.
141 Vgl. Meier I, S. 116–122.

byterium der Kirchengemeinde Oberfischbach erklärte, daß die preußische Generalsynode mit diesem Kirchengesetz die Richtschnur von Schrift und Bekenntnis übertreten habe. Ein „Arierparagraph" in der Kirche widerspreche der Souveränität des Heiligen Geistes.[142] Zwar wurde auch in dieser Stellungnahme konzediert, daß der „Arierparagraph" für den politischen Bereich „notwendig" geworden sei, davon wurde aber der kirchliche Bereich streng geschieden. Hier sollte nicht Rassezugehörigkeit über die Verteilung der Ämter entscheiden, sondern die geistliche Begabung. Inwieweit diese Haltung auch von anderen Gemeinden geteilt wurde, ist unbekannt. Auch Hinweise auf eine Auseinandersetzung mit dem bekannten „Marburger Gutachten"[143] zum „Arierparagraphen" fehlen. Pfarrer Barth (Oberfischbach) wies jedenfalls in einem Brief an die Siegener Zeitung auf die entstehende „Gegenfront" gegen die Deutschen Christen hin:

„Dieser Teil der Siegerländer Evangelischen lehnt bei aller nationalen Treue die Verbindung von rassischen, völkischen und nationalen Gedanken mit dem Reichsgottesgedanken der Schrift ab und will in der Kirche nur diese gelten lassen."[144]

Unter den Siegerländer Pfarrern gab es nur einen, auf den der „Arierparagraph" hätte Anwendung finden können: Pfarrer Noa aus Siegen, der einen jüdischen Großelternteil besaß und daher in der NS-Terminologie als „Mischling 2. Grades" galt. Als Kriegsteilnehmer und „Frontkämpfer" fiel er jedoch unter eine Ausnahmeregelung. Trotzdem hatte Noa unter seiner Herkunft zu leiden. Einmal lehnte es ein Parteimitglied aus rassischen Gründen ab, eine Amtshandlung von ihm entgegenzunehmen. Der Bruderrat forderte daraufhin die Amtsbrüder auf, eine Vertretung bei Amtshandlungen, die aus rassischen, nicht aus kirchlichen Beweggründen begehrt werde, abzulehnen.[145]

Ein mutiger Protest gegen die Ausgrenzung von Juden in der Kirche stellte auch eine Predigt dar, die Pfarrer Strothmann (Müsen) noch in seiner Zeit als Hilfsprediger in Recklinghausen hielt. In dieser Predigt betonte er mehrmals, daß das Heil von den Juden komme. Des weiteren führte er aus:

„Und wo wir mithelfen oder mitwünschen, daß diese Wahrheit totgeschwiegen wird, wo wir mithelfen oder auch nur dulden, daß in der Evangelischen Kirche ein sogenannter Arierparagraph aufgerichtet wird, da ist das ernsthafte Fragen nach der Wahrheit nur Schein und nicht Wirklichkeit. Wo wir ganz geöffnet sind für die Wahrheit Gottes, [...] da können wir in der Kirche nicht mehr die Verwirklichung eines vielleicht guten und notwendigen völkischen Anliegens über den Anspruch des Willens Gottes setzen und können nicht mehr Lust dazu haben, Gottes Wirken in seiner Gemeinde zu durchkreuzen, können wir Gott nicht vorschreiben, daß er in seine Gemeinde nicht auch Juden berufen soll."[146]

Obwohl es in dieser Predigt nur um die Judenfrage innerhalb der Kirche ging, stellte sie in den Augen der Gestapo „eine Bekämpfung staatshoheitli-

---

142 Kgm. Oberfischbach, Protokollbuch des Presb. v. 26. 10. 1933.
143 Abgedr.: Denzler/Fabricius, Kirchen im Dritten Reich, Bd. 2, S. 77–83.
144 Barth an SZ v. 20. 10. 1933, in: Kgm. Oberfischbach, C 6.
145 Rundschr. Müller v. 20. 5. 1936, in: KSA, E 9, Bd. V; vgl. Stötzel/Hörsch, Theodor Noa, S. 344–346.
146 Predigt Strothmann v. 21. 1. 1934 (Abschr.), in: Kgm. Müsen, I.2, S. 1 ff.

cher Willensäußerung"[147] dar und wurde mit einer Verwarnung geahndet. Dies zeigte, wie eng der Spielraum auch für Pfarrer war, die öffentlich gegen den „Arierparagraphen" Stellung bezogen.[148]

2.4.3 Die Verteidigung des Alten Testaments

Eine weitere Dimension der „Judenfrage" war die Frage nach der Geltung des Alten Testamentes als dem Buch der Juden und als Teil der christlichen Bibel.[149] Auf der Berliner Sportpalastkundgebung der Deutschen Christen am 13. November 1933 forderten 20.000 Teilnehmer in einer Entschließung die „Befreiung vom Alten Testament mit seiner jüdischen Lohnmoral"[150]. Diese radikale Forderung nach Abschaffung des Alten Testaments war aber auch bei den Deutschen Christen nicht unumstritten und führte zu einem Skandal in der kirchlichen Öffentlichkeit. Auch die Deutschen Christen im Siegerland wollten auf das Alte Testament nicht ganz verzichten:

> „Wir wollen, daß auch das Alte Testament erhalten bleibe als Offenbarung des göttlichen Willens, wollen es aber je länger je mehr verstehen vom Neuen Testament her, als der Offenbarung, auf die das Alte Testament hinweist, bis die Zeit erfüllet war."[151]

Grundsätzlich trat man also für den Erhalt des Alten Testaments ein. Doch ließen diese Äußerungen noch so manche Interpretation offen. Es zeigte sich hier schon eine gewisse Tendenz, sich vom Alten Testament abzugrenzen und es gegenüber dem Neuen Testament abzuwerten. Von einer Einheit der Schrift war hier keine Rede mehr. Dies bestätigten auch 28 Thesen der sächsischen Volkskirche, die zur Grundlage der Reichsbewegung Deutsche Christen wurden.[152] Die Bekennende Kirche war ihrerseits bemüht, bei den Gemeindegliedern auf das rechte Verständnis des Alten Testaments hinzuwirken. Im Jahre 1935 druckte das Wochenblatt „Unter dem Wort" einen Vortrag von Pfarrer an Huef (Weidenau) zu dem Thema „Was geht uns heute das Alte Testament an?" ab.[153] An Huef beklagte die bittere Tatsache, daß das Alte Testament von führenden Persönlichkeiten der evangelischen Kirche angegriffen werde, und lehnte die 28 Thesen der sächsischen

---

147 Stapo Recklinghausen an Strothmann v. 24. 1. 1934, in: Kgm. Müsen, I.2.
148 Strothmann korrespondierte in dieser Angelegenheit mit seinem theologischen Lehrer Karl Barth in Bonn. Barth ermutigte Strothmann, weiterhin den biblischen Texten „unbekümmert" Gehör zu verschaffen und nach bestem „Wissen und Gewissen" zu predigen. Davon dürfe er nicht abweichen, „und wenn es Katzen regnete"! Barth an Strothmann v. 19. 2. 1934, in: Kgm. Müsen, I.2.
149 Vgl. Carsten Nicolaisen, Die Stellung der „Deutschen Christen" zum Alten Testament, in: Zur Geschichte des Kirchenkampfes. Gesammelte Aufsätze II (= AGK 26), S. 197–220, hier: S. 208.
150 Meier I, S. 134.
151 Vortrag Pfr. Schmidt nach der Wiedergabe der SZ v. 19. 10. 1933.
152 KJ 1933–1944, 2. Aufl. 1976, S. 39–41; darin hieß es ganz klar, das Alte Testament habe „nicht den gleichen Wert" wie das Neue Testament.
153 UdW Nr. 23 u. 24/1935.

Deutschen Christen klar als „Irrlehre" ab. An Huef wies außerdem die Vorstellung zurück, das Alte Testament rede nur vom Zorn Gottes. Gott offenbare sich im Alten Testament als der Heilige, aber auch als der Liebende. Bereits das Gesetz sei Evangelium. So gelangte an Huef zu dem Schluß:

„Was geht uns das Alte Testament an? Genau so viel wie das Neue Testament. Denn, so sagten unsere Väter: Das Neue Testament ist im Alten verborgen, und das Alte öffnet uns das Neue. Wer das Alte Testament verwirft, der muß das Neue auch verwerfen."[154]

Mit dieser Auslegung hatte an Huef in guter reformatorischer Tradition die Einheit der Schrift herausgearbeitet und der deutsch-christlichen Abwertung des Alten Testaments eine Absage erteilt.

Aber nicht nur gegen die Deutschen Christen mußte das Alte Testament in Schutz genommen werden. Noch massiver waren die Angriffe, welche aus völkischen und deutschgläubigen Kreisen, die sowohl antisemitisch als auch antichristlich eingestellt waren, gegen das Alte Testament gerichtet wurden.[155] Auch der „Stürmer" beteiligte sich an dieser Hetze und veröffentlichte im September 1936 einen Artikel, in dem das Alte Testament aufgrund seines „unsittlichen" Inhalts als eine Gefahr für die Jugenderziehung angesehen wurde.[156] Als Antwort auf diese öffentliche Herabsetzung des Alten Testaments wurde im Februar 1937 in den Kindelsberggemeinden (Ferndorf, Krombach, Müsen) eine Vortragsreihe zu Themen des Alten Testaments abgehalten.[157] Ein Vortrag mit dem Thema „Das Alte Testament – ein unsittliches Buch?" ging auf die Vorwürfe des „Stürmers" ein[158]: Klar wurde festgestellt, daß der Ursprung des Kampfes gegen das Alte Testament der Kampf gegen das Judentum sei. Darüber sei man auf den Talmud gestoßen und über den Talmud als der Auslegung des Alten Testaments auf das Alte Testament selbst und habe es als „Judenbuch" gebrandmarkt. Während Wehmeier das Verdikt über den Talmud begrüßte, lehnte er dies in bezug auf das Alte Testament ab. Der Talmud sei zu bekämpfen, weil er nach der Erscheinung Jesu Christi und seiner Verwerfung durch die Juden entstanden sei und allein den Zweck verfolge, „das Wort Gottes im Alten Testament zum Schweigen zu bringen"[159]. Das Alte Testament finde seine Erfüllung im Neuen Testament und der darin bezeugten Erscheinung Jesu Christi. Weil sich das Judentum im Talmud gegen Christus verschlossen habe, sei das Alte Testament geradezu notwendig, um den Kampf gegen das Judentum zu führen:

„Der Kampf gegen Juda bekommt also nicht, wie viele fälschlich meinen, dadurch seine Krönung, daß das Alte Testament in Kirche und Schule abgeschafft wird, sondern wird gerade dadurch verfälscht, weil er nun zu einem Kampf gegen Christus wird. Und dem

154 UdW Nr. 24/1935.
155 Vgl. die Erklärung des Presbyteriums in Neunkirchen anläßlich eines Vortrags, in dem das AT verächtlich gemacht worden war; Kgm. Neunkirchen, Protokollbuch des Presb. v. 15. 3. 1936.
156 Vgl. Röhm/Thierfelder, Juden – Christen – Deutsche, Bd. 2/I, S. 219.
157 Ref. Sonntagsblatt Nr. 5–7/1937. Die Themen waren: „Jahwe – ein grausamer Wüstendämon?" (Pfr. Strothmann), „Das Alte Testament – ein unsittliches Buch?" (Pfr. Wehmeier), „Jesus und das Alte Testament" (Pfr. Germann) und „Israel – das auserwählte Volk?" (Pfr. Müller).
158 Vgl. Reformiertes Sonntagsblatt Nr. 27/1937.
159 Ebd.

muß die Kirche als Predigerin des Evangeliums widerstehen und sagen, es sind zwei grundverschiedene Dinge: der Kampf gegen das Talmudjudentum, das Christus verwarf, und das Alte Testament, das seine Erfüllung gerade durch den bekam, von dem die Juden schrien: Kreuzige, kreuzige ihn! Wer also den Kampf gegen das Judentum auf das Alte Testament ausdehnt, der kämpft damit gegen Gott selber; und wer ohne Christus das Alte Testament auslegt, macht sich damit der jüdischen Talmud-Methode der Christusverwerfung schuldig. Trotz aller Warnrufe der Kirche ist aber der Kampf gegen das Judentum heute vielfach zu diesem falsch verstandenen Kampf gegen das Alte Testament geworden."[160]

Dies war nun in der Tat eine recht bedenkliche Verteidigung des Alten Testaments. Der Leser konnte den Eindruck gewinnen, als wolle der Autor nur ein Mißverständnis bei dem an sich richtigen Kampf gegen das Judentum ausräumen. Während der Kampf gegen das Judentum als etwas Selbstverständliches erschien, wurde nur das Alte Testament aus dieser Auseinandersetzung herausgenommen, indem man seinen jüdischen Charakter bestritt. In diesen Äußerungen spiegelte sich der typische christliche Antijudaismus, der in der Verwerfung Christi durch die Juden gründete. Ob der Autor die politischen Maßnahmen gegen Juden billigte, ist aus diesem Aufsatz nicht zu erheben. Er möchte, wie es heißt, das Judentum theologisch überwinden, und zwar dadurch, daß es Christus anerkennt. Allerdings wurde in dem Artikel auch nicht zwischen dem politischen Kampf gegen Juden als „Rasse" und dem theologischen Antijudaismus differenziert. Wenn aber davon die Rede war, daß der Ursprung des Kampfes gegen das Alte Testament der Kampf gegen das Judentum sei, so konnte damit nur die antisemitische Politik der Nationalsozialisten und die öffentliche Hetze − der Verfasser nimmt ausdrücklich Bezug auf den „Stürmer"-Artikel − gemeint sein. Indem der Verfasser nun diesen Terminus des „Kampfes gegen die Juden" − wenn auch in theologischer Akzentuierung − übernahm, leistete er den staatlichen Bestrebungen Vorschub und gab ihnen sozusagen noch eine theologische Legitimation. War schon die beschriebene Begründung der Judenfeindschaft theologisch äußerst fragwürdig, so war die unterlassene Abgrenzung von der menschenverachtenden Judenpolitik des NS-Staates ein unentschuldbares Versäumnis. Hier wurde versucht, das Alte Testament auf Kosten des Judentums zu retten. Daß es auch anders ging, zeigte der Vortrag von Pfarrer an Huef.

Aus den wenigen erhaltenen Äußerungen geht hervor, daß auch die evangelische Kirche im Siegerland in der „Judenfrage" nur in eigener Sache redete. Pfarrer jüdischer Abstammung und das Alte Testament als Teil der christlichen Bibel wurden gegen judenfeindliche Angriffe verteidigt. Die nationalsozialistische Rassenpolitik wurde im allgemeinen gebilligt und nur vor einer „Übertreibung" des Rassegedankens gewarnt. Dies war aber zuwenig, um die im Siegerland lebenden Juden wirklich zu schützen. So wurden auch sie Opfer des Rassenhasses. Auch in Siegen brannte die Synagoge im November 1938. In den Jahren 1942 und 1943 gingen von Siegen drei

---

160 Ebd.

Transporte mit Juden ab. 120 Siegerländer Juden starben in den Vernichtungslagern.[161] Die Kirche, die schon 1933 geschwiegen hatte, fand auch jetzt keine Antwort. Sie war Gefangene des eigenen Schweigens geworden.

2.5 Erste Frontenbildung

Die Deutschen Christen im Siegerland versuchten nach dem erfolgreichen, aber letztlich dennoch unbefriedigenden Abschneiden bei den Kirchenwahlen, ihre Stellung in den Gemeinden zu festigen und weitere Kreise der Bevölkerung für ihre Bewegung zu gewinnen. Zu diesem Zweck wurden zahlreiche „Aufklärungsvorträge" und Werbeversammlungen durchgeführt.[162] Außerdem wurde in einem Zeitungsartikel gegen Karl Barth und seine für den Aufbruch der Bekennenden Kirche wegweisende Schrift „Theologische Existenz heute!" polemisiert.[163] Doch inzwischen hatten sich auch Kreise zusammengefunden, die bei aller Zustimmung zum volksmissionarischen Anliegen der Deutschen Christen die ideologische Gefahr, die von ihnen ausging, erkannt hatten. Am 10. Oktober 1933 konstituierte sich die Siegerländer Pfarrerbruderschaft, die der Westfälischen Pfarrerbruderschaft und damit dem Pfarrernotbund angehörte.[164] Anwesend waren 15 Pfarrer, außerdem gehörten noch zehn weitere Amtsbrüder zu dem Kreis.[165] Die Vikare und Hilfsprediger zählte der Vertrauensmann Pfarrer Vethake[166] in seinem Bericht an den Vorsitzenden der Westfälischen Pfarrerbruderschaft, Lücking (Dortmund)[167], bis auf einen auch hinzu. Dies bedeutete, daß sich bereits eine große Mehrheit der Pfarrer auf die Seite der Pfarrerbruderschaft geschlagen hatte. Noch aber war die Frontenbildung gegenüber den Deutschen Christen nicht so scharf ausgeprägt. Vethake schrieb: „Gehören nicht manche von den D.C. zu uns? Und gehören wirklich alle auf unserer Seite zu-

---

161 Vgl. Dietermann u. a., Die Juden im Siegerland, S. 9.
162 In einem Flugblattentwurf der entstehenden Bekenntnisfront vom November 1933 hieß es: „Die erste große Welle im Kampf um die Neuordnung unserer evgl. Kirche ist vorüber. Sie endete im Siegerland mit einer in alle Gemeinden getragenen Werbeaktion der Glaubensbewegung ‚Deutsche Christen'." In: Kgm. Hilchenbach, Tit. I, No. 7. Der Entwurf trägt den handschr. Vermerk: „Dieser Flugblattentwurf wurde nicht gedruckt, da zu spät", sowie die Unterschrift Pfr. Müllers. Das Erscheinen war für den 19. 11. 1933 vorgesehen. Vermutlich wurde das Flugblatt durch die Ereignisse im Berliner Sportpalast am 13. November eingeholt.
163 Vgl. SNZ v. 12. 8. 1933. Dort schrieb Pfr. Blecher: „Das unverfälschte Evangelium und Bekenntnis der ev. Kirche ist in der ‚Glaubensbewegung Deutsche Christen' besser aufgehoben als bei Barth."
164 Zur Vorgeschichte vgl. Jürgen Schmidt, Studien zur Vorgeschichte des Pfarrernotbundes, in: ZKG 79 (1968), S. 43–67.
165 Vethake an Lücking v. 11. (?) 10. 1933, in: EKvW 5.1, Nr. 248, Fasc. 2.
166 Nach Thieme, Olpe, S. 186, war Dr. Müller der Vertrauensmann; er übernahm diese Funktion jedoch erst 1934.
167 Mitgl. des Bruderrats des Pfarrernotbundes, Vorsitzender bzw. stellv. Vorsitzender des westfälischen Bruderrats, Mitgl. des Rates der EKdAPU, des Reichsbruderrats Oktober 1934, des Rates der DEK 1936; vgl. Ernst Brinkmann, Karl Lücking 1893–1976. Eine biographische Skizze, in: JWKG 70 (1977), S. 179–186.

tiefst zu uns?"[168] Noch sah Vethake den Hauptunterschied zu den Deutschen Christen nicht in den inhaltlichen Zielsetzungen, sondern in den Methoden ihrer Durchsetzung. In der Erkenntnis über den Auftrag an Kirche und Volk und der Dankbarkeit für die „Wendung im politischen Leben" sei man eins mit den Deutschen Christen, nicht aber in bezug auf die unkirchlichen Methoden der Propaganda und der Massensuggestion. Nur vereinzelt gab es Stimmen, die auf den häretischen Charakter der deutsch-christlichen Theologie hinwiesen. So verweigerte das Presbyterium der Kirchengemeinde Oberfischbach den Deutschen Christen die Überlassung der Kirche für einen Vortrag mit dem Verweis auf die unbiblische Lehre der Deutschen Christen.[169]

Noch aber war der ausdrückliche Vorwurf der Irrlehre gegenüber den Deutschen Christen die Ausnahme. Auch der bereits zitierte Flugblattentwurf äußerte zwar scharfe Kritik an den Methoden der Deutschen Christen, ging aber nicht auf inhaltliche Punkte ein. Den Deutschen Christen wurde jedoch unmißverständlich mitgeteilt, „in schreiender Weise" den Geist der Brüderlichkeit verleugnet und durch den Gebrauch äußerer Machtmittel eine „Verfolgungsatmosphäre" geschaffen zu haben. Damit aber sei die „reformatorische Freiheit" selbst bedroht. Gleichzeitig wurde aber das Angebot zur Mitarbeit ausgesprochen, unter der Bedingung, daß man „Volkskirche und nicht Gruppenherrschaft" wolle, „Laiendienst und nicht Bischofshierarchie, biblischen Bruder- und nicht zunächst weltlichen Führergedanken, Kirche als Beauftragte Gottes und nicht als Magd des Staates, Volksumkehr und nicht Massensuggestion, Wiedergeburt und nicht bloße Volkserziehung, göttliches Wesen und nicht bloße betriebsame Lebendigkeit"[170]. Der Gegenseite, welche nun die Macht in den Händen halte, wurde die Verantwortung für die geschichtliche Stunde zugeschoben.

Dieser Entwurf, der am 19. November als Flugblatt veröffentlicht werden sollte, wurde nach den Ereignissen im Berliner Sportpalast vorerst zurückgezogen. Die skandalösen Äußerungen des Berliner DC-Obmannes Dr. Krause[171] machten eine Stellungnahme gegenüber den Deutschen Christen notwendig, die auch die offenkundigen Irrlehren ansprach. Auf der Herbstkonferenz der Pfarrer und Presbyter der Synode Siegen vom 20. November 1933 legte daher Pfarrer Paul Schmidt eine von 24 — offenbar der Pfarrerbruderschaft angehörenden — Pfarrern und Hilfspredigern der Synode unter-

---

168 Ebd.
169 Presb. an Kreisleitung der DC v. 16. 10. 1933 (Abschr.), in: Kgm. Oberfischbach, C 6. Dies führte zu einer empörten Erwiderung des designierten westfälischen Bischofs Bruno Adler: „Das ist angesichts der Tatsache, daß der Reichsbischof Deutscher Christ ist und daß ich, der ich die Bewegung in Westfalen aufgebaut habe, noch in dieser Woche Bischof unserer Landeskirche [sic!] werde, ein starkes Stück!" Adler an Presb. v. 18. 10. 1933, in: Kgm. Oberfischbach, C 6. Die „Bischöfe aus Oberfischbach", RKZ 82 (1933), S. 340. 391 f., ließen sich dadurch jedoch in ihrer Haltung nicht beirren.
170 Flugblattentwurf, in: Kgm. Hilchenbach, Tit. I, No. 7.
171 Krause hatte u. a. die „Befreiung vom Alten Testament mit seiner jüdischen Lohnmoral, von diesen Viehhändler- und Zuhältergeschichten", den „Verzicht auf die ganze Sündenbock- und Minderwertigkeitstheologie des Rabbiners Paulus" und die Verkündigung „einer heldischen Jesusgestalt als Grundlage eines artgemäßen Christentums" gefordert; vgl. Meier I, S. 134 f.

zeichnete Erklärung vor, die sich mit den Vorgängen im Berliner Sportpalast befaßte. Hierbei handelte es sich um eine veränderte Fassung des erwähnten Flugblattentwurfes, wie aus einzelnen wörtlichen Übereinstimmungen hervorgeht. Darin hieß es zur Berliner Kundgebung der Deutschen Christen:

> „Gegen die hier zum Durchbruch gelangten Irrlehren erheben wir schärfsten Einspruch und halten jedes weitere Schweigen für Verrat an der Kirche. Wir wissen sehr wohl, daß die Anhänger der Glaubensbewegung DC. in unserer Synode weit davon entfernt sind, die Berliner Vorgänge zu billigen, aber auch sie unterstehen der Reichsleitung der Bewegung, zu der wir angesichts alles Geschehenen nicht das Vertrauen haben, daß sie den in die Bewegung eingedrungenen Irrlehren genügend Widerstand entgegenzusetzen vermag. [...] Wir fordern die Presbyterien unserer Synode auf, angesichts der ernsten Lage nach ihrer Verpflichtung über Lehre und Verfassung der evangelischen Kirche zu wachen."[172]

In dieser Erklärung wurden die Äußerungen des Dr. Krause deutlich als Irrlehren angesprochen, aber noch nicht zu einem Austritt aus der Glaubensbewegung aufgerufen. Die Kritik der Erklärung wandte sich nicht gegen die Deutschen Christen insgesamt, sondern nur gegen die Reichsleitung und die von ihr mitzuverantwortenden Äußerungen. So konnte sich auch die Versammlung der anwesenden Pfarrer und Presbyter, welche die Erklärung kontrovers diskutierten, auf keine einheitliche Linie gegenüber den Deutschen Christen einigen. Letztere übten jedoch heftige Kritik an der Erklärung der 24 Pfarrer und Hilfsprediger. In der Siegerländer Nationalzeitung wurde sie als „Machwerk" bezeichnet, das vor „verlogenen Verdrehungen und dreister Anmaßung"[173] strotze. Darum entschlossen sich die Unterzeichner zu einer weiteren Stellungnahme, um ihre Haltung zu erläutern. Darin wurde auf die „starke Strömung heidnischer Irrlehre" innerhalb der Glaubensbewegung verwiesen, welche diese in gefährliche Nähe zur völkischen Religion bringe. Die Deutschen Christen im Siegerland wurden daher aufgefordert, dem Beispiel weiter Kreise der Deutschen Christen zu folgen und sich von der Reichsleitung zu trennen.[174] Auch diese Erklärung war moderat gehalten und versuchte, Überzeugungsarbeit zu leisten. Noch war vom gemeinsamen Auftrag die Rede. Jedoch wurde bereits klar auf die notwendig gewordene Entscheidung hingewiesen.

Die Erklärung war von 25 Pfarrern und Hilfspredigern der Synode Siegen unterzeichnet worden.[175] Von den elf Pfarrern, welche diese Erklärung nicht

---

172 Ev.-kirchl. Sonntagsblatt Nr. 48/1933.
173 SNZ v. 27. 11. 1933.
174 „Sollte nicht die Stunde gekommen sein, die auch die bekenntnistreuen Kreise des Siegerlandes vor die Entscheidung stellt? Wir verstehen, daß viele Mitglieder der Deutschen Christen sich in einer schwierigen Lage befinden. Sie möchten nicht von der einmal eingegangenen Verpflichtung zurücktreten. Wir glauben sie aber jetzt bitten zu müssen, diesem Beispiel zu folgen und ihre Beziehung zur Reichsleitung zu lösen. Wir bitten nicht um unsertwillen, sondern um unseres Volkes und unserer Kirche willen. Nur eine klar und wahrhaft auf dem Boden des Evangeliums stehende Kirche vermag wirkliche Volksgemeinschaft zu begründen und zu erhalten. Wir wollen miteinander arbeiten, daß unsere evangelische Kirche ihren unvergänglichen Auftrag im Dritten Reich zum Heil unseres Volkes erfüllen kann." SZ v. 28. 11. 1933.
175 Die Namen sind: Achenbach, Arndt, Barth, Boyde, Bruckhaus, Dahm, Demandt, Erlbruch, Sup. Heider, Dr. Heider, Krusius, Dr. Müller, Münker, Noa, Röhrig, Paul Schmidt, Stein, Steinle, Vethake, die Hilfsprediger Bleek, Hoffmann, Müller, Lic. Thimme und Vacheroth sowie Synodalvikar Schöner; ebd.

unterschrieben, sind mit Sicherheit sechs zu den Deutschen Christen zu rechnen, bei den übrigen läßt sich eine feste Zuordnung nicht treffen. Es bleibt jedoch festzuhalten, daß sich bereits im November 1933 eine deutliche Mehrheit der Pfarrer von den Deutschen Christen distanziert hatte.

Mehrere Presbyterien und Gemeindevertretungen schlossen sich dieser Erklärung an.[176] In Müsen wurden die Gemeindeglieder in einem Rundlaufbeschluß, der von etwa der Hälfte der Gemeindeverordneten unterzeichnet war, dazu aufgefordert, aus der Bewegung der Deutschen Christen auszutreten.[177] Das Presbyterium in Oberfischbach forderte die Amtsenthebung aller deutsch-christlichen Kirchenführer sowie die baldige Einberufung der Provinzialsynode.[178]

Die Deutschen Christen kamen ihrerseits am 30. November in Ferndorf zusammen. Dort legte Pfarrer Wehmeier eine Entschließung vor, in der angesichts der jüngsten Ereignisse „zu ernster Buße und Umkehr"[179] aufgerufen wurde. Wehmeier konnte sich jedoch nicht durchsetzen, weil der Kreisobmann ein selbständiges Vorgehen gegenüber der Landesführung, die bis dahin zu den Vorgängen geschwiegen hatte, ablehnte. Wehmeier zog daraufhin die Konsequenz und trat aus der Bewegung aus. In einem Schreiben an die Evangelischen Arbeitervereine, deren „Gauführer" Wehmeier war, erläuterte er die Gründe seines Handelns: Ihm sei der Beitritt zu den Deutschen Christen im Sommer 1933 innerlich nur möglich gewesen, weil die Sonderstellung der reformierten Gebiete gewahrt schien und „hier im Westen" der Vorrang der Fezerschen Richtlinien vor denen Hossenfelders betont worden sei. Nachdem jedoch die Führung der Deutschen Christen zu den Vorgängen im Berliner Sportpalast geschwiegen habe und die Durchsetzung der Bischofsherrschaft beschlossen worden sei, sei ihm die weitere Mitarbeit bei den Deutschen Christen unmöglich geworden.

Von Wehmeier stammt vermutlich auch eine „Erklärung über unsere Stellung zu den DC"[180], die im Archiv der Kirchengemeinde Ferndorf erhalten ist. Darin werden Gemeinsamkeiten und Unterschiede im Verhältnis zu den Deutschen Christen aufgezählt: Einig sei man sich in der volksmissionarischen Zielsetzung; daraus gehe hervor, „daß unsere Unterscheidung von den DC nicht in der politischen Haltung zu suchen ist. Auf unserer Seite kämpfen genau so Nationalsozialisten und alte Parteigenossen wie bei den

---

176 Vgl. jeweils Protokollbuch des Presb.: Kgm. Neunkirchen v. 8. 12. 1933, Kgm. Müsen v. 26. 11. 1933, Hilchenbach v. 29. 11. 1933, mit den Stimmen der DC! (vgl. Müller an Koch v. 30. 11. 1933, in: EKvW 5.1, Nr. 743). Im Lagerbuch des Kgm. Eiserfeld, S. 65, wird berichtet, daß alle deutsch-christlichen Presbyter und Gemeindeverordneten aus der Bewegung austraten, nachdem Pfr. Jochums, der die Pfarrstelle in Eiserfeld übernehmen sollte, dies angeblich als Bedingung für seinen Amtsantritt gefordert hatte. Sup. Heider dementierte diesen Vorgang allerdings; vgl. Heider an EK v. 24. 1. 1934, in: EKvW 2neu, Eiserfeld I, Bd. I.
177 Vgl. Rundlaufbeschluß v. 28. 11. 1933, in: Kgm. Müsen, II.4.
178 Kgm. Oberfischbach, Protokollbuch des Presb. v. 29. 11. 1933
179 Dies berichtete Wehmeier in einem Brief an die Ortsgruppen der E.A.V. v. 31. 12. 1933, in: Kgm. Hilchenbach, Tit. I, No. 7.
180 In: Kgm. Ferndorf, D 9. Die handschriftliche Erklärung trägt weder Datum noch Verfasserangabe. Es könnte sich um eine Vorlage von Wehmeier für die Größere Gemeindevertretung handeln. Denn das Protokollbuch vermerkt am 29. 12. 1933: „P. Wehmeier spricht grundsätzlich über die Rengsdorfer Thesen und die Stellung zu der Glaubensbewegung ,Deutsche Christen'."

DC."[181] Restlos geschieden sei man aber von den Deutschen Christen dadurch, daß man die Wege, auf denen sie ihre Ziele zu erreichen suchten, als „Irrwege" verurteilen müsse. Dazu zähle einmal die Verkürzung und Verflachung des Evangeliums, wie sie in den Leitsätzen der Deutschen Christen zum Ausdruck komme, zweitens die Tatsache, daß die Bewegung der Deutschen Christen nicht durch neue Glaubensimpulse, sondern „auf Grund eines politischen Bekenntnisses u. der bewußt verbreiteten Massensuggestion" gesammelt sei. Dies habe zur „Katastrophe im Sportpalast" geführt. Auch danach sei kein neuer Weg beschritten worden. Drittens sei die Anwendung von „Gewaltmethoden" im Zusammenhang der Kirchenwahlen in einer Kirche untragbar.[182]

Einen ähnlichen Gesinnungswandel wie Wehmeier dürfte noch so mancher durchschritten haben, der im Zuge der politischen Umwälzungen des Jahres 1933 den Deutschen Christen beigetreten war. Hier wurden Strukturen der Frömmigkeit wirksam, die stärker waren als die Bindung an eine kirchenpolitische Gruppierung. Die volksmissionarische Zielsetzung und die Hoffnung auf eine christliche Durchformung der nationalsozialistischen Gesellschaft durch die Glaubensbewegung waren auch im Siegerland auf fruchtbaren Boden gefallen. Nun aber, als deutlich geworden war, was unter dem Mantel der reichsweiten Bewegung alles möglich war, sahen sich viele in ihrer Hoffnung getäuscht. Die Äußerungen eines Dr. Krause waren mit der tiefen Bibelfrömmigkeit, die das religiöse Profil vieler Siegerländer prägte, unvereinbar. So führte dieselbe Frömmigkeitsstruktur, welche die Menschen in die Bewegung hatte strömen lassen, wieder aus ihr hinaus. In dieser Frömmigkeit war der volksmissionarische Gedanke untrennbar verbunden mit dem Festhalten am vollen Wortlaut der Schrift.

2.6   Die Auseinandersetzungen um das Bischofsamt

Am 5. September 1933 tagte in Berlin die Generalsynode der Altpreußischen Union. Die von den Deutschen Christen beherrschte Synode verabschiedete neben dem bereits erwähnten „Arierparagraphen" ein Bischofsgesetz[183], das an die Stelle der bisherigen Provinzialkirchen zehn Bistümer setzte. Das Amt des Generalsuperintendenten wurde aufgehoben und durch ein Bischofsamt ersetzt. Die Synode wählte Ludwig Müller zum Landesbischof der EKdAPU, der am 24. September durch die Nationalsynode auch zum Reichsbischof gewählt wurde.[184] Mit diesen Maßnahmen befand sich die preußische Kirche und aufgrund ihrer Vorreiterposition auch die gesam-

---

181 Ebd.
182 Vgl. ebd.
183 KJ 1933–1944, 2. Aufl. 1976, S. 33.
184 Vgl. Scholder I, S. 598 f.

te Deutsche Evangelische Kirche auf geradem Wege zu der von Hitler gewünschten „Gleichschaltung".

Gegen die Beschlüsse der Generalsynode erhob sich jedoch auch Widerspruch. Aus der Ablehnung des „Arierparagraphen" heraus konstituierte sich der Pfarrernotbund, der in den nächsten Monaten zum wichtigsten Sprachrohr der kirchlichen Opposition avancierte.[185] Auf reformierter Seite trat in Wuppertal der „Coetus reformierter Prediger" ins Leben, der dem Zusammenschluß der verstreuten reformierten Pfarrer dienen sollte.[186]

In Westfalen bewegte vor allem das Bischofsgesetz die Gemüter. Denn ein Bischofsamt, das – wie es das Gesetz vorsah – mit seinen Kompetenzen und Pflichten noch über das des Generalsuperintendenten hinausging, stand in krassem Widerspruch zur Rheinisch-Westfälischen Kirchenordnung und der darin verbürgten presbyterial-synodalen Verfassung der Kirche. Ein Einspruch des Präses der westfälischen Provinzialsynode, D. Koch, beim preußischen Kirchensenat blieb erfolglos. Am 1. November 1933 trat der neue Bischof des Bistums Münster, der DC-Leiter für Westfalen und frühere Bevollmächtigte des Staatskommissars, Bruno Adler, sein Amt an und wurde am 7. November als Bischof vereidigt.[187]

Auch in den Kirchengemeinden des Siegerlandes waren die Beschlüsse der Generalsynode Gegenstand der Erörterung. Das Presbyterium der Kirchengemeinde Oberfischbach sah sowohl in dem „Arierparagraphen" als auch in dem Bischofsgesetz einen Verstoß gegen Schrift und Bekenntnis. Das Bischofsgesetz widerspreche dem „Grundsatz vom Priestertum aller Gläubigen" und der darauf gründenden presbyterial-synodalen Ordnung.[188] Das Presbyterium lehnte daher „jegliche Verlesung bischöflicher Kundgebungen von der Kanzel ab, ausgenommen solche, die der Reichsbischof als Repräsentant der gesamten Dt. Evg. Kirche, und zwar in Verwaltungsfragen, erlassen sollte"[189]. In Fragen der äußeren Verfassung ordnete sich das Presbyterium erneut dem reformierten Mitglied des Geistlichen Ministeriums, Otto Weber, zu.[190] Damit war das Wesentliche gesagt zu einer Auseinandersetzung, die die Gemeinden noch eine geraume Zeit beschäftigen sollte. Der Kern dieser Auseinandersetzung lag darin, daß für die reformierten Gemeinden die äußere Organisation der Kirche nicht einfach einem beliebigen Wechsel unterworfen sein durfte, sondern aus dem Bekenntnis

185 Vgl. Wilhelm Niemöller, Der Pfarrernotbund. Geschichte einer kämpfenden Bruderschaft, Hamburg 1973.
186 Vgl. Lekebusch, Die Reformierten im Kirchenkampf; Karl Immer, Die Briefe des Coetus reformierter Prediger 1933–1937, hg. v. Joachim Beckmann, Neukirchen-Vluyn 1976.
187 Vgl. Hey, Kirchenprovinz, S. 52 f.
188 Vgl. Kgm. Oberfischbach, Protokollbuch des Presb. v. 26. 10. 1933; Schmidt, Die Bekenntnisse und grundsätzlichen Äußerungen zur Kirchenfrage des Jahres 1933, S. 173 f.
189 Kgm. Oberfischbach, Protokollbuch des Presb., ebd.
190 Vgl. ebd. Weber bedankte sich für das „erwiesene Vertrauen"; Weber v. 16. 11. 1933, in: Kgm. Oberfischbach, C 6. Ähnliche Beschlüsse sind bekannt aus folgenden Kirchengemeinden (vgl. Protokollbuch des Presb.): Freudenberg v. 11. 10. 1933, Ferndorf v. 11. 10. 1933, Niederschelden v. 18. 10. 1933, Müsen v. 26. 10. 1933. Zu Hilchenbach vgl. O. Weber an Müller v. 8. 11. 1933, in: Kgm. Hilchenbach, Tit. I, No. 7; zu Klafeld vgl. RKZ 83 (1933), S. 340. Dort hieß es: „Die Bischöfe [!] der reformierten Gemeinde Klafeld faßten folgenden Beschluß: [...]".

heraus zu begründen war. Ein Aufbau der Kirche von oben nach unten war mit dem ekklesiologischen Selbstverständnis der Reformierten, das auf dem Bekenntnis zum „Priestertum aller Gläubigen" fußte und eine weitgehende Selbstverwaltung der Gemeinden einschloß, unvereinbar. Nur die Tatsache, daß hier der Status confessionis berührt war, macht den hartnäckigen Kampf, den die reformierten Gemeinden – in Westfalen übrigens gemeinsam mit den lutherischen Gemeinden – gegen das Bischofsamt führten, verständlich. Die Überzeugung, mit ihrer Haltung auf dem Boden des Bekenntnisses zu stehen, gab den Gemeinden den Mut, gegen eine kirchliche Obrigkeit, welche nach ihrer Auffassung diesen Boden verlassen hatte, zu opponieren.

Am 20. November 1933 befaßte sich auch die Herbstkonferenz der Pfarrer und Presbyter der Synode Siegen mit der geplanten Änderung der Kirchenordnung. Pfarrer Paul Schmidt legte eine von 24 Pfarrern und Hilfspredigern der Synode (Pfarrerbruderschaft) unterzeichnete Erklärung vor, die vor einem „Unmündigmachen" der Gemeinden durch die Reform der Kirchenverfassung warnte. Diese Reform liefere die Gemeinden der Willkür einzelner Führer aus und bedeute einen „entscheidenden Schritt nach Rom"[191]. Daraufhin verabschiedete die Versammlung einstimmig, also mit den Stimmen der Deutschen Christen, eine Entschließung, mit der sie sich dafür einsetzte, „daß die Rheinisch-Westfälische Kirchenordnung in ihren Grundzügen auch unter der neuen Reichskirchenregierung erhalten bleibe"[192]. Dabei blieb die Formulierung „in ihren Grundzügen" allerdings interpretationsbedürftig.

Auch die westfälische Provinzialsynode, die vom 13. bis 16. Dezember 1933 zu einer außerordentlichen Tagung zusammentrat, beschäftigte sich mit der Bischofsfrage. Eine vom Ausschuß für die Erneuerung der Kirchenordnung erarbeitete Vorlage, nach welcher die Stellung des Präses in der Provinzialsynode gestärkt werden sollte, konnte nicht verabschiedet werden, weil die Deutschen Christen durch Verlassen des Saales die Synode beschlußunfähig machten. Damit stellte die Bischofsfrage für die westfälische Provinzialkirche weiterhin ein ungelöstes Problem dar, das angesichts der Tatsache, daß Adler sein Amt als Bischof bereits angetreten hatte, genügend Zündstoff für weitere Konflikte bot.[193]

191 Ev.-Kirchl. Sonntagsblatt Nr. 48/1933.
192 Ebd.
193 Vgl. Hey, Kirchenprovinz, S. 55 f.

2.7 Die Haltung der Gemeinschaftsbewegung zur politischen und kirchlichen Neuordnung

Mit dem Aufkommen des Nationalsozialismus in der letzten Phase der Weimarer Republik war auch für die Gemeinschaftskreise die Zeit klarer politischer Optionen, wie sie lange Zeit zugunsten von DNVP und Evangelischem Volksdienst bestanden hatten, vorbei. Gerade das Wahljahr 1932 brachte große politische Umwälzungen und signalisierte die Abkehr vom traditionellen Wahlverhalten bei den Gemeinschaftschristen. Die politischen Linien gingen nun quer durch die Gemeinschaftskreise hindurch. So berichtete am 26. Februar 1933 ein Reiseprediger auf der Generalversammlung des „Vereins für Reisepredigt", dem Dachverband der Gemeinschaften für das Siegerland und Nachbargebiete, daß die Wahlen und das politische Leben auch in die Gemeinschaften Unruhe gebracht und sich lähmend auf den Besuch der Versammlungen ausgewirkt hätten. Darum sei es „in der jetzigen Zeit" – kurz vor den Reichstagswahlen – besonders wichtig, daß sich die Reiseprediger frei von jeder Parteipolitik hielten und daß über Einzelmeinungen hinaus das Band des Friedens gespannt würde.[194] Damit wurde der Usus früherer Jahre, Wahlempfehlungen auszusprechen, aufgegeben. An dieser grundsätzlich neutralen Haltung in Fragen der Parteipolitik änderte sich auch in Zukunft nichts. So betonte der Vorsitzende des Vereins für Reisepredigt, Jakob Gustav Siebel, auf der Generalversammlung des Jahres 1934, daß der Verein für Reisepredigt keine politische Aufgabe habe, sondern berufen sei, das Evangelium zu verkündigen.[195] Dies bedeutete jedoch nicht, daß man den politischen Vorgängen gleichgültig gegenüberstand. Im Gegenteil, der Glaube, nun wieder einer „christlichen" Staatsführung zu unterstehen, verschob die Verantwortung der Gemeinschaften wieder auf ihren eigentlichen Aufgabenbereich. Im Gegensatz zur Weimarer Republik, in der die äußere Bedrohung christlicher Werte auch eine gesellschaftspolitische Aktivität der Gemeinschaftschristen notwendig gemacht hatte, schien nun der Rückzug auf die angestammten Arbeitsgebiete von Evangelisation und Volksmission gerechtfertigt. So dankte Jakob Gustav Siebel in seiner Ansprache Gott dafür, daß er das in Parteien zerspaltene Volk durch die Berufung Adolf Hitlers wieder „zusammengeschmolzen" habe.[196] Auch sein Bruder und führender Gemeinschaftschrist, Walther Alfred Siebel[197], würdigte im Organ der Gemeinschaftsbewegung, dem „Evangelisten aus dem Siegerland", den politischen Umbruch des Jahres 1933 als „Wunder Gottes":

---

194 GeVerb, Protokollbuch v. 26. 2. 1933.
195 Ebd. v. 25. 2. 1934.
196 Ebd.
197 W. A. Siebel vertrat den Verein für Reisepredigt nach außen, beim Gnadauer Verband und in der Kirche; vgl. W. H. Neuser, D. Walther Alfred Siebel.

„Unser Volk stand vor dem Abgrund, als ihm Gott, wie dereinst dem Volk Israel seine Richter, einen Führer sandte, der uns in höchster Not herumriß aus politischer, wirtschaftlicher und sozialer Not. Das liegt jetzt wie ein großes Wunder Gottes hinter uns. Wir danken dem Herrn von ganzem Herzen dafür."[198]

Bei den „Volksabstimmungen" der Jahre 1933/34 riefen führende Gemeinschaftschristen zur Beteiligung auf. Vor dem Plebiszit über den Austritt aus dem Völkerbund schrieb der Schriftführer des „Evangelisten", Jakob Schmitt, ebendort:

„Darum stellen wir uns geschlossen hinter unseren Kanzler und sagen: mit Dir wollen wir es halten, du Sohn und Führer unseres Volkes! Das tun wir auch äußerlich, indem wir am 12. November das Ja auf den Zettel schreiben und es so die Welt wissen lassen: wir stehen zu unserem Volk, wir stehen zu unserer Regierung."[199]

Auch bei der Abstimmung über die Zusammenlegung des Reichspräsidentenamtes mit dem des Reichskanzlers rief W. A. Siebel öffentlich zur Unterstützung Hitlers auf.[200] Mit dieser loyalen Haltung zur neuen Reichsführung standen die Gemeinschaften Schulter an Schulter mit der Landeskirche. Allerdings fehlte in den wenigen öffentlichen Äußerungen aus den Gemeinschaftskreisen die Euphorie der kirchlichen Kundgebungen. Während kaum ein kirchliches Gremium die Gelegenheit zu einer Dankeshymne auf die „nationale Erhebung" ausließ, verhielt man sich in Gemeinschaftskreisen zurückhaltender. So sprach sich W. A. Siebel in der Sitzung des Vorstandes des Gnadauer Verbandes am 5. Juni 1933 dagegen aus, eine Erklärung zum neuen Staat abzugeben, weil er die Gefahr sah, den Staat zum Götzen zu machen.[201] Wenige Tage vorher hatte er bereits als Kreispräses der Siegerländer Jünglingsvereine die Einführung des Führerprinzips im Evangelischen Jungmännerwerk abgelehnt.[202] Für Siebel war die Grenze des Staates da gegeben, wo geistliche Belange berührt wurden:

„Der Glaube läßt sich nicht kommandieren. Das Leben des heiligen Geistes kann nicht reglementiert werden durch den weltlichen Führergedanken einer Partei-Hierarchie."[203]

Von der Diskussion um die kirchliche Neuordnung im Sommer 1933 blieb auch die Gemeinschaftsbewegung nicht unberührt. Für sie ging es um die Frage, ob sie in einer vereinigten Deutschen Evangelischen Kirche wie bisher dem Christliebschen Grundsatz entsprechend: „In der Kirche, wenn möglich mit der Kirche, aber nicht unter der Kirche"[204], würde arbeiten können. Schon streckte die Glaubensbewegung Deutsche Christen ihre Fühler nach der Gemeinschaftsbewegung aus, um sie sich einzuverleiben. Schließlich gab es zwischen beiden enge Berührungspunkte: die Betonung

198 „Evangelist", Nr. 1 v. 7. 1. 1934.
199 „Evangelist", Nr. 45 v. 5. 11. 1933.
200 SNZ v. 18. 8. 1934.
201 Vgl. Erich Günter Rüppel, Die Gemeinschaftsbewegung im Dritten Reich. Ein Beitrag zur Geschichte des Kirchenkampfes (= AGK 22), Göttingen 1969, S. 72.
202 Vgl. Kap. 2.9.
203 „Evangelist", Nr. 1 v. 7. 1. 1934.
204 TRE XII (1984), S. 359.

des Laienelements, Ablehnung einer „Pastorenkirche" und die volksmissionarische Zielsetzung. Bei der Vorstandssitzung des Gnadauer Verbandes Anfang Juni 1933 in Wernigerode äußerte sich der Vertreter des Vereins für Reisepredigt, W. A. Siebel, dennoch zurückhaltend: Eine Verbindung mit der Glaubensbewegung, die noch unklar sei, könne man nicht eingehen.[205] Ebenso lehnte er aber eine Bindung an die Kirche ab.[206] Er plädierte statt dessen für den Vorschlag des Vorsitzenden des Gnadauer Verbandes, Michaelis[207], über Verhandlungen zu einer kirchenrechtlichen Regelung des Verhältnisses zwischen Kirche und Gemeinschaftsbewegung zu kommen. Dies war auch die Meinung der Mehrheit im Vorstand.[208] Die kirchenpolitische Entwicklung verschob jedoch die Sympathien in Richtung der Deutschen Christen. Auf einer erneuten Tagung am 15./16. Juli 1933 in Berlin nahm der Vorstand Richtlinien an, die von Pfarrer Jakubski als dem Referenten der Deutschen Christen für die Gemeinschaftsbewegung vorgelegt worden waren.[209] Sie bestimmten die Einführung des Führerprinzips im Gnadauer Verband und sicherten dem Reichsbischof ein Veto bei der Ernennung eines „Reichsgemeinschaftsführers" zu. Allerdings hatte sich eine starke Minderheit von 13 Vorstandsmitgliedern dagegen ausgesprochen, die Richtlinien en bloc anzunehmen. Zu ihnen zählte auch der Vertreter des Vereins für Reisepredigt, W. A. Siebel.[210]

Nach Abschluß der neuen Kirchenverfassung und dem Sieg der Deutschen Christen bei den Kirchenwahlen sah auch der Vorstand des Vereins für Reisepredigt „die Fragen nach Einschaltung", womit man wohl „Gleichschaltung" meinte, auf sich zukommen.[211] Man beschloß daher, „sich in allen Dingen in engster Fühlung mit Michaelis zu halten"[212]. Dies war eine Option für eine abwartende Haltung und für weitere Verhandlungen mit der neuen Kirchenregierung.

Bei den Kirchenwahlen hatten sich auch Gemeinschaftsleute für die Deutschen Christen engagiert. In Niederschelden ergab sich eine Listenverbindung mit der Bezeichnung „Deutsche Christen – Evgl. Gemeinschaft"[213]. Ein führendes Mitglied der Gemeinschaft in Weidenau, Paul Weiß, wurde als Vertreter der Deutschen Christen in den Kreissynodalvorstand gewählt.[214] Hier handelte es sich jedoch um das Engagement einzelner. Insgesamt war das Verhältnis zwischen Deutschen Christen und Gemeinschaften

---

205 Verhandlungsniederschr. der Gnadauer Vorstandssitzung v. 5. 6., 6. 6. u. 9. 6. 1933, in: GV, Vorstandssitzungen.
206 Ebd.: „Lieber schlicht und einfach bleiben, aber nicht in Abhängigkeit von der Kirche kommen."
207 Vgl. Jochen-Christoph Kaiser, Walter Michaelis (1866–1953) – ein westfälischer Pfarrer zwischen Kirche und Gemeinschaftsbewegung, in: JWKG 88 (1994), S. 252–276.
208 Ebd. u. Rüppel, Gemeinschaftsbewegung, S. 72–76.
209 Abgedr. bei Rüppel, Gemeinschaftsbewegung, S. 108 f.
210 Vgl. ebd., S. 112, Anm. 19.
211 GeVerb, Protokollbuch v. 29. 7. 1933.
212 Ebd.
213 Vgl. Kgm. Niederschelden, Protokollbuch des Presb. v. 20. 7. 1933.
214 SZ v. 17. 8. 1933. Er mußte daraufhin aus dem Vorstand des Weidenauer Männer- und Jünglingsvereins austreten; vgl. Schr. (des Presb.) an Sup. (Achenbach) v. 21. 9. 1945 (Abschr.), in: Kgm. Weidenau, Ordner zum Kirchenkampf, Fasc. III.

eher distanziert, wie ein Affront der deutsch-christlichen Kreisgruppe gegen den „Evangelisten" nahelegt. Im „Evangelisten" war eine biblische Betrachtung über das Thema „Führer oder Hirte?" unkommentiert abgedruckt worden.[215] Darin hatte der Autor eine Verbindung des Führergedankens mit dem Amt des Reichsbischofs abgelehnt. Die Deutschen Christen warfen daraufhin dem „Evangelisten" vor, „der Verdrehung von Gottes Wort zu durchsichtigem Zweck"[216] Vorschub zu leisten. Im Gegenzug versuchte man die Frage „Führer oder Hirte?" als Scheinalternative zu entlarven und die Siegerländer Gemeinschaftschristen für die Mitarbeit in der Glaubensbewegung zu werben. Schriftführer Schmitt zeigte sich von der scharfen Stellungnahme der Deutschen Christen befremdet und wies die Vorwürfe zurück: Man wünsche, daß der Landes- oder Reichsbischof wirklich Hirte und Führer sei; jede Unterordnung habe jedoch ihre Pflicht und ihr Maß im Worte Gottes.[217] Diese Auseinandersetzung zeigte, daß der Kampf um die Gemeinschaftskreise begonnen hatte. Die führenden Persönlichkeiten des Vereins für Reisepredigt standen fest in reformierter Tradition. Dies wirkte sich auch in der Berichterstattung des „Evangelisten" aus: Von Mai bis Juli 1933 wurde breit über die Entwicklung innerhalb der reformierten Kirche berichtet. Da in diesen Kreisen starke Vorbehalte gegen das Amt eines Bischofs bestanden, ergaben sich Spannungsmomente zu den Anliegen der Deutschen Christen, die die Gemeinschaftschristen für sich gewinnen wollten. Die Tatsache, daß dieser Konflikt über die Presse ausgetragen wurde, spricht allerdings gegen die Vermutung einer Annäherung zwischen Deutschen Christen und Gemeinschaftsbewegung auf der Führungsebene. Hier herrschte offenbar „Funkstille". Die Deutschen Christen wandten sich daher an die breite Masse der Gemeinschaftsleute. In der Tat wurde in den Werbeversammlungen der nächsten Monate eine starke Beteiligung aus den Gemeinschaften festgestellt.[218]

Mittlerweile war auch die Entwicklung im Gnadauer Verband weitergegangen. Das Vorpreschen Jakubskis, bei dem er sich als der für die Eingliederung der Gemeinschaften zuständige Mann ausgab und Verbindungsmänner zwischen Deutschen Christen und Gemeinschaftsbewegung einsetzte[219], führte dazu, daß Michaelis sein Mandat als Vorsitzender des Gnadauer Verbandes niederlegte. Er erklärte sich jedoch auf Bitten des Vorstandes bereit, sein Amt bis zur nächsten Vorstandssitzung weiterzuführen. Der Vorstand selbst blieb gespalten, obwohl einige Verbände neuerliche Forderungen Jakubskis hinsichtlich einer Majorisierung der Vorstände durch Deutsche Christen ablehnten. Auch der Verein für Reisepredigt hatte seinen Vertreter

---

215 Nr. 32 v. 6. 8. 1933. Autor war P. H. Oltmann (Loga).
216 SNZ v. 12. 8. 1933.
217 „Evangelist", Nr. 35 v. 27. 8. 1933.
218 SZ v. 3. 11. u. 4. 11. 1933.
219 Für Westfalen-Süd war ein Gemeinschaftschrist aus Eiserfeld im Gespräch, der, so Jakubski in einem Brief an Michaelis v. 29. 10. 1933 (in: GV, Nachlaß Michaelis, Briefe „IJ"), auch von der Gauleitung der Deutschen Christen anerkannt werden würde. Wer den Mann vorgeschlagen hatte, ist nicht bekannt. Er gehörte dem erweiterten Vorstand des Vereins für Reisepredigt an, stand also sozusagen im „zweiten Glied".

angewiesen, diese Forderungen abzulehnen.[220] Die skandalösen Äußerungen bei der Tagung der Deutschen Christen im Berliner Sportpalast am 13. November 1933 brachte dann die entscheidende Wende: Die Opposition im Gnadauer Vorstand, darunter W. A. Siebel, richtete einen Aufruf an die Verbände, in dem man diese aufforderte, die Verbindung mit den Deutschen Christen zu lösen.[221] Auch der Vorstand, der vom 12. bis 14. Dezember 1933 in Salzuflen tagte, erklärte sich nun geschieden von den Deutschen Christen.[222] Jakubski versuchte noch zu retten, was zu retten war, und warnte davor, sich mit einer „Winkelsache" zu begnügen, während das Volk nach dem Evangelium schreie. Daraufhin antwortete ihm Jakob Gustav Siebel, der diesmal den Verein für Reisepredigt vertrat:

„Das Volk schreit nach Brot, Vergnügen, Luxus, aber ich habe noch nicht gesehen, daß es nach Gottes Wort schreit. – Wir aus dem Gnadauer Verband können nichts anderes tun, als positiv weiterarbeiter [sic!]. Dies ist das Einzige, was Erfolg hat."[223]

In diesem Sinne entschied auch der Vorstand, keine weiteren Verhandlungen mehr mit der DEK zu führen und an dem bisherigen Verhältnis zwischen Kirche und Gemeinschaft nichts zu ändern.[224] Damit war die Krise, welche durch die kurzzeitige Annäherung an die Deutschen Christen im Gnadauer Verband entstanden war, überwunden und hatte der Gnadauer Verband sozusagen wieder zu sich selbst gefunden. Die Siegerländer Gemeinschaften waren in dieser Zeit vor einer organisatorischen Bindung an die Deutschen Christen bewahrt geblieben.[225]

2.8   Die Evangelische Akademie Siegen

Am 29. November 1933 wurde mit einer Feierstunde in der Aula des Siegener Realgymnasiums die Evangelische Akademie Siegen eröffnet.[226] Sie war die sechste ihrer Art in Westfalen nach den übrigen Neugründungen in Bielefeld, Bochum, Dortmund, Hagen und Münster.[227] Der frischgekürte Bischof der Kirchenprovinz, Adler, hatte die Schirmherrschaft über die Evangelischen Akademien in Westfalen übernommen.[228] Über die Ziele der

220 Rüppel, Gemeinschaftsbewegung, S. 142, Anm. 3.
221 Ebd., S. 144.
222 Vgl. die Erklärung des Vorstands und den Aufruf von Michaelis, der nun den Vorsitz weiterführte, in: Gnadauer Dokumente I, S. 82–87.
223 Verhandlungsniederschr. der Gnadauer Vorstandssitzung v. 12.–14. 12. 1933, in: GV, Vorstandssitzungen; vgl. Rüppel, Gemeinschaftsbewegung, S. 158. Hier fälschlicherweise D. Siebel als Redner angeführt.
224 Vgl. ebd., S. 159 f.
225 W. A. Siebel schrieb am 13. 4. 1937 an Michaelis: „Der Ver. für Reisepr. war nie korporativ den D.C. angeschlossen." In: GV, Nachlaß Michaelis, Briefe „S".
226 SZ v. 30. 11. 1933.
227 Vgl. W. Niemöller, Chronik des Kirchenkampfes in Westfalen, S. 11.
228 Vgl. KABl. Nr. 23 v. 15. 11. 1933, S. 167.

neugebildeten Akademien gab das Kuratorium, an der Spitze Akademiedirektor Pfarrer Dr. E. W. Schmidt (Siegen), in dem Einladungsschreiben[229] Aufschluß: Es ging um eine Verbindung von christlichem Glauben und nationalsozialistischer Bewegung, und zwar nicht nur als Gegenstand theoretischer Erörterung, sondern als praktischen Beitrag zur nationalsozialistischen Umgestaltung der Gesellschaft. Dabei wurde der Zusammenhang von Christentum und Deutschtum betont: Der aus dem Evangelium geborene Glaube sei „im deutschen Wesen verwurzelt und deutschem Wesen gemäß"[230]. Als Zielgruppe der Evangelischen Akademien wurden die Kreise der kirchenfernen Gebildeten angegeben. Entsprechend repräsentierte auch das Kuratorium vornehmlich Schichten des gehobenen Bürgertums: Rektoren, Studienräte, Juristen, Unternehmer und Geschäftsleute gaben sich hier ein Stelldichein. Aus kirchlichen Kreisen waren vertreten: Superintendent Heider, Pfarrer i. R. Blecher und Akademiedirektor Schmidt.[231] Schon diese personelle Zusammensetzung zeigte die Stoßrichtung, die mit der Gründung der Evangelischen Akademie intendiert war, nämlich die gebildeten Kreise evangelischer Konfession einzubinden in den nationalsozialistischen Neubau der Gesellschaft.[232] Akademiedirektor Schmidt versuchte in seiner Einführungsrede zwar den Vorwurf zu zerstreuen, es handele sich hier um eine Propagandaeinrichtung der Deutschen Christen, doch entsprachen Programm und Praxis der Akademien ganz der deutsch-christlichen Zielsetzung. Dies kam schon bei der Eröffnungsfeier deutlich zum Ausdruck. Außerdem war die Errichtung der Akademie in Siegen über die Köpfe der Pfarrer hinweg beschlossen worden. Auf der Herbstkonferenz der Pfarrer und Presbyter am 20. November in Siegen beschwerte sich Pfarrer Paul Schmidt im Namen der Pfarrerbruderschaft darüber, daß man erst aus der Zeitung von der Errichtung der Akademie erfahren habe. Dieses Vorgehen wurde als „verletzend" empfunden.[233] In der Tat war die Gründung einer solch bedeutenden kirchlichen Einrichtung ohne Konnex mit der Pfarrerschaft ein Affront. Hier begannen sich bereits kirchenpolitische Gegensätze auszuwirken.

Nach Verlesung einiger Grußworte[234] sprach Pfarrer Dr. Klein (Plettenberg)[235] als Landesbeauftragter für die Evangelischen Akademien in Westfalen zu den Anwesenden. Er stellte die Gründung der Akademie in unmittelbaren Zusammenhang mit dem „Sieg der nationalsozialistischen Revolution" und sprach von der „Gottesstunde", die dem deutschen Volk „durch die Knechtsgestalt der Bewegung und des braunen Kämpfers"[236] beschieden

---

229 Einladungsschreiben v. Nov. 1933, in: Kgm. Hilchenbach, Tit. I, No. 7.
230 Ebd.
231 Vgl. ebd. Blecher und Schmidt waren Deutsche Christen, Heider zählte später zur Bekennenden Kirche.
232 SZ v. 30. 11. 1933.
233 Vgl. SZ v. 21. 11. 1933.
234 U. a. von Reichsbischof Müller, Kultusminister Rust, dem Konsistorium in Münster, Präses Koch, Pfarrer Noa (Siegen) und Landrat Dr. Krummacher (Gummersbach), dem geistigen Vater der Akademien.
235 Klein wurde später DC-Provinzialleiter in Westfalen; vgl. Hey, Kirchenprovinz, S. 79; Bauks, Pfarrer, Nr. 3190.
236 SZ v. 30. 11. 1933.

sei. In unfaßbarer Weise wurde der Nationalsozialismus als göttliche Offenbarung dargestellt. Klein pries darüber hinaus die nationalsozialistische Rassenlehre und die „neue Grundhaltung zur Frage der Abkürzung der Leiden dem Tod Verfallener" als Weg in ein neues Zeitalter, „das durch den neuen Menschen bestimmt wird, der durch das Bad der geistigen, völkischen und religiösen Wiedergeburt gegangen ist"[237]. Als oberste [!] Wirklichkeit wurden „Volk, Staat und Nation in ihren Grundlagen durch Blut und Rasse" genannt, daneben als zweite Wirklichkeit die Kirche. Durch die enge Verbindung von deutschem Volk und evangelischer Kirche habe letztere „ohne jede Umstellung" an die Seite Adolf Hitlers treten können. Bei der Erfüllung seiner Aufgaben sollten die Evangelischen Akademien einen „Helferdienst" leisten und die Zeit mit vorbereiten, „in der es einmal wahr sein wird, daß ein Deutscher sein heißt, ein echter Christ sein [!]"[238].

Zum Schluß dieser maßlosen Äußerungen ging Klein noch auf den Stellenwert der Theologie in der Arbeit der Evangelischen Akademie ein. Für die Kreise, welche die Akademie anzusprechen beabsichtige, gehe es nicht um Theologie, sondern schlicht um Glauben. Man könne zwar ohne theologische Formeln leben, niemals aber ohne Glauben.[239] Diese merkwürdige Scheinalternative zwischen theologischer Reflexion und praktischem Glaubensvollzug und der Verzicht auf Theologie zugunsten einer fragwürdigen Praxisorientierung rückten die beginnende Arbeit einer Institution, die sich „Evangelische Akademie" nannte, in ein zweifelhaftes Licht. Sie war indes bezeichnend für das Theologieverständnis der Deutschen Christen.

Nach den vollmundigen Worten der Eröffnungsfeier konnte die praktische Arbeit der Evangelischen Akademie beginnen. Das Vorlesungsverzeichnis[240] sah von Dezember 1933 bis März 1934 zwölf Vorträge vor, die in der Aula des Realgymnasiums stattfinden sollten. Daneben waren zwei Arbeitsgemeinschaften und zwei Sonderkurse geplant. Den Anfang machte Dr. Becke (Münster) am 6. Dezember 1933 mit einem Vortrag über das Thema „Christentum und Wirtschaft". Eine Woche später sprach Pfarrer i. R. Blecher (Siegen) über „Wesen und Bestand des Staates nach Bibel und Bekenntnis"[241]. Sein Vortrag war ein erschütterndes Zeugnis für die ideologische Verfremdung christlicher Glaubensinhalte durch nationalsozialistisches Gedankengut.[242] Auch die weiteren Vorträge bestätigten diesen Trend. Laut Vorlesungsverzeichnis waren noch folgende Vorträge geplant: „Rassenfrage und Christentum" (Dr. med. Jeß, Dortmund)[243], „Der totale Staat und die

237 Ebd.
238 Ebd.
239 Ebd.
240 In: Kgm. Hilchenbach, Tit. I, No. 7.
241 Vgl. SZ v. 14. 12. 1933.
242 Nach dem Bericht der SZ bezeichnete Blecher die Synthese von Nationalismus und Sozialismus als die geistige Einheit, die der „göttlichen Weltordnung" entspreche. Adolf Hitler bescheinigte er eine instinktive „Erfassung der gottgewollten Lebensgesetze". „Rassenmischung und Bastardisierung" zählten nicht darunter. Der Staat habe daher „nach göttlichem Willen die Pflicht, heterogene Elemente aus der arisch-germanischen Rasse auszuscheiden".
243 Vgl. SNZ v. 12. 2. 1934.

Kirche" (Pfarrer Stein, Hagen)[244], „Humanismus oder Glaube" (Pfarrer D. Dr. Forsthoff, Mülheim/Ruhr)[245], „Die Bhaktireligion Indiens und das Wesen des Christentums" (Sup. Lic. Dr. Hoffmann, Fischelbach/Wittgenstein)[246], „Das Wesen des evangelischen Glaubens und seine Bedeutung in der Geisteskrise der Gegenwart" (Doz. Lic. Schmidt, Bethel)[247], „Vom Individualismus Schleiermachers zur deutschen Stunde der Kirche" (Studienrätin Oetling, Siegen)[248], „Gottlosenbewegung und evangelischer Glaube" (Pfarrer Dr. Haarbeck, Duisburg-Meiderich)[249], „Deutsche Jugend und evangelische Glaubenshaltung" (Pfarrer Rönick, Hagen)[250], „Christentum als heldische Frömmigkeit" (Pfarrer Dr. Schmidt, Siegen) und „Technik und christlicher Glaube" (Ing. Schutte, Niederdreisbacherhütte). Die vorgesehene Abfolge der Vorträge konnte jedoch nicht eingehalten werden, einige fielen sogar ganz aus. Dies förderte nicht gerade den Publikumszuspruch.[251] Auch rückte die anbrechende Kirchenkrise, die bald auch das Siegerland erfaßte, die Evangelische Akademie ins kirchenpolitische Zwielicht. Als im März 1934 der Kirchenkampf in Westfalen ausbrach und sich die evangelische Bevölkerung im Siegerland zum ganz überwiegenden Teil der Bekennenden Kirche zuwandte, war die Arbeit der Akademie in Frage gestellt. Ihre weitere Entwicklung liegt im dunkeln. Offenbar fanden nur noch sporadisch Vorträge statt.[252]

2.9 Die Eingliederung der evangelischen Jugend

Im Rahmen seiner Gleichschaltungsbemühungen strebte der nationalsozialistische Staat auch ein Monopol im Bereich der Jugenderziehung und -pflege an. Obwohl die evangelischen Jugendverbände durchweg den neuen Staat begrüßten und sich als Teil der „nationalen Bewegung" verstanden[253], ergab sich mit dem Aufbau nationalsozialistischer Jugendorganisationen ein Konkurrenzverhältnis zu den konfessionellen Jugendverbänden, die bisher – von den Sportjugendverbänden abgesehen – die größten Mitgliederzahlen aufzuweisen hatten.[254]

244 Pfr. Stein war Deutscher Christ und wurde unter Bischof Adler 1934 Leiter des volksmissionarischen Amtes in Westfalen; vgl. Hey, Kirchenprovinz, S. 214; Bauks, Pfarrer, Nr. 6051.
245 SNZ v. 6. 3. 1934. Forsthoff, Deutscher Christ, war stellv. Landespfarrer im Rheinland, später Propst im Bistum Köln-Aachen und Mitglied des Geistlichen Ministeriums.
246 SNZ v. 17. 2. 1934. Zu Hoffmann vgl. Bauks, Pfarrer, Nr. 2726.
247 SNZ v. 1. 2. 1934.
248 SNZ v. 8. 2. 1934.
249 Haarbeck war bis Sept. 1933 Pfarrer in Weidenau; vgl. Bauks, Pfarrer, Nr. 2198.
250 SNZ v. 24. 2. 1934. Rönick war Jugendpfarrer und Pfarrer für Innere Mission; vgl. Bauks, Pfarrer, Nr. 5116. Er war der einzige Redner, der auch kritische Töne zur nationalsozialistischen Umgestaltung der Gesellschaft fand und damit prompt Widerspruch hervorrief.
251 Am 1. 2. 1934 beklagte die SNZ den mangelhaften Besuch.
252 Im Jahr 1935 berichtete die RKZ noch einmal über einen Vortrag Pfr. Buschtöns; vgl. RKZ 85 (1935), S. 63.
253 Vgl. Arno Klönne, Jugend im Dritten Reich. Die Hitler-Jugend und ihre Gegner, Düsseldorf/Köln 1982, S. 163; als lokales Beispiel, Rainer S. Elkar, Menschen – Häuser – Schicksale, S. 219.
254 Kath. Jugend: 1.000.000; ev. Jugend: 600.000; vgl. Klönne, Jugend im Dritten Reich, in: Bracher/Funke/Jacobsen, Deutschland 1933–1945, S. 223.

Im Siegerland war die männliche evangelische Jugend überwiegend in den Jünglingsvereinen organisiert, deren Kreisverband dem Westdeutschen Jungmännerbund und dieser dem Reichsverband der Evangelischen Jungmännerbünde Deutschlands angehörte.[255] Präses war seit dem Jahre 1908 der Freudenberger Unternehmer D. W. A. Siebel.[256] Die weibliche Jugend sammelte sich in den Jungfrauenvereinen, die dem Westfälischen Provinzialverband weiblicher Jugend und darüber hinaus dem Evangelischen Reichsverband weiblicher Jugend angeschlossen waren.[257] Daneben gab es noch einzelne Gruppen des Jugendbundes für entschiedenes Christentum (EC) und der Bibelkreise (BK und MBK).[258] Die Vereine standen in enger Verbindung mit der Gemeinschaftsbewegung. In Neunkirchen z. B. wurde die Arbeit der Vereine ausschließlich von den Gemeinschaften getragen.[259]

Am 22. Mai 1933 tagte der Kreisvorstand der Siegerländer Männer- und Jünglingsvereine zusammen mit dem Kreispräses aus Wittgenstein und dem Kreispräses der Siegerländer Jungfrauenvereine in der Siegener „Hammerhütte", um über die Lage im Evangelischen Jungmännerwerk zu beraten. Dabei wurde auch auf das „Befehlsblatt Nr. 1" des Reichsjugendwartes des Evangelischen Jungmännerwerkes, D. Erich Stange, eingegangen. Darin hatte Stange gefordert, niemand zu einem Amt zu berufen, der nicht eine positive Einstellung zur Regierung Hitlers und der von ihm erstrebten Volksgemeinschaft habe.[260] Die anwesenden Kreisvorstände lehnten diese Richtlinien als „Vermischung staatspolitischer Organisationsprinzipien mit den in der Geschichte unseres Jungmännerwerkes altbewährten neutestamentlich-geistlichen Grundsätzen"[261] ab. Künftig werde man „derartige Kundgebungen" nicht mehr entgegennehmen. Ebenso lehnte man das Führerprinzip ab, „das im staatlichen Leben berechtigt, jedem Reichsgotteswerk aber im Innersten völlig wesensfremd"[262] sei. Daneben vermißte man „die Fühlung nach unten zur Front der Vereine" und kündigte an, derselben Geltung verschaffen zu wollen. Damit hatte sich der Kreisvorstand gegen eine Übertragung staatlicher Strukturen auf die Jugendarbeit und für den Erhalt bewährter Strukturen ausgesprochen. Bei aller Sympathie für die politischen Entwicklungen wollte man an den eigenen Organisationsformen nicht rütteln lassen. Ungeachtet dessen wurden im Sommer 1933 alle evangelischen Jugendverbände – mit Ausnahme des EC – im Evangelischen Jugendwerk Deutschlands zusammengeschlossen und eine neue Führungsspitze herausgestellt, die aus dem Reichsführer D. Stange, einem sog. Ring

---

255 Der Kreisverband zählte im Jahre 1926 in 53 Vereinen 4.000 Mitglieder und war damit die größte Kreisverbindung im Westbund; Schlosser/Neuser II, S. 472; Adolf Kühn, Dein Ruf hat uns getroffen, Siegen 1974, S. 39.
256 Vgl. W. H. Neuser, D. Walther Alfred Siebel.
257 Der Kreisverband zählte im Jahre 1927 40 Vereine mit 2.800 Mitgliedern. Vorsitzender war seit 1927 Carl Stahl (Freudenberg); Schlosser/Neuser II, S. 474.
258 Vgl. ebd., S. 473–475.
259 Vgl. den Fragebogen, in: KSA, E 9, Bd. XVIII.
260 Gauger, Chronik der Kirchenwirren, Erster Teil, S. 124.
261 Entschließung v. 22. 5. 1933, als Manuskript gedruckt, in: Kgm. Oberfischbach, K 13.
262 Ebd.

der Ämter und einem Führerrat bestand.[263] Dadurch erhoffte man sich ein stärkeres Gewicht in den Verhandlungen, die mit dem Reichsjugendführer, Baldur von Schirach, über das Verhältnis von HJ und evangelischer Jugend geführt wurden. Letzterer ließ keinen Zweifel an dem Willen zur „Gleichschaltung" der gesamten deutschen Jugend und setzte die konfessionelle Jugend unter Druck, indem er am 27. Juli 1933 die Doppelmitgliedschaft in HJ und konfessionellen Jugendverbänden untersagte. Er kündigte an, diese Maßnahme erst dann abzuändern, wenn sich die konfessionellen Jugendverbände auf ihren eigentlichen Aufgabenbereich beschränkten. Damit war die Marschrichtung für künftige Verhandlungen vorgegeben. Der Kreispräses der Siegerländer Jünglingsvereine, Siebel, unterrichtete die Vereine über diese Entwicklungen, wies aber darauf hin, daß es sich hier um eine rein interne Maßnahme der HJ handele und daß örtliche Stellen der HJ nicht berechtigt seien, Mitgliederlisten der Vereine anzufordern oder Fragebögen vorzulegen.[264] Offensichtlich waren bereits diesbezügliche Bemühungen im Gange.

Das Evangelische Jugendwerk geriet gegenüber der politischen Jugend immer stärker in die Defensive. Am 17. November 1933 übertrug man daher dem Reichsbischof die persönliche Befehlsgewalt über das Evangelische Jugendwerk, um zum einen die Verbundenheit mit der Deutschen Evangelischen Kirche und den kirchlichen Einigungsbestrebungen auszudrücken und zum anderen den Reichsbischof in die Interessen des Evangelischen Jugendwerkes einzubinden.[265] Dieser mißbrauchte jedoch das in ihn gesetzte Vertrauen, indem er eigenmächtig und ohne Fühlungnahme mit der Spitze des Jugendwerkes mit Baldur von Schirach ein Abkommen über die Eingliederung der evangelischen Jugend in die Hitlerjugend unterzeichnete. Dieses Abkommen besagte unter anderem, daß nur der Mitglied im Evangelischen Jugendwerk sein könne, der auch gleichzeitig Mitglied in der HJ sei.[266] Als dieser Alleingang des Reichsbischofs bekannt wurde, setzte eine Welle der Empörung, quer durch die Verbände und die kirchliche Öffentlichkeit, ein. Die Kreispräsides der beiden größten Jugendverbände des Siegerlandes, Siebel und Stahl, beteiligten sich mit einem Telegramm, das an den Reichsinnenminister gerichtet war, an den zahlreichen Protestkundgebungen:

„Namens 123 evangelischer Jugendvereine unseres Kreises protestieren wir energisch gegen durch Reichsbischof vollzogene Eingliederung in Hitlerjugend. Mit uns Elternkreise höchst beunruhigt. Da zeitige Spitze der Kirche versagt erbitten Schutz durch Reichsregierung. Entehrung unseres Jugendführers Stange empfinden als Schlag ins Gesicht."[267]

Damit hatte sich eine breite Front evangelischer Jugendvereine im Siegerland gegen eine Gleichschaltung „von oben" ausgesprochen. In den näch-

263 Vgl. Manfred Priepke, Die evangelische Jugend im Dritten Reich 1933–1936, Hannover/Frankfurt a. M. 1960, S. 59.
264 Siebel v. 9. 8. 1933, in: Kgm. Oberfischbach, K 13.
265 Vgl. Priepke, Evangelische Jugend, S. 69.
266 Ebd., S. 74 u. 186–188.
267 Telegramm v. 28. 12. 1933 (Abschr.), in: Kgm. Oberfischbach, K 13. Der Reichsbischof hatte Stange aus dem Jugendführerring entlassen und seinen Ausschluß aus der NSDAP im Schnellverfahren beantragt; vgl. Priepke, Evangelische Jugend, S. 74 f.

sten Wochen wurde in den Verbänden um eine Alternative zu dem vom Reichsbischof unterzeichneten Eingliederungsvertrag gerungen. Dabei erschwerte die unterschiedliche kirchenpolitische Lage in den einzelnen Landeskirchen ein gemeinsames Vorgehen. Außerdem wurde kolportiert, daß die Reichsregierung dem Vertrag Gesetzeskraft verleihen wolle.[268] Damit geriet weiterer Widerstand ungewollt auf eine politische Ebene. Der vom Reichsbischof zum Reichsjugendpfarrer ernannte und mit der Durchführung der Eingliederung beauftragte Pfarrer Zahn[269] forderte indes die Kirchengemeinden auf, das Eingliederungsformular mit den örtlichen politischen Jugendführern zu unterzeichnen.[270] Mit diesem Vorgehen versuchte Zahn die Verbände zu umgehen und die Eingliederung über die Presbyterien voranzutreiben.[271] Wenige Tage später gab das Evangelische Jugendwerk eine abschließende Stellungnahme zum Eingliederungsvertrag ab. Darin wurde der Vertrag zwar weiterhin kritisiert, de facto jedoch gebilligt und nur etwas modifiziert. Dabei wurde der Wille des „Führers" zur Eingliederung der Jugend ausdrücklich gewürdigt. In den konkreten Anweisungen hieß es, daß die Jugendlichen unter 18 Jahren aus der Mitgliedschaft im Evangelischen Jugendwerk zu entlassen und in freien Bibelgruppen zu sammeln seien. Dadurch wolle man den Mitgliedern den Weg in die HJ bzw. den BDM ebnen. De facto umging man mit der Aufhebung der Mitgliedschaft die vom Reichsbischof vollzogene pauschale Eingliederung der Jugend in die HJ und hob den Zwang zur Mitgliedschaft in der HJ bei gleichzeitiger Beteiligung an kirchlichen Jugendveranstaltungen auf. Es blieb nun den (ehemaligen) Mitgliedern bzw. deren Eltern vorbehalten, über den Eintritt in die HJ zu entscheiden. Die Möglichkeit einer Doppelmitgliedschaft hielt man jedoch ebenfalls offen, wo es die örtlichen Verhältnisse nahelegten.[272] Durch diese Weisungen wurde einerseits die bisherige vereinshafte Form der Jugendarbeit aufgegeben, andererseits jedoch eine korporative Eingliederung der Jugend vermieden und der Bestand der Vereine und Verbände, die ja auch Mitglieder über 18 Jahre umfaßten, gewahrt. Letztlich war das Problem nun auf die örtliche Ebene und auf das Votum der einzelnen Mitglieder bzw. ihrer Eltern verschoben.

In den Gemeinden setzte nun die Diskussion über das praktische Vorgehen ein. Pfarrer Wehmeier (Ferndorf) berichtete dem Synodaljugendpfarrer Achenbach (Niederschelden) über die Beratungen der Jugendleiter und -leiterinnen in Ferndorf. Eine mögliche Doppelmitgliedschaft wurde hier als eine zu schmale Basis für die künftige Arbeit angesehen und die vom Jugendwerk empfohlene losere Form der Jugendarbeit unter Fortfall des Begriffs der Mitgliedschaft favorisiert. In diesem Fall — so hatte man jedoch erkannt — stand die Jugendarbeit nicht mehr unter dem Schutz des Abkom-

268 Ebd., S. 83.
269 Karl Friedrich Zahn (30. 12. 1900–19. 4. 1943) war bis dahin Pfarrer in Aachen.
270 Zahn v. 29. 1. 1934, in: KSA, E 9, Bd. XVIII.
271 Vgl. Priepke, Evangelische Jugend, S. 90.
272 Schreiben v. 3. 2. 1934, abgedr. in: Priepke, Evangelische Jugend, S. 205–207.

mens zwischen dem Reichsbischof und von Schirach. An Jugendpfarrer Achenbach wurde daher die Erwartung ausgesprochen, sich in den bevorstehenden Verhandlungen mit der HJ entsprechende Sicherungen auch für eine freiere Jugendarbeit geben zu lassen.[273] Diese Sicherung schien letztlich nur durch eine Unterzeichnung des vom Reichsbischof autorisierten Eingliederungsformulars mit den örtlichen Vertretern von HJ und BDM möglich. Das Konsistorium übersandte am 13. Februar 1934 das Eingliederungsformular gemeinsam mit dem Anschreiben des Reichsjugendpfarrers Zahn vom 29. Januar an die Presbyterien, die zur Unterzeichnung aufgefordert wurden.[274] Es hieß, in einer Besprechung mit den Synodaljugendpfarrern der Provinz und den Führern der in ihr arbeitenden Jugendverbände sei Einmütigkeit darüber erzielt worden, daß ein anderer Weg nicht mehr gegeben sei. In den nächsten Wochen unterzeichneten die Presbyterien – nach Befragung der Eltern – das Eingliederungsformular.[275] Es regelte die Eingliederung der zehn- bis 18jährigen Mitglieder der Jugendvereine „auf Grund des zwischen dem Reichsbischof und dem Reichsjugendführer des Deutschen Reiches vereinbarten Abkommens"[276]. Den Kirchengemeinden wurde das Recht eingeräumt, die Jugend an zwei festzulegenden Wochentagen zu betreuen, und die Gelegenheit zum Gottesdienstbesuch an mindestens zwei Sonntagen im Monat zugebilligt. Für die Gemeinden Ferndorf, Niederschelden und Oberfischbach schien dies zuwenig. Sie forderten in einem Zusatz, daß jedem Gemeindeglied an jedem Sonntag Gelegenheit zum Gottesdienstbesuch zu geben sei.[277] Der Unterbannführer lehnte diese Zusätze ab und sandte die Formulare an Synodaljugendpfarrer Achenbach zurück.[278] Die Forderung wurde aber letztlich doch noch erfüllt.

Zur gegenseitigen Fühlungnahme zwischen HJ und evangelischer Kirche wurden in den Oberbannen kirchliche Vertrauensleute eingesetzt. Für den Oberbann IV (Siegerland) ernannte der kirchliche Bevollmächtigte für die Kirchenprovinz Westfalen, Fiebig, den Siegener (DC-)Pfarrer Dr. Schmidt.[279] Dieser forderte die Amtsbrüder auf, ihm über den Vollzug oder Nichtvollzug der Eingliederung baldmöglichst zu berichten, um für die Verhandlungen mit dem Oberbannführer der HJ und der Gauleiterin des BDM gerüstet zu sein.[280] Am 28. Februar gab er Anweisungen für die Begehung des 4. März, der als Abschluß der Eingliederung der Jugend für das gesamte

273 Vgl. Wehmeier an Achenbach v. 8. 2. 1934, in: KSA, E 9, Bd. XVIII.
274 Abschr. in: KSA, E 9, Bd. XVIII.
275 Vgl. jeweils im Protokollbuch: Ferndorf 14. 2. 1934, Hilchenbach 18. 2. 1934, Müsen 23. 2. 1934, Niederdresselndorf 22. 2. 1934, Niederschelden 23. 2. 1934, Klafeld 12. 2. 1934; vgl. auch die Fragebögen in: KSA, E 9, Bd. XVIII. In allen erhaltenen 12 Fragebögen wird die Unterzeichnung des Vertrages bestätigt. Formulare mit den Einverständniserklärungen der Eltern sind noch in: Kgm. Oberfischbach, K 13, erhalten.
276 Abgedr. in: Röhm/Thierfelder, Evangelische Kirche zwischen Kreuz und Hakenkreuz, S. 45.
277 In: KSA, E9, Bd. XVIII.
278 P. an Achenbach v. 20. 2. 1934, in: KSA, E 9, Bd. XVIII. Achenbach versuchte in einem Antwortschreiben die Bedenken hinsichtlich der Zusätze zu zerstreuen; vgl. Achenbach v. 22. 2. 1934 (Abschr.), in: ebd.
279 Fiebig an Schmidt v. 16. 2. 1934 (Abschr.), in: Kgm. Müsen, II.4.
280 Rundschr. Schmidt v. 19. 2. 1934, in: ebd.

Reich vorgesehen war: Von einem besonderen Gottesdienst sei abzusehen. Statt dessen sei die Jugend „in würdiger Form" zu versammeln, um gemeinsam mit den Gliederungen von HJ, BDM und Jungvolk die Radioübertragung des Gottesdienstes im Berliner Dom anzuhören, der vom Reichsbischof geleitet wurde.[281] Die Zeitungen berichteten über die Feierlichkeiten, bei denen nach Anhörung der Übertragung Umzüge veranstaltet und die evangelischen Jugendlichen im wahrsten Sinne des Wortes in den Marschtritt der HJ „eingegliedert" wurden.[282] Den Abschluß der Verhandlungen zwischen evangelischer und politischer Jugend im Siegerland bildete schließlich ein Abkommen, das vom Oberbannführer der HJ, der Gauleiterin des BDM und dem kirchlichen Vertrauensmann, Dr. Schmidt, unterzeichnet war. Die wichtigsten Punkte waren:

„1. Das evgl. Jugendwerk im Bereich des Oberbannes hat seine 10–18jährigen Mitglieder aus der Mitgliedschaft entlassen und den Eintritt in die Hitlerjugend empfohlen.
2. Die evgl. Kirchengemeinden übernehmen im Bewußtsein ihrer großen Verantwortung die *religiöse* Betreuung der gesamten getauften und konfirmierten evgl. Jugend und richten gemäß den Ausführungsbestimmungen zu dem Vertrage am Montag und Freitag jeder Woche Veranstaltungen ein, zu denen die gesamte evgl. Jugend eingeladen wird.
3. Diese beiden Tage werden für die gesamten evgl. Jungen und Mädel innerhalb der Hitlerjugend dienstfrei gehalten.
4. Der 1. und 3. Sonntag eines jeden Monats stehen ebenfalls den Kirchengemeinden für ihre religiöse Arbeit an der Jugend frei und sind wie unter 3. dienstfrei zu halten von seiten der Hitlerjugend.
5. An den übrigen Sonntagen ist der evgl. Jugend Gelegenheit zum Besuch eines Gottesdienstes zu geben, entweder morgens früh *vor* den Veranstaltungen der Hitlerjugend oder während derselben an irgend einem Ort.
6. Der Oberbannführer bezw. die Gauführerin begrüßen und wünschen, daß die evgl. Hitlerjungen und -mädel an den obengenannten kirchlichen Veranstaltungen teilnehmen."[283]

Gegenüber dem zwischen dem Reichsbischof und dem Reichsjugendführer unterzeichneten Vertrag wurde in diesem Abkommen auf den Begriff der „Eingliederung" verzichtet. Damit wurde dem Umstand Rechnung getragen, daß keine korporative Überführung der kirchlichen Vereine erfolgt war, sondern der Eintritt einzelner Mitglieder in die HJ bei gleichzeitiger Auflösung der Vereinsform kirchlicher Arbeit an den Jugendlichen unter 18 Jahren. Punkt 2 strich euphemistisch die große Verantwortung der Kirchengemeinden hinsichtlich der religiösen Betreuung der Jugend heraus. Dies war ja auch bisher Inhalt kirchlicher Jugendarbeit gewesen! Verschwiegen wurde aber, daß nun auf alle Aktivitäten verzichtet werden mußte, die über diese rein religiöse Betreuung hinausgingen. Dies bedeutete eine wesentliche Einschränkung. Auch die Aufhebung der Vereinsform brachte Nachteile mit sich: z. B. Verzicht auf Beiträge und eine geringere Verbindlichkeit. Erwähnenswert ist noch die Zusicherung bezüglich der Freistellung zum

281 Rundschr. Schmidt v. 28. 2. 1934, in: Kgm. Oberfischbach, K 13.
282 SZ u. SNZ v. 5. 3. 1934.
283 Abkommen v. 27. 4. 1934 (Abschr.), in: KSA, E 9, Bd. XVIII. Dieser Vertrag entsprach dem Muster in: KABl. Nr. 9 v. 1. 5. 1934, S. 81 f.

Gottesdienstbesuch an *jedem* Sonntag sowie die Sympathieerklärung der HJ-Führer hinsichtlich der Beteiligung ihrer Mitglieder an kirchlichen Jugendveranstaltungen. Wieviel solche Kundgebungen jedoch wert waren, mußte die Zukunft zeigen.

2.10 An der Jahreswende 1933/34

Zu Silvester 1933 blickten die Kirchengemeinden auf ein Jahr zurück, das in allen Bereichen des gesellschaftlichen Lebens umwälzende Veränderungen mit sich gebracht hatte. Innerhalb der evangelischen Kirche des Siegerlandes wurde diese Entwicklung ambivalent bewertet.[284] Einerseits war von dem „Wunder" die Rede, durch welches das deutsche Volk vor dem Abgrund gerettet worden sei, andererseits bezeichnete man es als „Verhängnis", daß die politische und die kirchliche Erneuerungsbewegung nicht zueinander gefunden hätten. Auf der einen Seite machte sich Hoffnung breit aufgrund der mit der nationalsozialistischen Machtergreifung eingetretenen Entwicklung, die in den Augen vieler Menschen auf eine Verbesserung der Lebensverhältnisse hinauszulaufen schien. Auf der anderen Seite gab man der Besorgnis über die kirchliche Lage Ausdruck und distanzierte sich von den Deutschen Christen als den Verursachern einer Situation, in der die Kirche den politischen Veränderungen hinterherhinkte.

Auch wenn es sich hier um kirchliche Erklärungen handelt, welche die politischen Veränderungen nur oberflächlich streiften, muß man sie in Beziehung setzen zu dem, was sich außerhalb der Kirche in diesem Jahr ereignet hatte: In allen Bereichen des gesellschaftlichen Lebens hatte sich die nationalsozialistische Bewegung durchgesetzt. Dies war erreicht worden durch die Gleichschaltung der Länder und der Justiz, die Zerschlagung der Gewerkschaften, das Verbot bzw. die Selbstauflösung der Parteien, die Durchsetzung der Gesellschaft mit NS-Organisationen, angefangen vom Reichsnährstand bis zur Reichskulturkammer, von HJ und BDM bis zur NS-Frauenschaft. Die Öffentlichkeit war überschüttet worden mit nazistischen Symbolen, der „deutsche Gruß" hatte alte Umgangsformen verdrängt. Besonders drastisch wirkte sich die nationalsozialistische Herrschaft aber für ihre Gegner aus. Durch die „Reichstagsbrandverordnung" waren wesentliche Grundrechte außer Kraft gesetzt und die Grundlage für die „Schutzhaft"-Willkür geschaffen worden. Das sog. Heimtückegesetz ermöglichte die Bestrafung selbst mündlicher Kritik am Regime. Systematisch waren Konzentrationslager errichtet worden, in die unliebsame Personen, verurteilt durch Sondergerichte, verbracht werden konnten. Die jüdische Bevölkerung

---

284 Vgl. dazu: Rundbrief Wehmeier an die Ev. Arbeitervereine v. 31. 12. 1933, in: Kgm. Hilchenbach, Tit. I, No. 7, und Kgm. Ferndorf, Protokollbuch des Presb. v. 29. 12. 1933.

war durch den Boykott ihrer Geschäfte und den „Arierparagraphen" öffentlich abgestempelt und ausgegrenzt. Das Jahr 1933 war also — historisch gesehen — im wesentlichen geprägt durch die Errichtung des nationalsozialistischen Unrechtsregimes.[285] Diese Sichtweise blieb aber einer Kirche, die glaubte, gerade dem Abgrund entronnen zu sein, versperrt. Für weite Teile der evangelischen Kirche stand offenbar die Einschätzung im Vordergrund, daß durch die Ermächtigung des „christlichen" Kanzlers Adolf Hitler die „Gefahr" des Kommunismus gebannt und die Kirche auf dem Wege sei zu neuer Geltung. Die Willkürakte bei der Durchsetzung der NS-Herrschaft waren allenfalls Schattenseite einer allgemein positiven Entwicklung und wurden im Zuge der allgemeinen Aufbruchsstimmung als temporäre Begleiterscheinung angesehen. Hier machte sich in der evangelischen Kirche auch eine gewisse Schizophrenie des Denkens bemerkbar.[286] Während man für den Bereich der Kirche den „Arierparagraphen", das „Führerprinzip" und Methoden der Massensuggestion ablehnte, wurden diese im politischen Bereich hingenommen oder gar befürwortet. Diese ambivalente Bewertung der Verhältnisse blieb auch in der Zukunft vorherrschend. Politische und kirchliche Sphäre wurden säuberlich getrennt. Dies schien gerade die Abwehr der politischen Theologie der Deutschen Christen nahezulegen, in der politische und religiöse Inhalte vermengt wurden. Durch diesen Abwehrkampf wurde aber auch der Blick für die Folgerungen aus der theologischen Neubesinnung für den politischen Bereich verstellt. Daß es nicht möglich ist, aus einer politischen Ideologie Folgerungen für den Bereich des Glaubens zu ziehen, jedoch umgekehrt der Glaube auf die Totalität menschlichen Lebens abzielt, war eine wesentliche Erkenntnis dieser Neubesinnung (vgl. Barmen II). Hinter dem zweiten Teilmoment dieser Erkenntnis blieb die Bekennende Kirche jedoch in ihrem Handeln zurück. Kirchenkampf war auch für die frommen Kreise des Siegerlandes ein Kampf in der Kirche um die Kirche, aus der die Loyalität gegenüber Hitlers NS-Staat nahezu unbeschadet hervorging.

285 Vgl. Karl Dietrich Bracher/Wolfgang Sauer/Gerhard Schulz, Die nationalsozialistische Machtergreifung. Studien zur Errichtung des totalitären Herrschaftssystems in Deutschland, Frankfurt a. M. 1973.
286 Vgl. Eberhard Bethge, Umstrittenes Erbe. Zum Selbstverständnis der Bekennenden Kirche und seine Auswirkungen heute, in: ders., Am gegebenen Ort. Aufsätze und Reden 1970–1979, München 1979, S. 103–116.

3. Die Formierung der Bekennenden Kirche im Siegerland

3.1 „Maulkorberlaß" und reformierter Aufbruch

Das Jahr 1934 begann für die evangelische Kirche mit einem Paukenschlag. Am 4. Januar erließ Reichsbischof Müller eine „Verordnung betreffend die Wiederherstellung geordneter Zustände in der Deutschen Evangelischen Kirche"[1], welche alle kirchenpolitischen Kundgebungen in kirchlichen Räumen verbot und den kirchlichen Amtsträgern jede öffentliche Kritik am Kirchenregiment oder dessen Maßnahmen bei Strafandrohung untersagte. Dieser „Maulkorberlaß" sollte die Kritiker des Reichsbischofs mundtot machen und bildete den Auftakt zu einer Reihe von Verordnungen, die im Laufe des Jahres zur völligen rechtlichen Zerstörung der Reichskirche führten.[2]

Der Pfarrernotbund reagierte auf diesen Erlaß mit einer Kanzelabkündigung[3], die in dem Vorgehen des Reichsbischofs eine Kampfansage an alle diejenigen erblickte, die eine Befriedung der Kirche durch die Rückkehr zur biblischen Grundlage anstrebten. Dem Reichsbischof wurde das Vertrauen entzogen und der Gehorsam aufgekündigt.[4] Die Kanzelabkündigung wurde im Siegerland am 14. Januar verlesen, nachdem Pfarrer Vethake (Ferndorf) als Vertrauensmann der westfälischen Pfarrerbruderschaft zwei Tage zuvor die Amtsbrüder im Siegener „Kaisergarten" zu einer Besprechung zusammengerufen hatte.[5] Dort wurde noch eine kurze Ergänzung[6] vereinbart, die gemeinsam mit der Kanzelabkündigung von den 24 dem Pfarrernotbund angehörenden Pfarrern des Siegerlandes verlesen wurde. Neben dieser Kanzelabkündigung kam es auch in einigen Presbyterien zu besonderen Beschlüssen gegen den „Maulkorberlaß". Das Presbyterium der Kirchengemeinde Burbach und die Größere Gemeindevertretung in Ferndorf schlossen sich einer Erklärung an, die von dem Presbyterium der evangelisch-reformierten Gemeinde Barmen-Gemarke verfaßt worden war. Darin wurden die „‚Deutschen Christen' mit ihren Irrlehren und Gewaltmaßnahmen" für die „Verwirrung" in der evangelischen Kirche verantwortlich gemacht. Die Verordnung des Reichsbischofs wurde entschieden zurückgewiesen und gegenüber den Gemeindepfarrern die Erwartung geäußert, sich auch weiterhin nur durch den Gehorsam gegen Gottes Wort leiten zu lassen. Dies sei „keine dem Evangelium wesensfremde Kirchenpolitik, sondern ein Akt des

---

1   GDEK Nr. 1/1934, S. 1.
2   Vgl. Kater, Die Deutsche Evangelische Kirche in den Jahren 1933 und 1934, S. 140 ff.
3   KJ 1933–1944, 2. Aufl. 1976, S. 45 f.
4   Meier I, S. 155; Gauger, S. 130.
5   Vethake schrieb die Einladung handschriftlich auf die Flugblätter mit der Kanzelabkündigung; vgl. Kgm. Hilchenbach, Tit. I, No. 7.
6   Kgm. Hilchenbach, Tit. I, No. 7; vgl. Kgm. Burbach, Best. III, Bd. 5, Fasc. 3.

Bekennens einer nach Gottes Wort reformierten Kirche"[7]. Auch das Presbyterium der Kirchengemeinde Neunkirchen sah in dem Erlaß des Reichsbischofs Bekenntnis und Kirchenordnung verletzt und reklamierte gegenüber den Drohungen Jesus Christus als die „einzige[n] u. wahre[n] Autorität der evangelischen Kirche"[8]. Nur das Presbyterium der Kirchengemeinde Weidenau mißbilligte (mit 7:4 Stimmen) die Verlesung der Erklärung durch Pfarrer Arndt.[9] Eine weitere Erklärung gaben die Mitglieder der Pfarrerbruderschaft Anfang Februar ab, mit der sie ihre Solidarität gegenüber den Amtsbrüdern ausdrückten, die aufgrund der Kanzelabkündigung von ihrem Amt suspendiert worden waren.[10] Im Siegerland erwartete man auch Maßnahmen gegen Superintendent Heider. Pfarrer Buscher (Klafeld) verfaßte daher im Auftrag des Zweigvereins des Reformierten Bundes einen Brief an Bischof Adler, in dem er im Blick auf das reformierte Verständnis des Superintendentenamtes vor einer etwaigen Suspendierung Heiders warnte:

„Es dürfte Ihnen nicht hinreichend bekannt sein, daß unser Siegerland mit seiner sehr selbständigen Bevölkerung [...] ein *Kirchengebiet ganz eigener Art* ist, das bisher von der Kirchenbehörde mit ganz besonderer Behutsamkeit behandelt wurde. Ob der von uns befürchtete gewaltsame Eingriff unserer Siegerländer Kirche Nutzen oder Schaden und dem bischöflichen Wirken Vertrauen oder stärkstes Mißtrauen eintragen wird, werden Sie sehr ernstlich zu erwägen haben.
Wir warnen und bitten Sie: Bewahren Sie die Siegerländer Gemeinden vor Belastungsproben, deren Auswirkungen unübersehbar werden könnten."[11]

Der Erlaß des Reichsbischofs war noch nicht bekannt, als am 3. und 4. Januar in Barmen-Gemarke die erste „Freie reformierte Synode" zusammentrat. Sie war der „Auftakt zur Sammlung der Bekenntniskräfte auf synodaler Ebene"[12] und signalisierte die Wendung im Kirchenstreit von Einzelanliegen zum Grundsätzlichen. Eine von Karl Barth verfaßte und von der Synode angenommene „Erklärung über das rechte Verständnis der reformatorischen Bekenntnisse in der Deutschen Evangelischen Kirche der Gegenwart"[13] zeigte die Absicht, sich den kirchenpolitischen Streitfragen theologisch zu nähern. Sie stellte damit eine wichtige Wegweisung für das reformierte Kirchentum[14] und darüber hinaus dar. Am 26. Februar 1934 nahm eine Versammlung von 157 reformierten Predigern und Ältesten aus sämtlichen Gemeinden des Siegerlandes und fünf Wittgensteiner Gemeinden, an der als Vertreter des Moderamens des Reformierten Bundes Pastor Obendiek[15] (Barmen) teilnahm, die Erklärung Barths „auf ihre Verantwortung" und ba-

---

7 Kgm. Ferndorf, Protokollbuch des Presb. v. 15. 1. 1934; Kgm. Burbach, desgl. v. 13. 1. 1934.
8 Kgm. Neunkirchen, Protokollbuch des Presb. v. 13. 1. 1934.
9 Vgl. Protokollbuch v. 2. 2. 1934.
10 Die Erklärung wurde den Vertrauensleuten am 31. 1. 1934 zugesandt und von 22 Pfarrern und Hilfspredigern des Siegerlandes unterzeichnet; in: EKvM 5.1, Nr. 248, Fasc. 2.
11 Buscher an Adler v. 16. 2. 1934, in: EKvW 0.6, Nr. 9.
12 Meier I, S. 165; Lekebusch, Die Reformierten im Kirchenkampf, S. 79 ff.
13 In: JK 2 (1934), S. 118 ff.
14 Die Freie evangelische Synode im Rheinland machte sich die Erklärung zu eigen; vgl. Meier I, S. 167.
15 Harmannus Obendiek (19. 9. 1894–14. 9. 1954) war Pfarrer in Barmen-Gemarke und zugl. Dozent an der Theologischen Schule Elberfeld bis zur zwangsweisen Schließung im Jahre 1941.

ten das Moderamen, alles zu tun, um das Zusammentreten einer reformierten Gesamtsynode Deutschlands zu ermöglichen.[16] So begannen die reformierten Kreise zusammenzurücken, um auf der Grundlage theologischer Besinnung eine gemeinsame Strategie gegen die Kirchenpolitik des Reichsbischofs zu entwickeln. Das Presbyterium der Kirchengemeinde Eiserfeld sah in seiner Sitzung vom 31. Januar 1934 seine besondere Pflicht darin, sich für den Erhalt des reformierten Charakters der Gemeinde einzusetzen und die Verbindung zu anderen reformierten Gemeinden zu suchen.[17] So kam auch in die Gemeinden langsam Bewegung. In Ferndorf beschloß die Größere Gemeindevertretung, einen Männerkreis einzurichten, der – ohne an eine kirchenpolitische Partei gebunden zu sein – dem Austausch über die kirchliche Lage dienen sollte.[18] Damit sollte die Sammlung einer Kerngruppe erreicht werden. Diese Maßnahme eröffnete eine neue Phase im Kirchenstreit: Sie bezog nun auch die einfachen Gemeindeglieder in die Auseinandersetzungen mit ein und wies den Weg für die spätere Bildung der Bekenntnisgemeinde. Der Kirchenkampf war nun nicht mehr nur Sache von kirchlichen Amtsträgern, sondern Angelegenheit der Gemeinde.

Die Zuspitzung der kirchenpolitischen Situation hinderte die Gemeinden nicht, den Jahrestag der „Machtergreifung" Hitlers mit einem Gedenkgottesdienst zu begehen und darin ihrer Dankbarkeit über die mit Hitler eingetretene Wendung Ausdruck zu verleihen. In Siegen nahmen zahlreiche Mitglieder von NS-Parteiorganisationen an dem von DC-Pfarrer Dr. Schmidt geleiteten Gottesdienst teil. Demonstrativ erhoben sich beim Lied „Großer Gott, wir loben dich" die Hände zum Hitlergruß.[19] Noch genoß Hitler die uneingeschränkte Unterstützung der evangelischen Bevölkerung. Erst das kommende Jahr, das wie kein anderes die evangelische Kirche erschütterte, versetzte dieser Begeisterung einen Dämpfer. Im Januar 1935 jedenfalls blieben die Gedenkgottesdienste im Siegerland weitgehend aus.

16 RKZ 84 (1934), S. 74. Das Moderamen hatte am 5. 1. 1934 die Erklärung Barths angenommen und die Scheidung von den „Deutschen Christen" vollzogen; Meier I, S. 165.
17 Kgm. Eiserfeld, Protokollbuch des Presb. v. 31. 1. 1934.
18 Vgl. Kgm. Ferndorf, Protokollbuch des Presb. v. 15. 1. 1934.
19 Vgl. SNZ v. 31. 1. 1934.

3.2 Der Widerstand gegen die Zerstörung der Kirchenordnung

3.2.1 Die Gleichschaltungspolitik des Reichsbischofs und die außerordentliche Tagung der Kreissynode vom 14. März 1934

Seit Anfang des Jahres 1934 verfolgte Reichsbischof Müller eine von seinem „theologischen Berater" Dr. Heinrich Oberheid[20] und dem preußischen Ministerialdirektor und Leiter der Kirchenabteilung im preußischen Kultusministerium, August Jäger, erarbeitete kirchenpolitische Konzeption, deren Ziel es war, die evangelischen Landeskirchen „gleichzuschalten" und zu einer großen deutschen Reichskirche zu vereinigen. Diesem Zweck dienten eine Reihe von Verordnungen, die schrittweise die rechtliche Basis für die angestrebte „Gleichschaltung" schaffen sollten. Am 26. Januar 1934, einen Tag nach dem denkwürdigen Empfang der evangelischen Kirchenführer in der Reichskanzlei, der für die kirchliche Opposition eine erhebliche Schwächung bedeutete, erließ Ludwig Müller in seiner Eigenschaft als preußischer Landesbischof eine „Verordnung zur Sicherung einheitlicher Führung der evangelischen Kirche der altpreußischen Union"[21], welche alle Befugnisse des preußischen Kirchensenats auf den Landesbischof übertrug und diesem uneingeschränkte Weisungsbefugnis gegenüber allen preußischen Kirchenbehörden erteilte. Daß es hier um die Durchsetzung des „Führerprinzips" in der Kirche ging, zeigte auch eine weitere Verordnung vom 5. Februar, welche die Ämter des Präsidenten und des Vizepräsidenten der preußischen Kirche aufhob. Dadurch war Müller nun der oberste Repräsentant der preußischen Landeskirche und übertrug als solcher am 1. März 1934 seine Befugnisse auf die Deutsche Evangelische Kirche. Als letzter Schritt folgte dann ein vom neugebildeten Geistlichen Ministerium erlassenes „Kirchengesetz über die Leitung der Evangelischen Kirche der altpreußischen Union vom 2. März 1934"[22], das die Übernahme der Leitung der EKdAPU durch die Organe der Reichskirche festschrieb. Damit war die „Gleichschaltung" der preußischen Landeskirche abgeschlossen und zugleich ein Modell geschaffen, das in gleicher Weise auf die übrigen Landeskirchen angewandt werden sollte. „Zuerst erfolgte jeweils die Übertragung der landeskirchlichen Befugnisse auf die Reichskirche, dann vollzog die Reichskirche die Übernahme der Landeskirche."[23]

Es ist verständlich, daß diese Vorgehensweise in den Gemeinden für erhebliches Aufsehen sorgte, setzte sie sich doch ganz offensichtlich über

---

20 Heinrich Oberheid, Dr. rer. pol. (7. 2. 1895–17. 11. 1977), war Bischof des Bistums Köln-Aachen und seit November 1933 engster Mitarbeiter des Reichsbischofs.
21 GDEK Nr. 3/1934, S. 5.
22 GDEK Nr. 6/1934, S. 12 f.
23 Scholder II, S. 71.

geltendes Recht hinweg. Die westfälischen Gemeinden sahen darin einen eklatanten Eingriff in das ihnen zugesicherte Recht auf kirchliche Selbstverwaltung und setzten sich gegen die von oben verordnete „Gleichschaltung" zur Wehr. Das Presbyterium der Kirchengemeinde Ferndorf verabschiedete eine Stellungnahme gegen diesen Eingriff, die Präses D. Koch, dem reformierten Kirchenminister Weber und Innenminister Frick zuging.[24] Außerdem bat man den Reichspräsidenten in einem Telegramm „um Schutz vor einem Kirchenregiment, das durch seine Verfügungen das Wesen unserer Kirche verletzt, unser rheinisch-westfälisches Kirchenrecht bricht und die Einheit unserer Kirche zerstört"[25]. Auch andere Kirchengemeinden des Siegerlandes und darüber hinaus folgten diesem Beispiel.[26] Ihnen war bewußt, daß es hier um einen fundamentalen Angriff auf die presbyterialsynodale Ordnung ging, der auch für das Leben in den Gemeinden selbst unabsehbare Auswirkungen haben würde.

Das Kirchengesetz vom 2. März sah vor, daß die Provinzialsynoden sich auflösen sollten, nachdem sie zwölf ihrer Mitglieder für die neue Provinzialsynode gewählt hatten. Weitere sechs Mitglieder sollten vom Bischof als neuem Präses der Provinzialsynode ernannt werden.[27] Die Tagung der Provinzialsynode wurde für den 16. März 1934 angesetzt. Vorher tagten jedoch nach alter Übung die Kreissynoden. So kam am 14. März die Kreissynode Siegen zu einer außerordentlichen Sitzung zusammen. Auf der Tagesordnung standen nur zwei Punkte: 1. Vortrag von Pastor Gräber (Anhausen) über „Die Ordnung der Kirche", 2. Die Stellung zur Provinzialsynode.[28] Pastor Gräber war Mitglied im Leitungsgremium der rheinischen Pfarrerbruderschaft.[29] Später wurde er in den vorbereitenden Rechtsausschuß der Barmer Bekenntnissynode berufen.[30] Er war damit die geeignete Person, um den Siegener Synodalen die kirchenpolitische Situation und ihre kirchenrechtlichen Implikationen zu erläutern. Bereits auf der Freien Evangelischen Synode im Rheinland hatte er zu diesem Thema referiert.[31] Dort hatte Gräber betont, daß die Ordnung der evangelischen Kirche „in einem sehr strengen Sinne"[32] bekenntnismäßig gebunden sei. Durch das Bekenntnis zum „Priestertum aller Gläubigen" seien alle Gläubigen in die geistliche Verantwortung füreinander und für den „Dienst am Wort" in der Gemeinde gestellt. Danach müsse auch die rechtliche Ordnung des Dienstes, die Kirchenordnung, bestimmt werden. Aus dieser Einsicht heraus sei die pres-

24 Kgm. Ferndorf, Protokollbuch des Presb. v. 11. 3. 1934.
25 Ebd.
26 Vgl. Kgm. Niederschelden, Protokollbuch des Presb. v. 13. 3. 1934; vgl. Hey, Kirchenprovinz, S. 58. Im Protokollbuch der Kgm. Wilnsdorf hieß es lapidar: „Über die kirchliche Lage wird gesprochen, die als sehr ernst anzusehen ist und für die es gilt: ‚es geht durch Leiden nur' und: ‚der Herr kommt!'" (6. 3. 1934).
27 Vgl. GDEK Nr. 6/1934, S. 12.
28 Einladungsschreiben v. 12. 3. 1934, in: KSA, Kirchenvertretung Siegen.
29 Vgl. Meier I, S. 322.
30 Ebd., S. 175.
31 Vgl. Joachim Beckmann, Rheinische Bekenntnissynoden im Kirchenkampf. Eine Dokumentation aus den Jahren 1933–1945, Neukirchen-Vluyn 1975, S. 84–88.
32 Ebd., S. 87.

byterial-synodale Ordnung entstanden. Ein autoritäres Kirchenregiment durch Übernahme des politischen „Führerprinzips" müsse dagegen zu einer „papistischen Diktatur"[33] und damit zur Zerstörung der Kirche führen.

Man kann davon ausgehen, daß Pastor Gräber diese Gedanken in ähnlicher Weise auch vor den Siegener Synodalen ausführte. Darauf deutet auch die Entschließung hin, welche die Synode nach den Beratungen verabschiedete:

„Die außerordentliche Kreissynode Siegen stellt als berufene Vertretung der Siegerländer Gemeinden an die Westfälische Provinzial-Synode in heiligem Ernst den Antrag, jede Mitwirkung zur Durchführung des Kirchengesetzes über die Leitung der Evangel. Kirche der altpreuß. Union vom 2. März 1934 abzulehnen. Sie stellt fest, daß die angeordnete Umformung der Provinzial-Synode die Rheinisch-Westfälische Kirchenordnung, die rechtliche Grundlage unseres kirchlichen Lebens, aufhebt. Die Gemeinden unserer Westprovinzen sind darum vor anderen Teilen der deutschen Kirche lebendig, kräftig und volksverbunden, weil die Gemeinden entsprechend dem Wesen der biblischen Gemeinden und unserer reformierten Kirche grundsätzlich in ihrem inneren Leben und in ihrer Verwaltung selbständig und mündig sind. Die Neuordnung bringt aber unsere Gemeinden in eine wesensfremde Form: sie macht aus der Gemeindekirche eine Bischofskirche; d. h. also, sie macht unsere Gemeinden durch Aufhebung der synodalen Selbstverwaltung unselbständig und unmündig. Die Folgen würden, weil die Verantwortung der Gemeinden für sich selbst und damit die Freudigkeit zur Mitarbeit schwände, verhängnisvoll sein, unendlich viel blühendes Gemeindeleben würde gelähmt und endlich zerstört werden.
Dieser Antrag ist die Fortsetzung einer seit langem klar und fest inne gehaltenen Linie der Synode Siegen, zu der sie um der heiligen Schrift und ihres Bekenntnisses willen gezwungen war. So hat eine amtliche Konferenz der Pfarrer, Presbyter und Gemeindeverordneten der Synode am 20. November 1933 einstimmig, mit den Stimmen der D.C., beschlossen, sich ausdrücklich für die Aufrechterhaltung der Grundlagen der Rheinisch-Westfälischen Kirchenordnung einzusetzen. Unsere Synode kann als reformierte sich überhaupt nicht in die von episkopalen Gesichtspunkten beherrschte Neuordnung einfügen; ihr reformierter Charakter aber ist durch den Beschluß der Synode vom 19. Juni 1933, durch den sie sich dem reformierten Kirchenminister zugeordnet hat, klargestellt und erhärtet. Daß mit der Abwehr keinerlei politische Reaktion verbunden ist, wird deutlich aus dem Beschluß vom 19. Juni 1933, in dem sich die Synode vollkommen klar und entschieden zu dem neuen Staat bekennt."[34]

Mit dieser Entschließung brachte die Kreissynode Siegen die theologischen und rechtlichen Grundlagen ihres kirchlichen Selbstverständnisses zum Ausdruck: das reformierte Bekenntnis und die darin begründete synodale Selbstverwaltung der Kirche, die in der Rheinisch-Westfälischen Kirchenordnung ihre Rechtsgestalt gefunden hatte. Aus diesem Selbstverständnis heraus konnte das neue Kirchengesetz nur abgelehnt werden. Daß diese Ablehnung der Loyalität gegenüber dem Staat aber keinen Abbruch tun sollte, wurde dabei ausdrücklich betont. Hier zeigte sich ein Schema, das auch später in zahlreichen Entschließungen wiederkehrte: kirchlich-konfessionelle Selbstbehauptung gegenüber der staatlich protegierten Kirchenpolitik bei gleichzeitigem Treuebekenntnis zum nationalsozialistischen Staat.

---

33 Ebd., S. 88.
34 In: KSA, Kirchenvertretung Siegen.

3.2.2 Der Anschluß der Kirchengemeinden an die westfälische Bekenntnissynode

Nachdem die Kreissynoden getagt hatten, trat am 16. März 1934 die westfälische Provinzialsynode zusammen. Präses D. Koch lehnte in seiner Eröffnungsansprache das Kirchengesetz vom 2. März ab und empfahl den Delegierten, der Selbstauflösung und Umbildung der Synode nicht zuzustimmen. Daraufhin wurde die Versammlung von der Gestapo aufgelöst.[35] Während Bischof Adler die neue Provinzialsynode mit linientreuen Mitgliedern, d. h. Deutschen Christen, besetzte, trafen noch am Nachmittag desselben Tages die Vertreter der Gruppe „Evangelium und Kirche" zusammen und konstituierten sich zur ersten westfälischen Bekenntnissynode.[36] Zu ihrer Leitung berief sie neben D. Koch als Präses einen Bruderrat, dem auch der Siegerländer Fabrikant und langjährige Synodale D. W. A. Siebel angehörte.[37] Die Synode schloß sich dem Bekenntnis der Freien Evangelischen Synode im Rheinland an und nahm für sich die geistliche Leitung in Westfalen in Anspruch. Die Gemeinden wurden aufgerufen, sich dieser Leitung zu unterstellen.[38]

Schon nach wenigen Tagen trafen die ersten Treuekundgebungen von Gemeinden, unter denen sich die Nachricht über die Vorgänge in der Provinzialsynode wie ein Lauffeuer verbreitet hatte, bei Präses Koch ein. Bereits am 19. März wurde im Presbyterium der Kirchengemeinde Müsen über die Auflösung der Provinzialsynode beraten. In einem Schreiben an Bischof Adler brachte es seine Entrüstung über diese Vorgänge zum Ausdruck.[39] Außerdem ordnete man sich dem Bruderrat der westfälischen Bekenntnissynode zu. Schließlich wurden noch Telegramme an den Reichspräsidenten, den Reichskanzler und den Reichsinnenminister geschickt und um Hilfe zur Wiederherstellung des Rechtszustandes gebeten.[40]

Die Beschlüsse des Müsener Presbyteriums wurden durch Hilfsprediger Bleek unter den übrigen Kirchengemeinden des Siegerlandes verbreitet und diese aufgefordert, sich den Beschlüssen anzuschließen, um „eine geschlossene Front gegen das neue Papsttum"[41] zu bilden. So kam es auch in den übrigen Gemeinden zu ähnlichen, teilweise gleichlautenden Beschlüssen[42]

---

35 Vgl. Hey, Kirchenprovinz, S. 59. Verhandlungsniederschrift der 2. außerordentlichen Tagung der 33. westfälischen Provinzialsynode vom 16. März 1934, im Auftrag des Landeskirchenamtes der Evangelischen Kirche von Westfalen hg. v. Ernst Brinkmann und Hans Steinberg, Bielefeld 1976.
36 Vgl. Jürgen Kampmann, Die 1. Westfälische Bekenntnissynode am 1. März 1934 in Dortmund: Konzeption, Vorbereitung und Durchführung, in: JWKG 88 (1994), S. 277–411.
37 Vgl. Verhandlungsniederschrift, S. 45.
38 Ebd., S. 43–45.
39 Kgm. Müsen, Protokollbuch des Presb. v. 19. 3. 1934.
40 Ebd.
41 In: Kgm. Oberholzklau, D 8.
42 Vgl. jeweils Protokollbuch des Presb.: Kgm. Burbach 21. 3. 1934, Kgm. Eiserfeld 28. 3. 1934, Kgm. Ferndorf 10. 4. 1934, Kgm. Freudenberg 24. 3. 1934, Kgm. Hilchenbach 27. 3. 1934, Kgm. Neunkirchen 22. 3. 1934, Kgm. Niederdresselndorf 27. 3. 1934, Kgm. Niederschelden 22. 3. 1934, Kgm. Oberfischbach 22. 3. 1934, Kgm. Wilnsdorf 22. 3. 1934.

und zu schriftlichen Eingaben an Präses Koch, Bischof Adler und Vertreter der Reichsregierung.[43] Die Ablehnung einer Verfügung Adlers über die Neubildung der Provinzialsynode und der Anschluß an die Bekenntnissynode erfolgten zumeist einstimmig oder mit großer Mehrheit. Nur in wenigen Gemeinden konnten die Deutschen Christen diesem Trend einen nennenswerten Widerstand entgegensetzen. So fiel im Klafelder Presbyterium der Beschluß mit sieben gegen sechs Stimmen äußerst knapp aus.[44] In Siegen verhinderten 25 Gemeindeverordnete durch den Auszug aus der Sitzung ein Votum gegen Bischof Adler.[45] Erst am 29. Mai konnte das Siegener Presbyterium mit 17 gegen elf Stimmen den Anschluß an die westfälische Bekenntnissynode vollziehen.[46] Auch die Kirchengemeinde Olpe verhielt sich zunächst zurückhaltend. Am 6. Juni 1934 entschied die Größere Gemeindevertretung, „bis auf weiteres" nur den Anordnungen des Konsistoriums folgen zu wollen. Erst im Herbst unterstellte sich die Gemeinde dann der Bekenntnissynode.[47] Weidenau blieb die einzige Kirchengemeinde, deren Presbyterium sich (mit 7:4 Stimmen) für das Kirchenregiment Adler aussprach.[48] Als etwas später eine Sitzung der Größeren Gemeindevertretung anberaumt wurde, machten sie die Deutschen Christen durch ihr Fernbleiben beschlußunfähig. Die anwesenden Gemeindevertreter schlossen sich der Bekenntnissynode an und setzten die vier Minderheits-Presbyter als vorläufigen Bruderrat ein.[49]

Damit hatten sich, bis auf die genannten Gemeinden, innerhalb weniger Wochen sämtliche Gemeinden des Siegerlandes der Leitung der westfä-

---

43 Vgl. die Zuschriften auch der übrigen Gemeinden, in: EKvW 5.1, Nr. 843, Fasc. 2. Nur Olpe fehlt.
44 Schr. o. Vf. an EK (Adler) v. 22. 3. 1934 (Abschr.), in: EKvW 5.1, Nr. 843, Fasc. 2. Deutlicher war das Ergebnis der Abstimmung am 11. 4. 1934: 9 gegen 4 Stimmen bei 1 Enthaltung für den Anschluß an die BK; vgl. Kgm. Klafeld, Protokollbuch des Presb.
45 Auszug aus dem Protokoll über die Sitzung der GG v. 22. 3. 1934, in: EKvW 5.1, Nr. 843, Fasc. 2.
46 Paul Schmidt an Lücking v. 31. 5. 1934, in: EKvW 5.1, Nr. 843, Fasc. 2.
47 Vgl. Thieme, Olpe, S. 188–190. Als Gründe für dieses Zögern lassen sich geltend machen: lutherischer Charakter der Gemeinde und fehlender Konnex mit den reformierten Gemeinden des Siegerlandes, räumliche Abgeschiedenheit, Diasporasituation und persönliche Zurückhaltung des Pfarrers Koch; ebd., S. 177 u. 192; zu Olpe vgl. außerdem: Arnold Klein, Katholisches Milieu und Nationalsozialismus. Der Kreis Olpe 1933–1939 (= Schriftenreihe des Kreises Olpe 24), Siegen 1994.
48 Der Beschluß lautete: „Das Presbyterium Weidenau stellt sich hinter die gesetzmäßige kirchliche Obrigkeit und spricht dem Reichsbischof Müller, dem Bischof Adler, der neuen westfälischen Provinzialsynode und dem neugewählten Provinzialkirchenrat das Vertrauen aus. Das Presbyterium Weidenau bedauert es sehr, daß Mitglieder der Kirche den Boden des Rechts verlassen haben und den Aufbau der deutschen evangelischen Kirche im Dritten Reich zu stören versuchen. Das Presbyterium ist der Überzeugung, daß im Dritten Reich jetzt und immer das eine Evangelium lauter und offen verkündigt werden darf." Kgm. Weidenau, Protokollbuch des Presb. v. 22. 3. 1934, und Reinacher an Lücking v. 23. 3. 1934, in: EKvW 5.1, Nr. 843, Fasc. 2. Das Ergebnis kam zustande, weil ein Mitglied der Gruppe „Evangelium und Kirche" und Pfr. Arndt – letzterer irrtümlich, wie Reinacher erklärte – sich der Stimme enthielten. Nachdem jedoch auch diese Stimmen gewonnen werden konnten und Pfr. an Huef in das Presbyterium eingetreten war – an Huef wurde am 6. 5. 1934 eingeführt –, ergab sich im Presbyterium eine Patt-Situation. – Ähnliche Anträge der Deutschen Christen gab es in Müsen (Protokollbuch des Presb. v. 28. 3. 1934), Oberholzklau (in: D 8) und Siegen (Auszug aus dem Protokoll über die Sitzung der GG v. 22. 3. 1934, in: EKvW 5.1, Nr. 843, Fasc. 1), wo sie jedoch abgewiesen wurden.
49 Protokollbuch des Presb. v. 28. 3. 1934 sowie Reinacher an Lücking v. 29. 3. 1934, in: EKvW 5.1, Nr. 843, Fasc. 2.

lischen Bekenntnissynode unterstellt. Anfang Mai ging den Presbyterien die Bestätigung über die Aufnahme in die westfälische Bekenntnissynode, von Präses Koch persönlich unterzeichnet, zu. Sie hatte jeweils den Wortlaut:

„Der Bruderrat der Bekenntnissynode bestätigt den Beschluß des Presbyteriums (der größeren Gemeindevertretung) vom [...] 1934. Die Kirchengemeinde [...] gehört demgemäß zu den Gemeinden der Westfälischen Bekenntnissynode. Die Bekenntnissynode übernimmt die Aufsicht über die Gemeinde gemäß den von der Synode festgelegten Richtlinien.“[50]

3.2.3 Die Mobilisierung der Gemeindeglieder und die „Siegerländer Entschließung" vom Himmelfahrtstag 1934

Neben der Stellungnahme der Kirchenvertretungen waren nach den skandalösen Vorgängen auf der Provinzialsynode auch Maßnahmen zur Aufklärung der Gemeindeglieder und zur Sammlung der bekenntnistreuen Kreise gefordert. In einer Aktennotiz von Pfarrer Dr. Müller wurden konkrete Schritte genannt:

„Es ist dringend erforderlich, sofort in allen Gemeinden Abwehrorganisationen zu bilden. Es wird am besten sein, vertrauenswürdige Männer aus Gemeindevertretung, Vereinen usw. zu sammeln, sie regelmäßig zu unterrichten, mit ihrer Hilfe Möglichkeiten zu schaffen, schlagartig Nachrichten durch die Gemeinden zu geben, Flugblätter zu verteilen, Unterschriften zu sammeln und dgl. Diese Kreise müssen werben und wachsen. Alle Einzelne nach örtlichen verschiedenen Verhältnissen. Aber es ist höchste Zeit sofort zu handeln.“[51]

Die wichtigste Aufgabe war zunächst die Information und Sammlung der Gemeindeglieder. Diesem Zweck diente eine vom Provinzialausschuß für Volksmission durchgeführte „kirchliche Aufbauwoche", welche die Gedanken des rheinisch-westfälischen Gemeindetages „Unter dem Wort" in Dortmund in die Gemeinden hineintragen sollte. Dieser Gemeindetag hatte zwei Tage nach der Auflösung der Provinzialsynode 20.000 Menschen angezogen.[52] Die Aufbauwoche sollte unter dem Motto „Bekennende Kirche im Kampf" folgende Themen behandeln: „Dienst wider Herrschaft", „Wahrheit wider Irrlehre", „Wort und Sakrament, die Kraft der Gemeinde". Als Ziel wurde angegeben, „die Gemeinden aufzurufen zu vermehrter kirchlicher Arbeit, zu treuem Zusammenstehen um Bibel und Bekenntnis und zur Abwehr aller Irrlehren und kirchenfeindlichen Bestrebungen"[53]. Im Siegerland oblag die Organisation dieser Woche, die vom 22. bis 28. März

---

50 Koch v. 9. 5. 1934, in: Kgm. Ferndorf, D 9; Kgm. Freudenberg, D 6; Kgm. Oberfischbach, C 6.
51 In: Kgm. Hilchenbach, Tit. I, No. 7. Die Notiz trägt weder Datum noch Verfasserangabe, muß aber in diesen Zusammenhang gehören.
52 Vgl. Jochim Beckmann, Rheinische Bekenntnissynoden im Kirchenkampf, S. 103–123.
53 Rundbrief des Arbeitsausschusses, o. Dat., in: Kgm. Hilchenbach, Tit. I, Nr. 7; vgl. Kgm. Burbach, Best. III, Bd. 5, Fasc. 3.

1934 in der ganzen Kirchenprovinz stattfand, Pfarrer Vethake (Ferndorf) als dem Vertrauensmann der westfälischen Pfarrerbruderschaft.

So zogen am 25./26. März die Redner aus, um in den einzelnen Gemeinden Aufklärungsvorträge zu halten. Als auswärtige Redner waren beteiligt die Pfarrer Graffmann (Elberfeld), Becker (Schwelm), Busch (Witten), Hein (Unterbarmen), Klugkist Hesse (Elberfeld), Krampen (Barmen) und Niesel (Elberfeld).[54] Als einheimische Redner traten nur die Pfarrer Barth (Oberfischbach) und Demandt (Freudenberg) auf. Offenbar wollte man den Erfahrungsvorsprung der reformierten rheinischen Pfarrer nutzen, die sich bereits am 19. Februar 1934 zur Freien Evangelischen Synode zusammengeschlossen hatten. Durch die flächendeckende Art der Redneraktion und durch weitere Veranstaltungen – am 6. April sprach Präses D. Koch selbst anläßlich einer Kundgebung der bekenntnistreuen Gemeinden im Siegener Hotel „Kaisergarten"[55] – wurden in kurzer Zeit alle interessierten Gemeindeglieder erreicht. Sie stellten sich zumeist hinter die Entscheidung ihrer Gemeindevertreter, der westfälischen Bekenntnissynode beizutreten. So verabschiedeten zwei Bekenntnisversammlungen in Ferndorf und Buschhütten mit insgesamt 1.200 Teilnehmern folgende Entschließung:

„1200 versammelte Glieder der Siegerländer reformierten Gemeinde Ferndorf stellen sich freudig und fürbittend hinter ihre Pastoren und Ältesten in den ihnen aufgezwungenen Kampf. Wir sehen mit tiefem Schmerz, wie durch eine dem reformierten Bekenntnis stracks zuwiderlaufende Bischofsherrschaft die Ordnung unserer Kirche zunehmend zerstört wird. Wir erwarten, daß die bei der Gründung der Deutschen Evangelischen Kirche feierlich gegebenen Zusicherungen erfüllt werden und unser Bekenntnis, das in Calvins Nachfolge auch die Grundlinien der äußeren Ordnung aus der heiligen Schrift herleitet, in der neuen Kirche mit Ernst bedacht wird. Der Reichsbischof hat in dem Erlaß vom 13. 4. 34 erneut von der Wahrung des Bekenntnisses und des geschichtlich gewordenen Eigenlebens in unserer Kirche gesprochen. Solchen Worten können wir keinen Glauben schenken, solange unsere Gemeinden ständig durch Maßnahmen beunruhigt werden, die unser Gewissen auf Schritt und Tritt verletzen und unser Gewissen in harte Bedrängnis bringen. Auch sehen wir uns nicht in der Lage, einem Mann in der Kirchenleitung Vertrauen zu schenken, der in Christus ‚in seinem letzten Gehalt' nichts anderes sieht als ‚ein Aufflammen nordischer Art in der Weltgeschichte'."[56]

Die letzten Worte bezogen sich auf August Jäger, der seit dem 12. April als „Rechtswalter" im Geistlichen Ministerium der Reichskirchenregierung tätig war[57] und die Geschicke der Reichskirche in den nächsten Monaten entscheidend lenken sollte.

Der Text der obigen Entschließung entstammte einem Vordruck, der von einer presbyterialen Arbeitsgemeinschaft der Synode Siegen verbreitet wurde.[58] Die einzelnen Gemeinden brauchten nur noch ihren Namen und die Anzahl der Befürworter in die dafür vorgesehenen Textlücken einzutragen. Nach einem Bericht der Reformierten Kirchenzeitung wurde diese Ent-

---

54 Rednerliste und Vortragsdaten in: Kgm. Burbach, Best. III, Bd. 5, Fasc. 3.
55 Vgl. wf. BR v. 27. 3. 1934, in: Kgm. Oberholzklau, D 8; Kgm. Ferndorf, Proklamationsbuch v. 1. 4. 1934.
56 Kgm. Ferndorf, Protokollbuch des Presb. v. 16. 4. 1934.
57 Vgl. Meier II, S. 110.
58 Der Vordruck ist zum Teil noch vorhanden in: Kgm. Burbach, Best. III, Bd. 5, Fasc. 3.

schließung in allen Landgemeinden des Siegerlandes gefaßt.[59] In einem Begleitschreiben wurden die Gemeinden aufgefordert, die Entschließung dem Reichsinnenminister und dem Reichsbischof zukommen zu lassen.[60]

In den ersten Tagen und Wochen nach der Auflösung der Provinzialsynode lag die Verantwortung für die Ausbreitung der Bekenntnisfront in den Händen dieser presbyterialen Arbeitsgemeinschaft, auch „Freie synodale Arbeitsgemeinschaft" genannt. Sie war aus der Pfarrerbruderschaft und den mit ihr verbundenen Laienkreisen hervorgegangen. Ende Januar 1934 hatte Pfarrer Lücking an die Vertrauensleute Anweisungen für die Bildung synodaler Arbeitsgemeinschaften ausgegeben.[61] Daraufhin hatte sich auch im Siegerland eine Arbeitsgemeinschaft aus Pfarrern und Laien konstituiert, die nun die ersten Schritte zur Bildung einer Bekenntnisgemeinschaft leitete.

In dem oben erwähnten Schreiben der Arbeitsgemeinschaft an die Pfarrer der Synode Siegen wurden auch Anweisungen für eine von der westfälischen Bekenntnissynode angeregte Unterschriftensammlung[62] gegeben. Diese sollte schlagartig am Sonntag, dem 15. April, einsetzen und in wenigen Tagen beendet sein. Es wurde betont, daß es „auf jeden Mann" ankomme, um zu zeigen, daß das Kirchenvolk nicht bei den Deutschen Christen stehe. Angeblich sammelten jene auch schon Unterschriften. Wie schnell diese Aktion tatsächlich durchgeführt wurde, belegt die Unterschriftensammlung in Ferndorf. Dort wurden bis zum 21. April, also binnen einer Woche, 4.658 (!) Unterschriften für die Bekennende Kirche gesammelt; das waren ca. 90 Prozent der wahlberechtigten Gemeindeglieder.[63] Dabei wurde flächendeckend vorgegangen. Aus den Unterschriftslisten geht hervor, daß die Presbyter und Vertrauensleute in den Straßen von Haus zu Haus zogen und sich ganze Familien in die Listen eintrugen.[64] Auf diese Weise konnten alle Gemeindeglieder erreicht werden. Auch in den übrigen Gemeinden des Siegerlandes wurde diese Unterschriftaktion ähnlich erfolgreich durchgeführt, wie eine Liste von Pfarrer Wehmeier, der die Meldungen sammelte,

59 RKZ 84 (1934), S. 132. Nachzuweisen ist dies noch für die Kirchengemeinden Oberfischbach, Oberholzklau und Freudenberg; vgl. Kgm. Freudenberg, D 6.
60 Vgl. ebd.
61 Rundschr. Lücking v. 22. 1. 1934 (Abschr.), in: EKvW 3.12, Nr. 5, S. 179. Vgl. hierzu die Bildung einer „Freien Synodalen Arbeitsgemeinschaft der Synode Bielefeld" am 13. März 1934; Wilhelm Niemöller (Hrsg.), Bielefelder Dokumente zum Kirchenkampf, Bielefeld 1947, S. 9.
62 Rundbrief v. 27. 3. 1934, in: Kgm. Oberfischbach, D 8. Außerdem wurde die Erwartung geäußert, daß in den Gemeinden und Kreissynoden Bruderräte gebildet würden.
63 Kgm. Ferndorf, Protokollbuch des Presb. v. 23. 4. 1934.
64 Vgl. die Listen in: Ferndorf, D 10. Dies veranlaßte den NSDAP-Ortsgruppenleiter zu einem Brief an August Jäger, in dem er erklärte, daß die Listen keine Aussagekraft hätten, da die meisten Leute überrumpelt worden seien, ohne zu wissen, worum es gehe. Die „Hetze" gehe allein von den Pfarrern aus; vgl. K. an Jäger v. 22. 4. 1934, in: EZA 7/1038. Die später ebenso erfolgreich durchgeführte Ausgabe der roten Karten zeigte jedoch, daß die Unterzeichner durchaus zu ihrer Unterschrift standen.

belegt.[65] Bis zum Himmelfahrtstag am 10. Mai konnten in der ganzen Synode 40.650 Unterschriften, d. h. 80 Prozent der wahlberechtigten Gemeindeglieder, gesammelt werden.[66] Gestützt auf diese überwältigende Zahl gab am Himmelfahrtstag eine Presbyterversammlung in Siegen folgende Erklärung zur kirchlichen Lage ab:

„1. Durch alle kirchlichen Kämpfe hindurch ist *die* Tatsache unumstritten geblieben, daß der presbyterial-synodale Aufbau der Kirche ein unaufgebbarer Grundsatz der reformierten Bekenntnisse ist.
2. Wem deshalb ernsthaft am kirchlichen Frieden und nicht bloß an der Durchsetzung unkirchlicher Machtbestrebungen gelegen ist, der muß diese Tatsache in ganz Westfalen und Rheinland als unaufgebbare Grundlage für jeden kirchlichen Neubau anerkennen.
3. Um der Einheit unserer Kirche willen fordern wir in Übereinstimmung mit den Beschlüssen der Bekenntnissynode vom 29. April 1934 und der Erklärung von Präses D. Koch vom 2. Mai 1934 die sofortige Wiederherstellung der Bekenntnis- und Rechtsgrundlagen unserer Kirche.
4. Wir danken unserem rechtmäßigen Präses D. Koch und dem Bruderrat der westfälischen Bekenntnissynode, daß sie gegenüber allen Angriffen und Verleumdungen standhaft fest im Bekennen geblieben sind. Wir bitten sie im Namen der Siegerländer Gemeinden, niemand und nichts zu scheuen, wenn es gilt, die Kirche Jesu Christi vor Unrecht, Verfälschung und Irrlehre zu bewahren."[67]

Mit dieser Entschließung war im Siegerland die erste „heiße" Phase des Kirchenkampfes abgeschlossen. Sie hatte zu einer übergreifenden Solidarisierung mit dem Anliegen der Bekennenden Kirche geführt, die das ganze Kirchenvolk erfaßt hatte. In diesen Wochen war deutlich geworden, daß hier nicht nur ein „Pastorenstreit" geführt wurde, sondern daß die Bekennende Kirche sich auf die Basis der Gemeinden gründete.

65	Gemeinde	Seelenzahl	Unterschr.	% Wahlberechtigte
	Burbach	4.200	2.450	98 %
	Eiserfeld	4.000	2.100	90 %
	Ferndorf	9.300	4.700	90 %
	Freudenberg	3.400	1.450	96 %
	Hilchenbach	4.400	2.250	93 %
	Klafeld	7.500	2.700	90 %
	Krombach		1.800	75 %
	Netphen	4.000	1.400	75 %
	Neunkirchen		2.000	
	Niederschelden	6.300	2.650	80–90 %
	Oberfischbach	3.000	1.400	98 %
	Oberholzklau	1.800	680	80 %
	Rödgen	3.800	1.600	80 %
	Siegen	27.000	10.000	80 %
	Weidenau		2.650	75 %
	Wilnsdorf	1.800	820	98 %

    (keine Angaben: Müsen, Niederdresselndorf, Olpe). Die Liste wurde dem Verf. freundlicherweise von Prof. Neuser (Münster) überlassen. Unterschriftenlisten sind noch vorhanden in: Krombach, Netphen und Wilnsdorf. Das zu unterzeichnende Formular hatte den Wortlaut: „An die Glieder unserer Gemeinden! Die bekenntnistreuen Presbyterien der Synode Siegen haben sich der Westf. Bekenntnissynode zugeordnet. Sie ermahnen alle bekenntnistreuen Glieder der Gemeinden, sich durch eigenhändige Unterschrift diesem Beschluß anzuschließen."
66 Vgl. Thieme, Olpe, S. 188, Anm. 98, und JK 2 (1934), S. 438.
67 JK 2 (1934), S. 438.

3.2.4 Die Stellungnahme der Deutschen Christen

Die Deutschen Christen im Siegerland waren von der kirchenpolitischen Entwicklung der letzten Wochen förmlich überrollt worden. Noch im März hatten sie die Lage optimistisch betrachtet, nachdem die Führung der Provinzialkirche in ihrem Sinne umgebildet worden war. Kreisobmann Baum hatte daraufhin Bischof Adler die Wünsche der Siegerländer Deutschen Christen zur Neugestaltung der Kirche übermittelt. Dabei wies er auf den angestammten reformierten Charakter des Siegerlandes hin und bat, „den heilsamen Einfluß der mündigen Gemeinden zur Geltung kommen zu lassen"[68]. Dann zählte er die Wünsche der Deutschen Christen im Siegerland auf:

„1. Erhaltung des Heidelberger Katechismus.
2. Erhaltung der schlichten reformierten Gottesdienstordnung.
3. Stärkere Betonung der Kirchenzucht innerhalb der Kirchengemeinde.
4. Längere Amtsdauer der kirchlichen Vertreter.
5. Sicherung der bekenntnismäßig reformierten Belange innerhalb Westfalens durch je einen reformierten Referenten beim Konsistorium und den Dekanaten mit reformiertem Gepräge, der Mitglied sämtlicher Kammern ist.
6. Entsprechende Sicherung des reformierten Einflusses auf Schulen aller Art, von der Grundschule bis zur Hochschule und der Akademie für Lehrerbildung, sowie bei den theologischen Prüfungen.
7. Sicherung der selbständigen Gemeinschaftsbewegung."[69]

Diese Forderungen waren im Siegerland von seiten der Deutschen Christen einmalig. Nie wieder brachten sie einen derart dezidiert reformierten Standpunkt zur Sprache! Es fehlten in dieser Aufstellung zwar die von den bekenntnistreuen Reformierten erhobenen Forderungen zur Kirchenverfassung, doch enthielt sie wesentliche Inhalte eines reformierten Gemeindeverständnisses. Noch standen also auch die Deutschen Christen zu wesentlichen Bestandteilen ihrer reformierten Tradition. Doch nachdem durch den gewaltsamen Eingriff Bischof Adlers die Machtfrage in der Kirche gestellt war und sich die „mündigen Gemeinden" (s. o.) unter Berufung auf ihr reformiertes Bekenntnis gegen dieses Vorgehen zusammenschlossen, geriet auch dieses Bekenntnis in den Brennpunkt der Auseinandersetzung. In einer Entschließung, die Kreisleiter Baum am 5. Mai 1934 dem Reichsbischof übermittelte, wurde dem Gegner „Sabotage am Bekenntnis"[70] vorgeworfen. Im Detail wurde diesem vorgehalten, mit dem Verhältniswahlrecht das „Produkt eines lauen, unevangelischen Geistes" zu propagieren, damit die Gleichberechtigung aller Richtungen zu legitimieren und letztlich „die unchristliche Lehre des Liberalismus" zu sanktionieren. Er verteidige „das alte gottverhaßte Kirchensystem", das nicht aus dem Bekenntnis heraus,

---

68 Baum an Adler v. 24. 3. 1934, in: EKvW 0.6, Nr. 9.
69 Ebd.
70 In: EZA 7/6662. Diese Entschließung war das Ergebnis einer Mitgliederversammlung, an der 150 Personen teilgenommen hatten.

sondern „nach schlechtem politischen Muster" und „in Befolgung demokratisch-parlamentarischer Grundsätze" geformt worden sei.

> „In diesem Geist und Sinne tagte der widerspenstige Teil der letzten Provinzialsynode in Dortmund und organisierte sich, vom bekenntnistreuen Teil unter Bischof Adler nicht anerkannt, als ‚Westfälische Bekenntnissynode'."[71]

Die Deutschen Christen forderten daher unter Berufung auf die Bekenntnisschriften die Anwendung der Kirchenzucht gegenüber der westfälischen Bekenntnissynode und den Pfarrernotbund: „Möge der Herr Reichsbischof die Axt dem faulen Baum an die Wurzel legen, auf Befehl Christi und nach dem Bekenntnis."[72]

Diese Entschließung war eine offensichtliche Retourkutsche, mit der man die Argumente der Gegenseite auf eben diese zurückzuwerfen suchte. Der Vorwurf, im Anschluß an ein politisches System Kirchenpolitik zu betreiben, wurde ja auch von der Bekennenden Kirche gegenüber den Deutschen Christen erhoben.[73] Der Rekurs auf die Bekenntnisschriften gehörte ebenfalls zur Strategie und zum Selbstverständnis der Bekennenden Kirche. Die Forderung der Kirchenzucht gegenüber dem kirchenpolitischen Gegner war allerdings neu und brachte eine neue Schärfe in die Auseinandersetzung.

Letztlich fiel diese Forderung jedoch auf die Deutschen Christen zurück. Ihr Stern war im Siegerland bereits im Sinken. Nur noch in Weidenau konnten sie die Hälfte der Stimmen im Presbyterium stellen. Aus allen anderen Presbyterien waren sie entweder ganz verschwunden oder befanden sich „in hoffnungsloser Minderheit"[74]. Größere Gruppen der Deutschen Christen gab es nur in Weidenau, Klafeld und Siegen, wo jeweils auch ein DC-Pfarrer amtierte (in Siegen bis 1936), sowie in Krombach, Müsen und Ferndorf. In diesen Gemeinden lag begreiflicherweise auch der Schwerpunkt künftiger Auseinandersetzungen zwischen Deutschen Christen und Bekennender Kirche.[75] Kleinere Gruppen der Deutschen Christen gab es noch in Freudenberg, Eiserfeld und Niederschelden.[76] In den übrigen Ge-

---

71 Ebd.
72 Ebd.
73 Dabei war der Vorwurf an die BK, das Verhältniswahlrecht zu propagieren, absurd, waren doch die letzten Wahlen gerade durch den Verzicht auf das Verhältniswahlrecht geprägt gewesen.
74 Heider an (Strothmann) v. 1. 6. 1934, in: Kgm. Müsen, I.2. Dieselbe Beobachtung machte die für den Regierungsbezirk Arnsberg zuständige Stapo-Stelle Dortmund in ihrem Bericht vom März 1935; in: BA Koblenz, R 58/318, S. 20.
75 Ein aufschlußreicher Hinweis über die Schwerpunkte und die Arbeit der Deutschen Christen ergibt sich aus einem Brief Baums an den Evangelischen Oberkirchenrat. Darin bat Willi Baum in seiner Eigenschaft als stellvertretender Landesleiter der DC um Erstattung von Kosten für die seelsorgerliche Betreuung der Gemeinden Siegen, Kreuztal, Krombach und Müsen (Baum an EO v. 2. 7. 1940, in: EZA 7/1.037). Dabei handelte es sich um die Kosten für angemietete Räume, was damit zusammenhing, daß die von BK-Vertretern dominierten Presbyterien den Deutschen Christen die Benutzung kirchlicher Räume verweigerten. Nur in Weidenau, wo das Presbyterium nicht arbeitsfähig war, konnten den Deutschen Christen die kirchlichen Räume nicht vorenthalten werden. Daß die Kirchengemeinde Weidenau ist damit nicht genannt. Ein weiterer Hinweis ergibt sich aus den Weihnachtsgottesdiensten des Jahres 1937. In den Gemeinden Krombach, Ferndorf, Müsen und Siegen wurde ein DC-Gottesdienst erzwungen, in Weidenau und Klafeld konnten die DC-Pfarrer ohnehin Gottesdienste halten; vgl. Berichte in: EZA 7/6662.
76 Dies geht aus Eggers an EO v. 30. 12. 1937, in: EZA 7/6718, hervor.

meinden blieb die Zahl der Deutschen Christen auf wenige Personen beschränkt.[77] Das bedeutet also, daß die Deutschen Christen ihre stärksten Gruppen im industriellen Kerngebiet des Siegerlandes besaßen, wo auch die größten Kirchengemeinden lagen. Auf den Dörfern waren die Deutschen Christen kaum vertreten. Über die genauen Zahlenverhältnisse in den einzelnen Kirchengemeinden lassen sich nur schwer Angaben machen, da die kirchenpolitischen Parteien dazu neigten, die eigene Zahl überzubewerten und die des Gegners herunterzuspielen.[78] Man muß bei allen Zahlen auch berücksichtigen, daß sie die Situation nach der entscheidenden Wende durch die Berliner Sportpalastkundgebung der Deutschen Christen wiedergeben. So verlautet es in einem Visitationsbericht über die Kirchengemeinde Krombach aus dem Jahre 1936, daß zu Anfang ca. 50 Prozent der Gemeindeglieder zu den Deutschen Christen übergegangen seien – „bis zur Erkenntnis bei der Sportpalastkundgebung"[79]. Nach diesem Ereignis änder-

---

77 Z. B. Burbach: 10 Personen, Netphen: ca. 22 Personen.
78 Dennoch seien einige Zahlen aus den wichtigsten Gemeinden genannt: DC-Pfarrer Pfeil (Klafeld) schätzte die Aufteilung der kirchenpolitischen Gruppen (DC, BK, Neutrale) auf jeweils einem Drittel der Gemeindeglieder ein (Pfeil an LKA v. 17. 9. 1936, in: EZA 7/7477). Diese Schätzung dürfte der Realität recht nahe kommen. Bei einer Seelenzahl von 8.000 wurden 2.200 rote Karten für die Bekennende Kirche unterschrieben (nur Erwachsene!), während eine Unterschriftsaktion der Deutschen Christen mit blauen Karten 2.500 Unterschriften (Altersgrenze unbekannt) erbrachte (vgl. Visitationsbericht v. 15. 11. 1936, in: KSA, E 9, Bd. XX, u. Pfeil an EK v. 28. 9. 1936, in: EKvW 2neu, Klafeld 8, Bd. I). Die Aussagefähigkeit dieser Unterschriftensammlung, die auch in anderen Gemeinden durchgeführt wurde, ist allerdings zweifelhaft, da es hier nicht um eine Mitgliedschaft bei den Deutschen Christen, sondern um eine Stellungnahme zum Kirchenstreit ging. Es wurde offenbar verschwiegen, daß es sich um eine DC-Aktion handelte. Die Unterzeichner glaubten, die Aktion ginge von Kirchenminister Kerrl aus und sie würden sich nur für den kirchlichen Frieden aussprechen. Schließlich wurde die Sache aufgedeckt und seitens der BK vor der Unterzeichnung gewarnt (Kgm. Ferndorf, Proklamationsbuch v. 16. 2. 1936, und Wehmeier an EK v. 27. 8. 1938 [Abschr.], in: EKvW 5.1, Nr. 148, Fasc. 2). Stark war jedenfalls die Mitgliederzahl der „reichskirchlichen Frauenhilfe", die Pfeil mit 410 angab, sowie die Zahl des „reichskirchlichen Kirchenchores" (60) und die Teilnehmerzahl an der wöchentlichen DC-Bibelstunde (150) (Pfeil an LKA v. 12. 11. 1935, in: EZA 7/6477). Damit besaß Klafeld die stärkste Gemeindegruppe der Deutschen Christen im Siegerland. – In Siegen wurde die Zahl der aktiven Deutschen Christen von Superintendent Heider mit 150 bei einer Gesamtseelenzahl von 27.000 angegeben (Heider an EK v. 21. 12. 1934, in: EZA 7/6662). Das Konsistorium nannte eine Zahl von ca. 200 Deutschen Christen (EK an EO v. 24. 5. 1938, in: EZA 7/6662, S. 308 f.). In einem Brief von Otto Weber war von 300 Mitgliedern die Rede (Weber an RKM [Haugg] v. 19. 6. 1942, in: BA Potsdam, RKM Nr. 22390, S. 305). – Pfarrer Strothmann (Müsen) zählte von den 640 Familien seiner Gemeinde 20 bis 30 zu den Deutschen Christen (Strothmann an EK v. 8. 11. 1935 [Abschr.], in: Kgm. Müsen, I.2, S. 70). Bei einem Weihnachtsgottesdienst der Deutschen Christen am 26. 12. 1937 wurden 134 Personen gezählt, davon 17 unter 14 Jahren, 25 unter 20 Jahren, 10 gemeindefremde Personen und 13 „völlig unkirchliche Leute" (Strothmann an EK v. 5. 1. 1938 [Abschr.], in: Kgm. Müsen, I.2, S. 161). Der durchschnittliche Besuch der DC-Gottesdienste, so Strothmann, liege bei höchstens 25 Personen. Die Deutschen Christen gaben ihrerseits ihre Zahl mit 100 bis 180 Personen an (DC an EK v. 26. 5. 1938 [Abschr.], in: Kgm. Müsen, I.2, S. 224). – Die Zahlenverhältnisse in der Kirchengemeinde Ferndorf lassen sich anhand einer Aufstellung des Presbyteriums über das Jahr 1937 erschließen (in Klammern DC): kirchlicher Unterricht: 336 (5), Taufen: 183 (6), Beerdigungen: 64 (2), Trauungen: 84 (–), BK-Mitglieder: 4700, DC: ca. 1/100 = 47 (Presb. Ferndorf an EO v. 2. 2. 1938 (Abschr.), in: KSA, E9, Bd. XV). – In Krombach wurden bei dem DC-Weihnachtsgottesdienst am 26. 12. 1937 von den Deutschen Christen 227 Personen gezählt (Bericht der DC, in: EZA 7/6662, S. 274). Ostern 1940 waren es aber nur 60 Besucher (Eggers an EO v. 29. 3. 1940, in: EZA 7/6717). Der deutsch-christliche Frauendienst hatte 1940 60 Mitglieder (FA beim EK an FA beim EO v. 5. 9. 1940, in: EZA 7/6480). – Für Weidenau liegen die wenigsten Zahlen vor. Die bekenntnistreuen Kreise gaben ihre Zahl mit 3.300 an und die der Gegenseite mit ca. 50 (Kgm. Weidenau an EK v. 2. 9. 1935, in: EZA 7/6718).
79 Bericht v. 25. 5. 1936, in: EZA 50/322.

ten sich die Verhältnisse radikal, was sich in den Erfolgen der Bekennenden Kirche niederschlug. Bei aller Unsicherheit, die hinsichtlich der genannten Zahlen besteht, läßt sich doch feststellen, daß die Deutschen Christen auch dort, wo sie ihre stärksten Gruppen besaßen, eine kleine Minderheit darstellten. Eine Ausnahme bildete nur die Kirchengemeinde Klafeld, wo die sehr starke Gruppe der Deutschen Christen um Pfarrer Pfeil auch bei den kirchlichen Vereinen Parallelstrukturen aufgebaut hatte.

Auf Kreisebene waren die Deutschen Christen innerhalb der Kreisgruppe Siegen zusammengefaßt. An ihrer Spitze standen der Obersekretär Willi Baum (Siegen) als Kreisobmann[80] und sein Stellvertreter W. Irle (Siegen)[81]. Bei dieser Leitung kamen schon das von den Deutschen Christen betonte Laienmoment und die Vorbehalte gegenüber einer „Pastorenkirche" zum Ausdruck. In den Gemeinden organisierten sich die Deutschen Christen als Gemeindegruppe mit einem Gemeindegruppenleiter an der Spitze.[82] Die Gemeindegruppen entsandten Vertrauensleute in die Kreisversammlung.[83] Oberhalb der Kreisebene waren die Deutschen Christen in Gaue eingeteilt.[84] Damit war die Organisationsstruktur der Deutschen Christen der der NSDAP auffallend ähnlich. Die deutsch-christlichen Pfarrer waren darüber hinaus noch in einer Pfarrerarbeitsgemeinschaft organisiert.

3.3 Die Konsolidierung der „Bekenntnisfront"

3.3.1 Die Tätigkeit des Bruderrates

Nachdem die „Gleichschaltung" der evangelischen Kirche in Preußen exemplarisch vollzogen worden war, wandte sich August Jäger den übrigen Landeskirchen zu, um das kirchliche Einigungswerk zu vollenden. Dieses Vorgehen erforderte eine gemeinsame Strategie der kirchlichen Opposition, die vom 29. bis 31. Mai 1934 zur Ersten Bekenntnissynode der Deutschen Evangelischen Kirche in Barmen zusammentrat. Die dort verabschiedete „Theologische Erklärung zur gegenwärtigen Lage der DEK" wurde zur theologischen Grundlage des Kirchenkampfes.[85]

---

80 Vgl. SNZ v. 1. 8. 1933. Baum stieg später in die Landesleitung von Westfalen auf.
81 Vgl. Baum und Irle an Barth v. 17. 8. 1934, in: Kgm. Oberfischbach, Schule u. KO.
82 Ende 1936 wurden in ganz Westfalen nur 48 Gemeindegruppen gezählt; vgl. Meier, Die Deutschen Christen, S. 183.
83 Vgl. SNZ v. 4. 7. 1933, wo über eine solche Versammlung berichtet wird.
84 Vgl. Hey, Kirchenprovinz, S. 78 f.
85 Vgl. Klaus Scholder, Die theologische Grundlage des Kirchenkampfes. Zur Entstehung und Bedeutung der Barmer Erklärung, in: EvTh N.F. 39 (1984), S. 505–524; Gerhard Niemöller, Die erste Bekenntnissynode der Deutschen Evangelischen Kirche zu Barmen, I. Geschichte, Kritik und Bedeutung der Synode und ihrer Theologischen Erklärung (= AGK 5), Göttingen 1959, II. Text – Dokumente – Berichte (= AGK 6), Göttingen 1959; Ernst-Heinz Amberg, Barmen 1934–

Bereits einen Tag vorher hatte ebenfalls in Barmen die Erste Bekenntnissynode der Evangelischen Kirche der Altpreußischen Union getagt. Sie hatte das kirchliche Notrecht ausgerufen und den Aufbau bekenntniskirchlicher Organe auf allen Ebenen des kirchlichen Lebens gefordert, um so den Anspruch, die einzig rechtmäßige Kirche darzustellen, durchsetzen zu können.[86] Dieses Notrecht fand in Westfalen aufgrund der dortigen Stärke der Bekennenden Kirche schon sehr früh Anwendung. „Es war für die westfälische Situation bezeichnend, daß dort notrechtliche Praktiken bereits vor den beiden BK-Reichsbekenntnissynoden des Jahres 1934 durchgeführt wurden."[87] Nachdem schon am 16. März 1934 die Unrechtmäßigkeit des bestehenden Kirchenregimentes festgestellt worden war, übernahm die westfälische Bekenntnissynode mehr und mehr Aufgaben des Konsistoriums. Am 11. Mai wurden die Gemeinden aufgefordert, ihren Geschäftsverkehr fortan über Präses Koch als den Vorsitzenden der westfälischen Bekenntnissynode und des westfälischen Bruderrates abzuwickeln.[88] Außerdem wurden Weisungen über die Abführung der provinzial- bzw. landeskirchlichen Umlage ausgegeben. Die Gemeinden sollten diese Umlage nur noch an Präses Koch abführen oder aber auf einem besonderen Konto hinterlegen.[89]

Am 9. August 1934 tagte in Berlin die Nationalsynode.[90] Sie stand ganz im Zeichen der Gleichschaltungspolitik Jägers, dem es vor allem um die Legalisierung seiner bisherigen Maßnahmen ging. Dazu dienten ihm ein „Kirchengesetz über die Rechtmäßigkeit von gesetzlichen und Verwaltungsmaßnahmen"[91] sowie ein „Kirchengesetz zur Leitung der DEK und der Landeskirchen"[92], das der Reichskirche uneingeschränkte Rechtsetzungs- und Weisungsbefugnis zuschrieb. Sämtliche von Jäger vorgelegten Gesetze wurden gegen den Widerstand der Opposition durch die Synode verabschiedet, darunter ein „Kirchengesetz über den Diensteid der Geistlichen und Beamten"[93], das alle Geistlichen auf die Person Hitlers und den Gehorsam gegen die Reichskirche verpflichten sollte. Daß diese Maßnahmen ganz im Sinne Hitlers waren, machte dieser auf dem nur wenige Tage später stattfindenden Reichsparteitag mit einem demonstrativen Händedruck deutlich.[94]

Diese Vorgänge waren Gegenstand einer Besprechung der Siegerländer Pfarrerbruderschaft am 16. August 1934 im Siegener Hotel „Kaisergarten", an der auch jeweils ein bis zwei Presbyter aus den einzelnen Kirchengemeinden teilnahmen. Wenige Tage vorher hatten bereits die synodalen Vertrauensmänner der westfälischen Pfarrerbruderschaft über die Beschlüsse

1984. Ein Literaturbericht, in: ThLZ 111 (1984), Sp. 161–174; Wolf-Dieter Hauschild, Zur Erforschung der Barmer Theologischen Erklärung von 1934, in: ThR 51 (1986), S. 130–165.
86 Vgl. Meier I, S. 275.
87 Ebd., S. 313.
88 Hey, Kirchenprovinz, S. 87.
89 Ebd., S. 88 f.
90 Vgl. Scholder II, S. 285 ff.
91 GDEK Nr. 44/1934, S. 123.
92 GDEK Nr. 44/1934, S. 121.
93 GDEK Nr. 44/1934, S. 122.
94 Vgl. Scholder II, S. 288 f.

der Nationalsynode beraten. Pfarrer Dr. Müller (Hilchenbach) hatte an dieser Tagung teilgenommen[95] und erstattete nun den Anwesenden Bericht.[96] Ergebnis der anschließenden Beratung waren einige sehr konkrete Beschlüsse über das weitere Vorgehen der Bekennenden Kirche im Siegerland, die – vermutlich auf Anregung Müllers[97] – von der Versammlung gefaßt wurden: 1. Für Sonntag, den 16. August, sollten in allen Gemeinden des Siegerlandes Bekenntnisgottesdienste angesetzt werden. 2. Das bekenntnistreue Wochenblatt „Unter dem Wort"[98] sowie die Berichte über die Barmer Bekenntnissynode sollten in den Gemeinden verbreitet werden. 3. Die Sammlung der Bekenntnisgemeinde durch Ausgabe von Verpflichtungskarten sollte eingeleitet werden. 4. Eine außerordentliche Kreissynode wurde in Aussicht genommen, an der die bekenntnistreuen Mitglieder der Presbyterien teilnehmen sollten. Die Synode sollte „vor breitester Öffentlichkeit"[99] in der Siegener Nikolaikirche stattfinden. 5. Die Kollekten sollten weiterhin an die „Empfangsberechtigten", d. h. direkt an die Spendenempfänger gesandt werden. 6. Der Bruderrat wurde umgebildet und mit folgenden Personen besetzt: die Pfarrer Vethake (Ferndorf), Müller (Hilchenbach), Barth (Oberfischbach) und Achenbach (Niederschelden) und als Laienvertreter Dipl.-Ing. Reinacher (Weidenau) sowie Landvermesser Gaedeke (Siegen).[100] Außerdem wurden Superintendent Heider und D. W. A. Siebel (Freudenberg) eingeladen, in beratender Funktion an den Sitzungen des Bruderrates teilzunehmen. Der Vorsitz im Bruderrat ging von Pfarrer Vethake an Pfarrer Dr. Müller über.[101] Dieser sollte den Kurs der Bekennenden Kirche im Siegerland in den folgenden Jahren entscheidend prägen. 7. In bezug auf das auf der Nationalsynode ebenfalls verkündete Beflaggungsgesetz wurde bestimmt, daß die Fahnen nur auf Anordnung der Regierung und nur zusammen mit den Kirchenfahnen gezeigt werden sollten.[102]

95 Vgl. Rundbrief Müller v. 9. 8. 1934, in: KSA, E 9, Bd. I.
96 Stichwortprotokoll, in: KSA, E 9, Bd. I.
97 Vgl. ebd. unter: „Was tun?"
98 Unter dem Wort. Ein biblisches Wochenblatt, hg. v. Lic. H. Klugkist Hesse und Karl Immer, Wuppertal-Elberfeld, Jg. 1 (1933)–4 (1936) [zit.: UdW].
99 Handschriftl. Protokoll der Sitzung v. 16. 8. 1934, in: KSA, E 9, Bd. I. Dies ist das erste Zeugnis über die Arbeit des Siegerländer Bruderrates.
100 Die frühere Zusammensetzung des Bruderrates ist nicht bekannt. Es ist jedoch davon auszugehen, daß der BR aus der erwähnten presbyterialen Arbeitsgemeinschaft hervorgegangen ist. Offenbar besaß zunächst das Laienelement im BR ein stärkeres Gewicht. In einem späteren Dokument heißt es: „Allmählich fange auch ich an einzusehen, was A. F. Gaedeke und Dr. Achenbach von vornherein sahen, daß die damals etwas gewaltsam erfolgte Umformierung des Synodal-Bruderrates am Ende auf eine Kaltstellung des Laienelements hinauslaufen würde." Reinacher an Müller v. 15. 6. 1935, in: KSA, E 9, Bd. XII.
101 Dies geht hervor aus: Müller an Lücking v. 31. 8. 1934 (Abschr.), in: KSA, E 9, Bd. I. Müller war Sohn einer alten Siegerländer Bauernfamilie und erfuhr in seiner Kindheit und Jugend eine tiefe Prägung durch den Siegerländer Pietismus. Während des Studiums in Erlangen und Halle hielt er sich zum DCSV und pflegte mit pietistischem Einschlag, und fand in einem späteren Dokument seine theologischen Leitbilder in Martin Kähler und Adolf Schlatter; vgl. Kurt Heimbucher/Adolf Kühn, Aufbruch im Siegerland. Dr. Hermann Müller – Zeuge der Gnade Gottes, Neuhausen-Stuttgart 1983. Autobiographische Hinweise in: Kgm. Hilchenbach, Privat-Chronik.
102 Damit wurde dem Beschluß der Nationalsynode widersprochen, nach dem die Kirchenfahnen nicht mehr gezeigt werden sollten; GDEK Nr. 44/1934, S. 123.

Dieser Maßnahmenkatalog zeigt, daß mit der ersten Phase des Kirchenkampfes von März bis Mai 1934 die Kirchenkrise noch nicht bewältigt war. Es war nun notwendig, eine Konsolidierung der bekenntniskirchlichen Strukturen zu erreichen, um auch nach außen als Einheit auftreten zu können. Die neuen Kirchengesetze drohten weitere Konflikte heraufzubeschwören. Außerdem setzten die Vorgänge um den sog. Röhmputsch und ein Erlaß Fricks, der die Berichterstattung über kirchenpolitische Ereignisse in deutschen Medien untersagte[103], unheilvolle Zeichen für die Zukunft. Auch erste Maßregelungen von Pfarrern hatte es bereits gegeben. Dies zeigte, daß der Staat dem Kirchenstreit nicht indifferent gegenüberstand.

Um das Informationsdefizit auszugleichen, bestellten viele Siegerländer Pfarrer die von der rheinischen Bekenntnissynode herausgegebenen „Briefe zur Lage"[104], die regelmäßig über kirchenpolitische Vorgänge berichteten. Um den Frick-Erlaß zu umgehen, wurden sie als „vertraulich" gekennzeichnet und „nur an Mitglieder" versandt.

Schon am nächsten Tag bestellte Pfarrer Dr. Müller eine größere Anzahl der roten Verpflichtungskarten bei der Druckerei Eisemann in Berlin-Steglitz.[105] Die Ausgabe der Verpflichtungskarten war eine der Maßnahmen, die am 29. Mai von der preußischen Bekenntnissynode im Rahmen eines vorläufigen Arbeitsprogramms verabschiedet worden waren. Die endgültige Fassung der Verpflichtungserklärung war Anfang Juli festgelegt worden. Sie hatte folgenden Wortlaut:

„Die Bekennende Kirche ist der Zusammenschluß aller derer, die die Heilige Schrift Alten und Neuen Testaments nach der Auslegung der reformatorischen Bekenntnisse als die alleinige Grundlage der Kirche und ihrer Verkündigung anerkennen.
Die Glieder der Bekennenden Kirche sind durch das Evangelium aufgerufen.
Deshalb wollen sie sich zum Wort Gottes und zum Tisch des Herrn halten und ein christliches Leben führen. Sie wollen beten und arbeiten für eine Erneuerung der Kirche aus dem Wort und dem Geist Gottes. Sie wissen sich zu entschlossenem Kampf wider jede Verfälschung des Evangeliums und wider jede Anwendung von Gewalt und Gewissenszwang in der Kirche verpflichtet.
Ich bitte um Aufnahme in die Bekennende Gemeinde und vertraue darauf, daß Gott mir zum Wollen das Vollbringen gebe und mich ein lebendiges Glied Seiner Kirche werden lasse. Ich erkenne an, daß die Not der Bekennenden Kirche von mir Opfer fordert."[106]

Neben dieser Erklärung trugen die Karten die persönlichen Angaben des Besitzers und dessen Unterschrift. Es handelte sich also um eine Art „Ausweis", der auch bei internen Veranstaltungen der Bekennenden Kirche vorgezeigt werden mußte.[107]

103 Erlaß v. 9. 7. 1934; vgl. Scholder II, S. 277.
104 Briefe zur Lage der Evangelischen Bekenntnissynode im Rheinland, hg. v. Joachim Beckmann, Neukirchen-Vluyn 1977. Auch die wf. Bekenntnissynode begann Rundbriefe herauszugeben. Insgesamt erschienen 27 Nummern, die letzte am 23. 8. 1935. Daneben gab es noch die „Schnellbriefe für Glieder der Bekennenden Kirche", die vom Rat der EKdAPU herausgegeben wurden (Nr. 1 v. 14. 4. 1935 bis Nr. 26 v. 11. 1935); vgl. Focko Lüpsen, Der Weg der kirchlichen Pressearbeit von 1933 bis 1950, in: KJ 76 (1950), S. 412–454.
105 Müller v. 17. 8. 1934 (Abschr.), in: KSA, E 9, Bd. I.
106 Exemplar der Karte u. a. in: Kgm. Freudenberg, D 6.
107 In einer Einladung zu einer BK-Veranstaltung in Siegen hieß es: „Es wird gebeten, zum Ausweis die rote Karte mitzubringen." In: EZA 7/6662.

Anfang Oktober 1934 trafen die ersten Rückmeldungen über den Erfolg der Aktion bei Müller ein. Die Anzahl der ausgegebenen Karten wurde vertraulich behandelt. Pfarrer Münker (Dreistiefenbach) kam daher auf die Idee, seine Mitteilung in griechischen Buchstaben abzufassen![108] Es zeigte sich aber, daß die Ausgabe der Karten langsamer ablief als die Unterschriftensammlung im Frühjahr. Vielerorts war die Ausgabe im Oktober noch nicht abgeschlossen und zog sich zum Teil bis ins Jahr 1935 hinein. Am 8. Januar 1935 mußte Pfarrer Steil[109] vom westfälischen Bruderrat anmahnen, den vereinbarten Termin einzuhalten.[110] Nur noch aus der Siegener Synode fehle die Aufstellung über die zahlenmäßige Größe der Bekenntnisgemeinden.

Erst am 25. Januar 1935 konnte Pfarrer Witzel (Neunkirchen) die Zahlen aus seiner Gemeinde übermitteln.[111] Für die Zurückhaltung in seiner Gemeinde nannte Witzel: die starke außerkirchliche Bewegung, heimliches Entgegenarbeiten und Sorge um wirtschaftliche Benachteiligung.[112] In Burbach verhinderte die Grummet- und Kartoffelernte eine schnelle Ausgabe der Karten.[113] Auch erforderte das Ausfüllen der Karten einen höheren Zeitaufwand als die Unterschrift auf einer Liste. Die Karten mußten erst ausgeteilt und später wieder eingesammelt werden. Sie wurden dann vom jeweiligen Presbyterium überprüft und anschließend wieder an ihre Inhaber ausgegeben.[114] Dennoch war der Ausgang dieser Aktion ähnlich erfolgreich wie die Unterschriftensammlung im Frühjahr 1934. Nach W. Niemöllers „Chronik" wurden im Kirchenkreis Siegen 39.051 Karten unterschrieben.[115] Dies bedeutet, daß die Zahl der zur Bekennenden Kirche gehörenden Mitglieder seit Mai konstant geblieben war. Zum Vergleich: In ganz Westfalen unterschrieben ca. 500.000 Gemeindeglieder die rote Karte – etwa 21 Prozent der evangelischen Gesamtbevölkerung.[116] Im Siegerland dagegen betrug der Anteil derjenigen Gemeindeglieder, welche die Karte unterschrieben, an der Gesamtseelenzahl 37 Prozent![117] Bei den erwachsenen Gemeindegliedern – und nur an diese wurden die Karten ausgegeben – betrug der Anteil sogar 80 Prozent! Diese hohe Prozentzahl ist in erster Linie Ausdruck des hier traditionell besonders regen kirchlichen Lebens. In anderen Gebieten Westfalens war die Unterstützung der Bekennenden Kirche durch das „prakti-

---

108 Münker an Müller v. 2. 10. 1934, in: KSA, E 9, Bd. I.
109 Vgl. Ludwig Steil. Ein westfälischer Pfarrer im Kirchenkampf. Ein Lebensbild von Gusti Steil, neu herausgegeben und mit einem Anhang versehen durch das Presbyterium der Kirchengemeinde Holsterhausen, Bielefeld 1990.
110 Vgl. Steil an Müller v. 8. 1. 1935, in: KSA, E 9, Bd. XII.
111 Witzel an Müller v. 25. 1. 1935, in: KSA, E 9, Bd. XII.
112 Witzel an Müller v. 5. 10. 1934, in: KSA, E 9, Bd. I.
113 Bruckhaus an Müller v. 3. 10. 1934, in: KSA, E 9, Bd. I.
114 Vgl. Kgm. Burbach, Protokollbuch des Presb. v. 17. 5. 1935; Kgm. Neunkirchen, Protokollbuch des Presb. v. 23. 6. 1935.
115 Niemöller, Chronik, S. 29; vgl. die Liste im Nachlaß Lücking, in: EKvW 3.1, Nr. 5.
116 Hey, Kirchenprovinz, S. 68.
117 Vgl. die Liste, in: EKvW 3.1, Nr. 5. Nur in der ebenfalls reformierten Synode Tecklenburg wurde mit 40,5 % ein höherer Prozentsatz erreicht. Zum Vergleich die reformierte Synode Wittgenstein: 20 %.

zierende" Kirchenvolk ähnlich groß.[118] Die Tatsache aber, daß im Siegerland die Mehrheit der Gesamtbevölkerung zur Bekennenden Kirche gehörte,
gab dieser natürlich im öffentlichen Leben ein stärkeres Gewicht.

Einer Werbeaktion der Deutschen Christen im Siegerland, die mancherorts Versammlungen abhielten, wurde indes durch die Öffentlichkeit „keine
nennenswerte Beachtung"[119] zuteil. Trotzdem bat Müller in einem Brief an
Lücking um ein Flugblatt, das schlagkräftig auf die Argumente der Deutschen Christen eingehen sollte.

Am 22. August gab Müller den Amtsbrüdern nähere Anweisungen für die
Durchführung der Bekenntnisgottesdienste. Dabei warnte er im Blick auf
den Erlaß des Innenministers Frick vor jeder unsachlichen Polemik. Der
Gottesdienst solle vor allem die Gemeinden über die kirchliche Lage aufklä-
ren und deutlich machen, daß es sich „weder um Reaktion noch um Pasto-
rengezänk"[120], sondern um eine ernste Gefahr für das Bekenntnis handle.

3.3.2 Fühlungnahme unter den Reformierten Westfalens

Am 27. August 1934 fand auf Einladung von Superintendent Heider in Ha-
gen eine Sitzung von Vertretern aus den reformierten Synoden und Ge-
meinden Westfalens statt.[121] Neben Superintendent Heider und Pfarrer
Wehmeier aus der Synode Siegen als der mitgliederstärksten reformierten
Synode Westfalens waren erschienen: Pastor Luhmann (Gleidorf) für die
Synode Wittgenstein, Superintendent Wollschläger (Westerkappeln) für die
Synode Tecklenburg, Pastor Küpper (Hagen) als Vertreter der Reformierten
Konferenz in der Mark sowie Pastor Langenohl (Rheydt) als Vertreter des
Reformierten Bundes. Als Ziel der Versammlung wurde von Superintendent
Heider „die gegenseitige Fühlungnahme im Sinne eines reformierten Kon-
vents innerhalb der Kirchenprovinz Westfalens"[122] benannt. Dieses Treffen
ist vor dem Hintergrund des Reformierten Kirchenkonventes zu sehen, der
am 18./19. April 1934 Vertreter aus den reformierten Kirchen und Synoden
sowie den freien reformierten Konferenzen in Osnabrück zusammengeführt
hatte.[123] Er sollte die Reformierten in Deutschland sammeln und für eine
bessere Vertretung der reformierten Belange sorgen. Dabei waren allerdings
bereits die Differenzen zu spüren gewesen, die innerhalb der Reformierten
bezüglich der Stellung zum offiziellen Reichskirchenregiment einerseits und

---

118 Vgl. Hey, ebd., S. 68.
119 Müller an Lücking v. 2. 10. 1934, in: KSA, E 9, Bd. I.
120 Rundbrief Müller v. 22. 8. 1934, in: KSA, E 9, Bd. I.
121 Vgl. RKZ 84 (1934), S. 300.
122 Ebd.
123 Vgl. Lekebusch, Die Reformierten im Kirchenkampf, S. 134 ff. Als Vertreter des Siegerlandes
nahmen Pfr. Buscher (Klafeld) und Sekretär Flender (Siegen) teil. Zudem war Remko Walther
Siebel (Freudenberg), Schatzmeister des Reformierten Bundes, anwesend; vgl. ebd., S. 377 f.

dem bekenntnisorientierten Aufbruch von Barmen im Januar 1934 andererseits bestanden. Während der Reformierte Bund mit D. Hesse und der Coetus Reformierter Prediger mit Karl Immer die Scheidung von den Deutschen Christen und dem Reichskirchenregiment sowie einen klaren Bekenntniskurs forderten, wollte die Gruppe um die reformierte Landeskirche Hannover die Wahrung der reformierten Belange durch eine möglichst breite Sammlung auf dem Boden der bestehenden Reichskirche erreichen. So kam in Osnabrück nur eine Kompromißformel zustande, die weitere Konflikte offenließ. Ein „Reformierter Kirchenausschuß" wurde gewählt, der die Geschäftsführung wahrnehmen sollte. Er war nach territorialen Gesichtspunkten besetzt und begünstigte daher die landeskirchliche Gruppe. Der Kirchenausschuß legte im Juli 1934 Richtlinien für die „Ordnung einer nach Gottes Wort reformierten Kirche"[124] innerhalb der Deutschen Evangelischen Kirche vor. Auf der erwähnten Tagung der westfälischen Reformierten in Hagen wurden diese Richtlinien – obwohl das Verhältnis zur Bekennenden Kirche ungeklärt blieb – als geeignete Grundlage für einen Zusammenschluß angesehen. Die reformierten Synoden und Gemeinden sollten daher zu diesen Richtlinien Stellung nehmen und Vertreter in den zu bildenden Konvent entsenden. Auf der Siegener Kreissynode vom 30. August 1934 stimmten die Synodalen den Richtlinien – von geringfügigen Änderungen abgesehen – zu.[125] Die Bildung eines reformierten Konventes in Westfalen zögerte sich jedoch durch den Richtungsstreit innerhalb der Reformierten hinaus und kam erst im Rahmen einer bekenntniskirchlichen Sammlung im Jahre 1937 zustande.[126]

3.3.3 Die außerordentliche Kreissynode vom 30. August 1934

Am 25. August gingen die Einladungsschreiben für die bevorstehende außerordentliche Kreissynode, die am 30. des Monats stattfinden sollte, hinaus. Auf der Tagesordnung standen nur zwei Punkte: 1. Beschluß über den Haushaltsplan, 2. Stellung der Synode zur kirchlichen Lage.[127] Außerdem war ein „kirchlicher Gemeindeabend" vorgesehen, an dem Pfarrer Barth (Oberfischbach) über „Die biblische Haltung der Gemeinde Gottes in der derzeitigen Krisis der Kirche" und Pfarrer Steil (Wanne-Eickel) vom westfälischen Bruderrat über das Thema „Der biblische Weg der Gemeinde Gottes zu neuer Kirche"[128] sprechen sollten. Vom Konsistorium wurde Pfar-

---

124 Lekebusch, ebd., S. 388–390. Sie enthielten Artikel über bekenntnismäßige Grundlagen, die Ämter der Kirche, Presbyterium, Synoden und das Verhältnis zur DEK. Eine direkte Bezugnahme auf die Organe der Bekennenden Kirche fehlte!
125 UdW 2 (1934), S. 395. Die genauen Änderungen sind leider unbekannt.
126 S. u. Kap. 4.
127 Einladungsschreiben v. 25. 8. 1934, in: KSA, Kirchenvertretung Siegen.
128 Ebd.

rer Buschtöns (Bielefeld)[129] beauftragt, an der Kreissynode teilzunehmen, um den Standpunkt der Kirchenbehörde zur Neugestaltung der kirchlichen Verfassung darzulegen. Im Anschluß an dessen Ausführungen entspann sich eine rege Aussprache, in der heftige Angriffe gegen die Kirchenregierung geführt wurden. Buschtöns berichtete, die Opposition sitze bei den Pfarrern, deren unverkennbare Absicht es gewesen sei, die Laien zu beeinflussen.[130] Nur der Fabrikant D. Siebel sei „ohne Gehässigkeit" in der Diskussion aufgetreten, abgesehen von Pfarrer Dr. Schmidt (Siegen), der als Deutscher Christ Buschtöns unterstützte. Buschtöns konnte nicht verhindern, daß ein Antrag verabschiedet wurde, der sich gegen den Diensteid der Pfarrer aussprach und die Nationalsynode verurteilte. Dieser Antrag sei der eigentliche Zweck der Tagung gewesen, berichtete Buschtöns. Nur D. Siebel habe gegen den Antrag Bedenken erhoben, da er ihn zu scharf fand.[131] In der „Entschließung der Kreissynode Siegen zur kirchlichen Lage"[132] wurden die Beschlüsse der Nationalsynode abgelehnt, da schon die Umstände, unter denen sie zusammengetreten sei, einen „offensichtlichen Rechtsbruch" darstellten. Weiter hieß es:

„Für die Kirche des Evangeliums ist die Herrschaft eines einzelnen Menschen, wie sie in der neuen Kirchengesetzgebung vorbereitet wird, unmöglich. Erst recht können wir als Reformierte einer so regierten Kirche nicht angehören.
    Den von den Geistlichen und den kirchlichen Beamten geforderten Eid halten wir bei voller Bereitwilligkeit zur Treueverpflichtung gegenüber dem Staate grundsätzlich für überflüssig und in der vorgesehenen Form wider Schrift, Bekenntnis und Gewissen.
    Begangenes Unrecht durch Gesetz für Recht erklären, ist für eine Kirche ein unwürdiges und unmögliches Verhalten.
    Wir ermahnen daher unsere Gemeinden, diesem kirchenzerstörenden Treiben in der Kraft des Geistes zu widerstehen. Wir fordern von unseren Brüdern im Amt, in Treue bei ihrem Ordinationsgelübde zu verharren."[133]

In dieser Entschließung wurde die Ablehnung der neuen Kirchengesetze sowie des Reichskirchenregimentes überhaupt klar ausgesprochen. Eine Nationalsynode, deren Zusammensetzung unrechtmäßig war, konnte auch keine rechtswirksamen Gesetze erlassen; dies war der Kern der Entschließung. Dabei verdienen die Äußerungen zur Eidesfrage noch einige Beachtung. Noch vor der Synode hatte Pfarrer Vethake eine Weisung des Bruderrates der Bekenntnissynode verbreitet, in der eine Ableistung des Eides untersagt wurde.[134] Zur Begründung hieß es, daß die Pflichten der Geistlichen im Ordinationsgelübde „erschöpfend" geregelt seien. Nur der Staat sei befugt, von den Geistlichen als Beamten einer Körperschaft des öffentlichen Rechts einen Eid zu fordern. Die Entschließung der Kreissynode nahm diese Stellungnahme auf. Die Eidesforderung der Kirchenregierung wurde abge-

129 Friedrich Buschtöns war einer der führenden Deutschen Christen in Westfalen; vgl. Hey, Kirchenprovinz, S. 79 u. 141, Anm. 54.
130 Buschtöns an EK v. 3. 9. 1934, in: EKvW 2neu, Siegen XI, Bd. I, S. 29.
131 Ebd.
132 In: KSA, E 9, Bd. I; RKZ 84 (1934), S. 307.
133 Ebd.
134 Rundbrief Vethake v. 23. 8. 1934, in: KSA, E 9, Bd. I.

lehnt, während man gleichzeitig die „Bereitwilligkeit zur Treueverpflichtung gegenüber dem Staate" betonte. Das Problem erledigte sich jedoch von selbst, weil der Diensteid auf die Kirchenbeamten beschränkt wurde. Erst 1938 kam die Frage eines Treueides der Geistlichen auf Hitler erneut ins Gespräch.

In bezug auf Superintendent Heider, der die Abstimmung über die zitierte Entschließung zugelassen hatte, obwohl er von Amts wegen auch die Kirchenbehörde zu vertreten hatte, bemerkte Buschtöns, es sei „die Entbindung des Superintendenten von seinem Ephoralamt zu empfehlen"[135]. Diesen Wunsch äußerte auch die Kreisgruppe der Deutsche Christen im Siegerland, die einen Tag nach der Kreissynode Pfarrer Buschtöns „für die sachlichen und ruhigen Ausführungen"[136] dankte. Nach den Ereignissen des Vortages erwarte man nun ein Einschreiten des Konsistoriums dahingehend, daß Pfarrer Dr. Schmidt, bisher Synodalassessor, nun mit der Führung der Superintendentur beauftragt werde. Ein Randvermerk auf dem Bericht Buschtöns weist darauf hin, daß im Konsistorium tatsächlich die Amtsenthebung Heiders vorbereitet wurde.[137] Auch im Siegener Bruderrat rechnete man mit dieser Maßnahme.[138] Bischof Adler hatte bereits in anderen Synoden damit begonnen, BK-Superintendenten ihres Amtes zu entheben.[139] Superintendent Heider blieb jedoch im Amt, obwohl eine Verfügung, welche die Amtsenthebung Heiders aussprach, bereits im Entwurf vorlag. Aus einem Vermerk geht hervor, daß die Maßnahme bis zur Einführung des Reichsbischofs zurückgestellt und Heider zunächst gehört werden sollte.[140] Superintendent Heider äußerte sich noch einmal am 3. Oktober 1934 zu den gegen ihn erhobenen Vorwürfen.[141] Nachdem aber die Einführung Müllers geplatzt war und auch Bischof Adler seine Befugnisse abtreten mußte, wurde die geplante Amtsenthebung hinfällig.

3.3.4   Die Wiederherstellung des Rechtszustandes

Inzwischen wurde die kirchenpolitische Lage durch neue, aufsehenerregende Ereignisse erschüttert. August Jäger wollte nach langem Hin und Her die Eingliederung der beiden süddeutschen Landeskirchen, Württemberg und Bayern, endlich durchsetzen.[142] Zunächst wurden durch Gesetz die Ver-

135 Buschtöns an EK v. 3. 9. 1934, in: EKvW 2neu, Siegen XI, Bd. I, S. 29.
136 Baum an Buschtöns v. 31. 8. 1934, in: EKvW 2neu, Siegen XI, Bd. I, S. 30.
137 Buschtöns an EK v. 3. 9. 1934, ebd.
138 Vgl. Müller an Lücking v. 2. 10. 1934 (Abschr.), in: KSA, E 9, Bd. I.
139 Hey, Kirchenprovinz, S. 63.
140 Entwurf der Verfügung, in: EKvW 2neu, Siegen XI, Bd. I, S. 33.
141 Heider an EK v. 3. 10. 1934, in: EKvW 2neu, Siegen XI, Bd. I, S. 34.
142 Vgl. Gerhard Schäfer (Hrsg.), Die evangelische Landeskirche in Württemberg und der Nationalsozialismus. Eine Dokumentation zum Kirchenkampf, Bd. 3, Stuttgart 1974; Verantwortung für die Kirche. Stenographische Aufzeichnungen und Mitschriften von Landesbischof Hans Meiser 1933–1955, Bd. I: Sommer 1933 bis Sommer 1934, bearb. v. H. Braun u. C. Nikolaisen, Göttingen 1985.

hältnisse in Württemberg im Sinne der „Gleichschaltung" neu geregelt.[143] Am 11. Oktober erschien Jäger dann, begleitet von Politischer Polizei und Berliner Kirchenbeamten, im bayerischen Landeskirchenamt und verkündete den verdutzten Anwesenden die Absetzung der bayerischen Kirchenregierung.[144] Dieser unerhörte Gewaltakt löste in der Öffentlichkeit eine Welle der Empörung aus. Im ganzen Land fanden Bitt- und Bekenntnisgottesdienste statt, in denen sich das Kirchenvolk mit dem abgesetzten Landesbischof Meiser solidarisierte. Der Reichsbruderrat beschloß angesichts der Vorgänge, die Kirchenglocken bis auf weiteres nicht läuten zu lassen.[145]

Die Siegerländer Pfarrerbruderschaft tagte am Montag, den 15. Oktober, und beschloß, ein Flugblatt in Druck zu geben, das auf die Ereignisse in Bayern eingehen und die Anordnung bezüglich Glockengeläut enthalten sollte. Das Flugblatt wurde jedoch in Höhe von 20.000 Exemplaren von der Druckerei weg beschlagnahmt.[146] Trotzdem schwiegen die Glocken im ganzen Siegerland, mit Ausnahme der wenigen Gemeinden, wo die politische Gemeinde das Läuten besorgte oder aber bezahlte. Außerdem fanden Bittgottesdienste statt. Müller berichtete, das Ganze habe einen „gewaltigen Eindruck"[147] auf die Gemeinden gemacht.

Die ursprünglich für den 30./31. Oktober geplante zweite Bekenntnissynode der DEK wurde aufgrund der Ereignisse auf den 19./20. Oktober vorverlegt. Die Dahlemer Synode verabschiedete im Blick auf die gewaltsame Eingliederung der Landeskirchen eine Botschaft, die neben der Theologischen Erklärung von Barmen die wichtigste Entscheidung der Bekennenden Kirche darstellte.[148] In ihr wurde festgestellt, daß die rechtmäßigen Organe der DEK keinen Bestand mehr hatten und neue Organe der Leitung durch die bekenntnistreuen Kräfte zu bilden seien. Zum obersten Leitungsorgan wurde der Bruderrat der DEK bestellt, der aus sich heraus den Rat der DEK zur Geschäftsführung bestimmte. Die Gemeinden wurden aufgefordert, von der bisherigen Reichskirchenregierung keine Weisungen mehr entgegenzunehmen und sich der Bekenntnissynode und ihren Organen zu unterstellen.

Der Bruderrat der Synode Siegen sprach in einem Brief dem Bruderrat der Deutschen Bekenntnissynode seinen Dank für „das feste und deutliche Wort"[149] aus. Auch die Gemeinden zogen bald nach und unterstellten sich der Leitung der Bekenntnissynode.[150] Der Bruderrat wies in seinem Brief

---

143 Scholder II, S. 324.
144 Ebd., S. 329 f.
145 Ebd., S. 336.
146 Müller an Lücking v. 19. 10. 1934 (Abschr.), in: EKvW 5.1, Nr. 849, Fasc. 2.
147 Ebd.
148 Vgl. Wilhelm Niemöller, Die zweite Bekenntnissynode der Deutschen Evangelischen Kirche zu Dahlem. Text – Dokumente – Berichte (= AGK 3), Göttingen 1958.
149 BR v. 27. 10. 1934 (Abschr.), in: KSA, E 9, Bd. I.
150 Die einheitliche Form des Beschlusses lautete: „Das Presbyterium der Kirchengemeinde … erkennt die Bekenntnissynode der D.E.K. und ihre Organe gemäß der Botschaft der Synode vom 20. Oktober 1934 als rechtmäßige Leitung der D.E.K. an." Vgl. jeweils im Protokollbuch des Presb.: Kgm. Burbach 14. 11. 1934, Kgm. Eiserfeld 12. 11. 1934, Kgm. Ferndorf 15. 11. 1934, Kgm. Hilchenbach 11. 11. 1934, Kgm. Niederdresselndorf 7. 11. 1934, Kgm. Niederschelden 19. 11. 1934. Siegen: 10. 12. 1934; vgl. Abschr. des Beschlusses, in: KSA, Kirchenvertretung Siegen.

aber auch auf Unstimmigkeiten in bezug auf das angeordnete Schweigen der Glocken hin. In Siegen war bereits wieder mit dem Läuten begonnen worden. Außerdem war von Drohungen der SA berichtet worden, ihrerseits mit Gewalt zu läuten. Noch am selben Tag ermahnte Müller die Amtsbrüder, nicht durch eigenmächtiges Handeln die Anweisungen des Reichsbruderrates zu durchkreuzen und die Glocken ungeachtet der Gewaltdrohungen auch weiterhin schweigen zu lassen.[151] Außerdem bat er die Pfarrer, die Botschaft der Dahlemer Synode möglichst bald in den Gemeinden zu verlesen und die entsprechenden Ausführungsbestimmungen abzuwarten. Des weiteren sprach Müller die Empfehlung aus, „die von Jäger geschickt als Sieg getarnte Niederlage vor der Gemeinde kurz in geeigneter Form als das zu entlarven, was sie in Wirklichkeit ist"[152]. Dies bezog sich auf einen am 26. Oktober veröffentlichten Brief Jägers, in dem dieser seine kirchenpolitischen Funktionen an den Reichsbischof zurückgegeben und seine Aufgabe als abgeschlossen bezeichnet hatte. Doch war das Einigungswerk nur vordergründig betrachtet abgeschlossen. Die kirchenpolitischen Vorgänge hatten nämlich auch im Ausland für einiges Aufsehen gesorgt und drohten die außenpolitischen Interessen des Reiches zu gefährden. Schon seit Monaten waren Meldungen deutscher Auslandsvertreter über wachsende Kritik an der Reichskirchenpolitik eingetroffen. Das wichtige Flottenabkommen mit England schien gefährdet.[153] Außerdem drohte die Stimmung in der Bevölkerung auch die bevorstehende Abstimmung an der Saar ungünstig zu beeinflussen.[154] Lageberichte von lokalen Amtsträgern wiesen auf die Beunruhigung der Öffentlichkeit über die kirchlichen Vorgänge hin.[155] So berichtete der Ferndorfer Amtsbürgermeister M.:

„Die evangelische Kirchenfrage wächst sich je länger je mehr zu einer Belastung auch für den Staat aus. Man mag zu den Dingen stehen, wie man will, für den unbefangenen Beurteiler ist es jedenfalls schwer verständlich, weshalb in einer Zeit, in der alles auf die innere Geschlossenheit des Volkes im Kampfe Deutschlands um die äußere Freiheit ankommt, religiöse Fragen in einer solchen Schärfe zum Austrag kommen. [...]
Man betont, daß man durchaus eine einheitliche evangelische Kirche haben wolle, daß man sich aber gegen die Einrichtung einer Bischofskirche, also die Übertragung des staatlichen Führerprinzips auf die Kirche wende. In diesem Falle bedeute eine organisatorische Maßnahme zugleich eine Verletzung des Bekenntnisses, der Substanz der Kirche. Man betrachtet die führenden Männer des jetzigen Kirchenregiments und stellt fest, daß sie einen anderen Geist haben als die Mitglieder der Bekenntnisfront. [...]

151 Rundbrief Müller v. 27. 10. 1934, in: KSA, E 9, Bd. I.
152 Ebd.
153 Vgl. Meier I, S. 509.
154 Vgl. ebd. S. 505–507.
155 Von Zeit zu Zeit gaben die Bürgermeister Lageberichte über die Entwicklung des Kirchenstreites in ihrem Amtsbezirk an den Landrat weiter. Dieser verfaßte seinerseits Berichte für die Staatspolizeistelle in Dortmund bzw. für den Regierungspräsidenten in Arnsberg. Leider sind nur noch aus dem Amt Ferndorf einige Berichte aus den Jahren 1934 und 1935 vorhanden. Zum staatlichen Berichtswesen vgl. Bernd Hey, Zur Geschichte der westfälischen Staatspolizeistellen und der Gestapo, in: WF 37 (1987), S. 58–90; außerdem: Heinz Boberach, Berichte des SD und der Gestapo über Kirchen und Kirchenvolk in Deutschland 1934–1944, Mainz 1971; Die Lageberichte der Geheimen Staatspolizei über die Provinz Hessen-Nassau, hg., eingeleitet und erläutert von Thomas Klein, 2 Bde. (= Veröffentlichungen aus dem Preußischen Kulturbesitz 22/I u. 22/II), Köln/Wien 1986.

Das Volk hat für diese Fragen ein feineres Gespür als man ihm gemeinhin zutrauen mag. Anders als in der katholischen Kirche werden die religiösen Fragen in der evangelischen Kirche nicht nur von der Geistlichkeit, sondern von der Gemeinde durchlebt und erörtert, eine Auswirkung des lutherischen Grundsatzes vom allgemeinen Priestertum der Gläubigen. Der einfache Mann fühlt sich in der Tat bedroht in seinen heiligsten Gütern. Er glaubt einfach nicht mehr daran, daß es sich nur um Verwaltungsmaßnahmen handelt. Nachdem auch die Zeitungen nur einseitig den Standpunkt des Kirchenregimentes äußern dürfen, nachdem Flugblätter beschlagnahmt werden usw., gerät auch das Zutrauen in die staatliche Neutralität in religiösen Fragen ins Wanken. Hinzu kommt, daß man in den führenden Männern des Nationalsozialismus Kirchenfeinde erblickt, vor allem in Alfred Rosenberg auf Grund seines Buches ‚Der Mythus des 20. Jahrhunderts‘ und seiner vielen weltanschaulichen Reden.[156] Man stößt sich daran, daß gerade der Mann mit der weltanschaulichen Überwachung der Partei und aller ihrer Gliederungen betraut ist, weil doch gerade einer der Programmpunkte der Partei das Einstehen für ein positives Christentum sei.

Ich habe diese Dinge in aller Offenheit dargelegt, weil ich die Stimmung in der hiesigen religiös bewegten Bevölkerung schildern muß wie sie ist. Die Anhänger der Deutschen Christen treten, besonders in dem größeren Kirchspiel Ferndorf, zahlenmäßig vollkommen in den Hintergrund. Zwangsmaßnahmen scheinen mir nicht am Platze, sie würden m. E. das Übel nur größer machen. Glaubensfragen sind Angelegenheiten, in denen ehrliche Naturen keine Kompromisse schließen.“[157]

Dieser Bericht zeigt deutlich den Plausibilitätsverlust, den die staatliche Kirchenpolitik bei der kirchlich orientierten Bevölkerung erlitten hatte. M. deutete daher an, daß eine Rückkehr zu dem staatlichen Neutralitätskurs und die Respektierung des kirchlichen Eigenlebens angesichts des Selbstbewußtseins, das die Siegerländer in religiösen Fragen an den Tag legten, die einzige Möglichkeit sei, einer Ausweitung des Kirchenstreites auf den politischen Bereich zu begegnen.

Ein weiterer Punkt war wichtig für die nun folgende kirchenpolitische Kehrtwende des NS-Regimes: Vor dem Reichsgericht war ein Verfahren zwischen Martin Niemöller und der Gemeinde Dahlem anhängig, in dem exemplarisch über die Rechtmäßigkeit der Eingliederungsgesetzgebung entschieden werden sollte. Der Reichsjustizminister informierte Hitler am 24. Oktober darüber, daß der Prozeß zweifellos die Unrechtmäßigkeit der Gleichschaltungspolitik ans Licht bringen würde.[158] Da das NS-Regime immer noch an dem Schein der Rechtsstaatlichkeit interessiert war, mußte der bisher unterstützte Weg der „Gleichschaltung" aufgegeben werden. Ein geplanter Staatsempfang des Reichsbischofs und sämtlicher Bischöfe sowie

---

156 Rosenbergs „Mythus des 20. Jahrhunderts" war bereits 1930 erschienen, gelangte jedoch erst durch die öffentliche Diskussion darüber, die im Jahre 1934 durch die Ernennung Rosenbergs zum Reichsschulungsleiter der NSDAP einsetzte, zu größerer Verbreitung (bis Ende 1936 über eine halbe Million Exemplare, bis 1942 über eine Million). In seinem Buch rechnete Rosenberg mit dem christlichen Glauben ab und propagierte an dessen Stelle einen germanischen Glauben auf der Grundlage von Blut und Rasse. Von der Parteileitung eher geringschätzig behandelt, avancierte der „Mythus" doch neben Hitlers „Mein Kampf" zur zweiten „Bibel" der NS-Bewegung. Vgl. Robert Wistrich, Wer war wer im Dritten Reich. Anhänger, Mitläufer, Gegner aus Politik, Wirtschaft, Militär, Kunst und Wissenschaft, München 1983, S. 24–296. Zur Kritik der Kirchen vgl. Raimund Baumgärtner, Weltanschauungskampf im Dritten Reich. Die Auseinandersetzungen der Kirchen mit Alfred Rosenberg (= VKZG F 22), Mainz 1977; Harald Iber, Christlicher Glaube oder rassischer Mythus. Die Auseinandersetzung der Bekennenden Kirche mit Alfred Rosenbergs „Der Mythus des 20. Jahrhunderts" (= EHS.T 286), Frankfurt a. M. 1987.

157 M. an LR v. 23. 10. 1934 (Abschr.), in: Amt Ferndorf, Fach 60, Nr. 2, H. 1.

158 Scholder II, S. 351.

des Geistlichen Ministeriums durch Hitler, bei dem die Vereidigung Müllers als feierlicher Abschluß des Einigungswerks stattfinden sollte, wurde kurzerhand abgesagt. Statt dessen empfing Hitler am 30. Oktober die unter Arrest gestellten Landesbischöfe Meiser und Wurm sowie Landesbischof Marahrens. Aufgrund dieses Empfangs konnten sich Meiser und Wurm in ihrem Amt bestätigt fühlen.[159] Dem Reichsbischof, der nun selbst unter starken Beschuß geriet, blieb nichts anderes übrig, als die umstrittene Eingliederungsgesetzgebung zurückzunehmen und den vorherigen Rechtszustand wiederherzustellen.[160] Damit war das große Werk der Eingliederung gescheitert. Am 2. November 1934 teilte Pfarrer Dr. Müller den Amtsbrüdern mit, daß ab dem folgenden Tag die Kirchenglocken wieder geläutet werden sollten.[161] Er empfahl, im nächsten Gottesdienst eine kurze Bekanntgabe über die Lage zu machen, ohne dabei aber von „Sieg" zu reden. Die Krisis sei keineswegs beendet. Für Westfalen aber bedeuteten das Scheitern der Gleichschaltungspolitik und die Rücknahme der Eingliederungsgesetzgebung einen grundlegenden Wandel. Die Provinzialsynode und der Provinzialkirchenrat, die beide von Bischof Adler mit Deutschen Christen besetzt worden waren, lösten sich auf und wurden wieder durch die 1933 gewählten Organe, in denen bekenntnistreue Kräfte die Mehrheit besaßen, ersetzt.[162] Bischof Adler dagegen war nun zur Bedeutungslosigkeit verurteilt, da Präses Koch die Zusammenarbeit mit ihm verweigerte und auch das Konsistorium keine Rechtsbasis mehr für die Ausübung des Bischofsamtes sah.[163]

3.3.5 Werbeaktionen Siegerländer Pfarrer in Nachbarsynoden

Neben diese kirchenpolitischen Entwicklungen waren im Siegerland seit Oktober neue Aktivitäten getreten, die das Ziel hatten, die Ausbreitung der Bekennenden Kirche auch in den angrenzenden Synoden zu fördern. Dort war die Bekennende Kirche noch nicht so stark, so daß sich der Siegerländer Bruderrat entschloß, in dieser Richtung tätig zu werden. Erste Absprachen hatte es vermutlich schon auf einer Sitzung des Bruderrates Ende September gegeben, an der auch fünf Pfarrer aus der Synode Wittgenstein teilgenommen hatten.[164] Im Oktober folgten dann weitere Briefwechsel, in denen konkrete Planungen für eine Reihe von Werbeversammlungen im Wittgensteiner Land vorgenommen wurden. Am 30. Oktober schließlich konnte Müller den Amtsbrüdern den genauen Ablauf der Werbeaktion mitteilen.[165] Sie erforderte einen hohen organisatorischen Aufwand. Ein Wagen

159 Vgl. Meier I, S. 511.
160 Dies geschah unter dem 20. 11. 1934; ebd., S. 522.
161 Rundbrief Müller v. 2. 10. (muß heißen: 2. 11.!) 1934, in: Kgm. Ferndorf, D 8, Bd. 1, Fasc. 2.
162 Hey, Kirchenprovinz, S. 99. Die ordentliche Provinzialsynode tagte bis 1945 nicht mehr.
163 Vgl. ebd., S. 100.
164 Vgl. Müller an Lücking v. 2. 10. 1934 (Abschr.), in: KSA, E 9, Bd. I.
165 Rundbrief Müller v. 30. 10. 1934, in: KSA, E 9, Bd. I.

mußte angemietet werden, der die Siegerländer Pfarrer in ihren Gemeinden abholte, bei den Zielorten (Birkelbach, Feudingen, Weidenhausen, Raumland, Girkhausen) absetzte und später wieder aufnahm. Dazu war eine genaue Zeitplanung erforderlich. Außerdem mußten die Veranstaltungen polizeilich angemeldet werden. Sie wurden dabei als Gottesdienste deklariert, um einem Verbot zu entgehen. Müller wies die Pfarrer darauf hin, besonders die Aufklärung über die kirchliche Lage in den Mittelpunkt der Ansprache zu stellen, da viele Leute „noch nicht im Bilde"[166] seien. Anschließend sollte zum Beitritt in die Bekennende Kirche aufgerufen werden.

Diese Werbeaktion, die vorwiegend das obere Edertal betraf, war als Auftakt zu einer Reihe ähnlicher Veranstaltungen gedacht, die auch das Lahntal bis nach Marburg erfassen sollten. Müller schrieb an den Marburger Theologiedozenten Lic. Schlier[167], ihm liege daran, „daß die Brücke vom Siegerland bis nach Marburg geschlagen und so ein einheitliches Bekenntnisgebiet geschaffen wird"[168]. Müller bat Schlier, entsprechende Maßnahmen zu veranlassen, um von Marburg aus die Ortschaften lahnaufwärts und darüber hinaus bis nach Frankenberg zu erreichen. Dabei empfahl er ein konzentriertes Vorgehen, wie es die Siegerländer Pfarrer praktizierten, um so das ganze Gebiet in Kürze „aufzuackern". Lic. Schlier begrüßte das Ansinnen Müllers, übergab die Angelegenheit aber – da er selbst das Wintersemester über in Halle weilte – an Prof. von Soden, den Leiter des Bekenntnisrates von Kurhessen.[169] Müller wurde daraufhin zu einer Pfarrerversammlung der Kirchenkreise Kirchhain, Frankenberg und Marburg ins Marburger Philippshaus eingeladen.[170] Außerdem erhielt er Einladungen zu Bekenntnisgottesdiensten im Raume Marburg[171] und im Gebiet um Battenberg[172].

Auch im Dillkreis wurden Siegerländer Pfarrer aktiv. Am 8. November 1934 fuhren fünf Pfarrer aus dem Süden des Siegerlandes in die Ortschaften Haiger, Dillenburg, Herborn, Sinn und Eibelshausen, um dort Bekenntnisversammlungen abzuhalten.[173] Ende des Monats erreichte Müller ein weiterer „Hilferuf" eines Pfarrers im Westerwald, der um Unterstützung aus dem Siegerland bat.[174] Ähnlich wie im März 1934 die rheinischen Pfarrer im Siegerland wurden nun Siegerländer Pfarrer zu Multiplikatoren für die Bekennende Kirche. So wurde über Kirchengrenzen hinweg ein Netzwerk von bekenntnistreuen Gemeinden geschaffen.

---

166 Ebd.
167 Vgl. Klaus-Gunther Wesseling, in: BBKL 9 (1995), Sp. 282–289.
168 Müller an Schlier v. 30. 10. 1934 (Abschr.), in: KSA, E 9, Bd. I.
169 Schlier an Müller v. 31. 10. 1934, in: KSA, E 9, Bd. I. Zu von Soden: Theologie und Kirche im Wirken Hans von Sodens. Briefe und Dokumente aus der Zeit des Kirchenkampfes 1933–1945, hg. v. Erich Dinkler und Erika Dinkler-von Schubert, bearb. v. Michael Wolter, Göttingen 1984.
170 Schmidmann an Müller v. 5. 11. 1934, in: KSA, E 9, Bd. XII. Müller konnte an dieser Versammlung nicht teilnehmen, erhielt aber Bericht von Pfarrer Jüngst (Buchenau); Jüngst an Müller v. 10. 11. 1934, in: KSA, E 9, Bd. XII.
171 Heppe (Cölbe) an Müller v. 9. 11. 1934 u. Weber (Frohnhausen) an Müller v. 10. 11. 1934, in: KSA, E 9, Bd. XII.
172 Noll an Müller v. 6. 11. 1934, in: KSA, E 9, Bd. XII.
173 Vgl. Rundbrief Müller v. 2. 10. (muß lauten: 2. 11.!) 1934, in: KSA, E 9, Bd. I.
174 Hoffmann an Müller v. 27. 1. 1934, in: KSA, E 9, Bd. XII.

3.4 Gemeinschaftsbewegung und Bekennende Kirche

In der entstehenden Bekennenden Kirche wurde der Siegerländer Gemeinschaftschrist D. W. A. Siebel in führende Gremien gewählt. Als Mitglied im
westfälischen und im altpreußischen Bruderrat war er Teilnehmer an zahlreichen Bekenntnissynoden.[175] Kirchenpolitisch vertrat er eher eine gemäßigte Linie. Im Siegerländer Bruderrat, dem er von 1934 bis März 1936 angehörte, besaß er beratende Stimme. Dort traf er in Pfarrer Dr. Müller als
Vorsitzendem einen Mann, dem eine enge Verbindung von Kirche und Gemeinschaft ebenfalls am Herzen lag.[176] Müller versuchte, die Gemeinschaftskreise enger an die Bekennende Kirche zu binden. Am 2. Oktober
1934 schrieb er an Lücking, es sei dringend nötig, mit den „abseits stehenden Gemeinschaften"[177] ins Gespräch zu kommen. Als erste Maßnahme war
ein Artikel von Pfarrer Barth (Oberfischbach) in dem Wochenblatt „Unter
dem Wort" vorgesehen.[178] Innerhalb der Gemeinschaftsbewegung wurde
unterdessen über die Stellung zur Bekennenden Kirche diskutiert. Nach den
Vorgängen des Jahres 1933 war man vorsichtiger geworden und wollte sich
nicht vorschnell an eine kirchenpolitische Bewegung binden. Zwar wußte
man sich der Bekennenden Kirche im theologischen Anliegen verbunden,
doch war eine organisatorische Zuordnung umstritten. Letztere war auch
deshalb schwierig, weil sich die kirchenpolitische Situation in den einzelnen
Landeskirchen unterschiedlich darstellte. Der Vorstand des Gnadauer Verbandes beschloß daher auf seiner Sitzung vom 13. bis 15. November 1934,
sich der neugegründeten „Arbeitsgemeinschaft der missionarischen und
diakonischen Werke und Verbände in der Deutschen Evangelischen Kirche"[179] anzuschließen.[180] Damit wollte man die positive Haltung zur Bekennenden Kirche zum Ausdruck bringen, ohne sich deren Organen zu unterstellen. Die Unabhängigkeit des Verbandes sollte gewahrt werden. Die

---

175 Vgl. W. H. Neuser, D. Walther Alfred Siebel, S. 281 f.
176 Vgl. Kurt Heimbucher/Adolf Kühn, Aufbruch im Siegerland. W. A. Siebel schrieb am 9. 11.
    1937 an Michaelis: „Am nächsten steht uns vor wie nach P. Müller, Hilchenbach"; in: GV,
    Nachlaß Michaelis, Briefe „S".
177 Abschr. in: KSA, E 9, Bd. I. Erneut schrieb Müller am 19. 10. 1934 an Lücking: „Leider steht
    die Gemeinschaft als solche noch Gewehr bei Fuß oder gar mit kurzsichtiger Kritik da. Ich
    glaube, es wäre gut, wenn da fürs Reich ein Schritt erfolgen würde." In: EKvW 5.1, Nr. 849,
    Fasc. 2.
178 Er erschien erst in Nr. 22 v. 2. 6. u. Nr. 31 v. 4. 8. 1935.
179 Vgl. Jochen-Christoph Kaiser, Die Arbeitsgemeinschaft der diakonischen und missionarischen
    Werke und Verbände 1934/35, in: JWKG 80 (1987), S. 197–205.
180 Vgl. Rüppel, Gemeinschaftsbewegung, S. 194 ff., sowie Gnadauer Dokumente I, S. 89–92. W.
    A. Siebel unterstützte diese Entscheidung mit den Worten: „In einer Arbeitsgemeinschaft haben
    wir nichts zu befürchten und können hinaus, wenn wir wollen. Ich glaube, es ist ungefährlich."
    Verhandlungsniederschr., in: GV, Vorstandsprotokolle. Rüppel, ebd., S. 203, unterscheidet drei
    Gruppen im Gnadauer Vorstand: 1. grundsätzlich neutrale Gruppe, die den Anschluß an die AG
    als kirchenpolitischen Schritt ablehnte, 2. Mehrheitsgruppe, die für den Anschluß stimmte, je-
    doch praktische Neutralität übte, 3. Gruppe, in der es zu einer „lebendigen Verbindung mit der
    Bekennenden Kirche und zur Mitarbeit in den örtlichen Bruderräten, teilweise auch in den Lan-
    desbruderräten" kam. Zu dieser Gruppe zählt er auch W. A. Siebel und den Verein für Reise-
    predigt.

Mitarbeit in den Organen der Bekennenden Kirche wurde jedem einzelnen überlassen. Gleichzeitig wurde noch einmal die Unvereinbarkeit der Zugehörigkeit zu den Deutschen Christen mit der Mitgliedschaft im Gnadauer Verband festgestellt.

Diese klare Scheidung von den Deutschen Christen führte dazu, daß sich die deutsch-christlichen Gemeinschaftsleute ein eigenes Forum schufen. Sie sammelten sich am 8. Dezember 1934 und erneut am 2. Februar 1935 zur „Konferenz der sich zu den ‚Deutschen Christen' bekennenden Gemeinschaftsleute"[181]. Man bekannte sich nicht nur zur staatlichen Obrigkeit, sondern auch zur Obrigkeit innerhalb der Kirche. Entsprechend nannte sich das Führungsgremium, das herausgestellt wurde, „Ausschuß für Gemeinschaftsarbeit in der DEK"[182]. Von der Gründung eines neuen Gemeinschaftsverbandes wurde allerdings abgesehen. Es wurden statt dessen Vertrauensmänner für die einzelnen Kirchenprovinzen gewählt. Für Westfalen fiel die Wahl auf den Siegener Kreisobmann der Deutschen Christen, Willi Baum.[183] Dies ist ein deutlicher Hinweis auf eine Verbindung zwischen Deutschen Christen und Gemeinschaft im Siegerland, auch wenn Baum nicht zu den führenden Gemeinschaftsleuten zählte. Baum hatte jedoch bereits im März 1934 in einem Brief an den damaligen Bischof Adler die „Sicherung der selbständigen Gemeinschaftsbewegung" gefordert.[184] Interessant ist in diesem Zusammenhang auch, daß die Propagandaschrift der Siegener Deutschen Christen gegen Karl Barth und die Bekenntnissynode[185] von G. Brück, der dem Ausschuß angehörte, zur Lektüre weiterempfohlen wurde.[186] Wie stark die Gruppe der Deutschen Christen innerhalb der Siegerländer Gemeinschaften war, läßt sich jedoch nicht mehr feststellen. Die Protokolle des Vorstandes des Vereins für Reisepredigt berichten nur von einem Fall, wo durch die Zugehörigkeit eines Gemeinschaftsleiters zu den Deutschen Christen „unhaltbare Zustände" eingetreten waren. Der Gemeinschaftsleiter mußte daraufhin zurücktreten.[187]

Bereits vor der Gnadauer Vorstandssitzung am 3. November waren im Siegener Versammlungshaus „Hammerhütte" die Vertreter aus den Gemeinschaften des Siegerlandes und der Nachbarkreise zusammengekommen. Dort hatte man bedauernd festgestellt, daß es immer noch einzelne Brüder gebe, welche das „Schriftwidrige und Ungeistliche der Bewegung" der Deutschen Christen noch nicht erkannt hätten.

„Diesen Brüdern wurde mit allem Ernst und in der brüderlichen Liebe, die aber die biblische Wahrheit zur Grundlage hat, gesagt, daß es endlich Zeit sei, die Scheidung zu vollziehen [...]."[188]

181 Vgl. Protokoll der Konferenz v. 2. 2. 1935 (Abschr.), in: GV, Nachlaß Michaelis, Briefe „B". Es waren 28 Teilnehmer anwesend.
182 Vgl. Rüppel, Gemeinschaftsbewegung, S. 221 f.
183 Vgl. Protokoll.
184 Baum an Adler v. 24. 3. 1934, in: EKvW 0.6, Nr. 9.
185 S. u. Kap. 3.6.
186 Vgl. Brück v. 15. 2. 1935 (Abschr.), in: GV, Nachlaß Michaelis, Briefe „B".
187 Vgl. GeVerb, Protokollbuch v. 7. 9. 1934 u. 18. 10. 1935.
188 „Evangelist", Nr. 46 v. 18. 11. 1934.

Nach einem Bericht von D. Siebel über die kirchliche Lage „stimmte die Versammlung einmütig zu, daß, so gewiß auch der einzelne mit der bekennenden kirchlichen Gemeinde kämpfe für die Wahrheiten der Schrift, doch die Gemeinschaften als Ganzes gemäß dem Gnadauer Beschluß ihre volle Selbständigkeit wahren und jede gewünschte oder versuchte Eingliederung einmütig ablehnen. Wir bleiben, was wir sind."[189] Damit hatten die Gemeinschaften des Siegerlandes und der Nachbargebiete, die im Verein für Reisepredigt zusammengeschlossen waren, ihre kirchenpolitische Haltung festgelegt. Sie besagte: Scheidung von den Deutschen Christen und Mitarbeit in der Bekennenden Kirche unter Beibehaltung der organisatorischen Unabhängigkeit. An dieser grundsätzlichen Haltung änderte sich auch in den folgenden Jahren nichts mehr.[190]

3.5 Erneuerung und „Reinigung". Der Weg zur ersten Bekenntnissynode im Kirchenkreis Siegen

Im Laufe des Jahres 1934 hatten sich alle Kirchengemeinden des Siegerlandes der Bekennenden Kirche angeschlossen und durch Unterschriftensammlung und Ausgabe der roten Mitgliedskarten eine überwältigende Mehrheit der evangelischen Christen für sich gewinnen können. Nachdem die zweite Bekenntnissynode der DEK in Dahlem vom 19./20. Oktober 1934 das kirchliche Notrecht verkündet hatte, demzufolge neue Organe der Kirchenleitung gebildet werden sollten, standen auch die Siegerländer Gemeinden vor der Aufgabe, sich als Bekenntnissynode zu konstituieren, um so dem Anspruch, die rechtmäßige Leitung des Kirchenkreises zu repräsentieren, Geltung zu verschaffen. Gleichzeitig galt es, sich nun dem inneren Ausbau der Bekenntnisgemeinden zu widmen. Denn von Anfang an wurde der Kirchenkampf nicht nur als Auseinandersetzung um die äußere Gestalt und Leitung der Kirche, sondern als Chance zu einer grundsätzlichen theologischen Neuorientierung begriffen. Beiden Zielen – äußerer Neuordnung und theologischem Aufbruch – dienten die Veranstaltungen am 27. und 28. Januar 1935 in Siegen.

---

189 Ebd.
190 Auf der Generalversammlung am 25. 2. 1935 wurde sie erneut bestätigt; vgl. GeVerb, Protokollbuch.

3.5.1 Die kirchenpolitische Entwicklung auf Reichsebene

Die Vorbereitungen für diese Veranstaltungen fielen in eine Zeit, in der der Kirchenkampf in eine Phase der relativen Entspannung getreten war. Dies gilt jedenfalls für Westfalen, wo durch das Ende des unrechtmäßigen Kirchenregiments von Bischof Adler wieder bekenntnistreue Kräfte die Leitung innehatten. Auch im Reich waren gewisse Änderungen eingetreten. Mit dem Scheitern der Eingliederungspolitik schien die Zeit von Reichsbischof Müller abgelaufen zu sein. Jedenfalls arbeitete die kirchliche Opposition auf seine Ablösung hin und schuf mit der Gründung der „Vorläufigen Leitung der DEK" (VKL) ein neues kirchenleitendes Organ. Ziel dieses neuen Organs war es, durch Ausgleichsverhandlungen mit dem kirchenpolitischen Gegner eine Verbreiterung der Bekenntnisfront herbeizuführen und so die Mehrheit der kirchlichen Kräfte hinter sich zu bringen. Dadurch wollte sie eine Ablösung Müllers erzwingen und selbst an die Stelle der amtierenden Reichskirchenregierung treten.[191] Die Gründung der VKL war jedoch innerhalb der Bekennenden Kirche umstritten und hatte zu dem Ausscheiden von vier namhaften Mitgliedern (Karl Barth, Hermann A. Hesse, Karl Immer und Martin Niemöller) aus dem Reichsbruderrat geführt, die eine Verwässerung des Bekenntnisstandpunktes befürchteten.[192] Dessenungeachtet warb die VKL um die Unterstützung der Gemeinden. Die Siegerländer Pfarrer folgten in dieser Sache „ihrem" Präses Koch, der die Gründung der VKL mit vorangetrieben hatte. In einem Schreiben an das reformierte Mitglied der VKL, Paul Humburg[193], sprachen sie diesem ihr Vertrauen aus. Gleichzeitig wiesen sie aber auf die grundsätzliche Bedeutung der Beschlüsse von Barmen und Dahlem für die Arbeit des neuen Leitungsgremiums hin.[194]

Für ein erfolgreiches Wirken der VKL war jedoch nicht nur der Rückhalt in den Gemeinden, sondern auch die Anerkennung durch den Staat unerläßlich. Diese blieb ihr zwar versagt, doch war auch dem Staat an einer Beilegung des Kirchenstreites äußerst gelegen, da die kirchlichen Auseinandersetzungen die außenpolitischen Beziehungen Deutschlands belasteten. So waren es schließlich staatliche Stellen, die in der Woche vor Weihnachten den Anstoß gaben zu Verhandlungen zwischen Vorläufiger Kirchenleitung und Reichskirchenregierung. Diese Verhandlungen hatten die Bildung einer „Befriedungskommission" zum Ziel, welche den Weg zu einem neuen, legitimen Kirchenregiment ebnen sollte.[195] Im Januar 1935 wurden diese Verhandlungen wiederaufgenommen. Von ihnen drangen nur spärliche Infor-

---

191 Vgl. Meier II, S. 2 ff.
192 Die drei letzteren traten am 19. 5. 1935 wieder ein; ebd., S. 519 f.
193 Paul Humburg (22. 4. 1878–21. 5. 1945) war Pfarrer in Barmen-Gemarke sowie Präses der rheinischen Bekenntnissynode, Mitgl. der VKL I 1934–14. 1. 1936 und des Reichsbruderrates 1936. – Humburgs Mutter stammte aus dem Siegerland und war die Schwester von W. A. Siebel (Freudenberg).
194 Müller an Humburg v. 4. 12. 1934 (Abschr.), in: KSA, E 9, Bd. XII.
195 Vgl. Meier II, S. 11 f.

mationen in die Gemeinden durch. Was man hörte, ließ für Pfarrer Dr. Müller jedenfalls nichts Gutes erwarten.[196] Beunruhigung rief eine mögliche Einbeziehung von Deutschen Christen in ein zukünftiges Kirchenregiment hervor. Die Verhandlungen in Berlin waren Anfang Januar mit einem Kompromißvorschlag der Reichsleitung der Deutschen Christen eröffnet worden, nach dem Landesbischof Marahrens an die Stelle von Reichsbischof Müller und ihm zur Seite als Rechtswalter der Reichsleiter der DC, Dr. Kinder, treten sollten. Eine solche paritätische Besetzung der obersten Kirchenleitung war natürlich für die bekenntnistreuen Kräfte unannehmbar, bedeutete dies doch ein Abweichen von dem in Barmen und Dahlem grundsätzlich gewiesenen Kurs, der ein Zusammengehen mit den Deutschen Christen ausschloß.[197] Sollten sich nun die Befürchtungen der vier aus dem Bruderrat ausgeschiedenen Männer bewahrheiten? So schrieb Müller noch am 9. Januar 1935 im Auftrag des Siegerländer Bruderrates an die Vorläufige Kirchenleitung, daß man ihr auf dem angedeuteten Wege „unter keinen Umständen"[198] folgen würde. Eine Einbeziehung der Deutschen Christen würde dazu führen, daß das Vertrauen und Ansehen, welches die Bekenntnisfront der Kirche überhaupt erst wieder erkämpft habe, völlig vertan würden. Nur wenige Tage später erreichte Müller ein Schreiben von Dr. Fiedler[199], Stellvertreter von Reichsgerichtsrat Flor[200], dem rechtskundigen Mitglied in der VKL. Darin dementierte Fiedler die Meldungen über die Beteiligung von Deutschen Christen an einer künftigen Kirchenleitung. Zwar seien von den Deutschen Christen Versuche in diese Richtung unternommen worden, doch habe die VKL „klar und unzweideutig ihren Standpunkt zum Ausdruck gebracht"[201]. Kompromisse kämen hier nicht in Frage. Auch Paul Humburg bedankte sich für den Stimmungsbericht aus den Gemeinden und versuchte, die Befürchtungen des Siegerländer Bruderrates zu zerstreuen.[202] Müller teilte schließlich den Amtsbrüdern mit, daß es sich bei den Berichten über eine Einbeziehung der Deutschen Christen lediglich um „Tendenzmeldungen der DC"[203] gehandelt habe.

196 Rundbrief Müller v. 9. 1. 1935, in: KSA, E 9, Bd. XII.
197 Vgl. Meier II, S. 12.
198 Müller an VKL v. 9. 1. 1935 (Abschr.), in: KSA, E 9, Bd. XII.
199 Eberhard Fiedler (19. 1. 1898–29. 5. 1947) war Mitgl. des Reichsbruderrates Mai 1934 u. des Rats der DEK Oktober 1934 sowie Leiter der juristischen Abteilung im Präsidium der Bekenntnissynode der DEK in Bad Oeynhausen.
200 Wilhelm Flor (23. 5. 1882–19. 11. 1938) war Mitgl. des sächsischen Bruderrates u. des Reichsbruderrates Oktober 1934.
201 Fiedler an Müller v. 12. 1. 1935, in: KSA, E 9, Bd. XII.
202 Humburg an Müller v. 12. 1. 1935, in: KSA, E 9, Bd. XII.
203 Rundbrief Müller v. 15. 1. 1935, in: KSA, E 9, Bd. XII.

3.5.2 Die Scheidung von den Deutschen Christen

Im Herbst 1934 gingen auch im Siegerland die Gemeinden daran, die Beschlüsse von Dahlem umzusetzen und ihre Körperschaften von Anhängern der Deutschen Christen zu „reinigen". Im November 1934 wurde den Gemeinden eine vom Kreisbruderrat und der bekenntnistreuen Mehrheit des Kreissynodalvorstandes unterzeichnete Flugschrift zugesandt. Sie wandte sich an die Presbyter und Gemeindeverordneten der Synode Siegen und machte sie mit den Ausführungsbestimmungen des westfälischen Bruderrates zu den Dahlemer Beschlüssen bekannt, welche besagten, daß alle Presbyter und Gemeindeverordneten, die nicht bereit waren, auf den Boden der Bekennenden Kirche zu treten, „wegen grober Pflichtwidrigkeit"[204] aus ihren Ämtern zu entlassen seien. Diese Ausführungsbestimmungen hatte sich die bekenntnistreue Mehrheit des Synodalvorstandes und der Bruderrat der Synode zu eigen gemacht. Die Presbyter und Gemeindeverordneten wurden nun aufgefordert, durch Unterzeichnung des anhängenden Abschnitts auf den Boden der Bekennenden Kirche zu treten. Eine Nichtunterzeichnung galt als Ablehnung. Eindringlich und „zum letztenmal" wurde dazu aufgerufen, „alle menschlichen und gemeindefremden Rücksichten"[205] aufzugeben und die geforderte Entscheidung zu fällen. Wer den Beitritt zur Bekennenden Kirche verweigerte, mußte mit seiner Entlassung durch den Kreissynodalvorstand rechnen. Zu diesem Zeitpunkt hatten bereits zahlreiche DC-Presbyter entweder freiwillig auf ihr Amt verzichtet[206], weil sie sich gegenüber der BK-Mehrheit in einer hoffnungslosen Lage sahen, oder aber der Glaubensbewegung gänzlich den Rücken zugekehrt.[207] Die verbliebenen DC-Presbyter und Gemeindeverordneten sahen sich nun in die Enge gedrängt, da sie die Unterzeichnung des Fragezettels verweigerten und folglich mit einem Ausschlußverfahren rechnen mußten. In Ferndorf legten die drei Vertreter der Deutschen Christen schon vorsorglich Protest gegen einen etwaigen Ausschluß ein und gaben eine Erklärung ab, mit der sie ihrer Treue gegenüber dem Reichsbischof Ausdruck verliehen, aber zugleich ihr Festhalten am reformierten Bekenntnis und an einem „unverfälschten Evangelium" bekundeten.[208] Den Vorwurf der Irrlehre wollte man nicht gelten lassen. Dessenungeachtet beschloß das Presbyterium, beim Synodalvorstand die Entlassung der drei Vertreter zu beantragen.[209] Auch in anderen Gemeinden wurde der Ausschluß von DC-Vertretern beantragt und vom Kreissynodalvorstand gegen die Stimmen der Deutschen Christen (5:2) bestä-

---

204 Vgl. die Flugschrift, in: KSA, E 9, Bd. I; abgedr. bei Thieme, Olpe, S. 512.
205 Ebd.
206 Z. B. in Kgm. Freudenberg, Protokollbuch des Presb. v. 31. 3. 1934, u. Kgm. Hilchenbach, Protokollbuch des Presb. v. 30. 5. 1935.
207 Z. B. in Kgm. Eiserfeld, Lagerbuch, S. 65; Kgm. Weidenau, Ordner zum Kirchenkampf, Fasc. I.
208 Kgm. Ferndorf, Protokollbuch des Presb. v. 15. 11. 1934.
209 Ebd. v. 11. 12. 1934.

tigt.[210] Welche Gemeinden im einzelnen betroffen waren, läßt sich nicht mehr genau feststellen; das Konsistorium sprach in einem Bericht von „etwa 10 Gemeinden der Kreissynode Siegen"[211], in denen je ein oder zwei Presbyter von ihren Ämtern entbunden worden waren. Nicht überall wurden die Dahlemer Beschlüsse konsequent durchgeführt.[212] In einer Beschwerde der Kreisgruppe der Deutschen Christen an den Evangelischen Oberkirchenrat war zunächst nur von den Kirchengemeinden Hilchenbach, Ferndorf und Klafeld-Geisweid die Rede.[213] Es fehlte nicht der Hinweis, daß es sich bei den entlassenen Personen „ausschließlich um Parteigenossen" gehandelt habe, in Hilchenbach sogar um den Ortsgruppenleiter.[214] Dies förderte natürlich nicht gerade das Verhältnis der Bekenntnisgemeinden zu den örtlichen Organen der NSDAP.[215]

Einige der Betroffenen legten beim Rechtsausschuß der Kirchenprovinz Beschwerde gegen ihren Ausschluß ein. Unter den Beschwerdeführern waren vier Presbyter der Kirchengemeinde Klafeld, ein Presbyter und zwei Gemeindeverordnete aus Ferndorf, ein Presbyter aus Weidenau und zwei Vertreter aus Hilchenbach. In der Folgezeit entspann sich ein lang andauernder Streit über die Frage, wie die betroffenen Presbyter und Gemeindeverordneten bis zur Entscheidung des Rechtsausschusses zu behandeln seien. Während der Synodalvorstand der Auffassung war, daß die Betroffenen gleichsam „beurlaubt" seien und ihr Amt bis zur endgültigen Regelung der Angelegenheit ruhe[216], verlangte das Konsistorium, daß alle Beschwerdeführer weiterhin zu den Sitzungen der Gemeindekörperschaften einzuladen seien. Nur unter dieser Voraussetzung könnten Beschlüsse der kirchlichen Körperschaften anerkannt werden.[217] Dies war insofern ein starkes Druckmittel, als die Gemeinden auf die Genehmigung ihres Haushaltsentwurfs durch die Finanzabteilung des Konsistoriums angewiesen waren.

---

210 Auszug aus dem Protokoll v. 10. 12. 1934, in: Kgm. Weidenau, „Kirchenkampf", Fasc. II.
211 EK an EO v. 18. 11. 1935, in: EZA 7/6662.
212 So teilte Presbyter Reinacher mit, daß man nur einen DC-Presbyter entlassen habe, während man bei den übrigen die Hoffnung auf eine künftige Zusammenarbeit habe; Reinacher an KSV v. 21. 5. 1935 (Abschr.), in: Kgm. Weidenau, „Kirchenkampf", Fasc. II. In Müsen wurde ein Presbyter, der seine neutrale Haltung erklärt und zugleich seinen baldigen Rücktritt angekündigt hatte, aufgrund seiner langjährigen Verdienste und seines hohen Alters weiterhin geduldet; vgl. Presb. an Heider v. 26. 11. 1934 (Abschr.) und Heider an Presb. v. 23. 1. 1935, in: Kgm. Müsen; I.2.
213 Baum an EO v. 18. 1. 1935, in: EZA 7/6662. Vermutlich kamen im Laufe des Jahres 1935 noch weitere hinzu, nur wenige legten jedoch Beschwerde ein. Hinzuzufügen ist die Kgm. Siegen, wo zwei Kirchmeister, die den Deutschen Christen angehörten, abgesetzt wurden. Dies führte zu einem längeren Rechtsstreit, der erst im Jahre 1937 im Sinne des Presbyteriums entschieden wurde; vgl. EZA 7/6662.
214 Vgl. Kgm. Hilchenbach, Protokollbuch des Presb. v. 12. 1. 1936.
215 Da die Deutschen Christen programmatisch die Synthese von Christentum und Nationalsozialismus vertraten, orientierten sich Parteimitglieder vorwiegend bei ihnen. Gerade kirchenpolitisches Engagement von Parteibeauftragten führte aber oft zu Konflikten (vgl. die Vorgänge in: Kgm. Müsen, I.2, und für Krombach, in: KSA, E 9, Bd. XV). Erst im Jahre 1938 wurde den politischen Leitern sowie den Führern und Unterführern der NS-Gliederungen und -Verbände untersagt, gleichzeitig eine leitende Stellung in einer religiösen Glaubensgemeinschaft zu bekleiden; vgl. Friedrich Zipfel, Kirchenkampf in Deutschland 1933–1945, S. 449 f.
216 Heider an Buscher v. 23. 5. 1935, in: Kgm. Klafeld, Akten zum Kirchenkampf.
217 EK an KSV v. 20. 7. 1935 (Abschr.), in: EZA 7/6662.

Da sich die Bildung eines arbeitsfähigen Rechtsausschusses hinauszögerte, blieb auch die Entscheidung über die Entlassung der DC-Presbyter noch längere Zeit offen. Der Kreissynodalvorstand bekräftigte am 5. März 1936 noch einmal seine Haltung.[218] Aber auch die Deutschen Christen drängten wiederholt auf eine Erledigung der Angelegenheit.[219] Das Konsistorium verwies seinerseits auf die noch ausstehende Entscheidung des Rechtsausschusses.[220] Unterdessen spitzte sich die Situation in Klafeld zu, als die Deutschen Christen ihre Kirchensteuer auf einem Sonderkonto hinterlegten und im Gegenzug Pfarrer Pfeil das Gehalt gekürzt wurde.[221] Nur durch eine gemeinsame Aussprache mit Oberkonsistorialrat Kupsch, bei der beide Seiten ihre Maßnahmen zurücknahmen, konnte die drohende Einsetzung eines Finanzbevollmächtigten abgewendet werden.[222] Als der Rechtsausschuß dann endlich arbeitsfähig war und die lang erwartete Entscheidung gefällt werden konnte, erklärte sich dieser unter Verweis auf die 13. Durchführungsverordnung zum Gesetz zur Sicherung der DEK vom 20. März 1937 für nicht zuständig, „da es sich in allen Fällen um kirchenpolitische Angelegenheiten, nämlich um die Grundfrage, ob deutsch-christliche Gemeindeglieder Mitglieder eines reformierten Presbyteriums sein können, handelt"[223]. Die 13. Durchführungsverordnung hatte nach dem Rücktritt des Reichskirchenausschusses Veränderungen kirchenpolitischer Art in den kirchlichen Körperschaften untersagt und Disziplinar- und Personalmaßnahmen ausgesetzt.[224] Diese Verordnung galt rückwirkend zum 15. Februar 1937. Da aber die letzten Unterlagen über das Verfahren in der Presbyterfrage erst am 12. März eingegangen waren, fiel es auch unter diese Verordnung. Damit konnte sich der Rechtsausschuß einer unbequemen Entscheidung ledig fühlen. In der Zwischenzeit hatten sich die Dinge auch zum Teil von selbst erledigt. Oberkirchenrat Kupsch berichtete:

„Einige Fälle haben sich inzwischen durch Ausscheiden der Beschwerdeführer aus den Presbyterien erledigt. In den drei schwierigsten Fällen sind folgende Maßnahmen erfolgt. In der Kirchengemeinde Weidenau wird die Kirchensteuer- und Vermögensverwaltung durch einen Finanzbevollmächtigten wahrgenommen, in der Kirchengemeinde Klafeld werden die ‚beurlaubten‘ DC-Presbyter wieder zu den Sitzungen eingeladen, von der Kirchengemeinde Ferndorf liegt die Zusage vor, daß die ‚beurlaubten‘ Presbyter zu allen vermögensrechtlichen Dingen eingeladen werden. Von den zwei ‚beurlaubten‘ Presbytern der Kirchengemeinde Hilchenbach ist der eine verzogen, der andere, der sein Amt als Ortsgruppenleiter der NSDAP hat niederlegen müssen, wird zu den Sitzungen des Presbyteriums nicht eingeladen, eine Beschwerde ist von ihm seit längerer Zeit nicht erhoben."[225]

218 Auszug aus dem Protokoll, in: Kgm. Ferndorf, G 6.
219 DC an EO v. 25. 2., 6. 5., 25. 5., 17. 9. 1936, in: EZA 7/6662.
220 Dies geht aus Buscher an Koch v. 5. 1. 1937, in: EKvW 5.1, Nr. 248, Fasc. 2, hervor.
221 Vgl. Kgm. Klafeld, Protokollbuch des Presb. v. 18. 2. 1937.
222 Vgl. Vermerk des EK v. 20. 3. 1937, in: EKvW 2neu, Klafeld 8, Bd. I.
223 Kupsch an LKA v. 12. 8. 1937, in: EZA 7/6662.
224 GDEK.B Nr. 5/1937, S. 11.
225 Kupsch an LKA v. 12. 8. 1937, in: EZA 7/6662.

Damit hatte sich das Konsistorium geschickt aus der Affäre gezogen. Ohne in der Grundfrage eine Entscheidung fällen zu müssen, die im Hinblick auf die Verhältnisse in den reformierten Gemeinden unangenehm war, hatte es über den Druck durch die Finanzabteilung im wesentlichen seine Auffassung durchsetzen können.

Ein weiterer Streitpunkt, der die Presbyterien betraf, war das Amt des Vorsitzenden. Dieses Amt war nicht ganz unwichtig, weil der Vorsitzende die Aufgabe hatte, das Presbyterium einzuberufen, dessen Sitzungen zu leiten und für die Ausführung seiner Beschlüsse zu sorgen.[226] So kam es in Weidenau und Klafeld, wo die DC-Pfarrer Eggers und Pfeil amtierten, zu einem Tauziehen um dieses Amt. Als Pfeil im Juli 1934 turnusgemäß den Vorsitz im Presbyterium übernehmen wollte, lehnte das Presbyterium dies ab, weil es bei einem Wechsel keine Garantie zur Durchführung der Beschlüsse, sofern sie Angelegenheiten der Bekenntnissynode betrafen, gegeben sah.[227] Diese Entscheidung wurde durch den Kreissynodalvorstand im Blick auf die „anormalen" kirchlichen Verhältnisse gebilligt.[228] Auch in den nächsten Jahren scheiterte Pfeil mit seinen wiederholten Versuchen, den Vorsitz im Presbyterium zu übernehmen.[229] Die Siegener Bekenntnissynode vom 27. Juli 1937 stellte fest, daß die Übernahme des Vorsitzes durch einen deutsch-christlichen Pfarrer „auch im Hinblick auf den reformierten Bekenntnisstand der Gemeinde"[230] nicht in Frage käme. Erst im Jahre 1937 wurde Pfeil aufgrund einer neuen kirchenrechtlichen Verordnung[231] der Vorsitz durch den Evangelischen Oberkirchenrat übertragen.[232] Da sich die Gemeinde jedoch gegen diese „diktatorische Anordnung"[233] wehrte, war es Pfeil nicht möglich, eine beschlußfähige Sitzung des Presbyteriums durchzuführen. Daraufhin wurde ein Finanzbevollmächtigter eingesetzt, um die vermögensrechtlichen Angelegenheiten der Gemeinde zu regeln.[234] Pfeil lehnte diesen jedoch aufgrund kirchenpolitischer Vorbehalte ab[235], worauf nun die völlige Auflösung des Presbyteriums drohte. Dies wollten jedoch die amtierenden Presbyter vermeiden und erklärten sich schließlich bereit, an gemeinsamen Beratungen über Finanzfragen mitzuwirken.[236] Nachdem Pfarrer Buscher das alte Protokollbuch bei Superintendent Heider in Verwahrung gegeben hatte, fand am 8. Dezember 1938 die erste Sitzung unter dem Vorsitz von Pfarrer Pfeil statt.[237]

---

226 § 25, 26, 29 KO.
227 Kgm. Klafeld, Protokollbuch des Presb. v. 26. 6. 1934.
228 Protokoll der Sitzung v. 11. 7. 1934 (Abschr.), in: EKvW 2neu, Weidenau 6, Bd. I, S. 8.
229 Vgl. Kgm. Klafeld, Protokollbuch des Presb., EKvW 2neu Klafeld 8, Bd. I, sowie EZA 7/6477.
230 Protokoll der Synode, in: KSA, E 9, Bd. XIII.
231 GDEK.B Nr. 20/1937, S. 61.
232 Vfgg. des EO, zit. in: EK an Pfeil v. 3. 2. 1938 (Abschr.), in: Kgm. Klafeld, Akten zum Kirchenkampf.
233 Gemeinde Klafeld an EO v. 28. 3. 1938, in: EKvW 2neu, Klafeld 8, Bd. I.
234 Bestallungsurkunde v. 14. 7. 1938 (Abschr.), in: ebd.
235 Er betreibe die „Geschäfte der sogenannten Bekenner", hieß es; Pfeil an FA v. 9. 8. 1938, in: ebd.
236 Kgm. Klafeld, Protokollbuch des Presb. v. 18. 9. 1938.
237 Vgl. Protokollbuch und EK an EO v. 8. 2. 1939, in: EZA 7/6477.

Diese Auseinandersetzungen zeigen, wie ausdauernd und hartnäckig zwischen Deutschen Christen und Bekennender Kirche um Ämter und Einfluß gerungen wurde. Die Konflikte, die sich über Jahre hinzogen, vergifteten unterdessen das Klima innerhalb der Gemeinde. Ähnliche Auseinandersetzungen sind aus Weidenau zu berichten, wo jedoch die Frage des Vorsitzes aufgrund der Arbeitsunfähigkeit des Presbyteriums nicht so bedeutsam war.[238]

Die Forderung zur Bereinigung der kirchlichen Körperschaften betraf auch den Kreissynodalvorstand, wo im Herbst 1934 unter den insgesamt sieben Mitgliedern noch zwei Deutsche Christen (Pfarrer Dr. E. W. Schmidt und ein Synodalältester) saßen. Einige Kirchengemeinden des Siegerlandes forderten, daß sich nun auch der Kreissynodalvorstand nur noch aus Mitgliedern der Bekennenden Kirche zusammensetzen solle.[239] Die verbliebenen Vertreter der Deutschen Christen im Synodalvorstand dachten jedoch nicht daran, ihr Amt zur Verfügung zu stellen. Daraufhin beschlossen die bekenntnistreuen Kreise im Siegerland, die Urlaubsvertretung für Superintendent Heider nicht – wie es üblich und rechtens gewesen wäre – dem Synodalassessor Schmidt, sondern seinem Stellvertreter Buscher zu übertragen. Dr. Schmidt beschwerte sich bei dem Vertreter der Deutschen Christen im westfälischen Provinzialkirchenausschuß, Fiebig, daß er bei der Vertretung des Superintendenten übergangen werde, obwohl er kirchenpolitisch „auf neutralem Boden" stehe.[240] Superintendent Heider, der um Bericht gebeten wurde, teilte dem Konsistorium mit, das Recht einer reformierten Synode, durch einen Mann ihres Bekenntnisses betreut zu werden, stehe über dem Recht des Synodalassessors, den Superintendenten zu vertreten.[241] Er äußerte darüber hinaus die Vermutung, daß die Vorsitzenden der Presbyterien den Schriftverkehr mit Dr. Schmidt ablehnen würden. Heider wurde jedoch durch den PKA auf die Unrechtmäßigkeit der getroffenen Regelung hingewiesen und aufgefordert, in Zukunft entsprechend der Kirchenordnung zu verfahren.[242] Daraufhin wurde im Jahre 1937 Dr. Schmidt die Vertretung des Superintendenten übertragen, nachdem ersterer zugesagt hatte, den Schriftverkehr über Präses Koch laufen zu lassen. Außerdem hatte Schmidt inzwischen seine Mitgliedschaft bei den Deutschen Christen niedergelegt. Offenbar war das Vertrauen der BK-Kreise zu Schmidt aber noch nicht sehr groß. Denn im nächsten Jahr legte Superintendent Heider seinen Jahresurlaub so, daß er sich mit dem von Dr. Schmidt überschnitt und die Vertretung Pfarrer Buscher übertragen werden konnte. Im Jahre 1939 beschwerte sich Schmidt erneut darüber, bei der Vertretung des Super-

238 Vgl. dazu EKvW 2neu, Weidenau 6, Bd. I.
239 Gleichlautende Erklärungen in den Protokollbüchern der Kirchengemeinden: Eiserfeld 30. 12. 1934, Hilchenbach 11. 11. 1934, Klafeld 17. 6. 1935, Neunkirchen 23. 12. 1934, Niederschelden 21. 12. 1934, Oberholzklau 30. 12. 1934.
240 Dr. Schmidt an Fiebig v. 22. 6. 1936, in: EKvW 2neu, Siegen III.
241 Heider an EK v. 13. 8. 1936, in: EKvW 2neu, Siegen III.
242 Auszug aus dem Protokoll über die Sitzung des PKA v. 23. 10. 1936, in: EKvW 2neu, Siegen III.

intendenten übergangen worden zu sein.[243] Das Konsistorium drohte daraufhin Superintendent Heider die Entbindung von seinem Amt an.[244] Wie in den weiteren Jahren verfahren wurde, ist nicht bekannt.

3.5.3 Um die Erneuerung der Kirche

Neben dieser äußeren Bereinigung der kirchlichen Körperschaften wurde an der inneren Erneuerung der Kirche gearbeitet. Einen wichtigen Anstoß dazu gab Präses Koch in seiner Botschaft zum Advent 1934. Im Rückblick auf das zurückliegende Jahr des Kirchenstreits forderte er, daß nun nicht wieder die frühere „Kirchhofsruhe" in die Kirche einziehen solle, sondern daß der Kampf um die Erneuerung der Kirche weitergehen müsse.[245] In diesem Sinne formulierte Koch einige Richtlinien für die kirchliche Arbeit. Dabei betonte er die Bedeutung der geordneten Wortverkündigung und Sakramentsverwaltung. Hier müsse der Schwerpunkt der kirchlichen Arbeit liegen. Daneben nannte er die theologische Weiterbildung der Pfarrer und die Durchführung von Visitationen. Außerdem sei der Wert auch der „einfachsten Formen gemeindlichen Lebens"[246] wie etwa der Hausandacht neu zu entdecken. Nicht „viele Künste" seien gefordert, sondern die Rückbesinnung auf die ureigenste und wesentliche Aufgabe der Kirche, die Wortverkündigung und Sakramentsverwaltung. Nur durch die Konzentration auf das Eigentliche könne die Kirche ihre Eigenständigkeit erhalten:

„Denn wir haben kein Recht, im Kirchenkampf zu stehen und darum zu ringen, daß die Eigenständigkeit der Kirche gewahrt bleibt, wenn nicht im eigentlichen Handeln der Kirche ihre Eigenständigkeit von uns selbst respektiert wird."[247]

Die Anregungen Kochs fanden bei dem Vorsitzenden des Siegerländer Bruderrates, Pfarrer Dr. Müller, lebhafte Zustimmung. Müller hatte sich selbst seit längerer Zeit mit einem Programm der kirchlichen Erneuerung beschäftigt und seine Vorstellungen in einem Aufsatz mit dem Thema „Wie bauen wir neue Kirche?"[248] veröffentlicht. Darin versuchte er aus der Analyse von Fehlern und Versäumnissen der Vergangenheit Anregungen für einen Neubeginn zu gewinnen. Folgende Bereiche sah Müller dabei vernachlässigt:

243 Schmidt an EK v. 3. 5. 1939, in: EKvW 2neu, Siegen III.
244 EK an Heider v. 7. 7. 1939 (Abschr.), in: ebd.
245 In: Kgm. Ferndorf, D 8, Bd. 1, Fasc. 2.
246 Ebd.
247 Ebd.
248 JK 2 (1934), S. 943–950. Verfaßt hatte Müller den Aufsatz im August 1934. Eine Abschrift hatte er auch Präses Koch zukommen lassen, der jedoch wegen Arbeitsüberlastung auf die Lektüre verzichten mußte. Er übergab den Aufsatz Hans Asmussen, dem Leiter der theologischen Abteilung im Präsidium der Bekenntnissynode der DEK in Bad Oeynhausen, der sich bei Müller für die erhaltenen Anregungen bedankte, ihre Durchführung aufgrund der Beanspruchung aller Kreise allerdings für schwierig hielt; vgl. Asmussen an Müller v. 3. 11. 1934, in: Kgm. Hilchenbach, 1/9: Chronik.

1. kirchliche Botschaft, 2. Schrift, 3. Erkenntnis, 4. Gemeinschaft, 5. Liebestätigkeit, 6. Gemeindeaufbau, 7. geistliches Kirchenregiment, 8. Seelsorge. Im Gegenzug nannte Müller eine Fülle von Vorschlägen, die er „aus der Praxis für die Praxis"[249] weitergab: fortlaufende Predigt, mehr Wochenbibelstunden und Bibelkurse, Schriftendienst, christliche Presse, religiösweltanschauliche Vorträge, Schulung der Presbyter usw. Dabei wurde Müllers Nähe zum Pietismus deutlich. Er betonte die Notwendigkeit der persönlichen Entscheidung und des Geistempfangs und forderte die „Bildung von Kerngemeinden"[250]. Weiter empfahl er die „Fühlungnahme mit den vorhandenen lebendigen Kreisen der *Stillen im Lande*"[251] und die „Heranziehung gediegener Laienkräfte"[252]. An den pietistischen Gemeinschaften lobte er ausdrücklich die „überzeugungskräftige[n] Wärme der Verkündigung" und die freieren Umgangsformen.

Dieses pietistisch gefärbte, praktisch-theologische Programm kirchlicher Erneuerung versuchte Müller in seinem Wirkungskreis durchzuführen. Die folgenden Wochen der Vorbereitung auf die Synode und die Entwicklung darüber hinaus tragen wesentlich seine Handschrift. Dabei lag ihm besonders die Schulung der Presbyter am Herzen. Das Presbyterium als „Bruderschaft geistlich gerichteter und vom Wort gefaßter Menschen"[253] sollte in besonderer Weise am kirchlichen Neuaufbau Anteil haben. So versuchte Müller zunächst, Freunde für seine Vorstellungen zu gewinnen.[254] Dazu lud Müller für den 17. Dezember 1934 einige Amtsbrüder zu einem vertraulichen Treffen in die Wohnung von Pfarrer Noa (Siegen) ein. Am selben Nachmittag traf auch der Bruderrat in Siegen zusammen, wo Müller ebenfalls anwesend war. Dort wurde die Adventsbotschaft von Präses Koch durchgesprochen „und ihre weitere Behandlung auf einer Presbyterversammlung in Aussicht genommen"[255]. Anschließend begab sich Müller in die Wohnung von Pfarrer Noa, wo er mit einigen Amtsbrüdern die Frage der Presbyterschulung erörterte. Daß dieses Gespräch nicht ohne Ergebnis blieb, zeigte ein Brief, den Müller „im Auftrage einiger unserer Siegerländer Brüder" an Pfarrer Lic. Obendiek (Barmen) schrieb. Darin erläuterte er das Anliegen der Presbyterschulung und die Absicht, in der zweiten Januarhälfte des Jahres 1935 ein Treffen der Presbyter und Gemeindeverordneten durchzuführen.[256] In diesem Brief war erstmals der genaue Ort und der ungefähre Zeitpunkt der später durchgeführten Veranstaltungen am 27./28. Januar 1935 angegeben, ohne daß hier bereits der Begriff „Bekenntnissynode" auftauchte. Müller bat Obendiek, auf diesem Treffen ein Referat über das Thema „Wie gewinnt das Ältestenamt in der Gemeinde Christi wieder sei-

249 JK 2 (1934), S. 950.
250 Ebd., S. 947.
251 Ebd.
252 Ebd., S. 949 f.
253 Ebd., S. 948.
254 Müller v. 13. 12. 1934 (Abschr.), in: KSA, E 9, Bd. XII.
255 Protokoll der Sitzung des BR v. 17. 12. 1934, in: KSA, E 9, Bd. XIX.
256 Müller an Obendiek v. 19. 12. 1934 (Abschr.), in: KSA, E 9, Bd. XII.

nen biblischen Vollgehalt?" zu halten. Dabei, betonte Müller, müsse das Referat „ganz schlicht sein, auf unsere Siegerländer Ältesten, die schlichte Leute sind, zugeschnitten"[257]. Obendiek sagte zu und legte gleich seine Kerngedanken vor:

> „In dem Vortrag müßte man den Ältesten wohl zeigen, was von den Ältesten in geistlicher Hinsicht und damit in sachlicher Arbeit nach der Schrift erwartet wird. Das Ganze müßte den Gesamttenor haben, daß Erneuerung der Kirche Erneuerung der Gemeinde bedeutet, damit unser Kampf gegen die Bischofsherrlichkeit und das Führerprinzip in der Kirche in die Sphäre der persönlichen Verantwortung und damit der Entscheidung verlagert wird. Letzteres scheint mir das Wesentliche zu sein."[258]

An dieser Stelle wird deutlich, was das Programm der kirchlichen Erneuerung bewirken sollte, nämlich den Kirchenkampf von der Ebene der „großen Politik" auf die Ebene der persönlichen Entscheidung zu transformieren. Waren bisher in erster Linie die Pfarrer und Kirchenführer in den kirchlichen Auseinandersetzungen gefragt, so sollten nun auch die Ältesten und letztlich jedes einzelne Gemeindeglied in die Verantwortung genommen werden. Denn der Kampf konnte nur dann zum Ziel führen, wenn die vielen Entschließungen und Erklärungen im Alltag der Gemeinden mit Leben gefüllt wurden. Dies sollte nicht den Rückzug aus der Kirchenpolitik bedeuten, aber die Absicht ausdrücken, den Kirchenkampf auf allen Ebenen des kirchlichen Lebens zu führen.

Nach Obendieks Zusage setzte Müller die Frage der Presbyterschulung auf die Tagesordnung einer Zusammenkunft der Pfarrerbruderschaft am 7. Januar 1935. Daneben wurden auch die kirchliche Lage und die Adventsbotschaft von Präses Koch besprochen.[259] Auf dieser Tagung wurden konkrete Planungen für das Wochenende am 27./28. Januar in Aussicht genommen: Zunächst sollte am Nachmittag des 27. Januar eine Zusammenkunft der Presbyter der Synode mit dem Vortrag von Lic. Obendiek stattfinden. Dies war als Auftakt zu einer künftigen Presbyterschulung gedacht, die vierteljährlich in noch zu bildenden Bezirken abgehalten werden sollte.[260] Für den Abend desselben Tages wurde ein Bekenntnisgottesdienst für alle Gemeindeglieder geplant, in dem Karl Barth oder Klugkist Hesse (Elberfeld) sprechen sollte. Gegen Barth bestanden aber „ernste Bedenken"[261]. Barth war am 20. Dezember 1934 als Theologieprofessor entlassen worden, weil er den geforderten Beamteneid nur unter Vorbehalt hatte leisten wollen. Dieser Vorgang hatte die Öffentlichkeit und natürlich besonders die bekenntnistreuen Kreise sehr bewegt. Eine Einladung Barths wäre hier eine Akt der Solidarität gewesen, hätte von den Behörden aber auch als politisches Signal gewertet werden können. Unter ein solches Vorzeichen aber wollten die Siegerländer Pfarrer ihre Synode nicht stellen. So wurde schließlich

---

257 Ebd.
258 Obendiek an (Müller), o. Dat., in: KSA, E 9, Bd. XII.
259 Vgl. Einladungsschreiben v. 2. 1. 1935, in: KSA, E 9, Bd. XII.
260 Vgl. Rundbrief Müller v. 9. 1. 1935, in: KSA, E 9, Bd. XII.
261 Ebd.

Klugkist Hesse[262] eingeladen. Mit Obendiek und Hesse wurden zwei Redner gewonnen, die zu den führenden Persönlichkeiten der Bekennenden Kirche im Rheinland zählten und sich der reformierten Tradition verbunden fühlten. Sie waren bereits im Frühjahr 1934 im Siegerland als Redner aufgetreten. Auch kamen hier wieder die alten Verbindungen des Siegerlandes zum Raum Wuppertal-Elberfeld zum Tragen.

Im Anschluß an den geplanten Gottesdienst sollte ein sog. Bekenntnisakt stattfinden. Darin sollten aus jeder Gemeinde des Siegerlandes der oder die Pfarrer mit mehreren Ältesten vor den Altar treten und erklären: „Die Gemeinde N.N. bekennt sich durch uns, ihre Prediger und Ältesten, daß sie auf dem Boden des Wortes und der reinen Lehre stehen will, so wahr uns Gott helfe."[263] Daran sollte sich ein Bibelwort anschließen.

Für den folgenden Montag, den 28. Januar, wurde eine Bekenntnissynode, welche die Adventsbotschaft von Präses Koch beraten sollte, ins Auge gefaßt. Zur Vorbereitung wurden drei Kommissionen gebildet. Die eine sollte unter dem Vorsitz von Pfarrer Demandt (Freudenberg) über Fragen des Sakramentsverständnisses beraten, die zweite über Fragen des Gottesdienstes (Pfarrer Paul Schmidt, Siegen) und die dritte Fragen des praktischen Gemeindeaufbaus (Pfarrer Dr. Müller, Hilchenbach).[264] Die Kommissionen waren gehalten, ein der Synode vorzutragendes Referat auszuarbeiten und ihre Vorschläge in eine der Synode vorzulegende Gesamtentschließung einzubringen.

Das offizielle Einladungsschreiben zur Synode vom 14. Januar 1935 machte noch einmal deutlich, daß der Schwerpunkt der Kirchenfrage „nicht im kirchenpolitischen Kampf um Kirchenleitung und äußere Organisation" liege. „Immer klarer schält sich aus allem äußeren Ringen heraus das Fragen nach neuer Kirche."[265] Es ging also nach den kirchenpolitischen Wirren des Jahres 1934, die vornehmlich im Zeichen der reichsweiten Ereignisse standen, darum, den enormen Impuls, der von diesen Ereignissen ausgegangen war, aufzunehmen und für das kirchliche Leben fruchtbar zu machen. Die Ruhe, die nun im äußeren Leben der Kirche eingetreten war, sollte sich nicht wieder in der praktischen Gemeindearbeit breitmachen.

---

262 Zu Hesse vgl. Gottfried Abrath, Subjekt und Milieu im NS-Staat. Die Tagebücher des Pfarrers Klugkist Hesse 1936–1939. Analyse und Dokumentation (= AKZG B 21), Göttingen 1994.
263 Rundbrief Müller v. 15. 1. 1935, in: KSA, E 9, Bd. XII. Vgl. den Bekenntnisakt der Kirchengemeinde Lippstadt im März 1934, beschrieben bei Werner Danielsmeyer, Lippstadt im Kirchenkampf, in: JWKG 79 (1988), S. 290 f.
264 Vgl. Müller v. 11. 1. 1935, in: KSA, E 9, Bd. XII.
265 In: KSA, E 9, Bd. I.

3.5.4 Die erste Bekenntnissynode in Siegen am 27./28. Januar 1935

Am Sonntag, dem 27. Januar 1935, war es dann soweit. Die Presbyter der Siegerländer Kirchengemeinden versammelten sich in der Nikolaikirche zu Siegen. Nach einem Überblick über die kirchliche Lage von Pfarrer Dr. Müller referierte Lic. Obendiek über den biblischen Gehalt des Ältestenamtes.[266] Obendiek entfaltete das Ältestenamt in seiner dreifachen Bindung: in der Bindung an die Schrift, an die Gemeinde und an Christus. Die Frage der Kirchenleitung könne weder demokratisch noch monarchisch, sondern nur christokratisch gelöst werden, d. h. dahingehend, daß Christus das Haupt sei. Obendiek betonte, daß das Presbyterium ein unaufgebbarer Bestandteil der Gemeinde sei. Wo es fehle, werde auch die Lehre von der alleinseligmachenden Gnade verdunkelt. Ordnung und Lehre gehörten daher zusammen. Im Anschluß an den Vortrag gab es eine Aussprache, die vorwiegend Zustimmung zu den Vorschlägen Müllers bezüglich der praktischen Durchführung der Presbyterschulung erbrachte. Sie enthielten: monatliche Sitzung nur für die Besinnung auf die Schrift, Durcharbeiten von Vorträgen, Besprechen von Fragen der Kirchenzucht und ein vierteljährliches Bezirkstreffen.[267]

Abends fand eine Bekenntnisversammlung für alle Gemeindeglieder in der nun völlig überfüllten Nikolaikirche statt. Für den Referenten, Klugkist Hesse, bot sie „bei der Fülle der Menschen einen geradezu überwältigenden Anblick"[268]. Der Vortrag von Klugkist Hesse befaßte sich mit dem Kampf evangelischer Gemeinden zur Zeit der Gegenreformation. Dabei betonte er die große Bedeutung, welche die synodale Ordnung für das Durchhalten der Gemeinden gehabt habe.[269] Damit stellte er den Bezug zur aktuellen Situation des Kirchenkampfes und dem Ringen der Gemeinden um den Erhalt dieser Ordnung her. Im Anschluß fand der geplante Bekenntnisakt statt. Dazu die Schilderung von Klugkist Hesse:

„Und nun vollzog sich etwas Besonderes, ein tief eindrucksvoller Bekenntnisakt. An den Abendmahlstisch traten nacheinander die Vertreter aller Gemeinden des Siegerlandes, um eine Erklärung abzugeben. Neben den Predigern standen die Ältesten jeder Gemeinde, und einer von ihnen bezeugte mit feierlichen ernsten Worten: ‚Wir erklären für die Gemeinde, die uns gesandt hat, daß wir wollen bleiben bei der reinen Lehre des göttlichen Wortes und daß wir treu stehen zur bekennenden Kirche und von ihr nicht lassen. So wahr uns Gott helfe.' Alsdann ward hinzugefügt ein Wort aus der Heiligen Schrift. So wiederholte es sich zehn- zwanzigmal und mehr. Es waren die verschiedensten Männer, es waren die verschiedensten Gemeinden; aber es war ein Klang: Halten am Bekenntnis und nicht wanken! So wahr uns unser Heiland helfe! Lautlos verharrte und horchte die Gemeinde."[270]

---

266 Vgl. SZ v. 28. 1. 1935.
267 Ebd.
268 UdW Nr. 5 v. 3. 2. 1935.
269 SZ v. 28. 1. 1935.
270 UdW Nr. 5 v. 3. 2. 1935.

Diese Worte vermitteln etwas von der Stimmung, die in diesen Augenblikken die Nikolaikirche erfüllte. Im Anschluß an die Voten der Einzelgemeinden stellte Pfarrer Dr. Müller fest, daß sich sämtliche Gemeinden des Siegerlandes „zur Kirche des reinen Wortes"[271] bekannt und „die weitaus überragende Zahl der Gemeindeglieder" den gleichen Willen bekundet hatten. Weiter stellte er fest, daß die Mehrzahl der Presbyterien überhaupt keine Vertreter der Gegenseite aufweise und daß diese in den übrigen Presbyterien – mit Ausnahme zweier Gemeinden (Weidenau und Klafeld) – in ganz verschwindender Minderheit seien. Von allen amtierenden Pfarrern hatten sich nur drei nicht der Bekennenden Kirche zugeordnet.[272] Damit hatte sich die Bekennende Kirche im Siegerland in eindrucksvoller Einheit dargestellt.

Am folgenden Montag trat die Bekenntnissynode zusammen, nachdem sie noch kurzfristig von der Nikolaikirche ins Evangelische Volkshaus verlegt worden war.[273] Auf einer Teilnehmerliste wurde die Anwesenheit sorgfältig vermerkt.[274] Die Delegierten waren von ihren Presbyterien ordnungsgemäß bestellt worden. Damit wurde zum Ausdruck gebracht, daß die Synode das kirchenleitende Organ des Kreissynodalverbandes darstellte. Unter den Synodalen herrschte Aufbruchsstimmung. „[...] es wehte eine gereinigtere, gesündere Luft als auf den letzten, gemischten Synoden"[275], bemerkte das Wochenblatt „Unter dem Wort". Zu Beginn bat der Vorsitzende des Siegerländer Bruderrates, Müller, den amtierenden Superintendenten Heider, die Leitung der Synode zu übernehmen.[276] Auch dies unterstrich den offiziellen Charakter der Synode. Zunächst bestätigte die Synode den Bruderrat in seiner bisherigen Zusammensetzung. Anschließend wurde über die Adventsbotschaft von Präses Koch verhandelt. Dazu legten die drei Kommissionen ihre Ergebnisse und Vorschläge vor. Pfarrer Paul Schmidt stellte als Vorsitzender der Kommission „Gottesdienst und Liturgie" den Gottesdienst als Mittelpunkt der Gemeinde heraus und forderte die Synodalen auf, zu fleißigerem Gottesdienstbesuch anzuregen. Die Prediger ermahnte er, das Wort der Schrift nicht zugunsten von Fragen des Zeitgeistes umzubiegen. Für die Gestaltung des Gottesdienstes schlug er eine Förderung des Gemeindegesangs und eine stärkere Beteiligung der Gemeinde vor.[277] Pfarrer Demandt von der Kommission für Sakramentsfragen und kirchliche Handlungen hob den „objektiven" Charakter der Sakramente, d. h. Gottes Tun in ihnen, hervor. Er bat außerdem die Gemeinden, die Wiedereinführung der „Christenlehre" zu erwägen.[278] Die Christenlehre war eine Einrichtung, die im 19. Jahrhundert in zahlreichen Gemeinden des Siegerlandes zur christlichen Unterweisung der konfirmierten Jugend durchgeführt worden war. Meist wurde

271 Konzeptblatt Müllers, in: KSA, E 9, Bd. XII.
272 Ebd. Diese waren: Pfr. Eggers (Weidenau), Pfr. Pfeil (Klafeld) und Pfr. Dr. Schmidt (Siegen).
273 SZ v. 29. 1. 1935.
274 In: KSA, E 9, Bd. XII.
275 UdW Nr. 6 v. 10. 2. 1935.
276 Protokoll der Synode, in: KSA, E 9, Bd. XII.
277 SZ v. 29. 1. 1935.
278 Ebd.

die Christenlehre als Gottesdienst mit Gesang, kurzer Ansprache und Katechisation gehalten.[279] Sie wurde jedoch zu Beginn des 20. Jahrhunderts durch neue Formen ersetzt oder durch die zunehmende kirchliche Vereinsarbeit gänzlich verdrängt. In den zwanziger Jahren wird nur noch aus Oberholzklau und Niederdresselndorf von einer Christenlehre berichtet.[280] Nun aber, nachdem der staatliche Zugriff die Arbeit mit Jugendlichen zusehends erschwerte, wurde diese alte Tradition neu entdeckt. Pfarrer Dr. Müller hielt schließlich sein Referat über praktischen Gemeindeaufbau. In 15 Punkten entwickelte er ein Programm der Gemeindeerneuerung, das im wesentlichen die Anregungen seines Aufsatzes in der „Jungen Kirche" aufnahm.[281]

Die der Synode vorgelegte Gesamtentschließung wurde jedoch nicht als ganze verabschiedet. Aus der Fülle der Vorschläge gelangten nur zwei zur Abstimmung: die Durchführung der Presbyterschulung und die Wiedereinführung der Christenlehre für Neukonfirmierte.[282] Mit diesen Beschlüssen hatte sich die Synode auf diejenigen Punkte beschränkt, die ihr am dringlichsten erschienen. Die Schulung der Ältesten und der Jugend schienen für die nähere Zukunft die vordringlichsten Aufgaben der Gemeinden zu sein. Ging es doch bei den Ältesten um die innere Leitung der Gemeinden und das Bewahren der rechten Lehre, bei der Jugend schlechterdings um die Zukunft der Kirche. Mit diesen Beschlüssen reagierte die Synode auf die sich unter dem nationalsozialistischen Gleichschaltungsdruck verändernde kirchliche Wirklichkeit. Im Gegensatz zu den bisherigen kirchenpolitischen Meinungskundgebungen nach außen hin bedeuteten diese Beschlüsse erste praktische Maßnahmen für eine innere Reform des Gemeindelebens. Dabei war die Idee der Christenlehre auf der Synode relativ unvermittelt aufgetaucht, zumal aus der Kommission für Sakramentsfragen und kirchliche Handlungen. Von ihr war auf den vorbereitenden Sitzungen nicht die Rede gewesen. Vermutlich wurde sie von Pfarrer Achenbach (Niederschelden), der ebenfalls dieser Kommission angehörte und überdies Synodaljugendpfarrer war, eingebracht. Dies geht aus einem Brief seines Amtskollegen Dr. Krusius in Niederschelden hervor.[283] Krusius, früher Studienrat an der Franckeschen Stiftung in Halle und Internatsleiter in Witzenhausen, hatte diesen Vorschlag unterstützt und brieflich einige Anregungen mitgeteilt, da er selbst an der Synode nicht teilnehmen konnte.[284] Dieser Brief von Krusius, der auch Pfarrer Demandt zuging, und der Kommissionsbeitrag von

279 Schlosser/Neuser I, S. 209 f. u. 360 f.
280 Schlosser/Neuser II, S. 470.
281 SZ v. 29. 1. 1935.
282 Protokoll der Synode, in: KSA, E 9, Bd. XII
283 „Br. Achenbach sagte mir, er habe sich für die Einrichtung einer ‚Christenlehre' eingesetzt." Krusius v. 21. 1. 1935, in: KSA, E 9, Bd. XII.
284 Ebd. Nach Krusius sollte die Christenlehre keine „Katechismusstunde" sein, sondern „ein fröhlicher, frischer Jugendgottesdienst mit entsprechenden liturgischen Stücken u. frischem Gesang". Er sollte interessante Themen und Fragen der Jugendlichen aufgreifen. Der Besuch der Christenlehre sollte auf drei Jahre veranschlagt werden. Krusius stellte außerdem die Überlegung an, das Recht zur Ausübung des Patenamtes an den Besuch der Christenlehre zu binden.

Pfarrer Achenbach dürften wesentlich dazu beigetragen haben, daß der Vorschlag zur Wiedereinführung der Christenlehre in das Referat Demandts aufgenommen und durch die Niederscheldener Delegation zur Abstimmung vorgeschlagen wurde. Allerdings ging es in diesem Beschluß vorerst nur darum, die Möglichkeiten zur Einführung der Christenlehre in den Gemeinden zu *prüfen*. So sollte dieses Thema auch noch die nächsten Synoden beschäftigen.

Jedenfalls war mit den Beschlüssen der Siegener Bekenntnissynode ein erster Schritt getan in Richtung auf die angestrebte Erneuerung der Kirche. Sie trugen dazu bei, die Stellung der bekenntnistreuen Kreise in den Gemeinden zu festigen und auszubauen. Auch die Tatsache allein, sich als Bekenntnissynode öffentlich präsentiert zu haben, war für die Identitätsbildung als Bekennende Kirche von großer Bedeutung. Die liturgische Inszenierung eines Bekenntnisaktes wirkte auf die Teilnehmer im Sinne einer bleibenden Verpflichtung.

3.6 Reaktionen der Siegener Deutschen Christen auf die Konstituierung der Siegener Bekenntnissynode

Die Deutschen Christen blieben nicht lange ihre Antwort auf die Konstituierung der Siegener Bekenntnissynode schuldig. DC-Kreisobmann Willi Baum sandte die Zeitungsberichte über die Bekenntnissynode an die Reichskirchenregierung und erbat Antwort auf die Frage, ob die bisherige Kreissynode als nicht mehr bestehend anzusehen sei, da Superintendent Heider die Leitung der Synode übernommen hatte und die Deutschen Christen nicht eingeladen waren. „Es ist doch ausgeschlossen, daß diese Gesellschaft uns einfach ausschließen kann [...]."[285] Das Konsistorium, das um Bericht gebeten wurde, vertrat jedoch die Ansicht, daß die Bekenntnissynode nicht als eine Kreissynode im Sinne der Kirchenordnung anzusehen sei. Es sei vielmehr seit jeher eine Eigenart der reformierten Gemeinden gewesen, solche Versammlungen durchzuführen. Wäre von ihr der Anspruch erhoben worden, rechtlich an die Stelle der kirchenordnungsgemäßen Kreissynode getreten zu sein, wäre man diesem Anspruch entgegengetreten.[286] Es besteht indes kein Zweifel, daß die Bekenntnissynode zwar nicht ausdrücklich, so doch zumindest implizit den Anspruch erhoben hatte, die rechtmäßige Leitung des Kirchenkreises darzustellen. Schließlich fand bis zum Zusammenbruch des „Dritten Reiches" keine ordentliche Kreissynode mehr statt. Bis dahin verstand sich die Bekenntnissynode als die legitime Vertretung des Kirchenkreises. Dies wurde dann auf der Bekenntnissynode vom

---

285 Baum an Engelke v. 30. 1. 1935, in: EZA 7/6075.
286 EK an EO v. 9. 4. 1935, in: EZA 7/6075.

26. Oktober 1936 auch offiziell zum Beschluß erhoben.[287] Für bedeutsamer hielt das Konsistorium jedoch die Beobachtung, daß in dem Referat über das Ältestenamt ein spezifisch reformiertes Verfassungs- und Gemeindeideal unter deutlicher Absetzung von lutherischer und auch zwinglischer Auffassung vertreten werde:

„Es ist nicht zu bezweifeln, daß diese Überzeugungen in den reformierten Gemeinden, besonders des Siegerlandes fortschreitend Boden gewinnen und sich durchsetzen wollen. Mit darauf erklärt sich die scharfe Ablehnung der Deutschen Christen, die dem reformierten Biblizismus ihrer ganzen Art nach fremd gegenüberstehen."[288]

Das Konsistorium hatte jedoch gegen Geist und Haltung der Verhandlungen „nichts einzuwenden [...] wenigstens nicht auf dem Boden bewußt reformierten Gemeindelebens"[289]. Für die Kirchenbehörde gab es demnach keinen Grund einzugreifen. Die Deutschen Christen gingen dagegen in die Offensive und verbreiteten nur wenige Tage nach der Synode der Bekennenden Kirche im Siegerland eine „Erklärung der Siegener Deutsche Christen gegen Barth und Bekenntnissynode, ihre verkehrte Bibel- und Bekenntnisauffassung und ihre Irreführung unserer Gemeinden"[290]. Die Autorenschaft dieser beim Verlag Vorländer als Druck erschienenen Erklärung wurde vom Siegener Bruderrat, der sich am 13. Februar 1935 mit dieser Schrift beschäftigte[291], Pfarrer i. R. Blecher zugesprochen. Sie trug einen durch und durch polemischen Charakter und verfolgte das Ziel, „Barths Theologie und Bekenntnissynode in großen Zügen als eine grobe Täuschung [zu] entlarven"[292]. Emphatisch hieß es: *„Evangelisches Kirchenvolk, erwache!"*[293] In scharfer Form wurde Barth vorgeworfen, er wecke Zweifel an der Einheit und unveränderten Geltung der Schrift[294], er lehne die Anbetung Jesu ab[295] und leugne die Rechtfertigung, indem er eine echte Gemeinschaft mit Christus verneine[296]. Dabei war die „Beschreibung" der Position Barths schon dadurch disqualifiziert, daß sie nicht aus seinen Werken selbst, sondern aus einem Vortrag *über* Karl Barth „belegt" wurde. Darüber hinaus wurden einzelne Äußerungen aus dem Zusammenhang gerissen und in unzulässiger Weise interpretiert. So wurde denn weniger die Theologie Karl Barths deutlich als die Absicht der Autoren, Barth und Bekennende Kirche zu verunglimpfen. Sie scheuten sich überdies nicht, am Ende ihrer Darlegungen darauf hinzuweisen, „daß jeder, der unsrer Auslegung widerstrebt, dem *Worte Gottes* zuwiderhandelt"[297]. Zum Schluß der Erklärung hieß es:

---

287 Protokoll der Bekenntnissynode v. 26. 10. 1936, in: KSA, E 9, Bd. XV.
288 EK an EO v. 9. 4. 1935, in: EZA 7/6075.
289 Ebd.
290 Als Druck erschienen; noch vorh. in: Kgm. Ferndorf, D 9.
291 Protokoll der Sitzung des BR v. 13. 2. 1936, in: KSA, E 9, Bd. XIX.
292 Ebd.
293 Ebd., S. 7.
294 Ebd., S. 6 f.
295 Ebd., S. 8.
296 Ebd., S. 10–14.
297 Ebd., S. 15.

„*Evangelische Glaubensgenossen*! Barth, der Undeutsche [!], ist dienstentlassen, aber das Gift seiner Lehre, sein böser Geist, wirkt weiter. *Armer Bekenner*, der sich Barths ‚Erklärung‘ verschreibt und noch eine *rote Karte* in seinem Haus beherbergt, an der Barthsches Gift klebt! Gott helfe uns!"[298]

Obwohl der theologische Gehalt dieser „Erklärung" sehr gering war, schien sie doch wohl geeignet, bei dem unkundigen Leser Irritationen über den Kurs der Bekennenden Kirche auszulösen. Der Bruderrat der Kreissynode sah sich daher genötigt, zu der Schrift der Deutschen Christen Stellung zu beziehen.[299] In seiner Antwort wies der Bruderrat zunächst darauf hin, daß die Bekennende Kirche nicht an die Theologie Karl Barths gebunden sei. Dennoch sei sie ihm dafür zu Dank verpflichtet, „daß er durch seine Theologie sie die Schrift und das Bekenntnis von neuem und tiefer als bisher erfassen gelehrt"[300] habe. Blecher hingegen wurde vorgehalten, noch nichts von Karl Barth selbst gelesen zu haben. Auch gegenüber den einzelnen Vorwürfen wurde Barth in Schutz genommen. Ihm vor allem sei es zu verdanken, daß die Theologie der Bekennenden Kirche – im Gegensatz zur Theologie der Deutschen Christen – „in strengster Weise" eine Theologie des Wortes Gottes sei. Im übrigen wolle man nicht dem „hetzerischen Ton" der Blecherschen Schrift verfallen. Ihr „gehässiger Geist" mache es noch mehr als alle falschen Behauptungen offenbar, „wie völlig und tief sich die DC von der reformatorischen Kirche unter dem Wort geschieden haben!"[301]

Bemerkenswert an dieser Stellungnahme war die Verteidigung der Person Karl Barths gegenüber der deutsch-christlichen Polemik. Barth, der im politischen Raum längst zur Reizfigur geworden war und dessen Einladung zur Siegener Bekenntnissynode noch im Januar als problematisch angesehen wurde, erfuhr hier eine deutliche Würdigung als theologischer Lehrer[302] und Leitfigur der Bekennenden Kirche.

Nur wenige Wochen später allerdings war die Person Karl Barths erneut Gesprächsthema im Siegerland. Barth sollte auf der Zweiten Freien Reformierten Synode, die vom 26. bis 28. März 1935 in Siegen stattfand, sprechen und hatte auf die Einladung durch eine Gemeinde Wert gelegt. Zuvor hatte er jedoch in einem Gespräch in Basel Äußerungen zur Landesverteidigung der Schweiz gemacht, die von seinen Gegnern als Affront gegen das herrschende politische System in Deutschland gewertet worden waren.[303] Dies war vermutlich der Grund, weshalb das Siegener Presbyterium eine Einladung Karl Barths zur Zweiten Freien Reformierten Synode ablehnte, obwohl im Siegener Presbyterium die Bekennende Kirche in der Mehrheit

---

298 Ebd.
299 Der BR verabschiedete in seiner Sitzung v. 13. 2. 1935 diese von Pfarrer Barth (Oberfischbach) verfaßte Erklärung; vgl. Protokoll der Sitzung, in: KSA, E 9, Bd. XIX. Sie erschien am 10. 3. 1935 in der Wochenzeitung „Unter dem Wort".
300 Ebd.
301 Ebd.
302 Von 13 Siegerländer Pfarrern läßt sich sagen, daß sie während ihres Studiums die Möglichkeit hatten, Karl Barth persönlich zu hören. Zwischen Pfr. Strothmann (Müsen) und Karl Barth gab es einen kurzen Briefwechsel; vgl. Kgm. Müsen, I.2.
303 Vgl. Meier II, S. 46.

war.[304] Pfarrer Dr. Müller (Hilchenbach) schlug daher vor, Karl Barth durch den Bruderrat der Synode oder aber durch die Gemeinde von Pfarrer Barth (Oberfischbach), der die Synode mit vorbereitete, einzuladen.[305] Karl Barth hielt schließlich wie geplant in der Nikolaikirche die Eröffnungspredigt der Synode.[306] Diese Episode zeigte jedoch, daß Barth auch im reformierten Siegerland nicht unumstritten war. Auch die Bekennende Kirche tat sich – nicht nur hier – manchmal schwer mit ihrem wohl bedeutendsten Lehrer.[307]

Was die Deutschen Christen betrifft, so traten sie im Juni 1935 noch einmal an die Öffentlichkeit. Der Reichsbischof hatte seinen Besuch in Siegen angekündigt, und die Deutschen Christen beabsichtigten, aus diesem Anlaß einen Gottesdienst in der Nikolaikirche durchzuführen. Diesem Ansinnen widersetzte sich jedoch das Presbyterium der Kirchengemeinde Siegen.[308] Reichsbischof Müller sprach schließlich vor einer Mitgliederversammlung der Kreisgruppe Siegen der Deutschen Christen im Hotel „Kaisergarten". Über den Inhalt der Tagung wurde jedoch nichts bekannt, da es sich um eine geschlossene Versammlung handelte und die Berichterstattung über kirchenpolitische Vorgänge durch die Presse staatlicherseits unerwünscht war.[309] Offenbar erwiesen aber auch die Parteiorganisationen dem Reichsbischof die Referenz, denn Pfarrer Müller (Hilchenbach) sprach später von einer „Teilnahme der Partei im Kirchenkampf anläßlich der Reichsbischofsrede in Siegen".[310]

Die Tage des Reichsbischofs hingegen waren gezählt, zumindest was seine kirchenpolitische Wirksamkeit anbetraf. In der nun folgenden Phase des Kirchenstreits, die vor allem durch das Eingreifen des Staates bestimmt war, spielte seine Person keine tragende Rolle mehr.

---

304 In einem späteren Schreiben beklagte Pfr. Schmidt (Siegen) Barths Kritik am herrschenden Regime. Er begrüße es, daß Barth Deutschland verlassen habe. Als kirchenpolitischer Führer sei er „untragbar". „Ich meine, daß es nicht unrecht sei, wenn wir Theologen auch die schwierige Lage der vielen in unseren Presbyterien und Gemeinden, die den Staatseid geleistet haben, auf's ernsteste berücksichtigen." Schmidt an Koch v. 6. 9. 1935, in: EKvW 5.1, Nr. 850, Fasc. 1.
305 Müller an den BR der Synode Siegen v. 21. 3. 1935, in: KSA, E 9, Bd. XII; vgl. Lekebusch, Die Reformierten im Kirchenkampf, S. 224, Anm. 11.
306 Karl Barth, Fürchte dich nicht! Predigten aus den Jahren 1934 bis 1948, München 1949, S. 84–93.
307 Dies verdeutlicht auch die Tatsache, daß die bayrische Landeskirche ihre Teilnahme an der Bekenntnissynode der DEK zu Augsburg von der Bedingung abhängig machte, daß Barth nicht eingeladen wurde; vgl. Meier II, S. 46.
308 Die DC führten dagegen Beschwerde beim Oberkirchenrat: „Oder kann tatsächlich der Herr Reichsbischof in unserer Kirche nicht predigen?" DC an EO v. 11. 6. 1935, in: EZA 7/6662.
309 Vgl. SNZ v. 27. 6. 1935.
310 Müller an die Mitglieder des BR v. 11. 7. 1935, in: KSA, E 9, Bd. XIII. Ludwig Müller kam noch ein weiteres Mal nach Siegen, und zwar im April 1936; vgl. Th. M. Schneider, Reichsbischof Ludwig Müller, S. 315.

4. Die Zeit der Kirchenausschüsse

4.1 Abwehr des „Neuheidentums"

In seinem Rückblick auf das Jahr 1935 schrieb Pfarrer Dr. Müller in seiner „Privat-Chronik": „Der politischen Erfolge freut man sich von ganzem Herzen. Weltanschaulich muß man leider immer schwärzer sehen."[1] Ursache für diese pessimistische Einschätzung war eine nach der Saarabstimmung in ganz Deutschland massiv einsetzende Werbekampagne der Deutschen Glaubensbewegung.[2] Auch im Regierungsbezirk Arnsberg war die Deutsche Glaubensbewegung, die eine völkische Religiosität vertrat, aktiv.[3] Die deutlich antichristliche Tendenz, mit der dieser Werbefeldzug geführt wurde, forderte eine Antwort der Kirchen heraus.[4] In den Gemeinden rund um den Kindelsberg (in Müsen, Ferndorf und Krombach und in den Ortsteilen Buschhütten, Fellinghausen und Osthelden) wurde vom 17. bis zum 25. Februar eine Vortragsreihe veranstaltet, um der Herausforderung durch das sog. Neuheidentum zu begegnen.[5] Diese Vorträge waren außerordentlich gut besucht, wie aus den Berichten der Ortspolizeibehörde Ferndorf, die sämtliche Vorträge überwachen ließ, hervorgeht.[6]

In dieser Situation wirkten sich die weltanschaulichen Gegensätze aus, die in der Nähe der NSDAP zu den Gegnern der Bekennenden Kirche, den Deutschen Christen und dem „Neuheidentum", begründet waren. Bürgermeister M. (Ferndorf) berichtete im Februar 1935, daß die Pfarrer aus einzelnen Tatsachen die Schlußfolgerung zögen, daß die örtlichen Organe der NSDAP für die Deutschen Christen Partei nähmen. Auf der anderen Seite sei festzustellen, daß in dem Kampf der Pfarrer gegen die Deutschen Christen und die Deutsche Glaubensbewegung, insbesondere in den Vorträgen über Rosenbergs „Mythus", eine Gegnerschaft gegen die NSDAP erblickt werde.[7] Ähnlich vermeldete der Lagebericht der Staatspolizeistelle Dort-

---

1 Kgm. Hilchenbach, Privat-Chronik, S. 26.
2 Vgl. Meier II, S. 21 f.; Kurt Nowak, Art. „Deutsch-gläubige Bewegungen", in: TRE 8 (1981), S. 554–559; Margarethe Dierks, Jakob Wilhelm Hauer 1881–1962. Leben – Werk – Wirkung, Heidelberg 1986.
3 Bericht der Stapo-Stelle Dortmund für Febr. 1935, in: BA Koblenz, R 58/1127, S. 17.
4 Hierzu allgemein: Raimund Baumgärtner, Weltanschauungskampf; Iber, Christlicher Glaube.
5 Die Themen der Vorträge waren: „Das Werden des völkischen Glaubens" (Pfr. Müller), „Rosenbergs Mythus des 20. Jahrhunderts" (Pfr. Strothmann), „Die Deutsche Nationalkirche E. Bergmanns" (Pfr. Wehmeier) und „Völkische Religiosität oder christlicher Offenbarungsglaube" (Pfr. Vethake); vgl. Einladung, in: KSA, E 9, Bd. XII.
6 In: Amt Ferndorf, Fach 60, Nr. 2, H.1.
7 M. an LR v. 22. 2. 1935 (Abschr.), in: Amt Ferndorf, Fach 60, Nr. 2, H. 1. Dies wird bestätigt durch Vorgänge in der Kgm. Müsen. Dort warf der Ortsgruppenleiter der NSDAP Pfr. Strothmann vor, in einem Vortrag unzulässigerweise Deutsche Christen und Deutsche Glaubensbewegung in einen Topf geworfen zu haben. Zur Reaktion der Zuhörer hieß es: „Sehen Sie sich die Leute einmal an, die wiehern vor Vergnügen, wenn Sie den deutschen Christen eins

mund vom Februar 1935. Darin hieß es, daß sich besonders in den ländlichen Kreisen durch den maßgeblichen Einfluß der Pfarrer Gruppen gebildet hätten, „die von der kirchlichen Ebene aus dem Staat feindlich gegenüberstehen. […] Hier entsteht, wie immer wieder betont werden muß, die Hauptgefahr, die dem nationalsozialistischen Staat und der von ihm geforderten Volksgemeinschaft drohen kann."[8] In dem Kampf der Bekennenden Kirche gegen die neue Religion erblickte die Gestapo eine geschickte Tarnung des Kampfes gegen Staat und NS-Bewegung. Dadurch gerate die Bekenntnisfront in einen immer schärferen Widerspruch zu Staat und Bewegung.[9] Dieser Widerspruch war zwar seitens der Bekennenden Kirche in der bezeichneten Schärfe nicht intendiert, doch zeigte sich hier, daß der Staat die Auseinandersetzungen der Bekennenden Kirche mit dem Neuheidentum sehr sensibel wahrnahm. Dies wird auch bestätigt durch das Vorgehen des Staates gegen die Verlesung der Botschaft der 2. Bekenntnissynode der EKdAPU vom 5. März 1935.[10] Darin wurde die völkisch-religiöse Weltanschauung deutlich als „Abgötterei" verurteilt. Die Bekanntgabe dieser Erklärung, die am 17. März in den Gottesdiensten stattfinden sollte, wurde von dem Reichsinnenminister verboten, da sich einige Ausführungen angeblich gegen Staat und Partei richteten. Die Geistlichen sollten eine Erklärung unterschreiben, mit der sie bestätigten, die Kanzelabkündigung weder im Gottesdienst noch auf andere Weise bekanntgeben zu wollen. Im Weigerungsfalle sollten die Behörden „mit allen geeignet erscheinenden Maßnahmen, äußerstenfalles auch mit Inschutzhaftnahme"[11] vorgehen. Die Folge war eine einzigartige Verhaftungswelle, in der über 700 Pfarrer verhaftet wurden.[12] Pfarrer Dr. Müller gab am 11. April dem westfälischen Bruderrat Bericht über die Vorgänge in der Synode Siegen anläßlich der Verlesung, die – wie im übrigen Westfalen – in einem besonderen Gottesdienst am 19. März stattfinden sollte. Die Verpflichtung durch die Behörden, auf die

auswischen, das übertragen sie sofort auf den Nationalsozialismus, weil sie eben alles auf eine Ebene bringen" (Schr. v. 8. 10. 1934, in: Kgm. Müsen, I.2). Außerdem erhob er die gängigen Vorwürfe gegenüber der BK: 1. Verbundenheit mit dem parlamentarischen System, 2. theologischer Dogmatismus und 3. Sammlung oppositioneller Kreise. Im Gegenzug zur Auseinandersetzung der BK mit dem „Neuheidentum" organisierten die Ortsgruppen der NSDAP von Müsen und Dahlbruch ihrerseits eine Veranstaltung zu dem Thema „Nationalsozialismus und Kirche", bei dem die Verbundenheit des Nationalsozialismus mit einem „positiven Tatchristentum" demonstriert werden sollte (Einladungsschreiben v. 25. 10. 1935, in: ebd.). Weitere Konflikte führten dazu, daß sich das Presbyterium bei der Reichsleitung der NS-Abteilung für den kulturellen Frieden über den Mißbrauch von Parteiämtern in innerkirchlichen Angelegenheiten beschwerte. Durch das Vorgehen der beiden Ortsgruppenleiter seien die Bewohner des Kirchspiels kaum noch in der Lage, zwischen kirchlichen und politischen Dingen zu unterscheiden (Schr. v. 11. 11. 1935 [Abschr.], in: ebd.). Schließlich mußte die Kreisleitung für einen Ausgleich der Spannungen sorgen, nachdem man Pfr. Strothmann als „Staatsfeind" tituliert hatte (vgl. Protokollbuch des Presb. v. 28. 3. 1938).

8 STA MS, Pol. Polizei III. Reich, Nr. 414, S. 148 f.
9 Vgl. STA MS, Pol. Polizei III. Reich, Nr. 415, S. 169.
10 W. Niemöller (Hrsg.), Die Preußensynode zu Dahlem. Die zweite Bekenntnissynode der Evangelischen Kirche der altpreußischen Union. Geschichte – Dokumente – Berichte (= AGK 29), Göttingen 1975, S. 234–236.
11 Erlaß des RuPrMdI v. 18. 3. 1935 (Abschr.), in: Amt Ferndorf, Fach 60, Nr. 2, H. 1; vgl. Niemöller, Preußensynode, S. 23.
12 Meier II, S. 23.

Verlesung zu verzichten, wurde nach einer Aussprache der Pfarrerbruderschaft von allen Pfarrern – mit Ausnahme der Siegener – abgelehnt.[13] Daraufhin wurden polizeiliche Maßnahmen verhängt: Die Pfarrer Arndt (Weidenau) und Buscher (Klafeld) erhielten Hausarrest, letzterem wurde überdies wie Pfarrer an Huef (Weidenau) Redeverbot erteilt. In Hilchenbach,
Müsen und einigen anderen Orten wurde der Gottesdienst am 19. März
verboten. In Ferndorf begründete der Bürgermeister das Verbot unter Hinweis auf die „Reichstagsbrandverordnung" vom 28. Februar 1933. Es sei
jedoch nichts dagegen einzuwenden, so führte er aus, „daß die Kirchentüren
geöffnet bleiben, wenn der versammelten Gemeinde durch einen der Gemeindepfarrer mitgeteilt wird, daß der Bekenntnisgottesdienst behördlich
verboten sei, und wenn daraufhin nach dem Singen eines Liedes die Gemeinde mit dem Gebet des Herrn und dem Segen entlassen wird"[14]. Die
Pfarrer mußten jedoch nicht auf diese „Kurzliturgie" zurückgreifen. Das
Verbot wurde wieder aufgehoben, nachdem der westfälische Bruderrat noch
am selben Tag per Telegramm die Anweisung gegeben hatte, von der Verlesung vorläufig abzusehen.[15] Die Botschaft kam dann in einem der nächsten
Gottesdienste zur Verlesung.

Müller zollte in seinem Bericht dem taktvollen Verhalten der Polizeiorga-
ne Anerkennung und führte dies auf den Landrat zurück, der in seinen Maßnahmen stets die religiöse Eigenart des Siegerlandes berücksichtige und dies
auch „nach oben hin" geltend mache.[16] Maßgebend war in diesem Fall allerdings der Umstand, daß die Verlesung der Botschaft in Westfalen erst für
den 19. März vorgesehen und so eine Reaktion auf die Ereignisse im übrigen Preußen möglich war.[17] Dennoch waren diese Vorgänge – auch in ihrer
Milde – eine bis dahin einzigartige Konfrontation zwischen kirchlichen und
staatlichen Stellen im Siegerland. Erstmals hatte hier der Staat übergreifend
Zwangsmaßnahmen gegen Pfarrer und Gemeinden verhängt.

Die Ablehnung des Neuheidentums brachte kurz darauf auch die Zweite
Freie Reformierte Synode, die vom 26. bis 28. März 1935 in Siegen tagte,
zum Ausdruck.[18] Pfarrer Barth (Oberfischbach) hielt dort ein Referat über
„Aufgaben der Kirche gegenüber dem Einbruch des Neuheidentums in die
Gemeinden"[19]. Barth sah die besondere Gefahr des Neuheidentums darin,
daß sich „die *gewaltige politische Leidenschaft unserer Tage*"[20] mit ihm

---

13 Die Siegener Pfarrer mußten mitten in der Aussprache die Sitzung verlassen, da sie zur Polizei
   bestellt worden waren. Dort unterschrieben sie die verlangte Erklärung, die sie jedoch später zu-
   rückzogen; vgl. Müller an den wf. BR v. 11. 4. 1935, in: KSA, E 9, Bd. XII.
14 Bgm. des Amtes Ferndorf an Wehmeier v. 19. 3. 1935 (Abschr.), in: Amt Ferndorf, Fach 60, Nr.
   2, H. 1.
15 Stapo Dortmund v. 19. 3. 1935 (Abschr.), in: Amt Ferndorf, Fach 60, Nr. 2, H. 1; vgl. Briefwechsel
   v. 19. 3. 1935 zwischen Pfr. Müller und Bürgermeister A., in: Kgm. Hilchenbach, Bd. 1/35.
16 Müller an wf. BR v. 11. 4. 1935, in: KSA, E 9, Bd. XII.
17 Vgl. Rundbrief Präses Koch v. 28. 3. 1935, in: W. Niemöller, Preußensynode, S. 25 f.
18 Vgl. Lekebusch, Die Reformierten im Kirchenkampf, S. 222 ff.
19 Zweite Freie Reformierte Synode in Siegen vom 26. bis 28. März 1935, im Auftrage des Synodalvorstandes hg. v. Karl Immer, Wuppertal 1935, S. 26–42; Lekebusch, ebd., S. 227 f.; Baumgärtner, ebd., S. 208 ff.
20 Immer, ebd., S. 26.

verbunden habe und dadurch zu einer alle Bereiche der Gesellschaft durchdringenden, totalen Weltanschauung werde. Die Schulung der Hitlerjugend und der Parteiformationen werde weithin im Sinne Rosenbergs gehalten. Dieser „titanische Versuch" bedeute für das Christentum einen „*Kampf auf Leben und Tod*"[21]. Die Kirche müsse daher auch dem Staat die Grenzen zeigen und deutlich machen, daß es sich bei der neuen Religion „um Rebellion, um bewußte, *offene, nackte Empörung des Menschen wider Gott*"[22] handele. Die reformierten Gemeinden seien dabei „die stählerne Spitze in dem Schilde wider das Neuheidentum"[23], weil ihre Lehre den diametralen Widerspruch zum Neuheidentum bilde: Sie stelle die Ehre Gottes in den Mittelpunkt und wehre damit jedem Versuch, Menschen groß zu machen; die Lehre von der Schrift als alleiniger Offenbarungsquelle mache jeden Versuch zunichte, Gott woanders zu finden; und die Lehre von der Erlösung und der Gnadenwahl räume auf mit aller Menschenherrlichkeit und dem Glauben an menschliche Entwicklungsfähigkeit. Die Aufgaben der reformierten Synode sei es nun, den Staat offen zu fragen, ob er den Kurs Rosenbergs in der Jugenderziehung billige, und ihn zu bitten, jedes neuheidnische Element und rassische Religiosität aus der Jugenderziehung zu entfernen. Andernfalls müßten die Eltern ihre Kinder aus der Hitlerjugend herausnehmen.[24] Die Gemeindeglieder sollten aufgefordert werden, aus den Formationen, in denen die Lehre Rosenbergs propagiert werde, auszutreten.

Mit diesem Referat hatte Barth im Gegensatz zu anderen Auseinandersetzungen mit dem Neuheidentum auch dessen politische Dimension angesprochen und daraus praktische Konsequenzen gezogen.[25] Die Synode nahm die Anregungen Barths auf und forderte in einer Erklärung, der Staat möge den Schutz des christlichen Bekenntnisses gewährleisten und die Schulungen der Partei nicht zur Verbreitung des Neuheidentums mißbrauchen.[26]

Auch die dritte Bekenntnissynode der DEK, die vom 4. bis 6. Juni in Augsburg tagte, machte die Propaganda der völkisch-religiösen Bewegungen und die Zwangsmaßnahmen des Staates zum Gegenstand der Besprechungen und zum Inhalt einer Botschaft an die Gemeinden, Ältesten und Pfarrer.[27] Darin war von „Bedrängnis" und „Verfolgung" die Rede, aber auch vom „Gehorsam gegenüber den Herren, die euch gesetzt sind". Am 14. Juni 1935 berichteten auf einer großen Pfarrerversammlung der Synoden Siegen, Wittgenstein, Dillkreis und Altenkirchen in Siegen führende Vertreter der Bekennenden Kirche wie Präses D. Koch, Pastor Weber (Stuttgart)[28] und

21 Ebd., S. 28.
22 Ebd., S. 34.
23 Ebd., S. 35.
24 Ebd., S. 41.
25 Baumgärtner, Weltanschauungskampf im Dritten Reich, S. 208 f. 224. 226.
26 Steiner, Der Weg der reformierten Kirchen, KJ 77 (1950), S. 269 f.
27 W. Niemöller, Die dritte Bekenntnissynode der Deutschen Evangelischen Kirche zu Augsburg. Text – Dokumente – Berichte (= AGK 20), Göttingen 1969, S. 76–80.
28 Gotthilf Weber war Mitglied im Reichsbruderrat und Stellvertreter Kochs; vgl. Verantwortung für die Kirche, S. 568.

Prof. Veidt (Frankfurt)[29] über die Bekenntnissynode der DEK zu Augsburg.[30] Daraufhin beschloß der Bruderrat der Kreissynode Siegen, daß am 30. Juni in allen Gemeinden des Siegerlandes ein Bekenntnisgottesdienst stattfinden solle, um die Botschaft der Augsburger Bekenntnissynode zur Verlesung zu bringen.[31] Außerdem ermahnte er in einer Abkündigung die Gemeindeglieder, Werbeversammlungen der Deutschen Christen oder der Deutschen Glaubensbewegung „unter keinen Umständen, auch nicht aus Neugierde, zu besuchen"[32]. In Hilchenbach hatten sich bereits Glieder der dortigen Gemeinde einer „deutschgläubigen Bewegung" zugewandt. Das Presbyterium der Kirchengemeinde hatte daraufhin den Beschluß gefaßt, „daß wir mit dem vollzogenen Eintritt in solch eine Glaubensbewegung das Verhältnis zur Evgl. Kirche als gelöst betrachten müssen"[33]. Die Bekenntnissynode Siegen, die im Oktober 1936 tagte, trat diesem Beschluß bei.[34]

Im Zusammenhang der Auseinandersetzung mit dem „Neuheidentum" ist auch der Fall „Tielker" zu sehen. Fritz Tielker hatte sich als Vikar der Kirchengemeinde Dortmund-Bodelschwingh in einer Predigt gegen die Vergötzung der völkischen Werte von Blut, Rasse und Boden ausgesprochen.[35] Neben seiner Versetzung nach Hilchenbach hatte dies auch ein Verfahren vor dem Sondergericht Dortmund zur Folge, das ihn wegen Verstoßes gegen den sog. Kanzelparagraphen[36] zu einer Geldstrafe von 100 RM verurteilte.[37] Der Bruderrat und die Pfarrerschaft der Synode Siegen stellten sich in einer Abkündigung hinter Tielker.[38]

4.2 Pfarrer Steinle vor dem Sondergericht

Die Pfarrer der Bekennenden Kirche standen unter besonderer Beobachtung, und es gab kaum einen, der im Laufe des Kirchenkampfes nicht wegen angeblicher Vergehen staatlicher Strafverfolgung ausgesetzt war. Zu Verurteilungen und Strafmaßnahmen kam es jedoch nur selten. Meistens blieb es

---

29 Veidt war Teilnehmer der BK-Synode zu Augsburg; vgl. ebd., S. 567.
30 Vgl. Einladungsschreiben v. 8. 6. 1935, in: KSA, E 9, Bd. XII.
31 Protokoll der Sitzung des Bruderrates v. 19. 6. 1935, in: KSA, E 9, Bd. XIX.
32 Ebd.
33 Kgm. Hilchenbach, Protokollbuch des Presb. v. 12. 1. 1936.
34 Protokoll der Bekenntnissynode v. 26. 10. 1936, in: KSA, E 9, Bd. XV.
35 Vgl. W. Niemöller, Bekennende Kirche in Westfalen, S. 202–204. Auszüge aus der Predigt v. 12. 5. 1935, in: KSA, E 9, Bd. XIII.
36 § 130a StGB in der Fassung v. 10. 12. 1871 u. 26. 2. 1876; ermöglichte Strafverfolgung von Geistlichen, die sich öffentlich über staatliche Angelegenheiten in einer Weise äußerten, die den öffentlichen Frieden gefährde.
37 Vgl. Bericht Tielker v. 6. 2. 1936, in: KSA, E 9, Bd. XIII.
38 RB Müller v. 19. 2. 1936, in: KSA, E 9, Bd. XIII: „Wir bezeugen vor den Gemeinden, daß das von unserem Bruder Gesagte notwendige Botschaft der Kirche an unsere Zeit ist. Wir machen uns dieselbe rückhaltlos zu eigen. Weiterhin stellen wir vor den Gemeinden fest, daß mit diesem Urteil die Freiheit der kirchlichen Verkündigung angetastet und die kirchliche Abwehr antichristlicher Angriffe unter Strafe gestellt ist." Vgl. dazu auch EZA 50/620.

bei Ermahnungen oder Geldbußen. So stellte das Verfahren gegen den Netphener Pfarrer Adolf Steinle, das hier etwas näher beschrieben werden soll, eine Ausnahme dar und war in seiner Härte einzigartig:

Vor dem Hintergund kirchenpolitischer Gegensätze in der Kirchengemeinde Netphen wurde Steinle zum Opfer einer Denunziation. In einem persönlichen Gespräch hatte er sich in abfälliger Weise über den Nationalsozialismus und seine Vertreter geäußert, ungeachtet der Tatsache, daß sein Gesprächspartner selber das Parteiabzeichen trug. Dieser befand Steinle aufgrund seiner Äußerungen „für den nation.soz. Staat für untragbar" und verfaßte einen Bericht an den Ortsbürgermeister in Netphen.[39] Dieser wiederum übersandte den Bericht an die Staatspolizeistelle in Dortmund, nicht ohne selbst darauf hinzuweisen, daß Steinle „ein ausgesprochener Gegner des Nationalsozialistischen Staates" sei:

„Steinle ist eine große Gefahr für die ohnehin schwierige Aufbauarbeit im Amte Netphen, so daß ich es nicht länger verantworten kann, das staatsgefährdende Treiben dieses Mannes länger tatenlos zu dulden."[40]

Aufgrund dieser Beschwerden wurde Steinle am 17. August 1935 von einem Polizeibeamten aufgesucht, um ihn sogleich zu einer Vernehmung nach Siegen zu bringen. Steinle legte seinen Ornat an und wurde so durch seine Gemeinde geführt.[41] In Siegen überreichte man Steinle eine Verfügung, die bereits drei Tage vorher [!] datiert war. Darin hieß es:

„Aus der Fülle der gegen Sie eingeleiteten Verfahren ergibt sich, daß Sie Ihre Stellung als Geistlicher mehrfach zur abfälligen Kritik an führenden Personen und an Einrichtungen des Staates und der Bewegung mißbraucht haben. Da alle Mahnungen bisher fruchtlos geblieben sind, ich aber andererseits nicht gewillt bin, Ihre zersetzende Tätigkeit weiterhin zu dulden, untersage ich Ihnen hiermit gemäß § 1 der Verordnung des Herrn Reichspräsidenten zum Schutze von Volk und Staat vom 28. 2. 1933 [...] den Aufenthalt im Landkreis Siegen und für den gesamten Regierungsbezirk Arnsberg jede rednerische Betätigung außerhalb der Kirche."[42]

Diese Art der Maßregelung und die Berufung auf die sog. Reichstagsbrandverordnung war eine gängige Methode, um Gegner des Nationalsozialismus im Raum der Kirche mundtot zu machen. Steinle war mit der Ausweisung seinem Wirkungskreis, seiner Gemeinde, entzogen. Verschärfend kam hinzu, daß die Maßregelung unbefristet war. Die bekenntnistreuen Presbyter der Kirchengemeinde Netphen setzten sich sofort bei der Stapo für ihren Pfarrer ein. Die scharfe Maßnahme sei „gänzlich unerwartet" gekommen und in ihrer rechtlichen Begründung „undurchschaubar", schrieben die Presbyter.[43] Es sei zu befürchten, daß durch den Verzicht auf ein ordentliches Gerichtsverfahren das Rechtsgefühl der Gemeindeglieder verletzt und

---

39 Abschr. in: Kgm. Netphen, H 3.
40 Bgm. des Amtes Netphen an Stapo Dortmund v. 6. 10. 1934 (Abschr.), in: KSA, E 9, Bd. XIII.
41 Vgl. Zeitungen und Rundbriefe über den Kampf der Kirche, in: KSA, E 9, Bd. III.
42 Stapo Dortmund an Steinle v. 14. 8. 1935, in: Kgm. Netphen, H 3. Vgl. Rundverfgg. der Stapo Dortmund v. 26. 8. 1935, in: STA MS, Kr. Siegen, LA, Nr. 1842.
43 Presbyterium an Stapo Dortmund v. 18. 8. 1935 (Abschr.), in: KSA, E 9, Bd. XII.

eine „schmerzliche Erschütterung des Vertrauensverhältnisses zum neuen Staate" herbeigeführt werde. Entlastend wurde für Pfarrer Steinle angeführt, daß dieser in seiner früheren Stellung „einen hartnäckigen und für ihn leidvollen Kampf gegen Marxismus und Bolschewismus" geführt und als Kriegsteilnehmer eine Verletzung davongetragen habe. Die Stapo zeigte sich jedoch „befremdet" von dem Brief und sah keinen Anlaß, die getroffenen Maßnahmen abzuändern.[44]

Der Bruderrat der Siegerländer Bekenntnissynode drückte Steinle durch Pfarrer Müller seine „Teilnahme" aus, ermahnte ihn aber gleichzeitig, alle Ressentiments „unter die Kontrolle des Wortes zu tragen, und alles, was wir sagen, wiederum nur vom Worte her [zu] sagen"[45]. Müller ließ nicht unerwähnt, daß es Stimmen gegeben habe, die fragten, ob Steinle „die nötige Vorsicht und Weisheit hätten walten lassen, sonderlich in privater Unterhaltung. Dem gegenüber wurde aber auch in steigendem Maße dankbar anerkannt, daß Sie aus seelsorgerlicher Gewissensverpflichtung und Zeugnistreue heraus gehandelt hätten."[46] Hier drang bei allem Verständnis auch versteckt hindurch, daß Steinles Art, seine Meinung freimütig zu äußern, selbst in den ihm wohlgesonnenen Kreisen nicht auf ungeteilten Beifall stieß. Der ungeheuerliche Vorgang der Denunziation dagegen sowie die drastischen Maßnahmen des Staates wurden nicht kritisiert. Der Bruderrat hielt es auch nicht für angebracht, sich bei der Gestapo für Steinle einzusetzen. Man wolle erst einmal abwarten und etwas Zeit verstreichen lassen, zumal eine Zurücknahme der Ausweisung „schon vom Ehrenstandpunkt aus" kaum zu erwarten sei.[47] Statt eine Solidaritätsaktion für den gemaßregelten Amtsbruder zu starten, übte man also Rücksicht auf das verletzte Ehrgefühl der Parteigenossen.

Steinle war, nachdem er sich zeitweise in Schwelm, Barmen, Radevormwald und Düsseldorf aufgehalten hatte, bei seinem Bruder in Mülheim/ Ruhr untergekommen. Seine Frau war mit den fünf Kindern in Netphen geblieben. Diese Trennung und die verordnete Untätigkeit belasteten Steinle stark.[48] Anfang November 1936 kehrte Steinle nach Netphen zurück. Inzwischen lief bereits ein weiteres Verfahren wegen Verstoßes gegen das Heimtückegesetz[49] gegen ihn, das am 13. Juni 1936 zu einer Verhandlung vor dem Sondergericht in Siegen führte. Steinle wurde vorgeworfen, am 9. August 1935, also nur wenige Tage bevor er wegen eines anderen „Vergehens" ausgewiesen wurde, Behauptungen aufgestellt zu haben, die geeignet gewesen seien, das Ansehen der NSDAP und ihrer Gliederungen zu schädigen.[50] Wieder waren Äußerungen, die im privaten Rahmen ent-

44 Vgl. Stapo Dortmund an Presbyterium v. 5. 9. 1935, in: Kgm. Netphen, H 3.
45 Müller an Steinle v. 4. 9. 1935 (Abschr.), in: KSA, E 9, Bd. XII.
46 Ebd.
47 Ebd.
48 Vgl. Steinle an Müller v. 1. 10. 1935, in: KSA, E 9, Bd. XIII.
49 RGBl. I.1933, S. 135; RGBl. I.1934, S. 1269–1271.
50 SZ v. 15. 6. 1936.

standen waren, durch eine Denunziation an das Licht der Öffentlichkeit gedrungen. Steinle hatte – so die Anklage – einen Ausspruch Goebbels' kritisiert, nach dem sich Nationalsozialisten die Gnade des Himmels verdient hätten. Außerdem hatte er Zweifel an der „arischen" Abstammung des Reichsjugendführers Baldur von Schirach geäußert. Dies genügte, um ein Verfahren gegen Steinle einzuleiten. Diesmal setzte sich der Bruderrat stärker für Steinle ein. Er beantragte die Bestellung von Entlastungszeugen und forderte die Pfarrer der Synode auf, der Verhandlung beizuwohnen.[51] In einem Schreiben an das Sondergericht versuchte der Bruderrat die Äußerungen Steinles mit den örtlichen Verhältnissen und der aus seiner Kriegsverletzung herrührenden Reizbarkeit zu erklären. Hinsichtlich seiner weltanschaulichen Äußerungen stellte sich der Bruderrat hinter Steinle.[52] In diese Richtung zielte auch eine Erklärung der Pfarrkonferenz, die den evangelischen Grundsatz von der Rechtfertigung aus Glauben erläuterte. Darin hieß es, wer sage, daß der Heldentod für das Vaterland selig mache, widerspreche dem Worte Gottes.[53] Mit solcher „theologischer Voreingenommenheit" indes meinte das Sondergericht nicht an die Dinge herangehen zu können, sondern es wollte diese „vom Standpunkt des einfachen und unverbildeten Volksgenossen"[54] aus betrachten. Es verurteilte Steinle daher zu sechs Monaten Gefängnis. Strafmildernd wurde allein berücksichtigt, daß Steinle während des Krieges eine schwere Kopfverletzung davongetragen hatte. Damit wertete das Gericht offenbar die Kritik am NS-Staat auch als Zeichen eines krankhaften Geisteszustandes. Strafverschärfend wirkte sich daher auch aus, daß Steinle als Pfarrer nicht „das Große und Wunderbare der Bewegung"[55] sehe bzw. nicht sehen wolle. Steinle mußte die Haftstrafe jedoch nicht antreten, weil sie im Rahmen einer Amnestie zur Bewährung ausgesetzt wurde. Steinle konnte dadurch seine Arbeit als Gemeindepfarrer weiterführen, was durch die Ereignisse natürlich nicht einfacher geworden war. Ein Mitglied des Bruderrates regte an, Steinle zu einem positiveren Verhältnis zum „heutigen Staat" zu verhelfen. Das Verfahren gegen Steinle habe bewiesen, wie notwendig das Zeugnis der Kirche auf ihrem Gebiet sei, aber auch wie dringlich es sei, „daß die zum Zeugnis Berufenen nicht durch unnötige Gegensätze in den peripherischen Dingen sich den Boden und den Zugang für ihr Zeugnis erschweren"[56]. Dies wurde auch von den übrigen Mitgliedern des Bruderrates ähnlich gesehen. Der Bruderrat sah sich „wegen des teilweisen politischen Inhaltes seiner Äußerungen und der nur

51 Protokoll über die Sitzung des BR v. 5. 6. 1936; Schr. des BR v. 9. 6. 1936 an den Verteidiger (Abschr.), in: KSA, E 9, Bd. XIII.
52 „Die in dieser Richtung getanen Äußerungen machen wir und die gesamte Siegerländer Pfarrerschaft uns durchaus zu eigen und jedes in dieser Richtung gefällte Urteil trifft uns und das gläubige Siegerländer Laientum mit dem Verurteilten." BR an Sondergericht v. 9. 6. 1936 (Abschr.), in: KSA, E 9, Bd. XIII.
53 Vgl. Schr. der Pfarrkonferenz an das Sondergericht v. 8. 6. 1936 (Abschr.), in: KSA, E 9, Bd. XIII.
54 SZ v. 15. 6. 1936.
55 SZ v. 15. 6. 1936.
56 Schr. an Müller v. 15. 6. 1936, in: KSA, E 9, Bd. XIII.

teilweisen seelsorgerlichen Abzweckung"[57] nicht in der Lage, durch eine Erklärung hinter Steinle zu treten. Er hielt es dagegen für notwendig, ihn zu veranlassen, vor der Gemeinde ein klärendes Wort zu sagen und sein Bedauern über die politischen Äußerungen auszudrücken. Damit hatte der Bruderrat deutlich gemacht, daß Äußerungen, die über den seelsorgerlichen Auftrag der Kirche hinausgingen und sich gegen Staat und Partei richteten, nicht von ihm mitgetragen wurden. Im Gegenteil, die politischen Äußerungen wurden als Hindernis für die notwendige weltanschauliche Auseinandersetzung mit dem Nationalsozialismus oder Teilen desselben angesehen:

> „Sehr bedauerlich war, daß die politischen Äußerungen seine und unsere Stellung so erschwerten, daß zwar das letzte weltanschaulich Trennende deutlich hervortrat, indessen ein fruchtbarer Kampf darum nicht zu führen ist."[58]

Man unterschied also immer noch streng zwischen dem NS-Regime als dem politischen Establishment und den weltanschaulichen Gegnern innerhalb der NSDAP. Während man weltanschauliche Äußerungen von NS-Größen als Privatmeinung verharmloste, verhielt es sich im kirchlichen Raum in umgekehrter Entsprechung. Wer sich als Pfarrer über die weltanschauliche Auseinandersetzung hinaus in den politischen Bereich vorwagte, redete damit nicht mehr als Amts-, sondern als Privatperson und war nicht mehr durch die Kirche geschützt. Dies bedeutete jedoch unter einem Regime, das die politische Meinungsfreiheit außer Kraft gesetzt hatte, das Ausgeliefertsein an ein System der Verdächtigung und Denunziation, in dem schon die privat geäußerte Meinung die schlimmsten Folgen für die eigene Person nach sich ziehen konnte. Steinle gab schließlich am 28. Juni 1936 im Gottesdienst folgende Erklärung ab:

> „Wie die Gemeinde weiß, hat das Sondergericht Dortmund am 13. Juni d. Js. in Siegen sein Urteil gesprochen. Es kann Euch als wachen Gemeindegliedern nicht verborgen geblieben sein, daß es mir im Letzten darum geht, die frohe Botschaft von Jesus Christus, dem Heiland der Welt, in Predigt, Unterricht und Seelsorge unverkürzt zu verkünden.
> Wenn ich tatsächlich in gelegentlichen privaten Äußerungen die vom Evangelium gezogenen Grenzen überschritten habe, so stehe ich nicht an, mich um deswillen vor dem Herrn wie vor der Gemeinde zu beugen.
> Daher ist mein Gebet: Nimm mein Leben, Jesu, Dir übergeb' ich's für und für. Nimm Besitz von meiner Zeit, jede Stund' sei Dir geweiht. – Nimm die Stimme, lehre mich, reden, singen nur für Dich; nimm, o Herr, die Lippen mein, lege Deine Worte drein!"[59]

Damit hatte Steinle die Forderung des Bruderrates erfüllt, ohne dabei sein Gesicht zu verlieren. Er hatte deutlich gemacht, daß die Grenzen seines Redens allein vom Evangelium und nicht von irgendeiner anderen Instanz gesetzt wurden.

---

57 Protokoll über die Sitzung des BR v. 24. 6. 1936, in: KSA, E 9, Bd. XIII. Vgl. auch den Bericht des BR an Präses Koch. Darin hieß es: „Leider hatte Herr Pfarrer Steinle schon in früherer Zeit verschiedentlich sehr gewagte Äußerungen getan, sich auch in seinem Verhalten einigemal so vergriffen, daß die Verhandlungen nicht nur um sachliche Fragen und Anliegen der bekennenden Gemeinde gingen. So hatte er den Hitlergruß konsequent verweigert, darüber auch Äußerungen vor Konfirmanden getan." Müller an Koch v. 18. 6. 1936, in: EKvW 5.1, Nr. 851, Fasc. 1.
58 Müller an Koch v. 18. 6. 1936, in: EKvW 5.1, Nr. 851, Fasc. 1.
59 Abschr. in: KSA, E 9, Bd. XIII.

4.3 Der Eingriff des Staates

4.3.1 Die Finanzabteilungen

Da die zur Bekennenden Kirche zählenden Gemeinden die landeskirchliche Umlage[60] bei den Kirchensteuern nur zum Teil bezahlten bzw. auf ein Treuhandkonto überwiesen, kam der Haushalt der Landeskirche zunehmend in Bedrängnis. Um die finanzielle Versorgung der – von Deutschen Christen beherrschten – Kirchenleitungen sicherzustellen, erließ das Preußische Staatsministerium am 11. März 1935 ein Gesetz über die Vermögensverwaltung in den evangelischen Landeskirchen.[61] Es sah vor, daß beim Evangelischen Oberkirchenrat und in den Konsistorien Finanzabteilungen eingerichtet wurden, die über das Finanzgebaren der Gemeinden wachen sollten und als staatlich eingesetzte Organe auch über die notwendigen Zwangsmittel verfügten, um eine „korrekte" Verwaltung der Finanzmittel durchzusetzen.[62] Mit diesen Finanzabteilungen besaßen die Kirchenleitungen und auch der Staat nun ein wirksames Instrument, um auf dem Wege der Finanzkontrolle auf die kirchlichen Verhältnisse einzuwirken.[63]

Die Auswirkungen dieses Gesetzes bekamen die Gemeinden auch im Siegerland bald zu spüren. Die Kirchensteuerbeschlüsse von vier Kirchengemeinden (Ferndorf, Weidenau, Klafeld und Hilchenbach), die deutschchristliche Presbyter entlassen hatten, wurden von der Finanzabteilung zurückgewiesen. Dies stellte die betroffenen Gemeinden vor große finanzielle Schwierigkeiten, da ohne Kirchensteuerbeschluß keine Kirchensteuer erhoben werden konnte. Pfarrer Dr. Müller bat daraufhin den Bruderrat der altpreußischen Bekenntnissynode um ein klärendes Wort.[64] Dieser antwortete in Übereinstimmung mit einer Stellungnahme des westfälischen Bruderrates, daß „in genau umgrenzten Fällen" ein Tätigwerden der alten Körperschaften, d. h. die Beteiligung der Deutschen Christen, zulässig sei.[65] Falls die Gemeinden dennoch nicht zu dieser Lösung bereit waren – und dies hatte Müller bereits angedeutet –, blieben nur noch die zwei Möglichkeiten, entweder den Haushalt und die Kirchensteuer durch die Finanzabteilung festsetzen zu lassen oder aber auf die Erhebung der Kirchensteuer zu verzichten und den Haushalt durch freiwillige Abgaben zu bestreiten. Die Gemeinden befanden sich also in einem Trilemma: Eine Beteiligung der DC-

---

60 Da in der EKdAPU die Kirchengemeinden selbst die fällige Kirchensteuer erhoben, mußte der Haushalt der Synodalverbände, der Kirchenprovinzen und der Landeskirche durch eine Umlage gedeckt werden, die die Gemeinden jährlich an sie abführten; vgl. Hey, Kirchenprovinz, S. 88.
61 GDEK Nr. 14/1935, S. 42.
62 Zur Vorgeschichte vgl. H. Steinberg, Gerhard Thümmel und sein Anteil an der Entstehung der Finanzabteilungen, in: JWKG 81 (1988), S. 113–138.
63 Vgl. Meier II, S. 41 f.
64 Müller an BR der altpr. BS v. 4. 9. 1935 (Abschr.), in: KSA, E 9, Bd. XII.
65 Vgl. wf. BR an BR der altpr. BS und Rat der EKdAPU an Müller v. 17. 10. 1935, in: KSA, E 9, Bd. XIII.

Presbyter hätte einen Verstoß gegen die Beschlüsse der Dahlemer Synode bedeutet, die eine Suspension der Deutschen Christen von kirchlichen Ämtern gefordert hatte. Die zweite Möglichkeit aber: Festsetzung des Haushalts durch die Finanzabteilung, war ein schwerwiegender Eingriff in die kirchliche Selbstverwaltung, den es zu vermeiden galt. Die Finanzierung durch freiwillige Spenden schließlich wäre zwar der konsequenteste Weg gewesen, hätte jedoch die Gemeinden auch vor die größte Belastungsprobe gestellt.

Die betroffenen Gemeinden verhielten sich in dieser schwierigen Lage unterschiedlich. Das Presbyterium der Gemeinde Klafeld entschloß sich „schweren Herzens", den Steuerbeschluß gemeinsam mit den Deutschen Christen zu verabschieden. Es folgte damit einem Rat von Pfarrer Steil vom westfälischen Bruderrat, der darin ein geringeres Übel gesehen hatte als in der Auslieferung der Finanzverwaltung an den Staat.[66] Damit war das eigentliche Problem aber nur vertagt, denn im nächsten Jahr stand dieselbe Entscheidung wieder an. In Ferndorf dagegen wurde für die Jahre 1935 und 1936 der Kirchensteuerbeschluß durch die Finanzabteilung festgesetzt.[67] In der Kirchengemeinde Weidenau wurde wegen der Arbeitsunfähigkeit des dortigen Presbyteriums ein Finanzbevollmächtigter eingesetzt.[68] Die Kirchengemeinde Hilchenbach lehnte hartnäckig eine Beteiligung der Deutschen Christen bei der Verabschiedung des Steuerbeschlusses ab, der dann von der Finanzabteilung festgesetzt wurde.[69]

4.3.2 Die Kirchenausschüsse

Die Einrichtung von Finanzabteilungen war nur der Beginn einer staatlichen Initiative im Jahre 1935, die das Ziel hatte, zu einer Befriedung der kirchenpolitischen Lage zu kommen, nachdem das kirchliche Einigungswerk eines August Jäger gescheitert war. Zentrale Instanz bei diesem Neuordnungsversuch war ein für diesen Zweck errichtetes „Reichsministerium für die kirchlichen Angelegenheiten", das dem früheren Reichsminister ohne Geschäftsbereich, Kerrl, übertragen wurde.[70] Kerrl erhielt mit dem „Gesetz zur Sicherung der Deutschen Evangelischen Kirche" vom 24. September 1935 das

66 Vgl. Buscher an Müller v. 4. 9. 1935, in: KSA, E 9, Bd. XII.
67 Kgm. Ferndorf N-6.23. Als ein ordentlicher Beschluß über die Kirchensteuer aufgrund des Ausschlusses der DC-Presbyter nicht gefaßt werden konnte, verweigerten einige Deutsche Christen die Zahlung der Kirchensteuer. Nachdem aber die Finanzabteilung den Etat festgesetzt und der Regierungspräsident diesen genehmigt hatte, betrieb die Amtskasse auf Ersuchen des Presbyteriums die Zwangsbeitreibung der säumigen Kirchensteuer; vgl. DC an Bgm. v. 13. 8. 1936 u. Bgm. an DC v. 17. 8. 1936, in: Amt Ferndorf, Fach 60, Nr. 3, H.1.
68 Vgl. 75 Jahre Evangelische Kirchengemeinde Weidenau (Sieg) und die Vorgänge in: EKvW 2neu, Weidenau 6, Bd. I.
69 Kgm. Hilchenbach, Protokollbuch des Presb. v. 12. 1. 1936 u. RP an RKM v. 29. 1. 1937, in: BA Potsdam, RKM Nr. 22390, S. 281.
70 Vgl. Meier II, S. 68.

Recht, Verordnungen mit rechtsverbindlicher Kraft zu erlassen.[71] Die konkreten Maßnahmen wurden in zahlreichen Durchführungsverordnungen bekanntgegeben. Dazu zählte zunächst die Einsetzung von Kirchenausschüssen, die an die Stelle der bisherigen Kirchenleitungen treten sollten. Ein Reichskirchenausschuß (RKA), Landeskirchenausschüsse (LKA) und Provinzialkirchenausschüsse (PKA) wurden gebildet, die meist mit Vertretern unterschiedlicher kirchenpolitischer Richtungen besetzt wurden, um ein Zusammenkommen der Parteien zu ermöglichen. Die Provinzialkirchenausschüsse sollten den Provinzialkirchenverband verwalten und die Kompetenzen des Provinzialkirchenrates übernehmen.[72]

Weil die Einsetzung und die Arbeit dieser Ausschüsse jedoch einen massiven Eingriff in das kirchliche Eigenleben bedeuteten, war die Mitarbeit in ihnen in den Reihen der Bekennenden Kirche stark umstritten. Besonders Vertreter der reformierten Kreise sahen darin die Selbstverwaltung der Gemeinden sowie den Grundsatz von der Schriftgebundenheit der äußeren Ordnung der Kirche gefährdet.[73] Dies brachte auch die Siegener Pfarrkonferenz in einem Brief an den westfälischen Bruderrat deutlich zum Ausdruck. Darin bezeichneten die Siegerländer Pfarrer schon die Art des Zustandekommens und die Zusammensetzung der Ausschüsse als „unerträglich". Es sei geboten, „nicht erst die Ergebnisse ihrer Arbeit abzuwarten, sondern von vornherein laut und vernehmlich von Westfalen her aus den Gemeinden heraus den Widerstand anzumelden"[74]. Die Stellung des Provinzialkirchenrates, insbesondere die von Präses D. Koch, die durch einen zu bildenden PKA faktisch aufgelöst würde, dürfe nicht ohne weiteres aufgegeben werden. Außerdem wurde die baldige Einberufung einer Versammlung von Pfarrern und Ältesten für ganz Westfalen gefordert, um zu einer „einheitlichen Rückbesinnung auf den Barmer und Dahlemer Kurs" zu kommen. In der Tat lag der Kern der mit der staatlichen Initiative aufgeworfenen Problematik darin, ob man auf dem in Barmen und Dahlem gewiesenen streng bekenntniskirchlichen Kurs verbleiben oder aber an den Plänen Kerrls mitarbeiten sollte, um auf dem Wege des Kompromisses zu einer pragmatischen Lösung der Kirchenkrise zu kommen, zumal die Arbeit der Ausschüsse von vornherein als befristete Maßnahme gedacht war. In Westfalen war die Lage ohnehin so, daß die Bekennende Kirche aufgrund ihrer Stärke eine Mehrheit im Provinzialkirchenausschuß beanspruchen konnte. Der westfälische Bruderrat hatte daher unter gewissen Vorbehalten seine grundsätzliche Bereitschaft zu Verhandlungen über die Bildung eines PKA angedeutet.[75]

Am 31. Oktober 1935 fanden im ganzen Siegerland Bekenntnisgottesdienste statt, um die Gemeindeglieder über die aktuelle kirchenpolitische

71 GDEK Nr. 28/1935, S. 99.
72 Vgl. Schmidt, Dokumente II/1, S. 17.
73 Z. B. Pastor Humburg und der Coetus reformierter Prediger; Meier II, S. 79 f.
74 Brief des BR und der Pfarrkonferenz Siegen an den wf. BR v. 14. 10. 1935, in: KSA, E 9, Bd. XIII.
75 Hey, Kirchenprovinz, S. 122.

Entwicklung zu unterrichten.[76] Ein erstes Ergebnis der Meinungsbildung in den Gemeinden brachte das Presbyterium der Kirchengemeinde Oberfischbach in einer Eingabe an den westfälischen Bruderrat zur Sprache.[77] Im Blick auf den bereits gebildeten Reichskirchenausschuß (14. 10. 1935) bemerkte das Presbyterium, es sei mit der Stellungnahme der Synoden der Bekennenden Kirche „schlechterdings unvereinbar", daß er seinen Auftrag von einer „kirchenfremden, nicht durch Schrift und Bekenntnis gebundenen Instanz" entgegengenommen habe. Außerdem sei es gegen die Bekenntnisse von Barmen und Dahlem, wenn in diesem Ausschuß Männer mitarbeiteten, die sich nicht an diese Bekenntnisse gebunden wüßten. Darüber hinaus müsse es in einer „befriedeten" Kirche notwendig zu einer Zusammenarbeit mit den Deutschen Christen und ihrer Gleichberechtigung kommen. Auch dies sei unvereinbar mit den Bekenntnissen der Bekennenden Kirche; ja, das Bekennen in Barmen und Dahlem würde „lästerlich" werden, weil es im Namen Gottes gesagt und dann doch nicht ernst genommen würde.[78] Außerdem wurde bemängelt, daß Reichsminister Kerrl die Berufung der Ausschüsse selbst in die Hand genommen habe, „d. h. der Staat greift überaus weit und entscheidend in die Selbstverwaltung und -gestaltung der Kirche ein". Bezeichnend sei auch die Beteiligung von Gauleitern der Partei an der Besetzung der Ausschüsse. Dies aber bedeute die „Auslieferung der Kirche nicht nur an den Staat, sondern auch an die Partei und ihre Kriterien, die ja keineswegs an Schrift und Bekenntnis gebunden, wohl aber notwendig politisch und weltanschaulich orientiert sind; das bedeutet aber endlich die Auflösung der Kirche als Kirche".[79] Damit war die schärfstmögliche Ablehnung der Kirchenausschüsse ausgesprochen.

Am 29. Oktober war es in Münster zu ersten Verhandlungen zwischen Vertretern der westfälischen BK und Reichskirchenminister Kerrl über die Bildung eines westfälischen PKA gekommen. Sie waren jedoch ergebnislos verlaufen, weil die Bekenntnisseite befürchtete, daß die Ausschüsse geistliche Funktionen erhalten würden und damit der Leitungsanspruch der BK neutralisiert werden könnte.[80] Darüber berichtete Pfarrer Stratenwerth (Dortmund), der an diesen Verhandlungen beteiligt war, vor einer Versammlung von 43 Pfarrern, Hilfspredigern und Vikaren der Synoden Siegen und Wittgenstein, die in einer Entschließung den Vertretern der Bekennenden Kirche „für ihre Haltung einmütig ihren Dank und ihr Vertrauen"[81] aussprachen. Gleichzeitig stellten sie fest, daß sie den westfälischen Bruderrat als ihre alleinige Kirchenleitung betrachteten. Pfarrer Dr. Müller machte in einem Brief an Pfarrer Lücking jedoch darauf aufmerksam, daß sich die-

---

76 Vgl. Müller an die Bekenntnispfarrer v. 23. 10. 1935, in: KSA, E 9, Bd. XIII.
77 Folgende Zitate aus diesem Brief v. 8. 11. 1935, in: Kgm. Freudenberg, D 6. Vgl. W. Niemöller, Bekennende Kirche in Westfalen , S. 171 f.
78 Ebd.
79 Ebd.
80 Vgl. Meier II, S. 220.
81 In: KSA, E 9, Bd. XIII.

ses Vertrauensvotum nur auf die Verhandlungen mit dem Kirchenminister, „nicht aber allgemein auf die Haltung des Bruderrates"[82] beziehe. Im Gegenteil, man müsse mit Besorgnis feststellen, daß der Bruderrat den Kurs von Barmen und Dahlem verlassen habe, von dessen konsequenter Durchführung allein „die meisten unserer Siegerländer Brüder" den Sieg der Bekenntnissache und die kirchliche Erneuerung erwarteten. Müller wies darauf hin, „daß das Siegerland bei jedem weiteren Abweichen von der besagten Linie laut seine Stimme erheben und konsequent seine Gefolgschaft versagen wird auf Wegen, auf denen wir uns einfach in die Ohnmacht hineinmanövrieren"[83].

Dieser Brief enthielt massive Vorwürfe gegen den westfälischen Bruderrat, ohne jedoch ein konkretes Verschulden zu benennen. Lücking äußerte deshalb sein Unverständnis über diesen Affront und bat Müller, seine Darlegungen zu präzisieren.[84] Eine Antwort Müllers ist nicht bekannt. Der obige Brief muß jedoch als Warnung an die Mitglieder des westfälischen Bruderrates gedeutet werden, sich weiter auf die Ausschußlinie einzulassen. Hier ist erstmals das Mißtrauen deutlich spürbar, das in den folgenden Monaten bezüglich der Haltung des westfälischen Bruderrates wiederholt zum Ausdruck kam.

Bereits auf der nächsten Pfarrkonferenz am 6. Dezember 1935 meldete sich das Siegerland in der Frage der Kirchenausschüsse erneut zu Wort. 27 Pfarrer (einschließlich Sup. Heider), vier Hilfsprediger und sechs Vikare sowie die Laienmitglieder des Bruderrates der Synode Siegen unterzeichneten einen Brief an den ehemaligen westfälischen Generalsuperintendenten Zoellner, der nun dem Reichskirchenausschuß vorstand.[85] Darin hieß es:

„1) Wir gedenken dankbar Ihres früheren Weges, der die Wahrung des Bekenntnisses und die Freihaltung der kirchlichen Verkündigung von jeder staatlichen Bindung zum Ziele hatte.
2) Wir beobachten mit Bangen, wie Sie diesen Weg nunmehr preisgegeben haben zugunsten eines völlig unreformatorischen, weil staatlich und weltanschaulich gebundenen Kirchengebildes.
3) Wir sehen mit tiefem Schmerz, wie Sie mit Ihrem verdienten Namen groben Mißbrauch treiben lassen zur Verwirrung der Gemeinde Christi.
Wir können und werden diesen von Ihnen nunmehr beschrittenen Weg nicht mitgehen."[86]

Unter dem gleichen Datum wandten sich die Anwesenden an Reichsminister Kerrl und erklärten – „in Sonderheit gebunden durch unser reformiertes Bekenntnis, nach dem neben der Verkündigung auch die Ordnung und Verwaltung der Kirche bekenntnismäßig sein muß" – ihre Unterstützung für eine Protestnote von 59 Pfarrern und Hilfspredigern der Synode Dortmund,

82 Müller an Lücking v. 6. 11. 1935 (Abschr.), in: KSA, E 9, Bd. XIII.
83 Ebd.
84 Lücking an Müller v. 16. 11. 1935, in: KSA, E 9, Bd. XIII.
85 Meier II, S. 81; Werner Philipps, Wilhelm Zoellner – Mann der Kirche in Kaiserreich, Republik und Drittem Reich (= BWFKG 6), Bielefeld 1985.
86 Abschrift des Briefes an Zöllner v. 6. 12. 1935 und Unterschriftenliste, in: KSA, E 9, Bd. XIII.

die ebenfalls eine Neuordnung der Kirche aus dem Bekenntnis heraus gefordert hatten.[87] Damit hatten sich alle Pfarrer der Synode gegen die Ausschußlinie ausgesprochen, abgesehen von den drei bekannten DC-Pfarrern und dem lutherischen Pfarrer Koch (Olpe). Diese Stellungnahmen verdeutlichen die strikte Ablehnung, welche die Siegerländer Pfarrer und Gemeinden zu diesem Zeitpunkt der Kirchenausschußpolitik Kerrls entgegenbrachten. Sie sahen darin einen eklatanten Bruch mit der in Barmen und Dahlem erfolgten theologischen Vergewisserung des Kurses der Bekennenden Kirche. Gerade im Siegerland, wo die Bekennende Kirche in einer so überaus starken Position war, mußte jede Zusammenarbeit mit dem kirchenpolitischen Gegner in Form von Ausschüssen als ein Rückschritt hinter bisher Erreichtes gelten. Darüber hinaus war die Art und Weise, wie hier kirchenleitende Organe eingesetzt werden sollten, mit dem reformierten Kirchenverständnis unvereinbar.

Auch die Deutschen Christen im Siegerland meldeten sich in der Frage der Kirchenausschüsse zu Wort. Sie waren durch ihre Kreisobmänner, Baum und Irle, bei den Verhandlungen, die Kerrl Ende Oktober 1935 mit den Vertretern der verschiedenen kirchlichen Gruppierungen in Münster geführt hatte, zugegen gewesen.[88] Am 22. November wandten sie sich schriftlich an Kerrl, um gegen die zwischenzeitlich erwogene Berufung von Präses Koch in den Provinzialkirchenausschuß zu protestieren. Sie hofften, bei Kerrl Verständnis dafür zu finden, „daß es für uns Deutsche Christen und Nationalsozialisten einfach unerträglich ist, wenn der verantwortliche Führer der Bekenntnisfront zur maßgeblichen Mitarbeit an dem erstrebten Befriedungswerk herangezogen werden soll"[89]. In diesem Fall würde man keine Möglichkeit zur Mitarbeit in dem Ausschuß mehr sehen und darüber hinaus das „Heimatrecht" in der evangelischen Kirche verlieren. Die Deutschen Christen stellten sich selbst als die besseren Staatsbürger dar, indem sie die staatlichen Pläne unterstützten, machten jedoch mit unmißverständlicher Schärfe deutlich, daß eine Zusammenarbeit mit Koch undenkbar sei. Diese Stellungnahmen von Bekennender Kirche einerseits und Deutschen Christen andererseits machen deutlich, wie schwierig es bei den verhärteten Fronten und kategorischen Forderungen war, auf einen gemeinsamen Nenner zu kommen.

Die klare Haltung der bekenntnistreuen Gemeinden gegen die Ausschußlinie wurde jedoch in den folgenden Wochen erschüttert, die im Bereich Altpreußens geprägt waren durch die Bemühungen um ein Arrangement zwischen Bekennender Kirche und den Kirchenausschüssen. In diesem Zusammenhang wurde auch die Möglichkeit eines „Simultaneums" diskutiert. Dies besagte, daß die Vertreter von Bekennender Kirche und Deut-

---

87 Abschrift des Briefes an Kerrl v. 6. 12. 1933, in: KSA, E 9, Bd. XIII. Vgl. W. Niemöller, Bekennende Kirche in Westfalen, S. 172 f.
88 Dies geht aus dem Brief von Baum u. Irle an Kerrl v. 22. 11. 1935, in: BA Potsdam, RKM Nr. 23764, hervor.
89 Ebd.

schen Christen in einer zu bildenden geistlichen Leitung jeweils die Belange ihrer Richtung regeln sollten. Die „Betheler Sätze" vom 2. Januar 1936 nahmen diesen Lösungsversuch in modifizierter Form auf. Sie wurden vom westfälischen Bruderrat als geeignete Grundlage für weitere Verhandlungen angesehen. Damit war eine Voraussetzung geschaffen, um nun endlich zur immer noch ausstehenden Bildung eines westfälischen Provinzialkirchenausschusses zu kommen.[90]

Die Haltung des westfälischen Bruderrates zu den Betheler Sätzen war jedoch sehr umstritten. Elf Pfarrer, vier Hilfsprediger und fünf Vikare der Kreissynode Siegen forderten in einem Brief an Präses D. Koch und Pfarrer Lücking, die Verhandlungen über ein Simultaneum „tunlichst nicht weiter fortzusetzen"[91]. Zur Begründung hieß es:

> „1) Das Simultaneum ist für eine Bek. Kirche eine innere Unmöglichkeit, weil sie damit in schriftwidriger Weise praktisch Nichtkirche als Kirche anerkennt und in kirchliche Rechte einsetzen hilft.
> 2) Es würde die Linie von Barmen und Dahlem grundsätzlich verleugnen, damit die einzige erfolgverheißende weil schriftgemäße Haltung aufgeben und die innere Kraft der Bek. Kirche vor aller Welt brechen.
> 3) Es würde die Einrichtung einer neutralen Verwaltung nötig machen, deren Möglichkeit bisher von der Bek. Kirche grundsätzlich verneint worden ist, und deren nunmehrige Anerkennung ihren bisherigen Kampf unehrlich machen würde.
> 4) Es würde den Kirchenstreit nicht beenden, sondern nur die letzte Entscheidung hinausschieben und notwendigerweise neuen Kampf aus sich gebären.
> 5) Es würde den Kampf um die innerste Erneuerung der Kirche vorzeitig aufgeben, ohne ausreifen zu lassen, um was die Bek. Kirche im letzten gekämpft hat.
> 6) Es hat zur Voraussetzung kirchliche Neuwahlen, deren Durchführung erneute Unruhe bringen muß, deren Erfolg noch im Ungewissen liegt und deren Sieg doch nur Niederlage wäre, weil er der Irrlehre erneut und gesetzlich Raum in der Kirche schafft."[92]

Man muß jedoch bedenken, daß die meisten Pfarrer der Bekenntnissynode Siegen sich dieser Meinung nicht anschlossen. Hatten sich noch im Dezember 1935 die Pfarrer einmütig gegen die Kirchenausschüsse ausgesprochen, so begann diese Front offenbar in der Frage des Simultaneums abzubröckeln. Es hatte sogar harte Differenzen über die Art gegeben, wie Pfarrer Dr. Müller hier zu einer Beschlußfassung kommen wollte. Denn Müller hatte den Text der obigen Entschließung den Amtsbrüdern mit der Bitte zugesandt, eine abweichende Meinung innerhalb von zwei Tagen mitzuteilen, ansonsten werde die Zustimmung vorausgesetzt.[93] Daraufhin protestierte Pfarrer Demandt (Freudenberg) gegen diese Form – nicht den Inhalt – der Abstimmung. Mit einer solchen „Kampfmethode" wolle er nichts zu tun haben.[94] Pfarrer Müller forderte daher in einem erneuten Schreiben die Amtsbrüder auf, in jedem Fall ihre Ablehnung oder Zustimmung mitzuteilen.[95]

---

90 Vgl. Meier II, S. 97 f.
91 Brief Müller v. 29. 1. 1936 (Abschr.) mit anliegender Entschließung, in: KSA, E 9, Bd. XIII.
92 Ebd.
93 Rundbrief Müller v. 16. 1. 1936, in: KSA, E 9, Bd. IV.
94 Demandt an Müller v. 17. 1. 1936, in: KSA, E 9, Bd. XIII.
95 Schr. Müller v. 19. 1. 1936, in: KSA, E 9, Bd. XIII.

Pfarrer Schmidt (Siegen) kritisierte den Text der Entschließung in einem ausführlichen Brief an Pfarrer Müller. Er lehnte jeden „Doktrinarismus", der die komplizierte kirchliche Wirklichkeit verfehle, ab und forderte, man solle den Ausschüssen eine Chance geben.[96] Schmidt hielt mit dieser Ansicht auch nicht bei seiner Berichterstattung im „Evangelisch-Kirchlichen Sonntagsblatt für Siegerland und Wittgenstein", dessen Schriftleiter er war, zurück. Ihm wurde daraufhin vorgeworfen, die öffentliche Meinung im Sinne der vom Reichskirchenausschuß betriebenen Kirchenpolitik zu beeinflussen. Pfarrer Müller teilte ihm im Anschluß an eine Tagung der Pfarrbruderschaft mit, er sei „beauftragt worden, Sie darauf aufmerksam zu machen, daß diese Artikel in Pfarrerschaft wie in Gemeinden ernsten Bedenken begegnen. Sie werden damit rechnen müssen, daß Sie bei weiterem Verfolgen dieser Linie das geschlossene Einstellen des Bezuges in etlichen Gemeinden des Siegerlandes zu erwarten haben."[97] Es ist jedoch unklar, wie viele Pfarrer diesen Brief wirklich unterstützten. Die Verunsicherung der Pfarrerschaft wird auch daran deutlich, daß ein Telegramm, das am Tag der Zusammenkunft der Pfarrbruderschaft an Präses Koch abging, nur von neun Pfarrern unterzeichnet wurde, die darin erklärten, „daß sie der Bekenntniskirche auf dem seit einiger Zeit beschrittenen Wege der Verhandlungen und Kompromisse zu folgen nicht in der Lage sind. Wir erwarten von der Synode eine ganz klare und eindeutige Entscheidung in der alleinigen Bindung an den alleinigen Herrn der Kirche."[98] Hiermit war die Reichsbekenntnissynode angesprochen, die vom 17. bis 22. Februar in Bad Oeynhausen tagte. Die geringe Zahl der Pfarrer, die dieses Telegramm unterzeichneten, zeigte, daß eine einhellige Meinung über die Beurteilung der kirchenpolitischen Entwicklung in der Pfarrerschaft nicht mehr vorhanden war. Pfarrer Schmidt stand mit seiner kompromißbereiten Haltung sicher nicht allein da.

Pfarrer Demandt (Freudenberg) geriet in einen besonderen Gewissenskonflikt, als ihm mitgeteilt wurde, daß seine Berufung zum stellvertretenden reformierten Mitglied im Disziplinarhof der Deutschen Evangelischen Kirche in Aussicht genommen worden sei.[99] Da die Berufung jedoch vom Reichskirchenausschuß vollzogen wurde, stand er vor der Frage, ob er diese Berufung annehmen könne oder nicht. Nachdem ihm von mehreren Seiten (u. a. von Lücking und Humburg) abgeraten worden war und außerdem die reformierte Kirche Hannover das Disziplinargesetz als bekenntniswidrig bezeichnet hatte, entschloß sich Demandt, die Berufung abzulehnen.[100]

Überall in der Bekennenden Kirche standen sich nun Befürworter und Gegner der Ausschußlinie gegenüber. Eine Spaltung auf der Leitungsebene bahnte sich an, als am 3. Januar 1936 der Reichsbruderrat mit 17:11 Stimmen entschied, daß die Vorläufige Kirchenleitung nicht mehr arbeitsfähig

96 Schmidt an Müller v. 27. 1. 1936, in: KSA, E 9, Bd. XIII.
97 Brief an die Schriftleitung v. 18. 2. 1936 (Abschr.), in: KSA, E 9, Bd. XIII.
98 Telegramm an Koch v. 17. 2. 1936 (Abschr.), in: KSA, E 9, Bd. XIII.
99 Demandt berichtete darüber in einem Brief an Pfr. Müller v. 21. 4. 1936, in: KSA, E 9, Bd. XIII.
100 Demandt an Müller v. 11. 5. 1936, in: KSA, E 9, Bd. XIII.

sei, weil in ihr die Bindung an die grundlegenden Beschlüsse der BK nicht mehr gewährleistet sei. Bis zur Einberufung einer Bekenntnissynode bestimme der Reichsbruderrat die Leitung der Bekennenden Kirche. Dazu wurde ein Vorbereitender Ausschuß eingesetzt.[101] In einem Schreiben dankten 16 Pfarrer, vier Hilfsprediger, fünf Vikare und drei Laienmitglieder des Bruderrates der Synode Siegen „den 17 Brüdern des Reichsbruderrates dafür, daß sie durch ihren Antrag vom 3. 1. d. Js. eine Klärung innerhalb der VKL herbeigeführt haben und bitten sie, im Sinne des gefaßten Beschlusses den Kampf um die innere Erneuerung der Kirche von Schrift und Bekenntnis her gemäß den Beschlüssen von Barmen und Dahlem fortzusetzen"[102].

In dieser Phase der kontroversen Diskussion um die Ausschußpolitik stiftete eine Unterschriftenaktion, die offenbar von den Deutschen Christen ausging, zusätzliche Verwirrung. Sie verteilten blaue Karten, mit denen sich die Unterzeichner *„Für den Kirchenfrieden – gegen den Kirchenstreit"* aussprachen und sich zu folgenden Sätzen bekannten:

„1. Ich fordere eine Deutsche Evangelische Kirche als Volkskirche im Dritten Reich.
2. In dieser Kirche soll *das alte Evangelium* auf der Grundlage der Heiligen Schrift nach dem Verständnis der Reformation lauter und rein verkündigt werden.
3. Als evangelischer Christ stehe ich mit Fürbitte treu und gehorsam zu Volk, Führer und Reich und bejahe die nationalsozialistische Volkwerdung auf der Grundlage von Rasse, Blut und Boden.
4. *Ich stehe zu dem Ordnungswerk des Staates in der Evangelischen Kirche durch den Reichsminister Kerrl."*[103]

Diese Aktion kopierte geschickt die Sammlung der Bekennenden Kirche mittels roter Karten im Jahre 1934. Sie wurde in Klafeld mit 2.500 Unterschriften besonders erfolgreich durchgeführt.[104] Die Bekenntnispastoren warnten unterdessen ihre Gemeindeglieder vor der Unterschrift.[105]

Auch die mit Spannung erwartete Reichsbekenntnissynode vom 17. bis 22. 2. 1936 zu Bad Oeynhausen erbrachte nicht die gewünschte Einigung in der Frage der Kirchenausschüsse. Man stimmte zwar darin überein, daß es keine Kirchenleitung ohne bekenntnismäßige Bindung gebe, die Entscheidung aber, ob eine Mitarbeit in den Ausschüssen möglich sei oder nicht, wurde dem Gewissen des einzelnen überlassen.[106] Der Reichsbruderrat wurde ermächtigt, eine neue Vorläufige Leitung zu wählen, die am 12. März 1936 ohne Beteiligung der drei intakten lutherischen Landeskirchen ins Leben trat. Neben dieser zweiten Vorläufigen Kirchenleitung bildete sich

101 Meier II, S. 94.
102 Schreiben an den Vorbereitenden Ausschuß v. 29. 1. 1936, in: KSA, E 9, Bd. XIII. Die Entschließung war den Unterzeichnern ebenfalls mit dem Brief Müllers v. 16. 1. zugegangen. Die Tatsache, daß immerhin die Hälfte der Siegerländer Pfarrer diese Entschließung unterzeichnete, zeigt, daß man im Blick auf die Reichsebene am ehesten geneigt war, eine streng dahlemitische Linie zu verfechten, während man sich im Blick auf die Ebene der Provinzialkirche zurückhaltender verhielt.
103 In: Kgm. Weidenau, „Kirchenkampf", Fasc. 4.
104 Vgl. Pfeil an EK v. 28. 9. 1936, in: EKvW 2neu, Klafeld 8, Bd. I. Dies wurde von Pfeil als Beweis für die Stärke der DC gewertet.
105 Kgm. Ferndorf, Proklamationsbuch v. 16. 2. 1936.
106 Meier II, S. 104.

ein Rat der Evangelisch-Lutherischen Kirche Deutschlands, der sich als Leitungsgremium der bekenntnistreuen lutherischen Kirchen verstand. Dies bedeutete, daß es fortan zwei Leitungsgremien der Bekennenden Kirche gab. Ein Leitungsschisma war entstanden, das bis Kriegsende nie ganz überwunden wurde.[107]

In Oeynhausen nahm der Siegerländer Älteste und langjährige Synodale D. W. A. Siebel (Freudenberg) zum letzten Mal an einer Bekenntnissynode teil. Am 16. März 1936 legte er sein Amt als Mitglied des westfälischen Bruderrates und der westfälischen Bekenntnissynode nieder.[108] Damit erlosch auch sein Amt als Vertreter Westfalens in der Bekenntnissynode der EKdAPU und der DEK. Gleichzeitig gab er seinen Austritt aus dem Siegerländer Bruderrat bekannt.[109] Mit diesem Schritt beendete Siebel einen bedeutenden Abschnitt seines kirchlichen Wirkens, das ihn in höchste kirchliche Ämter geführt hatte: 1921 gehörte er der Verfassunggebenden Kirchenversammlung der altpreußischen Kirche an, er war Mitglied der westfälischen Provinzialsynode (1920–1934), des Provinzialkirchenrates (1927 bis mindestens 1934), der preußischen Generalsynode (1920–1933) und sogar des Kirchensenats (1930–1933).[110] „Kein anderer westfälischer Nichttheologe ist jemals in alle diese hohen Gremien berufen worden."[111] Aufgrund seiner im kirchlichen Raum erworbenen Verdienste wurde Siebel im Jahre 1930 die Ehrendoktorwürde der theologischen Fakultät Münster verliehen. Im Kirchenkampf stand Siebel von Anfang an bei der Bekennenden Kirche und nahm bis zu seinem Rücktritt an sämtlichen Bekenntnissynoden der EKdAPU und der DEK teil.[112] Im Kirchenkampf vertrat er eher eine gemäßigte Richtung. Dies war schon auf der außerordentlichen Tagung der Kreissynode am 30. August 1934 deutlich geworden.[113] Seinen Rücktritt von diesen kirchlichen Ämtern begründete Siebel „in der Hauptsache" mit seinem fortgeschrittenen Alter: Er wurde am 20. April 1936 69 Jahre alt. Gleichzeitig ließ er aber im Blick auf die Synode zu Bad Oeynhausen die leise Klage darüber vernehmen, daß der „Rat der Alten" nicht mehr gelte. Er habe die Synode mit einem „übermüdeten Kopf" verlassen.[114] Dies ist ein Hinweis darauf, daß Siebel nicht glücklich war über die kirchenpolitische Entwicklung. Es scheint, als habe Siebel in der Frage der Kirchenausschüsse nicht die ablehnende Haltung vieler seiner Mitstreiter geteilt. In einem Schreiben von Pfarrer Dr. Müller (Hilchenbach), in dem dieser ausdrücklich den Schritt Siebels bedauerte, heißt es: „Die kirchliche Lage der letzten Zeit

---

107 Ebd., S. 108.
108 Siebel an Präses Koch v. 16. 3. 1936 (Abschr.), in: KSA, E 9, Bd. XIII.
109 Siebel an Müller v. 27. 3. 1936, in: ebd.
110 W. H. Neuser, D. Walther Alfred Siebel, S. 268 f.
111 Ebd., S. 268.
112 W. Niemöller, Chronik, S. 17 f. 22–24. 28.
113 Am 19. 10. 34 schrieb Müller an Lücking anläßlich einer Flugblattaktion: „Auch D. Siebel-Freudenberg gab diesmal seine Unterschrift her, der bis dahin noch immer etwas gezögert hatte." In: EKvW 5.1, Nr. 849, Fasc. 2.
114 Siebel an Präses Koch v. 16. 3. 1936 (Abschr.), in: KSA, E 9, Bd. XIII.

haben wir im Bruderrat nicht in gleicher Weise gesehen und beurteilt."[115]
Dies kann – da Müller ein entschiedener Gegner der Ausschüsse war – nur
bedeuten, daß Siebel in der Ausschußfrage eher zu einer Kompromißlösung
neigte. Dies wird auch durch seine Haltung bei der Bildung des westfälischen PKA bestätigt: Als ein Mitglied des westfälischen Bruderrates, Pfarrer Heilmann, ohne Rückendeckung des Bruderrates als Vorsitzender in den
PKA eintrat, wurde dies von der Konferenz der westfälischen BK-
Superintendenten und -Vertrauensleute mit größter Sorge aufgenommen.[116]
Siebel, der ebenfalls an der betreffenden Sitzung teilnahm, konnte nicht bis
zur Abstimmung bleiben und teilte im nachhinein sein Votum mit:

„Der Bruderrat möge auf Bruder Heilmann einwirken, daß er sein Handeln so gestaltet,
daß es in Gemeinschaft mit dem Bruderrat unter Wahrung der Richtlinien des Betheler
Paktes geschieht und eine Spaltung der bek. Kirche Westfalens vermieden wird."[117]

Siebel hielt also eine Mitarbeit in den Ausschüssen auf der Basis der
Betheler Sätze grundsätzlich für möglich, auch wenn er einen Tag später im
westfälischen Bruderrat die Mißbilligung über den Schritt Heilmanns teilte.[118] Dies war Siebels letzte Sitzung im Bruderrat, und es ist sicher kein
Zufall, daß Siebels Rücktritt eine Woche später zu einem Zeitpunkt geschah, wo durch das eigenmächtige Vorpreschen Heilmanns eine gedeihliche Zusammenarbeit mit dem westfälischen PKA wieder in weite Ferne
gerückt schien.
    Präses Koch aber dankte Siebel für die vielen Jahre gemeinsamer Ar-
beit.[119] Sein Nachfolger im westfälischen Bruderrat wurde Dipl.-Ing. Reinacher, der auch schon im Bruderrat der Siegener Bekenntnissynode tätig
gewesen war.[120] Reinacher übernahm auch das Amt in der Bekenntnissynode der EKdAPU.[121]
    Am 14. Februar 1936 wurde schließlich der westfälische Provinzialkir-
chenausschuß gebildet und mit einem Deutschen Christen, einem kirchenpolitisch Neutralen und zwei BK-Angehörigen, von denen einer den Vorsitz
führte, besetzt.[122] Als der PKA im April 1936 auf die geistliche Leitung
verzichtete, war ein wichtiges Hindernis gegen die Zusammenarbeit mit
dem Ausschuß beseitigt.[123] Der PKA beschränkte damit seine Tätigkeit auf
die Verwaltungs- und Rechtsangelegenheiten und verzichtete auf wesentli-

115 Müller an Siebel v. 8. 4. 1936 (Abschr.), in: KSA, E 9, Bd. XIII.
116 Hey, Kirchenprovinz, S. 119.
117 Siebel an Lücking v. 8. 3. 1936, in: EKvW 5.1, Nr. 845, Fasc. 2.
118 Vgl. Beschluß des wf. BR v. 9. 3. 1936, in: EKvW 5.1, Nr. 845, Fasc. 1.
119 Koch an Siebel v. 31. 3. 1936, in: EKvW 5.1, Nr. 851, Fasc. 2.
120 Müller an die Geschäftsstelle der wf. BS v. 9. 4. 1936 (Abschr.), in: KSA, E 9, Bd. XIII, und
    Protokoll über die Sitzung des wf. BR v. 28. 4. 1936, in: EKvW 5.1, Nr. 845, Fasc. 1.
121 Über die Tagung der BK-Synode der EKdAPU v. 16.–18. 12. 1936 berichtete Reinacher am 21.
    12. 1936 im Siegerländer Bruderrat, nicht D. W. A. Siebel, wie irrtümlich bei Neuser, Walther
    Alfred Siebel, S. 282; vgl. Protokoll der Sitzung des BR v. 21. 12. 1936, in: KSA, E 9, Bd. XIX.
    Siebel nahm auch nicht mehr an der Sitzung des BR v. 11. 11. 1936 teil. Er wird im Protokoll nur
    als Mitglied einer synodalen Kommission zur Gottesdienstreform erwähnt; vgl. KSA, E 9, Bd. XIX.
122 Hey, Kirchenprovinz, S. 117–119.
123 Ebd., S. 125–133.

che Bereiche wie Pfarrstellenbesetzung, Betreuung des theologischen Nachwuchses, kirchliches Vereinswesen usw. Die geistliche Leitung wurde Präses Koch zugesprochen, nur da, wo es die kirchlichen Verhältnisse erforderten, sollte DC-Pfarrer Fiebig die geistliche Leitung ausüben. Damit bahnte sich für Westfalen das an, was in den Betheler Verhandlungen als „Simultaneum" bezeichnet worden war. Nun mußte nur noch die BK-Seite ihre Zustimmung zu dieser Regelung geben. Dazu wurde für den 19. April die westfälische Bekenntnissynode nach Dortmund einberufen. Hier sprach sich jedoch die Mehrheit der Redner, darunter auch Pfarrer Barth (Oberfischbach), gegen die Einrichtung einer geistlichen Leitung und einen westfälischen Sonderweg aus.[124] Eine Entscheidung wurde nicht getroffen, sondern einem vom Bruderrat zu bildenden Ausschuß übertragen. Eine Vorlage von Lic. G. van Randenborgh, die sich ebenfalls gegen die Kirchenausschüsse richtete, wurde zur Beratung an die Kreissynoden überwiesen.[125] Der Bruderrat der Bekenntnissynode Siegen befaßte sich in seiner Sitzung vom 5. Juni 1936 mit dieser Vorlage und gelangte zu der „einmütigen Auffassung", daß die gegenwärtige Krisis, wie sie in dem Für und Wider der Ausschüsse zutage trete, letztlich begründet liege in dem „Abbiegen der Bekennenden Gemeinde von dem ursprünglich beschrittenen Wege der inneren Erneuerung"[126]. Gerade mit diesem Ziel der inneren Erneuerung waren die Gemeinden des Siegerlandes im Kirchenkampf angetreten. Mit den Kirchenausschüssen aber, die mit dem „Übel" der Finanzausschüsse, der Rechtsausschüsse und der Steuergesetzgebung zusammen gesehen wurden, sei „verkörpert der Wille des totalen Staates, die Kirche sich unterzuordnen"[127]. Gegenüber dieser Gefahr müsse die Bekennende Gemeinde durchstoßen „bis zur völligen Freiheit gegenüber dem Staate" und ihre eigenen Anliegen selbständig ordnen.

In einem Schreiben an den westfälischen Bruderrat, das der Bruderrat auf der Pfarrkonferenz am 8. Juni vorlegte, um zu einer gemeinsamen Beschlußfassung zu kommen, wurde dieser klare Standpunkt noch einmal ausführlich dargelegt. Der Bruderrat warnte davor, irgendeine Bindung an den Staat einzugehen, weil die Kirche damit ihre in der Bindung an Christus gewonnene Freiheit aufgebe. Die Kirche habe bereits ihren im Laufe des Kirchenkampfes erreichten Neuanfang zerstört, weil sie die vom Staat getroffenen Maßnahmen „ohne klaren wortgebundenen Widerspruch" hingenommen habe. Man sehe „in all diesen Maßnahmen des Staates den planmäßigen und teilweise schon geglückten Versuch, seinem Totalitätsanspruch auch im Raume der Kirche Geltung zu verschaffen"[128]. Die Stellungnahme schloß mit der Feststellung, „daß eine Zusammenarbeit – die ja zugleich eine Bindung bedeutet – mit staatlichen ,Kirchenausschüssen'

124 Ebd., S. 128; W. Niemöller, Bekennende Kirche in Westfalen, S. 190.
125 Schmidt, Dokumente II/1, S. 596–599.
126 Protokoll über die Sitzung des BR v. 5. 6. 1936, in: KSA, E 9, Bd. XIX.
127 Ebd.
128 BR Siegen an wf. BR v. 8. 6. 1936 (Abschr.), in: KSA, E 9, Bd. XIII.

weder von Fall zu Fall noch auch unter weitestgehenden Sicherungen möglich ist"[129].

Damit hatte der Bruderrat der Synode Siegen sich eindeutig gegen die Ausschußlinie ausgesprochen und sich auf einen Standpunkt jenseits aller Kompromisse zurückgezogen. Er beinhaltete damit auch die Ablehnung der auf der
westfälischen Bekenntnissynode diskutierten Aufteilung von geistlicher Leitung und Provinzialkirchenausschuß. Diese Haltung fand jedoch unter der
Pfarrerschaft keine uneingeschränkte Zustimmung. Da keine Zeit mehr war
für eine Debatte, gingen die Thesen im Namen des Bruderrates ab.[130] In der
Siegerländer Pfarrerschaft war demnach noch keine einheitliche Meinung über
die Haltung zu den Ausschüssen bzw. zu den Entwicklungen in Westfalen
vorhanden. Pfarrer Dr. Müller arbeitete aber als Protagonist einer streng ablehnenden Haltung daran, die Amtsbrüder auf seine Linie einzustimmen.

Der westfälische Bruderrat stellte am 2. Juli 1936 fest, daß er die alleinige
Kirchenleitung in der evangelischen Kirche Westfalens sei. Da der PKA
aber auf die geistliche Leitung verzichtet habe, sei eine Zusammenarbeit mit
ihm möglich. Präses Koch wurde beauftragt, theologische Mitarbeiter zur
Ausübung dieser Leitung zu berufen. Dabei wurde die Unabhängigkeit der
geistlichen Leitung von dem Konsistorium und dem PKA betont. Die Mitarbeiter der geistlichen Leitung sollten daher nicht Mitglieder im Konsistorium werden. Dies stieß jedoch bei dem preußischen LKA auf Widerspruch,
der befürchtete, das Konsistorium könne seine theologische Kompetenz
verlieren. Er berief daher die Pfarrer Dr. Winckler und Stallmann zu kom-
missarischen Konsistorialräten.[131] Dies führte wiederum zu Protesten seitens
der Gemeinden. Die Pfarrbruderschaft und der Bruderrat der Synode Siegen
verstanden dieses Vorgehen „als eine verletzende Behandlung der Bekennenden Gemeinden. Schon aus diesem Grunde ist uns jede Zusammenarbeit
mit ihnen unmöglich, ganz abgesehen davon, daß sie keineswegs unser
Vertrauen besitzen."[132] Es war klar, daß die Siegerländer Pfarrer das Vorgehen des LKA als Eingriff in das Leben der Kirchenprovinz ablehnen mußten. Der Satz, der dann folgte, überraschte aber doch:

„Wir erwarten, daß Herr Präses D. Koch nunmehr unverzüglich seine Mitarbeiter ernennt
und die geistliche Leitung Westfalens sofort praktisch ausübt."[133]

Dies bedeutete zumindest, daß die Siegerländer Pfarrerschaft die geistliche
Leitung des Präses Koch anerkannte. Bedeutete dies nun auch eine Anerkennung des westfälischen PKA und seines Arrangements mit dem Bruder-

129 Ebd.
130 Vgl. Müller an Kressel (Abschr.) v. 25. 6. 1936, in: KSA, E 9, Bd. XIII.
131 Hey, Kirchenprovinz, S. 129 f. Zu letzterem: Edith Stallmann, Martin Stallmann – Pfarramt
    zwischen Republik und Führerstaat. Zur Vorgeschichte des Kirchenkampfes in Westfalen
    (= SPSGNC 5), Bielefeld 1989.
132 Müller an Koch v. 8. 10. 1936 (Abschr.), in: EZA 7/6014. Daß es der LKA mit dieser Maßnah-
    me keiner Seite recht machen konnte, zeigten auch die zahlreichen Eingaben von DC-Gruppen
    (u. a. aus Ferndorf, Klafeld, Siegen, Weidenau und Krombach), die gegen das Vorgehen des
    LKA protestierten; in: BA Potsdam, RKM Nr. 23764.
133 Müller an Koch v. 8. 10. 1936, a. a. O.

rat? Die Bekenntnissynode in Siegen am 26. Oktober 1936 nahm zu diesem Problemkreis noch einmal abschließend Stellung: Sie betonte (bei nur zwei Enthaltungen), daß sie die Kirchenausschüsse, „insbesondere auch den Westf. Provinzialkirchenausschuß", sowie das Konsistorium, „insbesondere auch die Herren Dr. Winkler und Stallmann", nicht als Kirchenleitung anerkennen könne. Sie stellte fest, daß die „ausschließliche Leitung"[134] der westfälischen Provinzialkirche bei der westfälischen Bekenntnissynode, dem Bruderrat und Präses Koch liege. Damit waren alle vom Staat eingesetzten Personen und Organe eindeutig abgelehnt und hatte sich in allen Auseinandersetzungen letztlich die konsequent ausschußfeindliche Linie durchgesetzt. Dennoch bleibt dieser Beschluß etwas ambivalent. Denn während der Provinzialkirchenausschuß auf Ablehnung stieß, war – wie gesehen – die neugeschaffene geistliche Leitung des Präses Koch anerkannt worden. Beide aber waren Teil des „westfälischen Modells", das im Sinne eines Kompromisses die kirchenleitenden Funktionen auf verschiedene Organe verteilt hatte. Präses Koch konnte sogar Sitzungen des PKA fordern und daran teilnehmen.[135] Insofern war der Beschluß der Siegener Bekenntnissynode nicht ganz widerspruchsfrei und drückte eine gewisse Ignoranz gegenüber den veränderten Verhältnissen aus. Er war die Behauptung eines Idealbildes angesichts einer immer komplexer werdenden kirchlichen Wirklichkeit.

Die geistliche Leitung konnte am 10. November 1936 ihre Arbeit aufnehmen.[136] Damit war für Westfalen eine im Bereich der DEK einzigartige Regelung geschaffen worden.

4.4 Die innere Entwicklung bis zur zweiten Bekenntnissynode in Siegen

4.4.1 Kirchliches Leben und theologische Arbeit

Die auf der ersten Bekenntnissynode in Siegen vorgelegte und an die Ausschüsse zurückverwiesene Entschließung zur Adventsbotschaft von Präses D. Koch wurde innerhalb kürzester Zeit überarbeitet und schon in der Sitzung des Bruderrates vom 13. Februar 1935 wieder vorgelegt.[137] Dieser übersandte die Entschließung mit der Bitte an die Presbyterien, diejenigen Punkte zu benennen, welche sie von einer erneut einzuberufenden Bekenntnissynode zu verabschieden wünschten.[138] Unterdessen waren einzelne

134 Protokoll der Synode v. 26. 10. 1936, in: KSA, E 9, Bd. XV.
135 Vgl. Hey, Kirchenprovinz, S. 129.
136 Hey, Kirchenprovinz, S. 129–133.
137 Protokoll der Sitzung, in: KSA, E 9, Bd. XIX.
138 Schreiben v. 20. 3. 1935, in: KSA, E 9, Bd. XIII.

Kirchengemeinden bereits dazu übergegangen, die Beschlüsse der ersten Bekenntnissynode in die Praxis umzusetzen. Am 7. Februar 1935 entschied das Presbyterium der Kirchengemeinde Müsen, ab Ostern die Christenlehre für Neukonfirmierte einzuführen.[139] Einige weitere Kirchengemeinden zogen bald nach[140], andere ließen sich mit dieser Entscheidung noch Zeit. Die Bekenntnissynode vom 26. Oktober 1936 empfahl den Presbyterien erneut, die Christenlehre einzurichten. Eine genauere Ausarbeitung über Form und Inhalt der Christenlehre wurde an einen Ausschuß überwiesen.[141]

Auch die geplante Presbyterschulung kam in Gang. Fünf Bezirke wurden gebildet und für die Leitung der Bezirksversammlungen folgende Pfarrer bestimmt: Siegen und Umgebung: Jochums (Eiserfeld), Amt Freudenberg: Demandt (Freudenberg), Ferndorftal: Dr. Müller (Hilchenbach), Weidenau und Netpherland: Arndt (Weidenau), Wilnsdorf und Freier Grund: Pfarrer Stein (Wilnsdorf).[142] Am 16. Juni 1935 trafen die Presbyter des nördlichen Bezirks mit den Kirchengemeinden Krombach, Ferndorf, Müsen und Hilchenbach zu ihrem ersten Schulungstreffen zusammen, das unter dem Thema stand: „Die Leitung der Gemeinde Gottes nach der Apostelgeschichte"[143].

Die Pfarrer selbst tagten ebenfalls regelmäßig, um die kirchliche Lage zu erörtern und die theologische Arbeit zu vertiefen. An jedem ersten Montagvormittag im Monat traf sich die Pfarrbruderschaft, nachmittags fand die offizielle Pfarrkonferenz statt. In einem Bericht, den das Westfälische Pfarrerblatt angefordert hatte[144], legte Pfarrer Müller den Akzent der Pfarrerzusammenkünfte deutlich auf den theologischen Bereich.[145] Der gemeinsame „Umgang mit dem Wort" wurde als Mittelpunkt der Konferenzen dargestellt. Daß Müller in der biblisch-theologischen Arbeit eine vorrangige Aufgabe sah, kam auch deutlich in einem Brief an das Presbyterium in Eiserfeld zum Ausdruck, das sich beklagt hatte, „daß die Bekenntnissynode Siegen seit längerer Zeit nicht tatkräftiger die wichtigen Anliegen der bekennenden Gemeinden vertritt"[146]. Müller wies diese Kritik im Blick auf die vielfältigen Aktivitäten des Bruderrates zurück. Dann fuhr er fort:

„Darüber hinaus wird grundsätzlich zu beachten sein, daß die Kraft der Gemeinde im Augenblick sich nicht zunächst in mancherlei Einzelaktionen, sondern in der stillen vertiefenden Gemeindearbeit über dem Wort wird zu zeigen haben, die allein einen Erfolg verspricht in dem kirchlichen Gegenwartsgeschehen, das sich mehr und mehr als ein langsames, zähes Ringen zwier [sic!] Weltanschauungen erweist und längst nicht mehr ein Ringen kirchlicher bzw. staatlicher Fronten ist."[147]

139 Kgm. Müsen, Protokollbuch des Presb. v. 7. 2. 1935.
140 Vgl. jeweils Protokollbuch: Kgm. Niederschelden 5. 3. 1935, Kgm. Eiserfeld 23. 10. 1935; Kgm. Freudenberg, Proklamationsbuch v. 19. 5. 1935; Klafeld (vgl. Buscher an Müller v. 1. 7. 1935, in: KSA, E 9, Bd. XII); Netphen-Dreistiefenbach (vgl. F. Müller an Dr. Müller v. 26. 6. 1935, in: KSA, E 9, Bd. XII).
141 Protokoll der Synode, in: KSA, E 9, Bd. XIX.
142 Protokoll der Bruderratssitzung v. 13. 2. 1935, in: KSA, E 9, Bd. XIX.
143 Einladungsschreiben v. 29. 4. 1935, in: KSA, E 9, Bd. XII.
144 Vgl. Philipps an Müller v. 12. 9. 1935, in: KSA, E 9, Bd. XII.
145 Müller v. 20. 9. 1935 (Abschr.), in: KSA, E 9, Bd. XII; Westf. Pfarrerblatt Nr. 10/1935.
146 Jochums an BR v. 14. 5. 1936, in: KSA, E 9, Bd. XIII.
147 Müller an Presbyterium Eiserfeld v. 20. 5. 1936 (Abschr.), in: KSA, E 9, Bd. XIII.

Damit wurde eine Verschiebung der kirchlichen Konfliktlage konstatiert. Nicht mehr die Auseinandersetzung mit den Deutschen Christen oder den staatlichen Gleichschaltungsbestrebungen stand im Vordergrund kirchlichen Zeitgeschehens, sondern die Abwehr der neuheidnischen Offensive durch die völkische Religiosität. In diesem Weltanschauungskampf sah Müller die Besinnung auf die eigene biblische Grundlage und die Vertiefung der Gemeindearbeit gefordert. Daß dies aber kein quietistisches Stillhalten bedeuten sollte, machte er mit dem Verweis auf die Maßnahmen und Stellungnahmen des Bruderrates deutlich.

Neben der bereits erwähnten Zweiten Freien Reformierten Synode in Siegen sind noch zwei weitere Beispiele für die theologische Arbeit innerhalb der Kreissynode zu nennen: zum einen die vom Coetus reformierter Prediger ausgerichtete „Reformierte Theologische Woche" vom 20. bis 23. Januar 1936 in Siegen, die mit zeitbezogenen Vorträgen renommierter reformierter Theologen aufwartete[148] und die einen Zyklus monatlicher kirchlich-wissenschaftlicher Vorträge einleiten sollte, zum anderen die „Evangelische Woche" vom 9. bis 13. Oktober 1936.[149] Während die Reformierte Theologische Woche eher eine theologische Fachtagung darstellte, wandte sich die Evangelische Woche an eine breitere Öffentlichkeit. Die Evangelischen Wochen waren eine „Gemeinschaftsarbeit der Kirchen, die sich im Gegensatz zum Reichskirchenregiment befanden"[150]. Sie verstanden sich als eine Laienbewegung, die „über die Grenzen der einzelnen Gemeinden hinweg zur Verlebendigung des Gemeindelebens beitragen und der geistlichen Förderung vor allem der denkenden Glieder unserer Kirche dienen will"[151]. Ihr Initiator war im Jahre 1935 der Generalsekretär der Deutschen Christlichen Studentenvereinigung (DCSV), Pfarrer Dr. Eberhard Müller (Berlin).[152] Er gehörte auch dem dreiköpfigen Reichsausschuß der Deutschen Evangelischen Wochen an.[153] Neben einer jährlichen Hauptversammlung fanden (wie in Siegen) regionale Evangelische Wochen statt, bis sie im Jahre 1937 verboten wurden.[154]

---

148 Vorträge der Tagung: „Natürliche Theologie und Offenbarungstheologie in den reformierten Bekenntnisschriften" (Pastor Lic. Brunner, Ranstadt b. Gießen), „Wesen und Gestalt der Kirche (nach Calvin)" (Pastor Lic. Niesel, Berlin), „Ein Beitrag zur Erklärung von Röm. 9–11" (Pastor Lic. Vischer, Lugano); vgl. Programm der Woche, in: KSA, E 9, Bd. XIII. Als Auftakt zur öffentlichen Vortragsreihe sprach Lic. Vischer über „Das Alte Testament als Christuszeugnis".
149 Als Redner waren vorgesehen: Pfr. Busch (Essen), Pfr. Demandt (Freudenberg), Pfr. Barth (Oberfischbach), Pastor Homann (Düsseldorf), Pastor Asmussen (Berlin), Studienrat Dr. Machleit (Hamburg), Pastor Lücking (Dortmund), Dr. Reinhold von Thadden-Trieglaff und Pastor D. Brandt (Bethel); vgl. Programm in: Kgm. Burbach, III, Bd. 5, Fasc. 8.
150 Karl Kupisch, Studenten entdecken die Bibel. Die Geschichte der Deutschen Christlichen Studentenvereinigung (DCSV), Hamburg 1964, S. 208.
151 So E. Müller im Einladungsschreiben zur Evangelischen Woche in Siegen.
152 Werner Hühne, Thadden-Trieglaff. Ein Leben unter uns, Stuttgart 1959, S. 139.
153 Die weiteren Mitglieder waren Präses D. Humburg, früher ebenfalls Generalsekretär der DCSV, und Reinold von Thadden-Trieglaff, Laienobmann der Bekennenden Kirche, seit 1928 Vorsitzender der DCSV. Die Nähe zur DCSV wird auch daran deutlich, daß die Berliner Geschäftsstelle der DCSV zugleich der Evangelischen Woche als Geschäftsstelle diente; Kupisch, Studenten, S. 208 f.
154 Hühne, Thadden-Trieglaff, S. 139 f. Die Evangelischen Wochen gelten als Vorläufer des Deutschen Evangelischen Kirchentags; vgl. Friedbert Lorenz, Die Gründung des Deutschen Evangelischen Kirchentages durch Reinold von Thadden-Trieglaff und die kirchenpolitische Situation der Evangelischen Kirche in Deutschland im Jahre 1949. Eine Skizze, in: JHKGV 33 (1982), S. 357–370.

4.4.2 Die zweite Bekenntnissynode in Siegen vom 26. Oktober 1936

Eindreiviertel Jahre nach ihrer ersten Tagung trat die Siegener Bekenntnissynode am 26. Oktober 1936 zum zweitenmal zusammen. Die Teilnehmer waren angewiesen worden, ihre rote Karte mitzubringen, die sie als Mitglieder der Bekennenden Kirche auswies. Für interessierte Gemeindeglieder, die an der Synode teilzunehmen wünschten, mußten Ausweiskarten mit Siegel und Unterschrift des zuständigen Pfarrers ausgestellt werden.[155] Dies zeigte: Man wollte unter sich sein und Spitzel fernhalten. Anwesend waren 27 Pfarrer, 62 Älteste und Gemeindeverordnete, der Kreisbruderrat sowie Pfarrer Steil (Wanne-Eickel) als Vertreter des westfälischen Bruderrats und Vertrauensmann der reformierten Gemeinden Westfalens. Außerdem trug Pfarrer Dr. von Rabenau (Berlin), Mitglied der Zweiten Vorläufigen Kirchenleitung, mit einem Vortrag zur Synode bei.[156]

Zunächst ging es um Fragen der Kirchenleitung. Die Synode stellte fest, „daß sie sich als *die* von den Gemeinden beauftragte *Leitung des Kirchenkreises* versteht. [...] Mit der Durchführung der erforderlichen Maßnahmen beauftragt sie den Synodalbruderrat."[157] Der Bruderrat wurde bestätigt und als weiteres Laienmitglied Presbyter K. Barth (Salchendorf) gewählt, nachdem D. W. A. Siebel im Frühjahr aus dem Bruderrat ausgeschieden war. Mit diesem Beschluß hatte sich die Bekenntnissynode Siegen erstmals offiziell zur rechtmäßigen Kirchenleitung des Kirchenkreises erklärt und damit gleichsam die Beschlüsse der Dahlemer Reichsbekenntnissynode von 1934 ratifiziert. Implizit war dieser Anspruch zwar auch schon bei der ersten Bekenntnissynode erkennbar gewesen, nun aber wurde er klar formuliert und drückte sich auch dadurch aus, daß das Amt des Superintendenten dieser BK-Kirchenleitung zugeordnet wurde. Beschluß 1 lautete:

„a) Der Sup. führt sein Amt im Auftrage der Bek.-Synode.
b) Der Sup. ist ordentliches Mitglied des Bruderrats.
c) Wichtige Entscheidungen werden vom Sup. und vom Bruderrat unterzeichnet.
d) Der Sup. eröffnet die Synoden."[158]

Ein wichtiger Bestandteil der geistlichen Leitung war die Durchführung von Kirchenvisitationen, welche die Synode auf Anregung des Bruderrates ins Auge faßte. Anstoß dafür war die vom Bruderrat der EKdAPU vorgenommene Generalvisitation, die im Mai 1936 auch das Siegerland erreicht hatte.[159] Sie hatte zum Ziel gehabt, nach den Spannungen in Oeynhausen den Bekenntniskurs der Gemeinden sicherzustellen und eine Rückbesinnung auf die Beschlüsse von Barmen und Dahlem zu bewirken.[160] Der Bruderrat der

---

155 Vgl. Einladungsschreiben v. 29. 9. 1936, in: Kgm. Burbach, III, Bd. 5, Fasc. 8.
156 Vgl. Protokoll der Synode, in: KSA, E 9, Bd. XV.
157 Ebd.
158 Ebd.
159 Ein kurzer Sammelbericht zum Siegerland und Berichte zu einzelnen Kirchengemeinden, in: EZA 50/322.
160 Meier II, S. 169.

Bekenntnissynode Siegen hatte aufgrund dieser Generalvisitation die Notwendigkeit erkannt, „daß die Bruderräte mehr als bisher über ihre Aufgabe im Kirchenkampf hinaus die geistliche Leitung ausüben"[161]. Deshalb sollten in Zukunft durch den Bruderrat der Synode Kirchenvisitationen durchgeführt werden. Es wurden Richtlinien erarbeitet, welche die Zusammensetzung der Visitationskommission (der Vorsitzende des Bruderrates, der Superintendent, ein Laienmitglied des Bruderrates und zwei Sachverständige) und den Ablauf der Visitation regelten.[162] Sie wurden der Bekenntnissynode vorgelegt und von ihr bestätigt.[163] Die erste Kirchenvisitation fand bereits am 20. September 1936 in Neunkirchen statt, die weiteren sollten in einem Rhythmus von einem Vierteljahr folgen.[164]

Zwei weitere Beschlüsse betrafen den Ausbau der BK-Organisation auf synodaler Ebene. Es wurde beschlossen, daß die Kirchmeister und Rendanten in regelmäßigen Abständen zur Besprechung wichtiger kirchlicher und vor allem finanzieller Angelegenheiten zusammentreffen sollten.[165] Dadurch sollte der besonderen Bedrohung begegnet werden, die den Gemeinden durch die Errichtung der Finanzabteilungen erwachsen war. Des weiteren wurde beschlossen, ein Studentenamt einzurichten, das die Theologiestudenten, die übrigen Bekenntnisstudenten der Synode, die Studierenden an den pädagogischen Akademien und die Abiturienten, welche das Studium der evangelischen Theologie anstrebten, betreuen sollte.[166] Mit der Durchführung wurden die Pastoren Jochums (Eiserfeld), Barth (Oberfischbach) und Lic. Strothmann (Müsen) beauftragt. Der Sinn einer solchen Maßnahme war bereits deutlich geworden, als einem Studenten aus Klafeld aufgrund seines Eintretens für die Bekennende Kirche politische Unzuverlässigkeit vorgeworfen und ein Stipendium verweigert worden war.[167]

Neben einigen weiteren Beschlüssen[168] gab die Synode eine vom Bruderrat vorbereitete Erklärung zur Schulfrage, zu Fragen der Inneren und Äußeren Mission und zur Sonntagsheiligung ab. Sie verdient besondere Beachtung, weil sie erstmals bestehende Konfliktfelder zwischen Kirche und Staat offen zur Sprache brachte. Sie wurde gemeinsam mit den wichtigsten Beschlüssen der Synode als Druck unter den Gemeindegliedern verbreitet.[169] „Die Lage der Bekennenden Kirche ist sehr ernst, ihre Betätigung auf allen Gebieten gehemmt", hieß es in dem Wort an die Gemeinden.

161 Protokoll der Sitzung des BR v. 5. 6. 1936, in: KSA, E 9, Bd. XIX.
162 Protokoll der Sitzung des BR v. 24. 6. u. 22. 7. 1936, in: KSA, E 9, Bd. XIX.
163 Protokoll der Synode v. 26. 10. 1936.
164 Protokolle der Visitationen, in: KSA, E 9, Bd. XX.
165 Protokoll der Synode.
166 Ebd.
167 Müller an den Rektor der Universität Münster v. 8. 1. 1935 (Abschr.), in: KSA, E 9, Bd. XII.
168 U. a. Zuordnung zum Reformierten Konvent der BK, Einladung des Vertrauensmannes der Reformierten in der VKL, Sup. Albertz (Spandau), zu einem Vortrag, Unterstützung der Theologischen Schule Elberfeld.
169 „Wort der Bekenntnissynode Siegen an die Siegerländer Gemeinden!", in: Schmidt, Dokumente II/2, S. 1113–1117. Die Verbreitung dieser Erklärung hatte zur Folge, daß die Gestapo von Pfr. Müller Angaben über die Teilnehmer der Synode und die Verfasser der Druckschrift verlangte. Müller verweigerte dies. Vgl. Kgm. Hilchenbach, Privat-Chronik, S. 34.

Hinsichtlich der Situation an den Schulen[170] wies die Erklärung auf die Gefährdung der christlichen Bekenntnisschule hin. Die Glieder der Kirche, besonders die christlichen Eltern wurden aufgerufen, „jetzt wie künftig allen Versuchen in entschlossener Ablehnung zu begegnen, die die Einführung der Gemeinschaftsschule, d. h. aber letztlich einer christusfeindlichen Schule zum Ziele haben, und Volk und Haus den Segen der christlichen Schule zu erhalten"[171]. Gleichzeitig wurde der Reichsminister für Erziehung und Schulwesen nachdrücklich gebeten, „allen Bestrebungen, welche in langer Geschichte bewährte christliche Erziehung unserer Jugend einem fraglichen und widerchristlichen Zeitgeiste opfern wollen, in klarer Entscheidung jede Mitarbeit zu versagen"[172].

Bereits im Januar 1936 hatte Pfarrer Dr. Müller die Amtsbrüder darauf hingewiesen, daß der Kampf gegen die Bekenntnisschule in einigen Teilen des Reiches, darunter Westfalen, eröffnet worden sei, um den Widerstand „abzutasten"[173]. Anlaß war ein neues Lesebuch, in dem alles Konfessionelle entfernt worden war. Gegen diesen Angriff auf die Bekenntnisschule sollte am 23. Februar eine Kanzelabkündigung verlesen werden.[174] Außerdem sollte die Schrift „Der notwendige Kampf um die Bekenntnisschule" von Lic. Frör verteilt werden. Müller hatte 20.000 Exemplare dieser Schrift beim Wuppertaler Umbruch-Verlag bestellt. Ein Teil der Lieferung wurde von der Gestapo beschlagnahmt und erst später wieder freigegeben.[175]

Auch die Einflußnahme der Geistlichen in den schulischen Körperschaften wurde behindert. Im Jahre 1935 waren die bisherigen kollegialen Selbstverwaltungskörperschaften an den Schulen beseitigt und statt dessen Schulbeiräte gebildet worden, die nur noch beratende Funktion hatten. Diesen Schulbeiräten sollte auch je ein Geistlicher der am Ort vertretenen Konfessionen angehören.[176] Nachdem durch den Regierungspräsidenten eine Reihe von Pfarrern berufen worden waren, versuchten in einigen Gemeinden die Organe der NSDAP die Berufungen wieder rückgängig zu machen.[177] Nachweisen läßt sich dies für die Gemeinden Klafeld[178], Ferndorf[179], Burbach[180], Eiserfeld[181]

170 Vgl. dazu Rolf Eilers, Die nationalsozialistische Schulpolitik. Eine Studie zur Funktion der Erziehung im totalitären Staat (= Staat und Politik 4), Köln/Opladen 1963; Gerhard E. Sollbach, Nationalsozialistische Schulpolitik in Westfalen/Regierungsbezirk Arnsberg und die Einführung der Gemeinschaftsschule in der Stadt Hagen, in: JWKG 89 (1995), S. 139–168; aus katholischer Sicht: Wilhelm Damberg, Der Kampf um die Schulen in Westfalen 1933–1945, Mainz 1987.
171 „Wort der Bekenntnissynode", in: Schmidt, ebd.
172 Ebd.
173 Rundbrief Müller v. 19. 2. 1936, in: Kgm. Burbach, III, Bd. 5, Fasc. 7.
174 Die Bekenntnissynode der DEK in Bad Oeynhausen hatte im Februar 1936 ebenfalls zur Schulfrage Stellung genommen und die Beibehaltung des schulischen Religionsunterrichts und ein Ende der widerchristlichen Propaganda an den Schulen gefordert; vgl. W. Niemöller, Die vierte Bekenntnissynode der Deutschen Evangelischen Kirche zu Bad Oeynhausen. Text – Dokumente – Berichte (= AGK 7), Göttingen 1960, S. 115–119.
175 Vgl. Windel an (Müller) v. 18. 2. 1936 und (Müller) an Umbruch-Verlag v. 24. 3. 1936 (Abschr.), in: KSA, E 9, Bd. XIII.
176 Eilers, Schulpolitik, S. 65, Hoche, Die Gesetzgebung des Kabinetts Hitler, Heft 13, S. 496–501.
177 Müller an wf. BR. v. 20. 5. 1936 (Abschr.), in: KSA, E 9, Bd. XIII.
178 Kreisleiter der NSDAP an RP v. 30. 11. 1935, in: STA MS, Kr. Siegen, LA, Nr. 1901.
179 Bgm. M. an LR v. 4. 1. 1938, in: ebd.
180 Bgm. an RP v. 21. 12. 1935 (Abschr.), in: ebd.

und Müsen[182]. Dabei wurde durchgängig den betroffenen Pfarrern aufgrund ihrer kirchenpolitischen Haltung die politische Zuverlässigkeit und damit die Befähigung zum Amt des Schulbeirates bestritten. Diese Bestrebungen führten jedoch nicht immer zum Erfolg, zum Teil, weil eine Abberufung der Pfarrer im Blick auf die Stimmung in der Bevölkerung als inopportun erschien.[183] Im Jahre 1941 waren noch 16 evangelische Geistliche in Schulbeiräten tätig, bis sie im April 1941 sämtlich abberufen wurden.

Die Erklärung der Bekenntnissynode vom 26. Oktober 1936 bündelte noch einmal den Ertrag der bisherigen Entwicklung in der Schulfrage und bedeutete ein für die Öffentlichkeit bestimmtes grundsätzliches Votum zur Lage an den Schulen. Noch aber hatte der eigentliche Kampf um die Bekenntnisschule nicht begonnen. Es ging zunächst darum, durch partielle Maßnahmen die Reaktion in der Bevölkerung zu testen. Hinter diesen Maßnahmen stand aber das Programm einer Entkonfessionalisierung des öffentlichen Lebens, durch das der Einfluß der Kirchen Stück für Stück zurückgedrängt werden sollte.[184] Diese Grundtendenz im Verhältnis zwischen Staat und Kirche wirkte sich in den folgenden Jahren auch immer stärker an den Schulen aus.

Die Öffentlichkeitsgeltung der Kirche stand auch in der Frage der Äußeren und Inneren Mission auf dem Spiel. Die Verbreitung des Glaubens und die vielfältigen Formen christlicher Wohlfahrtspflege, Kindergarten- und Jugendarbeit waren mit diesem Punkt angesprochen.[185] Diese Äußerungen christlichen Lebens wurden zunehmend behindert durch die staatlichen Einschränkungen bezüglich Sammlungs- und Versammlungsfreiheit und die mit den kirchlichen Einrichtungen konkurrierende staatliche Wohlfahrt.[186] Vielerorts gab es Bemühungen, kirchliche Einrichtungen wie Kindergärten und Gemeindepflegestationen in solche der NSV zu überführen und das kirchliche Personal durch „braune Schwestern" zu ersetzen.[187]

---

181 Berichte v. 7. 3. und 6. 4. 1938 in: STA MS, NSDAP-Kreis- und Ortsgruppenleitungen, Nr. 89. Darin wurde Jochums als „Bekenntnishetzer" diffamiert. Vgl. Bgm. (Eiserfeld) an RP v. 2. 5. 1938 (Abschr.), in: ebd.
182 OGL an Bgm. v. 24. 8. 1935 (Abschr.), in: ebd.
183 Bgm. (Eiserfeld) an LR v. 5. 9. 1939, in: STA MS, Kr. Siegen, LA, Nr. 1901.
184 Meier II, S. 12 ff.
185 Vgl. Jochen-Christoph Kaiser, Sozialer Protestantismus im 20. Jahrhundert. Studien zur Geschichte der Inneren Mission 1918–1945, München 1989; Eckhard Hansen, Wohlfahrtspolitik im NS-Staat. Motivationen, Konflikte und Machtstrukturen im „Sozialismus der Tat" des Dritten Reiches (= Beiträge zur Sozialpolitik-Forschung 6), Augsburg 1990.
186 In Burbach z. B. war es seit 1933 mehrfach zu Auseinandersetzungen um die Sammlung einer Naturalspende für die Rheinische und Neukirchener Mission gekommen. Diese Spende war vom Ortsbürgermeister als unzulässiges Konkurrenzunternehmen zum Winterhilfswerk angesehen und daher verboten, bereits gesammelte Kartoffeln beschlagnahmt worden. Erst nach langen Verhandlungen waren die Kartoffeln doch freigegeben worden; Kgm. Burbach, Protokollbuch des Presb. v. 19. 10. 1933. In späteren Jahren wurde die Sammlung aufgrund von Sondergenehmigungen freigegeben, trotz gegensätzlicher Bemühungen seitens der politischen Organe in Burbach. Während des Krieges wurden erneut 60–70 Zentner Kartoffeln beschlagnahmt; vgl. dazu STA MS, Kr. Siegen, LA, Nr. 1865 und 1859.
187 Vgl. Kgm. Hilchenbach, Protokollbuch des Presb. v. 6. 9. u. 10. 10. 1936. Dort wurde nach Kündigung durch die Stadt die Diakonisse über den Klingelbeutel finanziert. Ähnlich wurde in Eiserfeld verfahren; vgl. Kgm. Eiserfeld, Protokollbuch des Presb. v. 2. 3. 1938; vgl. Kgm. Müsen, Protokollbuch des Presb. v. 10. 8. u. 17. 9. 1936 u. 22. 10. 1937.

Die Erklärung der Siegener Bekenntnissynode wies zunächst auf die biblische Grundlage von Äußerer und Innerer Mission, den Missionsauftrag (Mk
16, 15) und das Liebesgebot (Joh 13, 34) sowie den verbindlichen Charakter
dieser Gebote hin.[188] Mit dem Beitritt und der Mitarbeit in den „völkischen
Hilfsorganisationen" sei das Liebesgebot Christi nicht erfüllt, weil in ihnen
das christliche Proprium, das Evangelium, fehle. Die Gemeindeglieder wurden daher aufgefordert, durch Gebet und Gaben die Arbeit der Inneren und
Äußeren Mission zu tragen, und die Empfehlung ausgesprochen, dem
Freundeskreis einer Missionsgesellschaft und dem „Verein für Innere Mission im Siegerland und Wittgenstein" beizutreten. An die Adresse des
Staates wurde die Forderung gestellt, alle Beschränkungen für die Arbeit
der Äußeren und Inneren Mission aufzuheben. Dies bedeutete im einzelnen:

„Gewährung der vollen Werbe- und Sammelfreiheit für Äußere und Innere Mission bei
den Gliedern der Gemeinde, Anerkennung der Evangelischen Jugendpflege, unerschwer-
te Genehmigung zur Neueinrichtung evangelischer Kindergärten; im ganzen: Überwindung und Unterlassung der offen ausgesprochenen oder stillschweigenden Beurteilung
der Arbeit der Inneren Mission als Konkurrenzunternehmen gegen staatliche oder freie
Wohlfahrtspflege."[189]

Dies waren deutliche und mutige Worte in einer Zeit, als der Staat seinen
Totalitätsanspruch mehr und mehr durchzusetzen begann.

Die Erklärung zur Sonntagsheiligung, die auch in der Zeitschrift „Junge
Kirche" abgedruckt wurde[190], war vielleicht die wichtigste Entschließung
dieser Synode. Denn hier ging es um das, was als Zentrum der christlichen
Gemeinde angesehen wurde: den sonntäglichen Gottesdienst. Dieses Zentrum war durch die zahlreichen Veranstaltungen der NS-Parteiorganisationen an Sonntagen stark gefährdet.[191] Die Erklärung sprach daher davon, daß
der Sonntag im deutschen Volk „seit langem krank"[192] sei. Weithin habe er
seinen Sinn und Inhalt verloren und damit aufgehört, Kraftquelle des Volkes
zu sein. Damit sei das Volk selbst in Gefahr, denn die Art, wie ein Volk seinen
Sonntag feiere, sei ein untrüglicher Maßstab für seine seelische Gesundheit.

„Ohne Teilnahme an der Verkündigung des Wortes Gottes in der Gemeinde des Herrn ist
dem Christen der Sonntag *kein* Sonntag. Und wem durch Aufmärsche und Geländeübun-
gen, durch Sammlungen und Versammlungen, durch SA- oder HJ-Dienst die Möglichkeit
geraubt wird, am Gottesdienst teilzunehmen, dem wird die wahre Sonntagsfreude genommen."[193]

---

188 „Wort der Bekenntnissynode Siegen", in: Schmidt, Dokumente II/2, S. 1115.
189 Ebd.
190 JK 5 (1937), S. 25 f.
191 In Hilchenbach war einmal ein Appell des Reichsarbeitsdienstes auf die Zeit des Gottesdienstes
   und in unmittelbare Nähe der Kirche gelegt worden. Pfr. Dr. Müller beschwerte sich über diese
   Mißachtung überlieferter Sitte (Müller v. 31. 3. 1936, in: Kgm. Hilchenbach, 1/22). Die Leitung
   des Lagers wiederum beschwerte sich, daß die Kirchenglocken länger als üblich geläutet hätten.
   Grundsätzlich wurde Klage darüber geführt, daß bei politischen Abendveranstaltungen aller Art
   gleichzeitig Gottesdienst in der Kirche angesetzt worden sei (Abteilungsführer des RAD an den
   Führer der RAD-Gruppe 209, Siegen, v. 1. 4. 1936, in: ebd.). Derselbe Vorwurf wurde noch einmal
   vom Ortsgruppenleiter der NSDAP vorgebracht (Schr. an die Kreisleitung v. 6. 4. 1936, in: ebd.).
192 JK 5 (1937), S. 25 f.
193 Ebd.

Es liege in der Verantwortung des Menschen, ob der Sonntag ein „Tag des Segens oder des Fluches" sei. Über jedem Sonntag stehe das ernste Wort: *„Irret euch nicht!* Gott läßt sich nicht spotten."[194]

Wenn man die drei Punkte dieser Erklärung zusammenfaßt, so läßt sich feststellen, daß hier Fragen behandelt wurden, bei denen die Öffentlichkeitsgeltung der Kirche insgesamt zur Disposition stand. Schule, Kindergarten, Jugendpflege, christliche Wohlfahrt und der Sonntag als christlicher Feiertag waren die wesentlichen Schnittpunkte des kirchlich-christlichen mit dem gesellschaftlichen Leben. In diesen Bereichen war Kirche als Kirche identifizierbar. Hier präsentierte sich der Anspruch der Kirche als gesellschaftsprägender Faktor und des christlichen Glaubens als lebensgestaltender Kraft am augenfälligsten. Hier kollidierte dieser Anspruch aber auch am stärksten mit dem Bestreben des Staates, sämtliche Bereiche des gesellschaftlichen Lebens seiner Machtsphäre einzugliedern und im Sinne der nationalsozialistischen Weltanschauung zu durchformen. Die Fronten im Kirchenkampf hatten sich inzwischen verschoben. Hinter den Deutschen Christen, denen anfänglich der Kampf gegolten hatte, und ihrer Vermischung von christlichem Glauben und Nationalsozialismus war nun letzterer selbst in Gestalt des totalen Staates in den Vordergrund getreten. Die Bekennende Kirche sah sich nun nicht mehr einer kirchenpolitischen Gruppierung gegenüber, sondern dem Gestaltungswillen des totalen Staates. Angesichts der bereits wirksamen und weiter drohenden Bevormundung durch den Staat sah die Bekenntnissynode ihre Aufgabe vor allem darin, *„lebendige, mündige, bekennende Gemeinde* zu bauen"[195].

4.4.3 Reaktionen der Deutschen Christen und der Kirchenbehörde

Wie schon nach der ersten Bekenntnissynode in Siegen blieben auch diesmal die Deutschen Christen im Siegerland nicht lange ihre Antwort schuldig. Nach Bekanntwerden der jüngsten Beschlüsse verbreiteten sie ein Flugblatt unter dem Titel „Wohin geht der Weg der evangelischen Kirche im Siegerland?"[196] Darin wurde der Beschluß der Bekenntnissynode über die Ausübung der Kirchenleitung als Anmaßung kritisiert und festgestellt, daß der Superintendent sein Amt nicht mehr im Auftrag der Landeskirche führe. Damit habe sich die Bekenntnissynode aus dem Verband der EKdAPU und der Deutschen Evangelischen Kirche gelöst und erneut den Versuch unternommen, das „Befriedungswerk des Staates zu sabotieren"[197]. Gegen diese Beschlüsse wurde „zu entschlossenem Widerstand" aufgerufen:

---

194 Ebd.
195 „Wort der Bekenntnissynode", ebd.
196 In: KSA, E 9, Bd. XXIII; unterzeichnet von den Pfarrern Eggers und Pfeil, Presbyter Irle, Hanna Gontermann (Siegen), Kirchmeister Buchner und dem Synodalältesten Weiß (beide Weidenau).
197 Ebd.

„Wir können das Erbe der Väter, die Evangelische Volkskirche, nicht preisgeben.

Wir können das Sehnsuchtsziel von Millionen evangelischer Deutschen, die geeinte Deutsche Evangelische Kirche, nicht fallen lassen.

Wir können nicht zugeben, daß der vom Staat gewiesene Weg der Befriedung verlassen wird.

Wir können als Christen und Nationalsozialisten nicht dulden, daß unser Kirchenvolk in einen Gegensatz zu Volk und Staat hineingetrieben wird.

*Um der Verantwortung willen, die wir für unsere Gemeinden und eine geeinte Kirche tragen, widerstehen wir aufs schärfste dem ungesetzlichen Vorgehen der ‚Bekenntnissynode Siegen' und rufen unsere Gemeindeglieder zu gleicher Abwehr und Haltung auf mit dem Blick auf das unverrückbare Ziel: **die eine Deutsche Evangelische Kirche.**"*[198]

Die Deutschen Christen im Siegerland waren von dieser Einheit jedoch selbst weit entfernt, nachdem im Sommer 1936 eines ihrer prominentesten Mitglieder, Pfarrer Dr. E. W. Schmidt (Siegen), seinen Austritt erklärt hatte. In einem Brief an den Kreisleiter Baum hatte er u. a. folgende Gründe für sein Ausscheiden geltend gemacht: die Zersplitterung und „selbstsüchtige Sonderbündelei" der Deutschen Christen, die Vernachlässigung des volksmissionarischen Zieles, in der Theologie zu starke Rücksichtnahme auf den Nationalsozialismus, das mangelhafte Verhalten der Führer und der Kampf gegen die Kirchenausschüsse. Außerdem stellte er die Frage, ob nicht Adolf Hitler selbst den Deutschen Christen das Vertrauen entzogen habe.[199] Obwohl Schmidt betont hatte, daß er sich mit diesem Schritt nicht der Bekennenden Kirche annähern wolle, bedeutete sein Ausscheiden doch eine erhebliche Schwächung für die Deutschen Christen im Siegerland. Sie besaßen jetzt nur noch zwei Pfarrer für die Versorgung der verstreuten DC-Gruppen.

Neben dem Flugblatt an die Siegerländer Bevölkerung protestierten die Deutschen Christen auch beim preußischen Landeskirchenausschuß gegen die Beschlüsse der Siegener Bekenntnissynode.[200] Kreisleiter Baum forderte, daß man der Bekennenden Kirche nicht mehr die Kirchen und kirchlichen Gebäude zur Verfügung stellen solle, da sie sich mit ihren Beschlüssen von der Deutschen Evangelischen Kirche getrennt habe. Diese Forderung war natürlich absurd, wenn man bedenkt, daß 80 Prozent der erwachsenen evangelischen Bevölkerung im Siegerland der Bekennenden Kirche angehörten. Dennoch war das Konsistorium, dem der Vorgang zur Berichterstattung zuging, gezwungen, zu den Beschlüssen der Bekenntnissynode Stellung zu nehmen und ihre rechtliche Tragweite zu prüfen. Superintendent Heider wurde aufgefordert, die Beschlüsse zu erläutern, besonders im Blick auf ihre Bedeutung für das Verhältnis zur Landeskirche. Heider wurde gefragt, ob sein Amt, das er unter Bestätigung der Landeskirche erhalten habe,

---

198 Ebd.
199 Schmidt an Baum, o. Dat. (Abschr.), in: Kgm. Freudenberg, D 6. Aus den Reihen der DC hatte Pfr. i. R. Blecher ein Antwortschreiben verfaßt und die Kritik Schmidts im einzelnen zu widerlegen versucht. Schmidt wurde eine „charakterliche Lücke" unterstellt und der Idealismus beschworen, der notwendig sei, um Kirche im „Dritten Reich" zu bauen. Der Brief endete mit einem trotzigen: „Wir kämpfen weiter." Blecher an Schmidt, o. Dat. (Abschr.), in: ebd.
200 Baum an LKA v. 16. 11. 1936 und v. 20. 1. 1937, in: EZA 7/6662.

nun erloschen sei und ob die Unterstützer der Beschlüsse zum Ausdruck bringen wollten, „daß sie mit der Landeskirche und ihren gesetzmäßigen Organen nichts mehr zu tun haben wollen"[201].

Heider ging in seiner Antwort nur indirekt auf die Fragen des Konsistoriums ein. Er wies darauf hin, daß ihn die Bekenntnissynode ja gerade in seinem Amt als Superintendent anerkannt habe und daß daher seine bisherigen Rechte nicht berührt seien. Dies gelte auch von den Ämtern der übrigen Synodalen. Nur durch Kirchenaustritt würden die Mitglieder der Bekenntnissynode ihre bisherigen Rechte in der Landeskirche verlieren, welcher ihnen jedoch ganz und gar fern liege.[202] Heider betonte aber, daß kirchliches Handeln nur von denen ausgehen könne, die von der Kirche dazu „verordnet" seien. Kirchliche Ämter, die ein Staatsminister verliehen habe, seien „nicht kirchlich legitim besetzt"[203]. Dies war auf die staatliche Ausschußpolitik sowie die Besetzung des Konsistoriums gemünzt. Dies war indirekt auch ein Kommentar zu seinem eigenen Amt als Superintendent, das er nach seinem Verständnis legitim im Auftrag der Bekenntnissynode führte und nicht im Auftrag einer Kirchenbehörde, welche die Bekenntnissynode als illegitim abgelehnt hatte. Heider vermied es jedoch, seine Stellung zum Konsistorium präzise zu definieren, und beschränkte sich auf Andeutungen:

„Gewiß hat die Kirche im Laufe ihrer Geschichte mancherlei unkirchliches Handeln erduldet, aber kirchlich wird es dadurch nicht. Auch jetzt bedürfen ja die Gemeinden zu ihren Rechtsgeschäften das Placet der Kirchenbehörden, abgesehen davon, ob sie kirchlich rechtmäßig sind oder nicht."[204]

Dies bedeutete im Klartext, daß die Arbeit des Konsistoriums als unrechtmäßig angesehen wurde und der Geschäftsverkehr mit diesem nur notgedrungen aufrechterhalten und damit „erduldet" wurde. Gleichzeitig deutete Heider aber damit dem Konsistorium an, daß ein Abbruch der Geschäftsbeziehungen nicht beabsichtigt war. Durch diese Form der Kirchendiplomatie konnte sich Heider einerseits auf dem Boden der Beschlüsse der Bekenntnissynode bewegen und andererseits dem Konsistorium einen Wink hinsichtlich des praktischen Vollzugs dieser Beschlüsse geben. Das Konsistorium nahm diesen Wink auf und berichtete dem Evangelischen Oberkirchenrat:

„Der Grundgedanke in der Antwort des Superintendenten, das ihm von der Bekenntnissynode übertragene Vertrauen bedeute im allgemeinen eine zusätzliche Erklärung zu seinen bisherigen Rechten als Superintendent, dürfte jedenfalls insofern zutreffend sein, als der Satz, daß die Bekenntnissynode die Kirchenausschüsse und das jetzige Konsistorium nicht als Kirchenleitung anerkenne, sich jedenfalls nach der Praxis auch der letzten Monate nicht auf die *verwaltungsmäßige* Zusammenarbeit zwischen den Gemeinden des Siegerlandes sowie dem Kreissynodalvorstand einerseits und dem Evangelischen Konsistorium andererseits beziehen soll. Es handelt sich vielmehr bei der in dem Wort der

---

201 EK an Heider v. 11. 1. 1937 (Abschr.), in: EZA 7/6662.
202 Heider an EK v. 9. 2. 1937 (Abschr.), in: EZA 7/6662.
203 Ebd.
204 Ebd.

Bekenntnissynode Siegen aufgeworfenen Frage um die *geistliche* Leitung der Siegerländer Gemeinden […]. In dieser Richtung sehen wir keine Möglichkeit, gegen den Superintendenten und die hinter ihm stehenden Presbyterien, die fast die gesamte Kreissynode hinter sich haben, vorzugehen, nachdem der Landeskirchenausschuß die Art, wie die geistliche Leitung in der Kirchenprovinz Westfalen nach der grundsätzlichen und der persönlichen Seite ausgeübt wird, zum mindesten stillschweigend geduldet hat. […]
Wir sind der Meinung, daß eine befriedigende Lösung nur in der Weise getroffen werden kann, daß den reformierten Gemeinden das Recht einer eigenen *geistlichen* Leitung zugestanden wird."[205]

Mit dieser Stellungnahme war praktisch die Bekenntnissynode als geistliche Leitung der Siegener Bekenntnisgemeinden anerkannt. Die für die Provinzialkirche getroffene Regelung einer Ausgliederung der geistlichen Leitung aus der Verwaltungsarbeit des PKA und des Konsistoriums wurde so auf die Ebene der Kreissynode ausgedehnt. Den reformierten Gemeinden wurde eine eigene geistliche Leitung zugestanden. Dies ist ein beachtenswerter Sachverhalt, wenn man bedenkt, daß die fünfte Durchführungsordnung Kerrls vom 2. Dezember 1935 die Ausübung kirchenregimentlicher und kirchenbehördlicher Befugnisse durch kirchenpolitische Gruppen, unter denen man in erster Linie die Bekennende Kirche verstand, für unzulässig erklärt hatte.[206] Im Blick auf die besondere Situation in Westfalen war allerdings auf die Durchführung dieser Verordnung verzichtet worden.[207] So konnte hier durch die Aufteilung der kirchenregimentlichen Befugnisse in verwaltungsmäßige und geistliche Leitung ein Modus vivendi gefunden werden. Diese Lösung entsprach zwar nicht der aus dem reformierten Kirchenverständnis heraus geforderten Einheit von geistlicher Leitung und Verwaltung, sie entsprach aber der gängigen Praxis der Gemeinden, die in Verwaltungssachen immer noch den Geschäftsverkehr mit dem Konsistorium pflegten. Obwohl sich die Bekennende Kirche als die einzig legitime Kirche verstand, konnte sie doch die Ausschaltung einer Verwaltungsbehörde, die sie als illegitim betrachtete, praktisch nicht durchsetzen. Wollte man nicht den Weg in die Freikirche wählen – und gerade das wollte man nicht –, mußte man sich in gewisser Weise mit dem Konsistorium arrangieren.

So muß man feststellen, daß die Beschlüsse der Bekenntnissynode bezüglich der Kirchenleitung mehr sagten, als sie bedeuteten. Sie bestätigten letztlich den Status quo, der darin bestand, daß die Organe der Bekennenden Kirche die geistliche Leitung ausübten, während die Gemeinden den Geschäftsverkehr mit dem Konsistorium aufrechterhielten.

205 EK an EO v. 18. 3. 1937, in: EZA 7/6662.
206 GDEK.B Nr. 36/1936, S. 130.
207 Hey, Kirchenprovinz, S. 118.

4.5 Bürgermeister M. – Ein Beamter zwischen den Stühlen

Daß die Entscheidungen der Siegener Bekenntnissynode auch Auswirkungen für die ganz persönliche Existenz haben konnten, zeigt sich an der Person des Ferndorfer Amtsbürgermeisters M. Dabei läßt sich beobachten, wie schwierig es für einen leitenden Beamten im „Dritten Reich" war, Beamtenpflicht und Zugehörigkeit zur Bekennenden Kirche zu verbinden. M., der sich bisher zur Bekenntnisgemeinde gehalten hatte, erklärte im November 1936 seinen Austritt aus der Bekennenden Kirche, weil er deren Weg, der im Siegerland in eine radikale Gegnerschaft zu den staatlichen Befriedungsplänen in der Kirchenfrage führte, nicht weiter mitgehen konnte. Zur Begründung gab er an, er habe als Christ lutherischer (!) Prägung nie so weit gehen können, „daß ich auch die Verfassung der Kirche als biblisch bestimmt und insofern bekenntnisgebunden angesehen hätte"[208]. Außerdem halte er

„die Stellung der Bekenntnisfront zum Staate als der von Gott gesetzten irdischen Obrigkeit und dem sichtbaren Ausdruck unseres Vaterlandes nach den Erfahrungen seit der Einsetzung der Kirchenausschüsse nicht mehr für richtig. [...] Nachdem nunmehr die Bekenntnissynode des Kirchenkreises Siegen die Kirchenausschüsse und das Konsistorium *völlig* abgelehnt und damit den von mir nicht für richtig gehaltenen Kurs verschärft hat, kann ich der Bekenntnisgemeinde nicht weiter angehören. Ich kann es umso weniger, weil ich als leitender Beamte [sic!] dem Staate gegenüber eine besondere Treuepflicht habe."[209]

Damit machte M. deutlich, daß er den radikalen Kurs der reformierten Bekennenden Kirche im Siegerland, die auf der Synode am 26. Oktober 1936 noch einmal bestätigt worden war, nicht länger mittragen konnte. Neben den geäußerten theologischen Vorbehalten brachte ihn dieser Kurs auch in einen Interessenkonflikt mit seiner Tätigkeit als Beamter. Bei einer späteren Gelegenheit gab M. noch einmal Rechenschaft über seine Amtsführung:

„Ich habe auf gerade kirchlichem Gebiet mit peinlicher Genauigkeit die Anordnungen der vorgesetzten Stellen durchgeführt und auch von mir aus in allen Fällen Vorlagen gemacht, in denen ich glaubte, ein Interesse der Polizeiaufsichtsbehörde oder der Staatspolizeistelle annehmen zu können. Ich habe mich darüber hinaus, obwohl es sich um eine undankbare Angelegenheit handelte, bemüht, zu einer Entspannung der kirchlichen Gegensätze beizutragen. [...] Wenn ich auch persönlich bestrebt bin, Christ zu sein und das Erbe meines Elternhauses zu bewahren, so ist das eine Angelegenheit, die mir heilig ist und die einen Dritten nichts angeht. Es ist richtig, daß ich in dieser Einstellung bis November vorigen Jahres der Bekenntnisfront angehört habe, allerdings ohne mich für sie zu betätigen. [...] Gerade als Christ bin ich verpflichtet, meinen Dienst voll zu tun, ohne irgendwelche Rücksichten zu nehmen. Es ist für mich selbstverständlich, daß die Bindung eines Beamten an Gesetze und Anordnungen der vorgesetzten Stellen jeder anderen Bindung vorgeht."[210]

---

208 M. an Vethake v. 17. 11. 1936 (Abschr.), in: Amt Ferndorf, Fach 60, Nr. 2, H.1.
209 Ebd.
210 M. an LR v. 19. 4. 1937 (Abschr.), in: Amt Ferndorf, Fach 60, Nr. 2, H.1.

Abgesehen von der apologetischen Zielsetzung, die man hier berücksichtigen muß[211], ist dieser Brief doch ein eindrucksvolles Selbstzeugnis eines leitenden Beamten im NS-Staat. Da M. weder den Deutschen Christen angehörte noch in der Lage war, den radikalen Kurs der Bekennenden Kirche mitzutragen, sich aber auch nicht durch eiliges Vorpreschen in Kirchenfragen bei den Nationalsozialisten anbiederte, saß er gewissermaßen zwischen allen Stühlen. In dieser schwierigen Situation zog er sich auf sein Berufsethos als Beamter und die Gehorsamsverpflichtung gegenüber dem Staat zurück. Doch bei allem preußischen Pflichtbewußtsein, das M. hier demonstrierte, besaß er in der Praxis doch einen gewissen Spielraum gegenüber den vorgesetzten Stellen und ihren Anordnungen. Diesen Spielraum nutzte er in seiner Amtsführung aus, um die Auswirkungen des Kirchenkampfes in seinem Bezirk abzumildern und die Fronten zu entschärfen.[212]

4.6 Die Bildung eines reformierten Konventes der Bekennenden Kirche Westfalens

Das Jahr 1936 brachte nicht nur für die Bekennende Kirche insgesamt die Spaltung, sondern ließ auch die beiden Flügel innerhalb der Reformierten endgültig auseinanderdriften.[213] Während die Gruppe um D. Hesse (Reformierter Bund) und Karl Immer (Coetus Reformierter Prediger) einen strikt bekenntniskirchlichen und kirchenausschußfeindlichen Kurs verfolgte, arrangierte sich die Gruppe um die reformierte Landeskirche Hannover mit den neuen staatlichen Einrichtungen und hielt an dem Ziel einer Sammlung aller Reformierten auf dem Boden der Reichskirche fest. Damit war der seit 1934 dahinsiechende Reformierte Kirchenkonvent als übergreifendes Organ endgültig zum Scheitern verurteilt. Er löste sich im Sommer 1936 auf, die landeskirchliche Gruppe schloß sich zum „Arbeitsausschuß der reformierten Kirchen Deutschlands" zusammen.[214]

Diese Entwicklung fand auch im Siegerland ihren Niederschlag. Die zweite Bekenntnissynode in Siegen am 26. Oktober 1936 stellte einstimmig fest, daß sie nur eine solche Vertretung der reformierten Kirche anerkenne, die innerhalb der Bekennenden Kirche ihr Amt sehe und ausübe. Außerdem ordnete sie sich dem reformierten Konvent der Bekennenden Kirche zu.[215] Damit hatte die Bekenntnissynode dem neuen reformierten Arbeitsausschuß indirekt eine Absage erteilt und sich auf die Seite der konsequent bekennt-

211 Anlaß zu dieser Äußerung war die Kritik eines Untergebenen hinsichtlich M.s Haltung in Kirchenfragen. Dies hatte für den Beamten ein Disziplinarverfahren zur Folge.
212 Vgl. die Vorgänge in: Amt Ferndorf.
213 Vgl. Lekebusch, Die Reformierten im Kirchenkampf, S. 244 ff.
214 Ebd., S. 259 ff.
215 Protokoll der Synode v. 26. 10. 1936, in: KSA, E 9, Bd. XV.

niskirchlichen Gruppe der Reformierten geschlagen. Es wurde des weiteren beschlossen, das reformierte Mitglied der zweiten Vorläufigen Kirchenleitung, Superintendent Lic. Albertz (Spandau), zu einem Vortrag vor Vertretern der Gemeinden und der gesamten Synodalgemeinde des Siegerlandes einzuladen und wegen eines gleichen Schrittes mit den anderen reformierten Synoden bzw. Gemeinden Westfalens Fühlung zu nehmen.[216]

Pfarrer Dr. Müller arbeitete in Absprache mit Lic. Albertz eine Vortragsreise durch die reformierten Kirchengebiete Westfalens aus, die Albertz am 12. und 13. Dezember 1936 nach Siegen führen sollte. Als Abschluß war eine Tagung für den 17. Dezember in Hagen geplant, auf der die Vertreter der bereisten Synoden über die künftige Arbeit und den Zusammenschluß der reformierten Gemeinden Westfalens beraten sollten.[217] Ein solcher Zusammenschluß war auch von der reformiert-märkischen Konferenz Anfang November 1936 gefordert worden.[218] Die letzten Termine mußte Albertz jedoch wegen der Bekenntnissynode der Altpreußischen Union in Breslau (16.–18. 12. 1936) absagen. So kam es erst am 19. Januar 1937 zur vorbereitenden Sitzung für den reformierten Konvent Westfalens. Anwesend waren Superintendent Heider und Pfarrer Dr. Müller für die Synode Siegen sowie Vertreter aus den Synoden Wittgenstein, Tecklenburg und den reformierten Gemeinden Hagen, Letmathe, Hohenlimburg und Gronau. Außerdem nahmen Pfarrer Steil für den westfälischen Bruderrat, Lic. Albertz für die Vorläufige Kirchenleitung und D. Hesse sowie Lic. Obendiek für den Reformierten Bund an der Sitzung teil. Es wurde eine äußere Satzung verabschiedet und ein vorläufiger Vorstand, bestehend aus den Pfarrern Brandes (Lengerich), Küpper (Hagen), Dr. Müller (Hilchenbach), Papst (Schwarzenau) und Steil (Wanne-Eickel), gebildet, der eine baldige Zusammenkunft von Ältesten und Pfarrern für die inhaltlichen Aufgaben der Weiterarbeit vorbereiten sollte.[219] Die Satzung legte den äußeren Umfang für den reformierten Konvent Westfalens fest. Danach bildeten die drei reformierten Kreissynoden Siegen, Wittgenstein und Tecklenburg gemeinsam mit den reformierten Gemeinden aus den lutherischen und unierten Synoden den reformierten Konvent. Letztere wurden gebietsweise zu einer Classis zusammengeschlossen: die Gemeinden Vlotho, Minden, Herford, Bielefeld und Soest zur Classis Ravensberg und die Gemeinden Altena und Hagen zur Classis Mark. Die reformierten Gemeinden Gronau, Suderwick und Werth wurden der Synode Tecklenburg zugeordnet.

In den nächsten Monaten versuchte der Siegener Bruderrat verstärkt, den Zusammenschluß der reformierten Gemeinden Westfalens und die Bildung

---

216 Ebd. Die Anträge betr. Wahlen zu den reformierten Synoden, betr. Erklärung über den reformierten Charakter der Synode Siegen und betr. Gottesdienstreform im Sinne des reformierten Bekenntnisses wurden auf eine nach den Vorträgen von Lic. Albertz neu einzuberufende Synode vertagt.
217 Müller an Brandes (u. a.) v. 19. 11. 1936 und Albertz an Müller (u. a.) v. 23. 11. 1936, in: EKvW 5.1, Nr. 148, Fasc. 1.
218 JK 4 (1936), S. 1062.
219 Protokoll der Sitzung v. 19. 1. 1939, in: EKvW 5.1, Nr. 148, Fasc. 1.

eines reformierten Konventes der Bekennenden Kirche in Westfalen voranzutreiben. Die geplante Synode wurde mehrfach verschoben, um die Entwicklung in diesem Bereich abzuwarten. Am 2. April 1937 beschloß der Bruderrat, Pfarrer Steil (Wanne-Eickel) vom westfälischen Bruderrat „erneut und dringend" zu bitten, den Zusammenschluß der Reformierten zu beschleunigen.[220] Es wurde sogar erwogen, bei einem weiteren Zögern von Pfarrer Steil durch das Mitglied des Moderamens des Reformierten Bundes, Pfarrer Jochums (Eiserfeld), die Vertreterversammlung der reformierten Gemeinden einzuberufen.[221] Vermutlich hing Steils Zögern jedoch mit der Bekenntnissynode der EKdAPU in Halle vom 9. bis 11. Mai 1937 zusammen, wo die konfessionelle Frage für den Bereich der EKdAPU erörtert werden sollte. Auf der letzten Bekenntnissynode in Breslau Ende 1936 waren bereits konfessionelle Konvente gebildet worden. Die Synode zu Halle definierte die konfessionelle Frage als „Frage nach der Bedeutung der Tatsache, daß in dieser Kirche *Bekenntnisse verschiedenen Lehrinhaltes* nebeneinander in Geltung stehen"[222]. Durch die Wiederentdeckung der reformatorischen Bekenntnisse in der Abwehr der deutsch-christlichen Irrlehre sei die EKdAPU vor die Frage gestellt, „wie sie selbst dem Anspruch des Bekenntnisses, für Lehre und Kultus, Verkündigung und Ordnung maßgebend zu sein, Rechnung zu tragen gedächte"[223]. Auf der gemeinsamen Basis einer Anerkennung der Barmer Theologischen Erklärung sei daher eine *„Neuordnung unserer Kirche nach Massgabe der bei uns geltenden Bekenntnisse gefordert"*[224]. Dabei wurde bei aller Anerkennung der konfessionellen Verschiedenheit auch die Verpflichtung betont, „zu einem voll ausgesprochenen consensus de doctrina evangelii zu kommen"[225]. Auf dem Wege dorthin sei es zunächst notwendig, den gegenwärtigen Bekenntnisstand der Gemeinden und seine geschichtliche Entwicklung festzustellen.[226]

Dieser Notwendigkeit kam die Bekenntnissynode, die am 27. Juli 1937 in Siegen tagte, nach, indem sie Rechenschaft über ihren konfessionellen Charakter ablegte. Nach einem einführenden Referat von Superintendent Heider erklärte die Synode:

„Bekenntnissynode hält den geschichtlichen Nachweis, daß die Kreissynode Siegen reformierten Charakter hat, für durchaus erbracht und erklärt denselben für festgestellt; insbesondere erklärt sie sich für die fortdauernde Geltung des Heidelberger Katechismus als reformierter Bekenntnisschrift und fordert die Gemeinden auf, [...] sich als evangelisch-reformiert zu bezeichnen."[227]

220 Protokoll über die Sitzung des BR v. 2. 4. 1937, in: KSA, E 9, Bd. XIX.
221 Protokoll über die Sitzung des BR v. 29. 4. 1937, in: KSA, E 9, Bd. XIX.
222 Gerhard Niemöller, Die Synode zu Halle 1937. Die zweite Tagung der vierten Bekenntnissynode der Evangelischen Kirche der altpreußischen Union. Text – Dokumente – Berichte (= AGK 11), Göttingen 1963, S. 448.
223 Ebd.
224 Ebd., S. 449.
225 Ebd., S. 452.
226 Ebd., S. 438.
227 Ebd. Die Vertreter der Kirchengemeinde Olpe brachten zum Ausdruck, daß sie den reformierten Charakter des Siegerlandes anerkannten, jedoch selbst am lutherischen Bekenntnis festhalten wollten; vgl. Müller an den wf. BR v. 3. 8. 1937 (Abschr.), in: KSA, E 9, Bd. XV.

Der Vortrag von Superintendent Heider wurde gemeinsam mit einem Aufsatz von Pfarrer Adolf Schmidt (Osthelden) über die „Fürstlich Naßau Siegensche Kirchen Ordnung" von 1716 in Druck gegeben.[228] Der programmatische Titel dieser Schrift („Das Erbe der Väter") zeigte, daß man sich als Bekennende Kirche in der Traditionslinie der „Väter" sah. Der Beitrag von Adolf Schmidt hob den verbindlichen Charakter der reformierten Kirchenordnung für das Gemeindeleben und die persönliche Lebensführung hervor und unterstrich die Notwendigkeit, als Bekennende Kirche zu einer Ordnung zu finden, die der Ordnung der „Väter" entspreche.[229]

Im Laufe der folgenden Wochen kamen zahlreiche Gemeinden des Siegerlandes der Aufforderung der Synode nach und gaben sich – soweit dies nicht bereits der Fall war – die Bezeichnung „evangelisch-reformiert".[230]

Am 8. August trafen sich schließlich die Vertreter aus den reformierten Synoden und Gemeinden Westfalens in Hagen und konstituierten sich zum reformierten Konvent der Bekennenden Kirche Westfalens. Anwesend waren 72 Vertreter aus 36 Gemeinden, darunter sämtliche Gemeinden des Siegerlandes, außer Olpe. Die bekennenden reformierten Gemeinden in Westfalen wurden aufgefordert, dem Konvent beizutreten.[231] Für Pfarrer Dr. Müller traten Pfarrer Jochums (Eiserfeld) und Dipl.-Ing. Reinacher (Weidenau) in den Vorstand ein. Mit dieser Tagung war die reformierte Konventsbildung, die im Bereich der DEK und der EKdAPU bereits erfolgt war, nun auch auf die Ebene der Ortsgemeinden fortgeschritten. Bis zum 16. Januar 1938, als der reformierte Konvent erneut in Hagen tagte, hatten sich von 74 Gemeinden Westfalens, in denen der Heidelberger Katechismus in Gebrauch war, 38 dem Konvent angeschlossen.[232]

4.7 Auseinandersetzungen um das reformierte Bekenntnis

Die Entscheidung vieler Kirchengemeinden, sich explizit als „evangelisch-reformiert" zu bezeichnen, sowie die bewußte Hinwendung zum reformierten Erbe während des Kirchenkampfes überhaupt führten in einigen Ge-

---

228 Das Erbe der Väter. Bekenntnis und Ordnung in der Synode Siegen, Lage 1937. Die von Fürst Friedrich Wilhelm von Nassau erlassene Kirchenordnung war die letzte eigenständige reformierte Kirchenordnung in Nassau-Oranien. Sie enthielt Kapitel über Gottesdienst und Liturgie, Taufe und Abendmahl, Ehestand, Beerdigungen, Katechisation, Schule, Kirchenzucht und Presbyterien.
229 Ebd., S. 23.
230 Vgl. jeweils Protokollbuch des Presb.: Kgm. Eiserfeld 11. 8. 1937, Ferndorf 22. 9. 1937, Hilchenbach 4. 9. 1937, Müsen 6. 7. 1937, Neunkirchen 13. 8. 1937, Niederschelden 8. 9. 1937, Oberholzklau 16. 8. 1937.
231 Protokoll in: EKvW 5.1, Nr. 148, Fasc. 2, und Müller an die Amtsbrüder v. 12. 8. 1936, in: KSA, E 9, Bd. XV. Entsprechende Beschlüsse sind aus folgenden Gemeinden bekannt (jeweils Protokollbuch des Presb.): Kgm. Burbach 15. 9. 1937, Eiserfeld 27. 7. 1937, Ferndorf 22. 9. 1937, Müsen 6. 7. 1937, Neunkirchen 13. 8. 1937, Niederschelden 8. 9. 1937, Oberholzklau 16. 8. 1937; Wilnsdorf 29. 8. 1937, vgl. Protokoll (Abschr.), in: Wilnsdorf I-3.
232 Vgl. Reformiertes Sonntagsblatt Nr. 5 v. 30. 1. 1938.

meinden zu Auseinandersetzungen um das geschichtlich gewachsene Bekenntnis. Bereits im Jahre 1934 war Bischof Adler von seiten der Deutschen Christen gewarnt worden, „mit dem Entgegenkommen gegen die Reformierten im Siegerland *Vorsicht* zu verbinden"[233]. Im Laufe des Kirchenstreits gingen die Deutschen Christen dazu über, die Bedeutung des reformierten Bekenntnisses für die Siegerländer Gemeinden herunterzuspielen oder gänzlich zu bestreiten. Denn auch die Deutschen Christen begriffen schnell, daß das in der Kirchenordnung verankerte Sonderrecht der reformierten Gemeinden von großer Tragweite in den zahlreichen Auseinandersetzungen war und ein Hindernis für die Durchsetzung ihrer eigenen Ziele darstellte.

Für die Kirchengemeinde Siegen versuchte Pfarrer Blecher den Nachweis zu führen, daß es sich um eine konsensus-unierte Gemeinde handele. Ihm wurde jedoch von Pfarrer Paul Schmidt widersprochen, der in einem langen Brief an das Konsistorium die geschichtliche Entwicklung des reformierten Bekenntnisstandes in der Kirchengemeinde Siegen darlegte.[234] Das Konsistorium gab Schmidt recht, wie aus einem Bericht der Siegener Zeitung im Oktober 1934 hervorgeht.[235] Diese Niederlage hinderte Blecher nicht, weiterhin den reformierten Charakter der Synode zu bestreiten. In der bereits erwähnten „Erklärung" der Deutschen Christen gegen Karl Barth und die Bekenntnissynode, als deren Urheber Blecher festgestellt wurde, hieß es, die Kreissynode gebe sich „neuerdings streng reformiert"[236]. Damit deutete er an, daß die Betonung des reformierten Bekenntnisses rein taktischer Art sei.

Auch in Klafeld wurde der reformierte Charakter der Gemeinde von dem dort tätigen DC-Pfarrer Pfeil in Frage gestellt und als eine „Spezialität von Herrn Pfarrer Buscher"[237] abgetan. In Ferndorf kam es sogar zu einem Kirchensteuerboykott, als das Presbyterium beschloß, die Bezeichnung „evangelisch-reformiert" einzuführen. Die Verweigerer betrachteten sich einer betont reformierten Gemeinde gegenüber nicht als steuerpflichtig. Weiter hieß es:

„2.) Diese Umbenennung ist nach unserer Überzeugung nicht Selbstzweck, welcher aus einer bestimmten Bekenntnisrichtung entstanden ist, sondern soll ausschließlich kirchenpolitischen Zwecken dienen (besondere Behandlung reform. Gegenden).
3.) Wir sehen in dieser Maßnahme eine geistige Vergewaltigung andersdenkender Gemeindeglieder und können nicht ohne unser Wissen über Nacht zu *Reformierten* gestempelt werden.
4.) Als evangelische Nationalsozialisten haben wir kein Verständnis für westisch demokratische Verwaltungsformeln, so wie sie uns der neuzeitliche reformierte Calvinismus von der Bekenntniskirche vorgepredigt und vorgelebt wird.
5.) Wir erwarten von der evangelischen Kirche eine einfache und klare Wortverkündigung, so wie es auch von heutigen deutschen Menschen verstanden wird.

---

233 Blecher an Siebold v. April 1934, in: EKvW 0.6, Nr. 9.
234 Schmidt an EK v. 13. 6. 1934 (Abschr.), in: KSA, E 9, Bd. XV.
235 SZ v. 27. 10. 1934. Es hieß, der reformierte Charakter der Gemeinde sei „nun auch amtlich anerkannt. [...] Es ist durchaus möglich, daß die jetzt getroffene Entscheidung noch einmal von nicht unwesentlicher Bedeutung für die in der Gemeinde Siegen geltende kirchliche Ordnung wird."
236 Ebd.
237 Pfeil an LKA v. 12. 11. 1935, in: EZA 7/6477.

Wir verbitten uns innerhalb der Deutschen evangelischen Reichskirche jegliche Sonderbündelei, welche nur als Keimzelle zur Zerstörung der Volksgemeinschaft betrachtet werden muß und sich dem nationalsozialistischen Staat gegenüber zumindest als zweifelhaft benimmt."[238]

Damit wurden die Vorwürfe, die seitens der Deutschen Christen gegenüber den betont reformierten Kreisen vorgebracht wurden, zusammengefaßt: kirchenpolitisches Taktieren, Intoleranz, Nähe zum Parlamentarismus, Dogmatismus und Separatismus. Das Presbyterium hielt es seinerseits für „unfaßlich", daß überhaupt jemand den reformierten Charakter der Gemeinde ernstlich bezweifeln könne.[239] Das Konsistorium teilte den Deutschen Christen in Ferndorf ebenfalls mit, daß die Bezeichnung „evangelisch-reformiert" der Sach- und Rechtslage entspreche und nicht dazu berechtige, die Zahlung der Kirchensteuer zu verweigern.[240] Die Deutschen Christen ließen sich durch diesen Bescheid jedoch nicht beeindrucken und zogen in einer erneuten Eingabe den Schluß:

„Wenn nun heute die sogenannte Bekenntniskirche eine offene Spaltung der Konfessionen betreibt, zu einer Zeit, wo das *ehrliche* evangelische Volk eine Einheit der Volksgemeinschaft wünscht, können nur politische Gründe als treibende Kräfte angenommen werden."[241]

Letzteres war ein Vorwurf, der seitens der Deutschen Christen häufig gegenüber der Bekennenden Kirche erhoben wurde.[242] Sie mußten sich indes vom Konsistorium belehren lassen, daß die im Jahre 1934 für die Kirchengemeinde Siegen getroffene Feststellung, daß es sich um eine innerhalb der Union bestehende reformierte Konfessionsgemeinde handle, in gleicher Weise auf die übrigen Gemeinden des Kirchenkreises und somit auch für die Kirchengemeinde Ferndorf zutreffe.[243]

Diese Auseinandersetzung zeigte, daß es nur vordergründig um die Feststellung des historischen Bekenntnisstandes ging, letztlich jedoch um die Durchsetzung kirchenpolitischer Interessen. Natürlich nutzte auch die Bekennende Kirche den Machtvorteil, den sie durch die in der Kirchenordnung verbürgten Sonderrechte (die allerdings zunehmend eingeschränkt wurden) besaß, so weit wie irgend möglich aus, um den kirchenpolitischen Gegner aus den Gemeinden herauszudrängen. Sie zeigte sich jedoch darin als die legitime Verfechterin des Bekenntnisses, daß sie in der Situation, in der das

---

238 DC an FA v. 15. 9. 1938, zit. in: EK an EO v. 1. 6. 1939, in: EZA 7/6335.
239 Zit. in: ebd.
240 Vgl. ebd.
241 Zit. in: ebd.
242 Vgl. auch Baum u. Irle an Kerrl v. 22. 11. 1935. Dort hieß es, „daß wir evangelische Nationalsozialisten in diesen häßlichen Kirchenstreit nur lediglich deshalb hineingezogen wurden, um die ganz offenen Angriffe gegen unseren heutigen Staat abzuwehren"; in: BA Potsdam, RKM Nr. 23764. Etwas vorsichtiger äußerte sich Pfr. Pfeil. Er betonte in einem Brief, daß der BK als solcher nicht der Vorwurf der politischen Unzuverlässigkeit gemacht werden könne, „daß sie aber durch ihre Gesamthaltung und ihre Einstellung Sammelpunkt aller der Kreise sei, die zum 3. Reich kein positives Verhältnis gefunden haben"; Pfeil an EK v. 28. 9. 1936, in: EKvW 2neu, Klafeld 8, Bd. I.
243 Ebd.

Bekenntnis substantiell gefährdet war, selbst zum Bekennen fand. Gerade diese Kohärenz von Bekenntnis und Bekennen war es, welche dem Widerstand der Bekennenden Kirche die Schärfe gab, während die Deutschen Christen dazu neigten, Bestandteile des Bekenntnisses für unwesentlich zu erklären und zugunsten des Zeitgeistes zu opfern. Gerade das bei ihnen häufig anzutreffende Mißtrauen gegen das gelehrte Theologentum und seine Dogmen, denen sie die diffuse Forderung nach einem „praktischen Christentum" entgegenhielten, brachte ihr Defizit an theologischer Reflexion zum Ausdruck. In dem Brief eines Deutschen Christen hieß es:

„Ich möchte noch betonen, daß wir als Nationalsozialisten nur dieses eine Ziel kennen, das Wohl des deutschen Volkes[,] und dazu gehört auch die Tatsache, daß die Kirche als Verkünder der ewigen göttlichen Wahrheiten wieder den Platz im deutschen Staat und Volk einnehmen soll, den sie haben muß. –
Äußere Form und Dogmen sind dabei nicht das Entscheidende, sondern der ehrliche Wille und die Sehnsucht der Herzen nach dem Einen, was uns und unserm Volke nottut."[244]

Diese Äußerung zeigt, wie sehr die deutsch-christliche Religiosität vom Gemüt bestimmt war und das Ziel der Volksverbundenheit über die äußere und innere Gestalt der Kirche gehoben wurde. Die Bekennende Kirche, die auf der Notwendigkeit theologischer Argumentation beharrte, sah sich daher stets politischen Verdächtigungen ausgesetzt. Indem die Deutschen Christen den Vorwurf der theologischen Unverträglichkeit mit dem Vorwurf der politischen Unzuverlässigkeit beantworteten, enthüllten sie den eigentlichen Charakter ihrer Bewegung als eines religiös-politischen Schwärmertums.

---

244 Jüngst an Strothmann v. 8. 10. 1934, in: Kgm. Müsen, I.2, S. 28–32.

5. Die Phase der offenen Gegnerschaft

5.1 Die gescheiterte Kirchenwahl und der Kampf gegen die „Ein-Mann-Kirche"

Im Februar 1937 änderte sich die kirchenpolitische Lage grundlegend.[1] Der Reichskirchenausschuß (RKA) trat zurück und erklärte damit den Versuch, die evangelische Kirche durch staatlich eingesetzte Ausschüsse neu zu ordnen, für gescheitert. Die zunehmende Behinderung der Arbeit des RKA, Differenzen mit Reichskirchenminister Kerrl, die Ablehnung der Ausschüsse durch wesentliche Teile der evangelischen Kirche und die antichristliche Propaganda aus den Reihen der NSDAP hatten die Weiterführung des Auftrages unmöglich werden lassen. Nach dem Rücktritt des RKA wurden im Laufe des Jahres 1937 auch die übrigen Ausschüsse aufgelöst, der preußische Landeskirchenausschuß am 9. August und der westfälische Provinzialkirchenausschuß am 22. Juli. Das westfälische Modell der geistlichen Leitung hingegen blieb bestehen.

Nach dem Rücktritt des RKA griff Hitler überraschend in die Diskussion über die weitere Entwicklung der evangelischen Kirche ein und ordnete in einem Erlaß die Vorbereitung von allgemeinen Kirchenwahlen an, mit der Begründung, daß sich die evangelische Kirche nunmehr selbst „in voller Freiheit" eine eigene Verfassung geben solle. Mit der Vorbereitung der Wahl wurde wiederum Kerrl beauftragt. Der Wahlerlaß Hitlers stieß jedoch innerhalb der Bekennenden Kirche auf große Bedenken, weil eine für sie unabdingbare Voraussetzung für allgemeine Kirchenwahlen, eine einheitliche Bekenntnisgrundlage, nicht gegeben war. Außerdem wurde der Erlaß als Eingriff des Staates in das Leben der Kirche empfunden. Der radikale Flügel der Bekennenden Kirche lehnte daher eine Beteiligung an der Wahl ab und rief dazu auf, die Wahl zu boykottieren. Diese Haltung teilten auch die bekennenden Kreise des Siegerlandes. Als sich Ende Juni Gerüchte verstärkten, daß sehr bald mit einer kurzfristigen Ankündigung der Wahl zu rechnen sei, verschickte Pfarrer Dr. Müller eine Kanzelverlesung an seine Siegerländer Amtsbrüder, in der deutlich gemacht wurde, daß sich die Bekennende Kirche an einer von Staat und Partei „mit so unkirchlichen Methoden und Zielen"[2] durchgeführten Wahl unmöglich beteiligen könne. Für

---

1 Vgl. Heinz Brunotte, Der kirchenpolitische Kurs der Deutschen Evangelischen Kirchenkanzlei von 1937 bis 1945, in: Zur Geschichte des Kirchenkampfes. Gesammelte Aufsätze (= AGK 15), Göttingen 1965, S. 92–145; Leonore Wenschkewitz, Politische Versuche einer Ordnung der Deutschen Evangelischen Kirche durch den Reichskirchenminister 1937 bis 1939, in: Zur Geschichte des Kirchenkampfes. Gesammelte Aufsätze II (= AGK 26), Göttingen 1971, S. 121–138; Meier II, S. 142–154.

2 Müller v. 26. 6. 1937, in: KSA, E 9, Bd. XV. Für Pfr. Strothmann (Müsen) hatte die Abkündigung dieses Textes, der gemeinsam mit einem Wort des Reichsbruderrates verlesen wurde, ein

eine plötzliche Ankündigung der Wahl wurden Verhaltensmaßregeln ausgegeben. Die Siegener Bekenntnissynode, die am 27. Juli 1937 tagte, stellte fest, „daß die Presbyterien auch nach Ablauf der Wahlperiode von 4 Jahren rechtmäßig im Amt sind, bis Nachfolger in einer kirchlich geordneten Wahl gewählt und durch den Vorsitzenden des Presbyteriums in ihr Amt eingeführt sind"[3]. Der Akzent lag bei diesem Beschluß auf „kirchlich geordnet" im Gegensatz zu der staatlicherseits angestrebten Kirchenwahl. Da die Wahlen jedoch ohne Mitwirkung maßgeblicher Teile der evangelischen Kirche nicht durchgeführt werden konnten, wurden sie schließlich auf unbestimmte Zeit verschoben. Kerrl versuchte nun auf juristischem Wege, die Frage der Kirchenleitung zu lösen. Mit der 17. Durchführungsverordnung des Gesetzes zur Sicherung der DEK vom 10. Dezember 1937[4] wurde die Leitung der Deutschen Evangelischen Kirche dem Leiter der Kirchenkanzlei, Dr. Werner, und in den Landeskirchen, wo Ausschüsse bestanden hatten, auf den Leiter der obersten kirchlichen Verwaltungsbehörde übertragen. Damit besaß der Jurist Dr. Werner, der auch Präsident des Evangelischen Oberkirchenrates der EKdAPU war, nunmehr die mächtigste Stellung innerhalb der evangelischen Kirche Deutschlands, da er mit der Verordnung zur Ausübung kirchenregimentlicher Befugnisse ermächtigt war. Durch diese Verordnung sah man nun „das Führerprinzip auf dem Umwege über die Verwaltung in die DEK und sämtliche Landeskirchen eingeführt"[5]. Pfarrer Barth (Oberfischbach) sprach von einer „Diktatur", die mit Hilfe von Stapo und Polizei in der Kirche ausgeübt werde.[6] Was durch die Schaffung eines Reichsbischofsamtes und durch die Kirchenausschüsse nicht gelungen war, drohte nun durch die „Ermächtigung" Dr. Werners Wirklichkeit zu werden. Dieser griff sofort mit zahlreichen Verordnungen in das Leben der Kirche ein und verringerte damit Schritt für Schritt den Spielraum der Bekennenden Kirche. Am 25. Februar 1938 erschien eine „Verordnung zur einstweiligen Regelung der verfassungsmäßig den Provinzialkirchenräten zustehenden Befugnisse"[7], welche die Befugnisse der Kirchenausschüsse, die vormals den Provinzialkirchenräten zugeordnet waren, neu aufteilte. Dabei wurde die Macht des Konsistoriums und des Evangelischen Oberkirchenrates gestärkt und die Möglichkeiten der kirchlichen Selbstverwaltung weiter beschränkt. Die Neubildung von Kirchenkreisen und Kirchengemeinden, die Errichtung neuer Pfarrstellen sowie die Ausschreibung von Kollekten wurden dem Konsistorium übertragen. Die Ernennung von Super-

---

Nachspiel. Er erhielt eine Verwarnung, weil er sich „angeblich nicht der gebotenen Mäßigung befleißigt habe, sondern die Kanzelabkündigung in einer Form gebracht habe, die geeignet war, Unruhe und Verwirrung in der Bevölkerung hervorzurufen" (Müsen I.2, S. 117). Strothmann verweigerte zunächst die Annahme der Verwarnung. Erst nach einer Vernehmung durch die Gestapo-Stelle in Dortmund nahm er die Verwarnung mit seiner Unterschrift zur Kenntnis; vgl. Notiz Strothmann v. 26. 10. 1937, in: Kgm. Müsen, II.4.
3   Protokoll der Synode v. 27. 7. 1937, in: KSA, E 9, Bd. VIII.
4   GDEK.B Nr. 23/1937, S. 70.
5   Presb. Müsen an EO v. 19. 3. 1938 (Abschr.), in: Kgm. Müsen, I.2, S. 207 f.
6   Bericht v. 21. 2. 1938 über eine Predigt Barths, in: Amt Freudenberg, C 232.
7   GDEK.B Nr. 3/1938, S. 15 f.

intendenten sollte durch Dr. Werner erfolgen. Außerdem wurde verfügt, daß das Amt des Präses der Provinzialsynode ruhen solle. Diese Verordnung sammelte die bekenntnistreuen Gemeinden Westfalens noch einmal zu geschlossenem Protest, der in zahlreichen Beschlüssen zum Ausdruck kam.[8] Die Müsener Presbyter widersprachen in einem Brief an den Evangelischen Oberkirchenrat dem Versuch, „das dem Führerprinzip in der Kirche ungelegene, aber biblisch und bekenntnismäßig geforderte Synodalprinzip auf diktatorischem Wege abzuschaffen und damit die Gemeinden zu entmündigen"[9]. Eine „Ein-Mann-Herrschaft" sei in der Kirche unmöglich und daher die Zurücknahme der beiden umstrittenen Verordnungen zu fordern. Solange nicht anerkannt werde, daß an der Spitze der Kirche nicht eine Person, sondern das Wort Gottes stehe, könne es zu einem Frieden in der Kirche nicht kommen.

Auch etliche weitere Gemeinden des Siegerlandes forderten die Aufhebung der jüngsten Kirchengesetzgebung und stellten sich hinter ihren Präses Koch.[10] Doch Dr. Werner war offensichtlich bestrebt, auf dem Verwaltungsweg die Gleichschaltung der evangelischen Kirche zu vollenden, und setzte seine restriktive Gesetzgebung fort. Am 6. Juli 1938 erließ er eine „Verordnung über die Vertretung der Kirchenkreise und Kirchengemeinden der Evangelischen Kirche der altpreußischen Union"[11], durch die dem Konsistorium das Recht eingeräumt wurde, unbotmäßige Kreissynodalvorstände oder Presbyterien aufzulösen, deren Zusammensetzung zu bestimmen oder Bevollmächtigte an ihre Stelle zu setzen. Mit dieser Verordnung waren nun die Gemeinden selbst und ihre Selbstverwaltungsorgane betroffen. Dies sahen auch die Gemeinden so:

„Die Verordnung hebt die presbyterial-synodale Ordnung unserer Gemeinde und Kirche auf und führt die bekenntniswidrige Alleinherrschaft des Präsidenten des E.O. und der von ihm abhängigen und nicht an das Bekenntnis der Kirche gebundenen Konsistorien bis in die Leitung der einzelnen Gemeinden durch."[12]

Entschlossen wurde die Aufhebung der Verordnung und die Rückkehr zu der verfassungsmäßigen Ordnung der Kirche gefordert. Die wortreichen Proteste der Gemeinden konnten jedoch gegen die Verordnungspolitik Dr. Werners und die hinter ihm stehende Staatsmacht wenig ausrichten. Die Verbindung von gesetzlichen Maßnahmen und der Androhung (und Anwendung) polizeilicher Gewalt erwies sich als äußerst effektiv. In den konkreten Konflikten mit den Deutschen Christen, von denen noch zu berichten

8 Vgl. W. Niemöller, Bekennende Kirche in Westfalen, S. 28 f.
9 S. Anm. 5.
10 Vgl. jeweils im Protokollbuch des Presb.: Kgm. Freudenberg 8. 4. 1938, Kgm. Burbach v. 25. 3. 1938, Eiserfeld 15. 4. 1938, Ferndorf 17. 3. 1938, Neunkirchen 14. 3. 1938, Niederschelden 4. 5. 1938, Oberholzklau 24. 4. 1938, Wilnsdorf 24. 3. 1938; Presb. der Kgm. Hilchenbach an EO v. 19. 3. 1938 (Abschr.), in: Kgm. Hilchenbach, 1/22.
11 GDEK.B Nr. 16/1938, S. 68–70.
12 Kgm. Burbach, Protokollbuch des Presb. v. 9. 11. 1938. Vgl. die meist gleichlautenden Beschlüsse der Presbyterien: Kgm. Ferndorf 28. 11. 1938, Freudenberg 6. 11. 1938, Hilchenbach 5. 11. 1938, Müsen 3. 11. 1938, Niederschelden 1. 11. 1938, Wilnsdorf 14. 11. 1938, Eiserfeld 6. 11. 1938, Oberholzklau 7. 11. 1938 (Abschr. in: D 7, Bd. 2), Hilchenbach 6. 11. 1938.

sein wird, mußten die bekenntnistreuen Gemeinden nun häufiger Zugeständnisse machen und die Deutschen Christen am kirchlichen Leben beteiligen. Die Gefahr, in die Illegalität gedrängt zu werden, wurde größer. Hinzu kam, daß im Juni 1938 Pfarrer Lücking und einige seiner Mitarbeiter verhaftet und später aus Westfalen ausgewiesen wurden.[13] Dies erschwerte die Arbeit des westfälischen Bruderrates erheblich.

Das Scheitern der Ausschußpolitik gab denjenigen Kräften in Partei und Regierung Vorschub, die schon immer für eine strikte Trennung von Staat und Kirche eingetreten waren. Nachdem die Lösung der Kirchenfrage auf politischem Wege erfolglos geblieben war, verschärfte der Staat nun seine repressiven Maßnahmen, um die evangelische Kirche wenigstens als Störfaktor auszuschalten.

5.2 Die härtere Gangart des Staates

5.2.1 Überwachung

Schon seit Beginn der kirchlichen Auseinandersetzungen wurden die Aktivitäten der Kirchen regelmäßig überwacht. Da es auf dem Lande kaum Kräfte der politischen Polizei gab, nur in Siegen existierte eine Außendienststelle der Gestapo[14], lag die Beobachtung der Bekennenden Kirche in den einzelnen Ortschaften des Siegerlandes in den Händen der Ortspolizeibehörden, die als Zuträger für die Gestapo agierten und deren Anweisungen ausführten. Daneben kommen Denunziationen durch Gegner der Bekennenden Kirche in Betracht.[15]

Die staatliche Überwachung erstreckte sich in erster Linie auf die Gottesdienste und Veranstaltungen der Bekennenden Kirche. In einigen kommunalen Archiven des Siegerlandes sind noch Protokolle solcher Observationen erhalten.[16] Dabei war das Ergebnis der Überwachung meist recht dürftig, und die Protokollanten beschränkten sich auf die Feststellung, daß es zu

---

13 Vgl. W. Niemöller, Bekennende Kirche in Westfalen, S. 268. Zahlreiche Gemeinden setzten sich für die Freilassung der Inhaftierten ein. Vgl. jeweils im Protokollbuch des Presb.: Kgm. Neunkirchen 14. 8. 1938, Ferndorf 25. 8. 1938, Müsen 6. 9. 1938; Freudenberg 14. 8. 1938 (Abschr. in: D 5, Bd. II); Presb. der Kgm. Oberfischbach an Gauleitung Westf.-Süd, o. Dat. (Abschr.), in: Kgm. Oberfischbach, C 6.
14 Vgl. Bernd Hey, Zur Geschichte der westfälischen Staatspolizeistellen und der Gestapo, in: WF 27 (1987), S. 58–90.
15 Zur Arbeitsweise der Gestapo im lokalen Bereich und die Bedeutung von Denunziationen vgl. die exemplarischen Studien von Robert Gellately, Die Gestapo und die deutsche Gesellschaft. Die Durchsetzung der Rassenpolitik 1933–1945, Paderborn 1993, und Reinhard Mann, Protest und Kontrolle im Dritten Reich. Nationalsozialistische Herrschaft im Alltag einer rheinischen Großstadt (= Studien zur Historischen Sozialwissenschaft 6), Frankfurt/New York 1987. Denunziationen sind belegt in: STA MS, NSDAP Kreis- und Ortsgruppenleitungen, Nr. 89.
16 Stadtarchiv Freudenberg, C 232–235, Stadtarchiv Hilchenbach, Nr. 2/3181, Stadtarchiv Kreuztal, Fach 60, Nr. 2 und Nr. 3; außerdem: STA MS, Kr. Siegen, LA, Nr. 1860.

Störungen oder Angriffen gegen den Staat nicht gekommen sei. Manchmal stieß die Überwachung auf ungeahnte Hindernisse. Als am 23. September 1934 Pfarrer Müller eine Kundgebung anläßlich der Einführung des Reichsbischofs verlas, schrieb der Berichterstatter:

„Seine persönliche skeptische Einstellung hierzu ist nicht unbemerkbar an den heutigen Kirchenbesuchern geblieben, doch konnten Einzelheiten zu seinen Eröffnungen nicht schriftlich niedergelegt werden, da die Kirchengemeinde stehend [!] die Kundgebung anhören mußte.“[17]

Auch wenn die Polizeibeamten sich bemühten, die Überwachung „unauffällig“ durchzuführen, und die Kirche in Zivil besuchten, waren sie den Pfarrern und Gemeindegliedern natürlich bekannt. Ein Mitschreiben während der Predigt war ebenfalls unbemerkt kaum möglich. Die Überwachung hatte daher eher einen präventiven Effekt: Durch die Präsenz der Staatsmacht sollten staatsfeindliche Äußerungen verhindert werden. Die Pfarrer indes stellten sich auf die Überwachung ein und hielten sich in ihren Äußerungen zurück bzw. wählten Formulierungen, die eine Strafverfolgung ausschlossen, jedoch von jedem klar gedeutet werden konnten.[18] Hier gab es viele Möglichkeiten, durch Andeutungen versteckte Kritik zu üben. So blieb es in den meisten Fällen bei einer Vernehmung und gegebenenfalls einer Verwarnung. Nur im Fall von Pfarrer Steinle kam es aufgrund einer Denunziation zu einer Verurteilung.[19]

Wurde die Überwachung durch staatlich legitimierte Personen noch hingenommen, so suchte man seitens der Bekennenden Kirche ein uneingeschränktes Bespitzeln, besonders durch kirchenpolitische Gegner, zu verhindern. In Niederschelden beschloß daher das Presbyterium, das Mitschreiben während des Gottesdienstes nur Vertretern der Behörden zu gestatten, die einen entsprechenden Auftrag nachweisen konnten, sowie solchen Personen, die eine ausdrückliche Erlaubnis des Presbyteriums erhalten hatten. Zuwiderhandlungen sollten unter Anwendung des Hausrechts unterbunden werden.[20] Mit diesem Beschluß sollte die unvermeidliche Bespitzelung in geordnete Bahnen gelenkt und auf Amtspersonen begrenzt werden. Daß dies auch im Interesse des Staates sein konnte, wird an einem Vorfall in Ferndorf deutlich. Als hier ein Gendarmeriebeamter ein führendes Mitglied der Deutschen Christen als Stenograph zu der Überwachung eines Mutterabends der Frauenhilfe mitnahm und dieser keine schriftliche Legitimation vorweisen konnte, beschwerte sich Pfarrer Wehmeier bei der Gestapo, daß die Unparteilichkeit der Überwachung nicht mehr gewährleistet sei.[21] Die anschließende Untersuchung ergab, daß sich der Gendarmeriebeamte den

17 Ebd.
18 So schrieb der Ortsgruppenleiter in Freudenberg in einer Stellungnahme über Pfr. Demandt, daß diesem keine „direkten“ Angriffe nachgewiesen werden könnten. „Dafür ist der Mann zu klug.“ Schr. v. 28. 7. 1937 (Abschr.), in: Pol. Polizei III. Reich, Nr. 401/28.
19 S. o. Kap. 4.2.
20 Kgm. Niederschelden, Protokollbuch des Presb. v. 31. 5. 1935.
21 Wehmeier an Gestapo durch den Bgm. v. 30. 3. 1937 (Abschr.), in: Amt Ferndorf, Fach 60, Nr. 3, H. 1.

Auftrag zur Überwachung unter Umgehung des Bürgermeisters direkt bei der Gestapo in Siegen verschafft und dabei den Vorwurf geäußert hatte, daß die Überwachung der kirchlichen Veranstaltungen seitens der Ortspolizeibehörde Ferndorf nicht so erfolge, wie es im Interesse des Staates liege. Diese Kritik an der Amtsführung des Bürgermeisters führte zu einer Dienstaufsichtsbeschwerde und einer Bestrafung des Beamten.[22] Hier wurde seitens des Staates auf die Einhaltung des Dienstweges und eine geordnete Durchführung der Überwachungsmaßnahmen geachtet. Dadurch konnte sich auch die Bekennende Kirche auf entsprechende Maßnahmen einstellen und Spitzel fernhalten.

Der Staat intensivierte die Überwachung immer dann, wenn eine Kanzelabkündigung der Bekennenden Kirche zur Verlesung anstand. In der Regel wurde gegen die Verlesung nicht eingeschritten. Eine Ausnahme bildete die Kanzelabkündigung der Vorläufigen Kirchenleitung Ende 1934, deren Verlesung aufgrund einer Verfügung des Reichsinnenministers untersagt wurde.[23] Die Pfarrer im Bereich des Amtes Ferndorf mußten einen „Behändigungsschein" unterzeichnen, mit dem sie erklärten, die Verlesung nicht vorzunehmen. Ein weiteres Beispiel war die Kanzelabkündigung der Bekenntnissynode der EKdAPU zum „Neuheidentum" vom März 1935, die der Staat als politischen Affront wertete und daher massiv eingriff.[24]

Im Zusammenhang der imaginären Kirchenwahl kam es während des ganzen Jahres 1937 zu einer umfassenden Überwachungsaktion, die alles Bisherige in den Schatten stellte.[25] Sämtliche Gottesdienste und besondere kirchliche Veranstaltungen wie Vorträge usw. wurden überwacht.[26] Die dabei erstellten Berichte verdeutlichen den Stimmungswandel, der unter den Pfarrern eingetreten war.[27] Pfarrer Lindenschmidt bemerkte am Himmelfahrtstag 1937 in der Ferndorfer Kirche laut Protokoll des Beamten:

„Im Jahre 1933 ging ein neues Hoffen durch unser Volk bezüglich neuer Erweckung zum Christentum. Nachher hat es sich Jahr um Jahr gezeigt, daß es ein falsches Hoffen war, und heute sind wir restlos enttäuscht."[28]

In der evangelischen Kirche machte sich nun eine Lagermentalität breit, in der man das kirchliche Bekenntnis zäh gegen alle Anfeindungen von außen verteidigte. Pfarrer Lindenschmidt gab zu verstehen, daß die Gemeinde Jesu nicht an eine „Übergabe" denke, und brachte damit den Selbstbehauptungswillen der Kirche gegenüber allen kirchenfeindlichen Bestrebungen zum Ausdruck. Pfarrer Vethake sprach angesichts zunehmender Beschränkungen von einer offenen Kriegserklärung gegenüber der Kirche und dem Christentum. Pfarrer würden wie Staatsfeinde behandelt.[29] Sein Amtsbruder

22 Vgl. Dienststrafvfgg. v. 7. 8. 1937 (Abschr.), in: Amt Ferndorf, Fach 60, Nr. 2, H. 1.
23 Abschr. der Vfgg. v. 14. 12. 1934, in: Amt Ferndorf, Fach 60, Nr. 2, H. 1.
24 S. o. Kap. 4.1.
25 Rundfgg. des Landrats v. 13. 3. 1937, in: Stadtarchiv Hilchenbach, Nr. 2/3181.
26 Vgl. die zahlreichen Berichte in: Amt Ferndorf, Fach 60, Nr. 2 u. 3.
27 Vgl. die Protokolle in: Amt Ferndorf, Fach 60, Nr. 3, H. 1, und Amt Freudenberg, C 232 u. 234.
28 In: Amt Ferndorf, Fach 60, Nr. 3, H. 1.
29 Predigt v. 31. 10. 1937, Protokoll in: ebd.

Müller sah gar eine geschichtliche Wende heraufziehen, die mit der Zeit Konstantins vergleichbar sei, jedoch in umgekehrter Form vom Christentum zum Heidentum führe.[30]

Erst im Februar 1938, als die Kirchenwahl schon längst abgesetzt war, erging die Verfügung, von der planmäßigen Überwachung der evangelischen Kirchen abzusehen. Es sollte nur noch über „besondere Vorkommnisse" berichtet werden.[31]

Die jüngsten Maßnahmen des Staates stellten auch die dritte Bekenntnissynode in Siegen in ein besonderes Licht. Die Synode wurde, nachdem sie auf den 29. Juli 1937 terminiert worden war, in einer vertraulichen Mitteilung noch einmal kurzfristig auf den 27. Juli vorverlegt. Die Pfarrer wurden gebeten, „unverzüglich alle Deputierten, Hülfsprediger und Vikare und nur diese zu benachrichtigen und zwar nur durch Boten nicht durch Telefon oder durch die Post"[32]. Eine Auflösung der Synode durch die Polizei oder Gestapo sollte so verhindert werden. Wie sehr die Gestapo auch an den Vorgängen in der Synode Siegen interessiert war, zeigte sich im November 1938, als bei einer Hausdurchsuchung in der Wohnung von Pfarrer Dr. Müller ein Aktenband mit Schriftverkehr des Bekenntnisbruderrates beschlagnahmt wurde.[33]

5.2.2 Der Kollektenerlaß

Bis ins Jahr 1937 waren die kirchlichen Sammlungen weitgehend vor staatlichem Zugriff verschont geblieben. Das Sammlungsgesetz vom 5. November 1934[34] gestattete den Kirchen als Körperschaften des öffentlichen Rechts Sammlungen, sofern sie in Gottesdiensten und in kirchlichen Versammlungen durchgeführt wurden. Außerhalb dieser Räume waren Sammlungen allerdings verboten bzw. genehmigungspflichtig. So war es bis dahin nur vereinzelt zu Beschlagnahmungen gekommen.[35] Am 9. Juni erschien dann ein Runderlaß des Reichsinnen- und des Reichskirchenministers, der

30 Predigt v. 1. 3. 1938, Protokoll in: ebd.
31 Vgl. Gestapo Dortmund v. 25. 2. 1938, in: Amt Ferndorf, Fach 60, Nr. 3, H. 1.
32 Rundbrief Müller v. 24. 7. 1937, in: Kgm. Ferndorf, D 9.
33 Vgl. Müller an Gestapo-Außendienststelle Siegen v. 13. 5. 1938 (Abschr.), in: KSA, E 9, Bd. XV. Da der Aktenband nicht wiederbeschafft werden konnte, fehlt auch für diese Untersuchung wichtiges Material.
34 RGBl. I.1934, S. 1086–1088.
35 Neben der bereits erwähnten Kartoffelsammlung für die Rheinische und Neukirchener Mission in Burbach ist ein Vorfall aus den Kgm. Oberfischbach und Freudenberg belegt: Dort war die Botschaft der Augsburger Bekenntnissynode zum Preis von 5 Pfennig unter den Gemeindegliedern verteilt worden. Gegen die Verteiler wurde Anzeige erstattet und die Geldstrafe verhängt. Im Fall von Pfr. Demandt (Freudenberg), der 25 Pfennig eingenommen hatte, ging das Verfahren bis vor das Oberlandesgericht (!), wo es eingestellt wurde. Demandt schrieb: „[...] nun soll doch einer sagen, daß die deutsche Rechtspflege nicht mit der größten Akribie arbeitet." Schr. v. 19. 2. 1936, in: KSA, E 9, Bd. XIII; vgl. die Vorgänge in: STA MS, Pol. Polizei III. Reich, Nr. 401/21 u. 22, und in: PA Schmidt.

alle Sammlungen, die nicht den amtlichen Kollektenplänen entsprachen, sowie Sammlungen in Sondergottesdiensten verbot.[36] Damit sollte die bisherige Praxis der Bekennenden Kirche, auch eigene Kollekten abzukündigen, unterbunden werden. Die Bekenntnissynode Siegen, die am 27. Juli 1937 tagte, wies den Erlaß als „Eingriff in das biblisch begründete Recht der Gemeinde"[37] zurück. Dennoch wurden am 15. August 1937 in einigen Gemeinden Westfalens Kollekten beschlagnahmt.[38] Auch das Siegerland war betroffen: In Siegen, Niederschelden, Dreistiefenbach und Wilsndorf wurden Kollekten, die für verschiedene Zwecke bestimmt waren, eingezogen.[39] Die Tatsache, daß verschiedenartige Kollekten beschlagnahmt wurden, hatte zwei Gründe: Einmal waren die örtlichen Behörden noch nicht über den amtlichen Kollektenplan der Kirchenbehörde informiert.[40] Erst am 20. August übersandte die Gestapo in Dortmund den Kollektenplan, gültig vom 22. August bis zum 26. September.[41] Die Behörden waren demnach nicht über die offizielle Kollekte am 15. August informiert. Der zweite und eigentliche Grund für die Beschlagnahmungen war ein Bittgottesdienst, der auf Anregung des altpreußischen Bruderrates am 15. August als Abendgottesdienst gehalten werden sollte.[42] Wo dies nicht möglich war, sollte der Vormittagsgottesdienst als Bittgottesdienst umgestaltet werden. Die Gestapo wies daraufhin die Behörden an, diese Gottesdienste, die im Sinne des erwähnten Erlasses als Sondergottesdienste galten, zu überwachen und das geplante Notopfer „in jedem Falle" sicherzustellen.[43] Da dieser Bittgottesdienst also sowohl morgens als auch abends stattfinden konnte, jedoch tatsächlich nicht in jeder Gemeinde stattfand, stellte sich bei den beteiligten Beamten eine gewisse Unsicherheit ein, die dazu führte, daß auch andere Kollekten als das Notopfer der Bekennenden Kirche beschlagnahmt wurden. Die betroffenen Gemeinden reagierten jedenfalls aufs äußerste empört. Das Presbyterium in Wilnsdorf, wo die Kollekte des Missionsfestes beschlagnahmt wurde, sah in der Maßnahme einen „unerhörten Eingriff in das innere kirchl. Leben und eine schwere Verletzung der kirchenordnungsmäßigen Befugnisse des Presbyteriums"[44]. Das Missionsfest hatte in vielen Gemeinden eine lange Tradition und wurde regelmäßig an einem Sonntag im Jahr gefeiert. Das Presbyterium widersprach daher der Auffassung, daß das Missionsfest als Sondergottesdienst im Sinne des Kollektenerlasses anzusehen sei. Auch die Rheinische Mission sah darin einen einmaligen

36 KJ 1933–1944, 2. Aufl. 1976, S. 198.
37 Protokoll der Synode, in: KSA, E 9, Bd. VIII.
38 Vgl. Rundschr. der wf. BS v. 19. 8. 1937, in: KSA, E 9, Bd. VIII.
39 Rundschr. des BR, o. D., in: KSA, E 9, Bd. XV.
40 Am 27. Juli schrieb der Landrat an den Regierungspräsidenten: „Um den Ortspolizeiverwaltungen die Durchführung des obigen Erlasses [v. 9. 6. 1937, d. Verf.] zu ermöglichen, ist es erforderlich, daß diesen die von den ordentlichen Kirchenbehörden aufgestellten Kollektenpläne zur Kenntnisnahme oder in Abschrift zugehen." Abschr. in: Amt Ferndorf, Fach 78, Nr. 4, H. 1.
41 Gestapo Dortmund v. 20. 8. 1937 (Abschr.), in: Amt Ferndorf, Fach 78, Nr. 4, H. 1.
42 Anlaß war der Prozeß gegen Martin Niemöller; vgl. Niesel, Kirche unter dem Wort, S. 145.
43 Funkspruch Nr. 58 v. 14. 8. 1937 (Abschr.), in: Amt Ferndorf, Fach 78, Nr. 4, H. 1.
44 Beschluß des Presb. v. 15. 8. 1937, in: Kgm. Wilnsdorf, I-18.

Vorgang. Noch nie sei in ihrem Hinterland eine Missionskollekte beschlagnahmt worden.[45] Die Beschlagnahmung wurde schließlich aufgehoben und die Kollekte zurückerstattet.[46] In Niederschelden war im Rahmen des Bittgottesdienstes am Abend des 15. August ein „Notopfer" gesammelt worden. Als im Anschluß des Gottesdienstes zwei Polizeibeamte die Kollekte beschlagnahmen wollten, verweigerten die anwesenden Pfarrer die Auskunft darüber, wer die Kollekte mitgenommen hatte. Daraufhin wurden am folgenden Montag die Presbyter vernommen. Man fand heraus, daß die Kollekte in Höhe von ca. 19,- RM an Pfarrer Dr. Müller in Hilchenbach überwiesen worden war, und beschlagnahmte das Geld offenbar noch auf der Post.[47] Pfarrer Achenbach entging nur knapp der Verhaftung. Die örtlichen Behörden wollten aber offenbar eine größere Beunruhigung der Bevölkerung vermeiden.[48] Diese Absicht kann man auch dem Amtsbürgermeister in Ferndorf unterstellen. Er verhinderte eine Beschlagnahmung, indem er Pfarrer Wehmeier telefonisch davon unterrichtete, daß eine Kollekte in jedem Fall eingezogen würde. Zur Begründung seines Verhaltens gab er später gegenüber seinen Vorgesetzten an, die Aufgabe der Polizei sei „nicht nur eine repressive, sondern in erster Linie eine präventive. Es ist auch ihre Aufgabe, strafbare Handlungen zu verhindern."[49] Pfarrer Wehmeier sah aufgrund der Benachrichtigung von der Erhebung einer Kollekte ab, forderte jedoch die Gemeindeglieder auf, bei den Presbytern privat Spenden abzugeben.[50] So ergab sich bei dieser ersten Anwendung des neuen Kollektenerlasses im Siegerland ein recht unterschiedliches Bild. Noch herrschte offenbar Unklarheit über die Handhabung des Erlasses. In den folgenden Wochen ging es deshalb darum, genaue Ausführungsbestimmungen für den Kollektenerlaß zu erarbeiten. Zu diesem Zweck erläuterte das Konsistorium den Behörden den Geltungsbereich des Kollektenplans, um zu verhindern, daß – wie es vorgekommen war – auch Kollekten beschlagnahmt wurden, die nach der Kirchenordnung zulässig waren. Der Kollektenplan galt nämlich nur für den Hauptgottesdienst.[51] Am 5. Oktober 1937 teilte der Reichsinnenminister den Dienststellen mit, daß sich der Erlaß vom 9. Juni in erster Linie gegen Kollekten richte,

„welche von den durch den Kirchenstreit entstandenen kirchenpolitischen Vereinigungen und Gruppen bei ihren Gottesdiensten veranstaltet werden [...]. Nicht darunter fallen z. B. außerordentliche Gottesdienste aus Anlaß von Jubiläen, Erinnerungsfeiern und ähnlichen Festlichkeiten und solche Gottesdienste, die herkömmlich von der Inneren oder Äußeren Mission zur Förderung ihrer Missionszwecke im Einvernehmen mit den zuständigen kirchlichen Stellen veranstaltet werden."[52]

---

45   Rh. Mission an Stein v. 20. 8. 1937, in: Wilnsdorf I-18.
46   Dies geht aus selbigem Brief hervor.
47   Bericht Achenbach v. 19. 8. 1937, in: KSA, E 9, Bd. XV.
48   Ebd.: „Im Allgemeinen hatte ich sehr stark den Eindruck, daß die Polizeibehörde in Niederschelden, selbst der Ortsgruppenleiter, mit großem Eifer alles versuchten, um eine Verhaftung zu vermeiden, die offenbar zunächst von Seiten der Staatspolizei ins Auge gefaßt war [...]."
49   M. an LR v. 15. 11. 1937 (Abschr.), in: Amt Ferndorf, Fach 60, Nr. 2, H. 1.
50   Vgl. ebd.
51   Vgl. EK an Oberpräs. Münster v. 29. 9. 1937 (Abschr.), in: Amt Ferndorf, Fach 78, Nr. 4, H. 1.
52   Erlaß des RuPrMdI v. 5. 10. 1937 (Abschr.), in: Amt Ferndorf, Fach 78, Nr. 4, H. 1.

Damit wurde der Kollektenerlaß noch einmal auf seine kirchenpolitische Zielsetzung hin präzisiert. Trotzdem war damit noch nicht überall Klarheit hergestellt. In Ferndorf wurden innerhalb kurzer Zeit vier Kollekten, die nicht mit dem amtlichen Kollektenplan übereinstimmten, beschlagnahmt. Pfarrer Wehmeier führte dies auf die Unwissenheit der Behörden zurück.[53] Nach einer Rückfrage bei den vorgesetzten Behörden wurden diese Kollekten zurückerstattet.[54] Ein ähnlicher Fall ereignete sich am 19. Dezember 1937 in Müsen. Dort hatte Pfarrer Strothmann anläßlich einer Predigt des Synodal-Missionars statt der amtlich vorgesehenen Kollekte für die evangelischen Heil- und Pflegeanstalten eine Kollekte für die Rheinische Mission abgekündigt. Dies wurde als Verstoß gegen das Sammlungsgesetz aufgefaßt und das Geld beschlagnahmt.[55] In seiner Vernehmung wies Strothmann auf die langjährige Tradition der Missionsgottesdienste hin.[56] Nach den Ausführungen des Konsistoriums (s. o.) konnten auch in Hauptgottesdiensten Abweichungen vom Kollektenplan zugelassen werden, „wenn die Kollekte eines bestimmten Sonntages durch altes örtliches Herkommen einem bestimmten Zweck vorbehalten zu sein pflegt"[57]. Das Verfahren gegen Strothmann wurde schließlich am 18. Mai 1938 durch den Oberstaatsanwalt in Siegen eingestellt.[58] Die beschlagnahmte Kollekte in Höhe von 8,69 RM wurde – wie schon im Falle Ferndorf – zurückerstattet.[59]

Anders verhielt es sich jedoch mit einer Kollekte, die am 12. Dezember 1937 in ganz Westfalen von der Bekennenden Kirche veranstaltet wurde. Statt der amtlich vorgeschriebenen Kollekte ordnete Präses Koch eine Sammlung für die Unterhaltung von Konvikten und die Unterstützung von Theologiestudenten der Bekennenden Kirche an. Damit gingen erstmals die Kollektenpläne von Konsistorium und von Präses Koch auseinander.[60] Dies hatte zur Folge, daß in den meisten Gemeinden Westfalens und so auch in 17 Gemeinden des Siegerlandes die Kollekte von der Polizei beschlagnahmt wurde.[61] In Deuz wurden sogar Hilfsprediger Prange und zwei Presbyter in Haft genommen, weil sie bei der Beschlagnahmung Widerstand geleistet hatten.[62] Gegen die Pfarrer, welche die Kollekte angekündigt hatten, wurde ein Strafverfahren eingeleitet.[63] Superintendent Heider richtete daraufhin ein

53 M. an LR v. 19. 11. 1937 (Abschr.), in: Amt Ferndorf, Fach 60, Nr. 3, H. 1: „W. sagt u. a., daß in anderen Gemeinden des Siegerlandes in gleichgelagerten Fällen nirgends (wohl aus besserer Einsicht in die Rechtslage) ähnliche Eingriffe der Polizei erfolgt sind."
54 Vgl. Vermerk v. 15. 5. 1938, in: Amt Ferndorf, Fach 78, Nr. 4, H. 1.
55 Bericht des Polizeibeamten v. 20. 12. 1937, in: STA MS, Kr. Siegen, LA, Nr. 1865.
56 Protokoll der Vernehmung v. 14. 4. 1938 (Abschr.), in: Kgm. Müsen, I.3.
57 EK an Oberpräs. v. 29. 9. 1937, in: Amt Ferndorf, Fach 78, Nr. 4, H. 1.
58 Vgl. Oberstaatsanwalt an Strothmann v. 18. 5. 1938, in: Müsen II.4.
59 Vermerk Strothmann v. 4. 6. 1938, in: ebd.
60 Rundschr. des BR v. 17. 12. 1937 mit anliegender Verlesung, in: KSA, E 9, Bd. XV.
61 Im Schreiben des BR war nur von 16 Gemeinden die Rede. In Wilnsdorf wurde jedoch noch im nachhinein die Kollekte beschlagnahmt; vgl. Bgm. (Wilnsdorf) an LR v. 23. 12. 1937, in: STA MS, Kr. Siegen, Nr. 1865. Hier auch die Berichte zu den übrigen Gemeinden.
62 Vgl. Vermerk o. D. (Eingangsvermerk des LR v. 13. 12. 1937), in: STA MS, Kr. Siegen, LA, Nr. 1865.
63 Zahlreiche Belege in: STA MS, Kr. Siegen, LA, Nr. 1865.

Protestschreiben an die Gestapo-Außendienststelle in Siegen.[64] Die Strafverfahren gegen die Pfarrer blieben aber offenbar ohne Folgen, was sicher auch mit der Menge der Verfahren in ganz Westfalen zusammenhing.[65]

Insgesamt hatte der Kollektenerlaß des Ministers mehr Verwirrung und Unruhe erzeugt, als daß er seinen ursprünglichen Zweck erreicht hätte. Nach der anfänglichen Unklarheit wurde der Erlaß stufenweise zurückgenommen. Am 14. Januar 1938 gab die Gestapo in Dortmund die Anweisung, „daß für die Zukunft nur die Kollekten zu beschlagnahmen sind, die ausschließlich nur für die Zwecke der Bekenntnisfront, der Bekennenden Kirche oder deren Einrichtungen abgekündigt und erhoben werden. In allen anderen Fällen ist vorerst von einer Beschlagnahme der Kollektengelder und Erstattung einer Anzeige abzusehen."[66] Doch auch diese Einschränkung wurde später noch zurückgenommen.[67] Zwar übersandte die Gestapo noch regelmäßig die Kollektenpläne des Konsistoriums, doch wurden Verstöße dagegen nicht mehr geahndet.[68]

5.2.3 Weitere Beschränkungen

Neben den genannten Maßnahmen versuchte der Staat durch weitere Einschränkungen den Einfluß der Kirche auf das öffentliche Leben zurückzudrängen. Davon betroffen war in starkem Maße auch die kirchliche Jugendarbeit. Nach der Eingliederung der konfessionellen Jugend in die Hitlerjugend im Jahre 1934 waren die Jugendlichen unter 18 Jahren in freien Bibelgruppen gesammelt worden. Vielfach nahmen sie aber auch als „Gäste" an den Veranstaltungen der Jünglings- bzw. Jungfrauenvereine teil. Außerdem erprobten viele Kirchengemeinden des Siegerlandes die auf den bisherigen Bekenntnissynoden diskutierte Christenlehre für die konfirmierte Jugend. Auf der Bekenntnissynode vom 27. Juli 1937 wurde die Christenlehre nun, nach mehrjähriger Diskussion, allen Gemeinden als Pflicht auferlegt. Die Christenlehre sollte mindestens einmal im Monat stattfinden und der Besuch für alle Konfirmierten für die Zeit von drei Jahren verbindlich sein. Bei Versäumnis der Christenlehre wurde der Entzug des Patenrechtes empfohlen. Zur Erstellung eines Lehrplans für die Christenlehre ernannte die Synode eine Kommission, bestehend aus drei Pastoren und drei Lehrern.[69]

---

64 Heider an Gestapo Siegen v. 16. 12. 1937 (Abschr.), in: KSA, E 9, Bd. XV.
65 Vgl. Hey, Kirchenprovinz, S. 304.
66 Abschr. in: Amt Ferndorf, Fach 78, Nr. 4, H. 1.
67 Hey, Kirchenprovinz, S. 304.
68 Es ist nur noch ein Fall bekannt: Pfr. Jochums (Eiserfeld) hatte vor Weihnachten 1941 eine angeblich verbotswidrige Kollekte abgehalten und von dem Ertrag in Höhe von 85,32 RM Bonbons für Feldpostpäckchen gekauft; vgl. NSDAP-Kreisleitung an Ortsgruppe Eiserfeld v. 17. 2. 1942, in: STA MS, NSDAP-Kreis- und Ortsgruppenleitungen, Nr. 89, S. 79.
69 Protokoll der Synode, ebd. Über den Stand und die Entwicklung der Christenlehre im Siegerland erstattete Pfr. Strothmann am 17. 9. 1937 einen ausführlichen Bericht; in: EKvW 5.1, Nr. 248, Fasc. 2.

Der Staat versuchte seinerseits, die konfessionelle Jugendarbeit in ein Schattendasein zu drängen: Jedes geschlossene Auftreten in der Öffentlichkeit, Sport jeglicher Art, Wandern in Gruppen, Tragen einheitlicher Kleidung usw. wurden den konfessionellen Jugend- und Standesvereinigungen verboten.[70] Im Juli 1937 erging eine Verordnung Himmlers, welche in die gleiche Richtung zielte und allen konfessionellen Jugendverbänden jede Betätigung, die nicht rein kirchlich-religiöser Art war, insbesondere politischer und sportlicher Art, untersagte.[71] Mittlerweile waren bereits die Auswirkungen des ersten Erlasses zu spüren: Mehrfach waren Zusammenkünfte von Jugendgruppen in Landheimen gestört und die Jugendlichen unter 18 Jahren der Heime verwiesen worden.[72] Im Oktober 1935 wurde gegen Pfarrer Lic. Strothmann (Müsen) ein Zwangsgeld in Höhe von 50,- RM verhängt, weil er angeblich eine „geschlossene Wanderung" mit dem evangelischen Mädchenbund Müsen und Teilnehmern aus Dreistiefenbach veranstaltet hatte. Am Ziel der Wanderung, hieß es in der Begründung, habe man sich „nicht rein kirchlich-religiös", sondern u. a. durch „Bewegungsspiele" betätigt.[73] Strothmann legte gegen die Zwangsgeldverfügung Beschwerde ein und wurde dabei vom Bruderrat der Bekenntnissynode Siegen unterstützt. Man sah in der Bestrafung eine Härte gegenüber der konfessionellen Jugend, „die weder dazu angetan wäre, diese Jugend für den Staat zu gewinnen, noch auch den Frieden zwischen Staat und Kirche zu schaffen, um den man sich heute bemüht"[74]. Die Beschwerde wurde jedoch nach einjähriger (!) Bearbeitungszeit zurückgewiesen.[75] Ein erneuter Vorstoß bei der Staatspolizeistelle in Dortmund blieb ebenfalls erfolglos.[76]

Großes Aufsehen erregte auch die Auflösung des Pfingsttreffens des Reichsverbandes der Evangelischen Jungmännervereine, das vom 4. bis 6. Juni 1938 in Siegen stattfinden sollte. Indem die Gestapo behauptete, es nähmen Jugendliche unter 18 Jahren ohne Urlaubsnachweis an der Tagung teil, wurde den Verantwortlichen auferlegt, das Treffen bis zum Pfingstsonntag um 13 Uhr aufzulösen. 1.500 Teilnehmer, die z. T. noch am Pfingstsonntag von weither angereist waren, mußten enttäuscht wieder abreisen.[77] Ein ähnliches Schicksal erlitt Ende April 1939 eine Zusammenkunft mit Jugendlichen in Freudenberg, zu der 115 Teilnehmer gemeldet waren. Diese Veranstaltung wurde verboten, weil keine behördliche Genehmigung vorlag.[78] Solche Maßnahmen zeigen die Willkür, mit der die evangelische Jugendarbeit be-

---

70 Staatspolizeiliche Anordnung v. 26. 6. 1934, in: Amt Ferndorf, Fach 86, Nr. 1. Die gleiche Anordnung erging durch den Stapo Bielefeld; vgl. Hey, Kirchenprovinz, S. 238.
71 Abgedr. bei Priepke, Evangelische Jugend, S. 226.
72 Vgl. Kreisjugendwart Kessler an den Bundesjugendwart, o. Dat. (Eingang v. 12. 6. 1935), abgedr. bei Priepke, Evangelische Jugend, S. 223.
73 Bgm. des Amtes Keppel an Strothmann v. 31. 10. 1935, in: Kgm. Müsen, I.2.
74 BR an LR v. 23. 11. 1935 (Abschr.), in: KSA, E 9, Bd. XIII.
75 LR an Strothmann v. 2. 11. 1936, in: Kgm. Müsen, I.2.
76 Strothmann an Stapo Dortmund v. 16. 11. 1936 (Abschr.) u. Stapo Dortmund an Strothmann v. 17. 12. 1936, in: Kgm. Müsen, I.2.
77 A. Kühn, Dein Ruf hat uns getroffen, S. 93–95.
78 Vgl. den Vorgang in: STA MS, Pol. Polizei III. Reich, Nr. 401.

handelt wurde. Betroffen waren vor allem mehrtägige Veranstaltungen, bei denen Jugendliche aus verschiedenen Ortschaften zusammenkamen. Einzelne „Bibeltage" dagegen wurden geduldet.

Im Laufe der Jahre nahm das restriktive Verhalten der Behörden gegenüber kirchlichen Veranstaltungen immer groteskere Formen an. So wurden zum Beispiel Ausflüge kirchlicher Vereine mit Omnibussen verboten![79] Öffentliche Auftritte von kirchlichen Musikgruppen waren nur in Ausnahmefällen erlaubt. Ein Chorleiter wurde verwarnt, weil er seinen Chor im Anschluß an die offizielle Feier zum „Heldengedenktag" öffentlich Lieder vortragen ließ. Da nützte auch nicht der Hinweis, daß man sich nur zufällig bei der Veranstaltung eingefunden habe.[80] Die selbstverständlichsten Formen menschlichen Beisammenseins wurden im Raum der Kirche unterbunden: Als Pfarrer Germann (Krombach) im März 1939 die Genehmigung für die Nachfeier zu einer Konfirmation mit gemeinsamem Kaffeetrinken beantragte, wurde die Feier zwar gestattet, jedoch das Kaffeetrinken [!] verboten, „da es über den Rahmen der reinreligiösen Betätigung hinausgehe und ein-für allemal der Trennstrich gezogen werden müsse"[81]!

5.3 Die evangelische Kirche des Siegerlandes zwischen Widerspruch und Staatstreue

5.3.1 Kirchliche Äußerungen zu staatlichen Maßnahmen

Die Siegener Bekenntnissynode vom 27. Juli 1937 stellte bezüglich der staatlichen Maßregelungen fest, „daß eine einheitliche Haltung aller auf der Bekenntnissynode vertretenen Gemeinden des Siegerlandes betreffs Kanzelverlesungen und Bekanntgabe der Namen Gemaßregelter besteht"[82]. Für den 1. August wurde eine Kanzelerklärung verabschiedet, in der die Synode sich hinter den inhaftierten Martin Niemöller stellte.[83] Zum Erlaß über die Bekanntgabe von Kirchenaustritten nahm die Synode nicht ausdrücklich Stellung. Die Presbyterien wurden jedoch an ihre Verantwortung erinnert, „den aus der Kirche Ausgetretenen vor ihrer Entlassung aus der Gemeinde seelsorgerlich nachzugehen"[84]. Die kirchenpolitische Entwicklung der letzten Jahre hatte eine große Austrittswelle hervorgerufen. Nachdem im Jahre 1934 im Zuge des neuen Einvernehmens zwischen Kirche und Staat viele

79 Vfgg. des LR v. 7. 6. 1939, in: Amt Freudenberg, C 234.
80 Vgl. Protokoll der Vernehmung v. 22. 4. 1938, in: STA MS, Pol. Polizei III. Reich, Nr. 401/7.
81 Vermerk der Amtsbürgermeisterei v. 22. 3. 1939, in: Amt Ferndorf, Fach 60, Nr. 3, H. 1.
82 Protokoll, in: KSA, E 9, Bd. VIII.
83 Ebd. Die Beschlüsse betr. Niemöller und Kollektenfrage wurden an Kirchenminister Kerrl übersandt; Müller an Kerrl v. 4. 8. 1937 (Abschr.), in: KSA, E 9, Bd. XV.
84 Protokoll, ebd.

Menschen wieder in die Kirche eingetreten waren, kehrte sich dieser Trend im Laufe des Kirchenkampfes um und fand im Jahre 1939 seinen Höhepunkt mit ca. 378.000 Kirchenaustritten im Bereich der DEK.[85] Dieser Trend scheint sich auf lokaler und regionaler Ebene zu bestätigen, wobei allerdings die Spitze der Austrittswelle bereits im letzten Quartal des Jahres 1937 zu verzeichnen ist.[86]

Die Monate nach der Synode waren geprägt durch weitere Maßnahmen des Staates gegen die Bekennende Kirche. Ende September 1937 wurde ein Erlaß Himmlers veröffentlicht, der alle durch die Bekennende Kirche errichteten Ersatzhochschulen verbot.[87] Dabei berief sich Himmler auf die am 28. Februar 1933 nach dem Reichstagsbrand von Hindenburg erlassene Verordnung „zum Schutze von Volk und Staat". Dies war ein schwerer Schlag für die Ausbildungsarbeit der Bekennenden Kirche, auch in Westfalen, wo die Predigerseminare in Dortmund und Bielefeld geschlossen wurden. Der westfälische Bruderrat rief daher die Gemeinden zu Protesten auf. Das Presbyterium der Kirchengemeinde Müsen sah in dem Verbot der Ausbildungsstätten „einen tödlichen Eingriff in das Lebenszentrum der Kirche"[88]. Das Presbyterium der Kirchengemeinde Hilchenbach verurteilte den Erlaß als Eingriff in die Lehr- und Gewissensfreiheit der Kirche und kündigte an, sich auch „entgegen allen Drohungen" für die Erhaltung der theologischen Ausbildung der BK einsetzen zu wollen.[89] Das Presbyterium der Kirchengemeinde Klafeld kritisierte in seiner Stellungnahme besonders die politische Begründung des Himmler-Erlasses:

„Wir haben uns bisher und werden uns auch fernerhin von niemandem in der Liebe und Treue zu unserm Volk und Vaterland übertreffen lassen, wir wissen auch um unsere Christenpflicht, unseres Vaterlandes, unseres Führers und seiner Mitarbeiter betend vor dem T[h]ron Gottes zu gedenken, fest davon überzeugt, daß an Gottes Segen alles gelegen ist. Es muß uns daher die Anwendung der gegen kommunistische Umtriebe gerichteten Verordnung des Reichspräsidenten vom 28. 2. 1933 gegen uns tief schmerzlich berühren, und wir sind es unserer vaterländischen Gesinnung schuldig, Verwahrung dagegen einzulegen."[90]

---

85 RGG³, Bd. III (1959), Sp. 1345.
86 Leider waren für die Kreissynode Siegen nur vereinzelt Zahlen über Kirchenaustritte zu ermitteln. Austritte insgesamt 1932: *108* (vgl. VKS 1933, Anhang), 1934: *74* (vgl. UdW Nr. 21/1935); Austritte im Amtsgerichtsbezirk Siegen, dem 10 Kirchengemeinden angehörten, 2. Quartal 1937: *83*, 4. Quartal: *156*, 1. Quartal 1938: *105*, 2. Quartal: *73* (vgl. BA Koblenz, R 22/4083). Die Spitze im 4. Quartal 1937 wird bestätigt durch die Zahlen im Oberlandesgerichtsbezirk Hamm (vgl. BA Koblenz, R 22/1905). Hier stiegen die Kirchenaustritte von *6.546* im 2. Quartal 1937 auf *16.571* (!) im 4. Quartal, um im 2. Quartal 1938 wieder auf *4.528* zu sinken. Ein erneuter Anstieg auf *14.555* Austritte ist dann im 1. Quartal 1939 festzustellen (2. Quartal: *6.194*). Man muß also von einem relativ spontanen Austrittsverhalten ausgehen, welches auf die kirchenpolitische Entwicklung reagierte. – Eine interessante Aufstellung nach soziographischen Gesichtspunkten über die Kirchenaustritte in der Kgm. Olpe bietet Thieme, Olpe, S. 20 f. Demnach überwogen bei den Ausgetretenen Angehörige der NSDAP und ihrer Gliederungen sowie Staatsbedienstete.
87 KJ 1933–1944, 2. Aufl. 1976, S. 20 f.
88 Presb. der Kgm. Müsen an Himmler v. 8. 12. 1937 (Abschr.), in: Kgm. Müsen, II.3.
89 Presb. der Kgm. Hilchenbach an Himmler v. 26. 11. 1937 (Abschr.), in: KSA, E 9, Bd. XV; vgl. Kgm. Freudenberg, Protokollbuch des Presb. v. 12. 12. 1937, Kgm. Niederschelden, Protokollbuch des Presb. v. 16. 12. 1937; für Olpe vgl. Thieme, Olpe, S. 207.
90 Presb. der Kgm. Klafeld an Himmler v. 26. 11. 1937 (Abschr.), in: Kgm. Klafeld, Akten zum Kirchenkampf.

In dieser Erklärung spiegelt sich die augenfällige Diskrepanz zwischen der Anwendung diktatorischer Machtmittel seitens des Staates und der stereotypen Loyalitätsaussage der BK-Vertreter, die trotz der gegen die Bekennende Kirche insgesamt gerichteten Maßnahmen nichts von ihrer „Liebe und Treue" zu Volk und Vaterland, ihrer „Christenpflicht" und „vaterländischen Gesinnung" preisgaben. Sie fanden nicht zu der Klarheit, in der die Einzelmaßnahmen des Staates als Teil eines umfassenden Herrschaftsanspruches verstanden wurden, und beschränkten sich daher darauf, die Zurücknahme der einzelnen Maßnahmen unter Verweis auf ihre patriotische Haltung zu fordern.

Als Anfang März 1938 Martin Niemöller entgegen einem Urteil des Sondergerichts in ein Konzentrationslager überführt wurde, überschüttete die Bekennende Kirche Justizminister Gürtner mit einer Flut von Protestschreiben.[91] Auch zahlreiche Gemeinden des Siegerlandes schlossen sich diesem Protest an. Das Presbyterium in Eiserfeld schrieb:

„Das Vertrauen zur Geltung von Recht und Gerechtigkeit wird auf das Tiefste erschüttert. Dies ist um so bedauerlicher, als im übrigen unsere Gemeinde, wie sie es auch bei der letzten Wahl wieder bewiesen hat, geschlossen und treu hinter dem Führer steht."[92]

Letzteres bezog sich auf die Volksabstimmung am 10. April, bei der die deutsche Bevölkerung zu dem Anschluß Österreichs an das Deutsche Reich Stellung nehmen sollte. Der Einmarsch deutscher Truppen in Österreich am 12. März hatte eine erneute Welle nationaler Euphorie entfacht und hob Hitler auf den Höhepunkt seiner Macht. Diesen Vorgang nahm das Presbyterium der Kirchengemeinde Hilchenbach zum Anlaß, das tägliche Läuten der Glocken, das der Bruderrat der westfälischen Bekenntnissynode als Zeichen der Trauer über das Schicksal Niemöllers angeordnet hatte, auszusetzen. Wie der Bürgermeister berichtete, wurde am 20. März von der Kanzel verkündet, daß man „von einem Trauergeläut im Hinblick auf das augenblickliche großartige politische Ereignis absehen wolle"[93]. In dieser Situation wollten auch die Kirchen nicht abseits stehen. Es gab in dieser Zeit des erneuten nationalen Überschwangs aber auch Stimmen, welche der Spannung zwischen den politischen Ereignissen und den kirchlichen Entwicklungen Ausdruck verliehen. Das Presbyterium in Weidenau legte dem Siegerländer Bruderrat ein Papier vor, das als Wort an die Siegerländer Parteiinstanzen zur bevorstehenden Volksabstimmung gedacht war.[94] Darin hieß es, man werde zwar „mit freudiger und dankbarer Zustimmung zum Werke der Wiedervereinigung Österreichs mit dem Reich durch den Führer" am 10. April zur Wahl gehen, die Freude aber sei durch „schwere Besorg-

---

91 Vgl. Meier III, S. 44.
92 Kgm. Eiserfeld, Protokollbuch des Presb. v. 15. 4. 1938; vgl. außerdem in den Protokollbüchern: Kgm. Burbach 25. 3. 1938, Ferndorf 17. 3. 1938, Freudenberg 8. 4. 1938, Kgm. Hilchenbach 19. 3. 1938, Neunkirchen 14. 3. 1938, Niederschelden 4. 5. 1938, Oberholzklau 24. 4. 1938 usw.; für Olpe vgl. Thieme, Olpe, S. 209 f.
93 Vermerk v. 1. 4. 1938, in: Stadtarchiv Hilchenbach, Nr. 2/3181.
94 Entwurf des Briefes in: Kgm. Ferndorf, D 6. Pfr. Dr. Müller sandte den Entwurf weiter an den Vors. der VKL (Müller); Schr. v. 2. 4. 1938 (Abschr.), in: KSA, E 9, Bd. XV.

nisse" getrübt aufgrund der „Bedrückungen", der die Kirche ausgesetzt werde. Als Gravamina wurden konkret angesprochen die Verordnung des Evangelischen Oberkirchenrates vom 25. Februar, durch welche der Provinzialkirchenrat und das Amt des Präses beseitigt werden sollten und die man als „Akt der Vergewaltigung" verurteilte, sowie die Überführung Martin Niemöllers in ein Konzentrationslager.

> „Wir können uns nicht denken, daß es der Wille des Führers ist, während er seine ganze Kraft und staatsmännische Größe daransetzt, um deutsche Länder und Menschen für das Reich zurückzugewinnen, einen viel größeren Teil des deutschen Volkes innerlich aus dem deutschen Boden zu entwurzeln, indem sie zu Menschen minderen Wertes und unzuverlässiger Gesinnung gestempelt werden [...].
> Der Bruderrat der evangelischen Kreissynode Siegen glaubt sich verpflichtet, den berufenen Parteistellen im Kreise von dieser ihrer ernsten Besorgnis Kenntnis zu geben. Er bezeugt aber zugleich, daß der hinter ihm stehende weitaus größte Teil der evangelischen Bevölkerung sich gegenüber dem Führer Adolf Hitler in allen Belangen seines ihm von Gott gegebenen Auftrages der weltlichen Führung zu allem Gehorsam und Dienste in der historischen Treue der evangelischen deutschen Untertanen verpflichtet weiß und ihn auch leisten wird."[95]

Es ist nicht bekannt, ob dieser Briefentwurf tatsächlich an die Parteistellen abgesandt wurde. Dagegen spricht die Tatsache, daß der Entwurf zunächst an die Pfarrer Lücking und den Vorsitzenden der Vorläufigen Kirchenleitung, Müller, geschickt wurde und eine Stellungnahme ihrerseits bis zur Volksabstimmung wohl nicht mehr möglich war. Dennoch gibt er einen guten Einblick in die Stimmungslage vieler Kirchenglieder, die in den als widersprüchlich empfundenen Ereignissen dieser Tage hin und her gerissen waren zwischen der ungebrochenen Loyalität gegenüber Adolf Hitler einerseits und der Besorgnis über die zunehmende Unterdrückung der Bekennenden Kirche andererseits. Der Weidenauer Entwurf fand schon recht deutliche Worte, wenn er von „Vergewaltigung", „Bedrückung" und „Knechtung der Kirche" sprach. Dies war der Situation durchaus angemessen. Um so mehr verwundern dann die Treuebezeugungen gegenüber Adolf Hitler, obwohl Martin Niemöller auf Hitlers Geheiß selbst ins Konzentrationslager verbracht worden war. Die Erkenntnis, daß es politischem Kalkül und faschistischer Herrschaftslogik entsprach, die Exponenten der Bekennenden Kirche auszuschalten und die Bekennende Kirche selbst durch eine rigorose Gesetzgebung in den Würgegriff zu nehmen, ließ sich offenbar mit der traditionellen Obrigkeitstreue, der sich die Autoren als „Untertanen" verpflichtet fühlten, nicht vereinbaren. Gerade die Loyalität gegenüber dem „Führer" Adolf Hitler ging aus den Auseinandersetzungen mit der Staatsmacht unbeschadet hervor. Dies verdeutlicht ebenso wie die zitierten Äußerungen auch die Diskussion um den Treueid auf Hitler im Frühjahr und Sommer 1938.

---

95 Ebd.

5.3.2 Zur Frage des Treueides – Das Schicksal Pfarrer Schümers

Die Wogen nationaler Euphorie, die infolge des Anschlusses Österreichs über die Bevölkerung hinweggingen, nahmen einige DC-geführte Landeskirchen zum Anlaß, um die noch ausstehende Vereidigung der Geistlichen auf Hitler von sich aus in die Wege zu leiten.[96] Den Anfang machten die Landeskirchen von Thüringen, Mecklenburg und Sachsen, die mit einem entsprechenden Kirchengesetz die Vereidigung der Geistlichen und Kirchenbeamten auf Hitler anordneten und durchführten. Die Evangelische Kirche der Altpreußischen Union zog bald nach, und nachdem zum Geburtstag Hitlers das entsprechende Kirchengesetz erschienen war, erging am 12. Mai 1938 eine Anordnung über die Ableistung des Eides mit einer „Ansprache"[97] des Evangelischen Oberkirchenrates, die vor der Abnahme des Eides verlesen werden sollte. Die Ansprache erläuterte, daß der Eid auf den Führer mehr bedeute „als nur eine Bestätigung der den Christen durch das Neue Testament eingeschärften Pflicht, sich der Obrigkeit unterzuordnen". Er bedeute „innerste Verbundenheit mit dem Dritten Reich, der neuen Gemeinschaft des Deutschen Volkes", und darüber hinaus „persönliche Bindung an den Führer unter feierlicher Anrufung Gottes"[98]. Die Anordnung der Eidesleistung und ihre Interpretation durch die Ansprache Dr. Werners stießen innerhalb der Bekennenden Kirche auf breite Ablehnung. Zwar äußerte man die grundsätzliche Bereitschaft, einen vom Staat geforderten Eid zu leisten, doch war man bemüht, „dem Eid eine christliche Auslegung und Begrenzung zu geben und die Bindung an das Ordinationsgelübde zu betonen"[99]. Außerdem sollte mit dem Eid keine Anerkennung des unrechtmäßigen Kirchenregimentes von Dr. Werner verbunden sein. „Man fand sich in der Aporie, durch eine vom Staat eingesetzte, aber ihrer Bekenntniswidrigkeit wegen nicht anerkannte Kirchenbehörde zu einem staatlichen Treueid im Raume der Kirche gefordert zu sein."[100] Am 17. Mai 1938 legte Präses D. Koch in einer Erklärung an Dr. Werner die von der Bekenntnisseite geforderten Voraussetzungen für die Ablegung des Eides dar: 1. staatliche Forderung des Eides, 2. Bindung an das Ordinationsgelübde, 3. Zurücknahme der Ansprache des EO.[101] Der altpreußische Bruderrat rief die Pfarrer auf, unter den gegebenen Bedingungen den Eid nicht zu leisten. Von 5.500 eingeladenen Pfarrern Altpreußens folgten 2.000 dieser Weisung.[102]

Die Siegerländer Pfarrer wurden für den 31. Mai 1938 um 15.15 Uhr zur Ablegung des Eides in den Siegener „Kaisergarten" eingeladen.[103] Die Ab-

---

96 Zu diesem Kapitel vgl. Angelika Gerlach-Praetorius, Die Kirche vor der Eidesfrage. Die Diskussion um den Pfarrereid im Dritten Reich (= AGK 18), Göttingen 1967; Meier III, S. 43–53.
97 Abgedr. in: Gerlach-Praetorius, Kirche vor der Eidesfrage, S. 99 f.
98 Ebd.
99 Ebd., S. 116.
100 Ebd., S. 119.
101 Ebd., S. 117.
102 Ebd., S. 114.
103 Vgl. die Übersicht, in: KSA, E 9, Bd. X.

nahme des Eides sollte durch Konsistorialpräsident Dr. Thümmel erfolgen. Es ist nicht bekannt, ob überhaupt und gegebenenfalls wie viele Pfarrer dieser Einladung Folge leisteten.[104] Die meisten jedenfalls blieben unter Berufung auf die Erklärung von Präses Koch dem Termin fern.[105]

Nachdem der erste Termin verstrichen war, erreichte Präses Koch in Verhandlungen mit Dr. Werner, daß von der Verlesung der umstrittenen Ansprache abgesehen und den Pfarrern zugestanden wurde, bei der Eidesleistung eine Erklärung abzugeben. Daraufhin sahen Präses Koch und mit ihm die Vertrauensleute der westfälischen Pfarrerbruderschaft die Voraussetzungen zur Ablegung des Eides erfüllt und beschlossen auf ihrer Tagung am 13. Juli, den Eid unter Abgabe einer vorbereiteten Erklärung[106] zu leisten. Inzwischen war den Pfarrern bereits die Einladung zu dem zweiten Termin (18. Juli) zugegangen.[107] Superintendent Heider unterrichtete die Amtsbrüder am 14. Juli über die neuesten Entwicklungen. Falls auch den Pfarrern in den Ostprovinzen dieselben Bedingungen zugestanden würden, sollte nunmehr die Ablegung des Eides erfolgen.[108] Präses Koch gab am 16. Juli seine Erfolgsmeldung über die Verhandlungen mit Dr. Werner bekannt: Auch den Pfarrern in den übrigen Provinzen, die auch den zweiten Termin hatten verstreichen lassen, sei zugesichert worden, bis zum 10. August den Eid unter den gleichen Voraussetzungen leisten zu können wie die westfälischen Pfarrer. Koch riet daher den Amtsbrüdern, zur Eidesleistung zu erscheinen.[109] Daraufhin gingen auch die Siegerländer Pfarrer zu ihrer Vereidigung am 18. Juli und legten den Eid ab, nachdem sie die Erklärung zum Treueid zu ihren Personalakten eingereicht hatten. Der Eid hatte folgenden Wortlaut:

„Ich schwöre: Ich werde dem Führer des Deutschen Reichs und Volkes, Adolf Hitler, treu und gehorsam sein, die Gesetze beachten und meine Amtspflichten gewissenhaft erfüllen, so wahr mir Gott helfe."[110]

Nachdem auch die übrigen Kirchenprovinzen nachgezogen und insgesamt 90 Prozent der Pfarrerschaft vereidigt worden waren, wurde ein Rundschreiben[111] Martin Bormanns, des Stabsleiters bei Hitlers Stellvertreter Rudolf Heß, bekannt, das den ganzen Bemühungen der Kirche um den

104 In Westfalen war der Widerstand gegen den Eid besonders groß. Hier erschienen nur 20,5 % der Geladenen, in ganz Altpreußen waren es 60,7 %; vgl. Gerlach-Praetorius, Kirche vor der Eidesfrage, S. 125.
105 Strothmann an Thümmel v. 27. 5. 1938 (Abschr.), in: Kgm. Müsen, II.4, S. 8; Barth an Heider v. 25. 5. 1938 (Abschr.), in: Kgm. Oberfischbach, C 6; vgl. Thieme, Olpe, S. 212 f.
106 Abgedr. in: Gerlach-Praetorius, Kirche vor der Eidesfrage, S. 132.
107 Vgl. Thümmel an Strothmann v. 9. 7. 1938, in: Kgm. Müsen, II.4; Thümmel an Demandt v. 9. 7. 1938, in: Kgm. Freudenberg, D 5, Bd. II.
108 Rundbrief Heider v. 14. 7. 1938, in: KSA, E 9, Bd. X. Laut Heider waren acht Pfarrer im Urlaub, die erst später den Eid leisten konnten.
109 Koch v. 16. 7. 1938, in: Kgm. Wilnsdorf, II.1.
110 Gerlach-Praetorius, Kirche vor der Eidesfrage, S. 98; vgl. Protokoll Strothmann v. 18. 7. 1938, in: Kgm. Müsen, II.4. Es gab nur wenige westfälische Pfarrer, die den Eid nicht leisteten; vgl. die Namen bei Gerlach-Praetorius, ebd., S. 140.
111 Abgedr. ebd., S. 141 f.

Treueid gleichermaßen den „Dolchstoß" versetzte. Bormann erklärte, daß der Eid ohne eine Entscheidung des Führers vollzogen worden sei und ihm daher lediglich eine innerkirchliche Bedeutung zukomme. Für die Partei spiele es keine Rolle, ob ein Geistlicher den Eid geleistet habe oder nicht. Dies war natürlich eine Ohrfeige für alle, die sich so vehement für den Eid eingesetzt hatten, und eine peinliche Ernüchterung für diejenigen, die sich im Glauben an die staatliche Forderung zur Ableistung des Eides durchgerungen hatten. Aber offensichtlich war dem Staat nichts mehr an öffentlichen Treuekundgebungen der Kirche gelegen. Der Treueid paßte nicht mehr in das kirchenpolitische Programm des Staates, das auf eine „Entpolitisierung der Kirche" und eine „Entkonfessionalisierung des öffentlichen Lebens"[112] abzielte.

Die Tatsache, daß der Staat den Treueid geringschätzte, hieß jedoch nicht, daß er völlig bedeutungslos geworden wäre. Da die Kirchenbehörde an der Praxis der Vereidigung festhielt, konnte eine Verweigerung der Eidesleistung existentielle Nachteile für die Betroffenen mit sich bringen. Ein krasses Beispiel dieser Art ist das Schicksal des Pfarrers Lic. Wilhelm Schümer.[113] Schümer war tätig an der deutsch-reformierten Gemeinde in Frankfurt und Mitglied im „Theologischen Ausschuß zum Studium der Judenfrage" der Vorläufigen Kirchenleitung, bis er wegen seiner politischen Einstellung seine Gemeinde verlassen mußte. Schümer hatte sich geweigert, den Konfirmandenunterricht unter einem Führerbild abzuhalten und das Pfarrhaus mit einer Hakenkreuzfahne zu beflaggen.[114] Der westfälische Bruderrat vermittelte Schümer daraufhin eine Hilfspredigerstelle in Buer-Erle, die er jedoch zum 1. Juni 1939 wieder aufgeben mußte, weil sie vom Konsistorium neu besetzt wurde. Inzwischen hatte das Presbyterium der Kirchengemeinde Neunkirchen Schümer einstimmig zum neuen Pfarrer gewählt und seinen Dienstantritt für den 12. Dezember 1938 ins Auge gefaßt.[115] Die Wahl wurde vom Konsistorium jedoch nicht bestätigt, da sich Schümer weigerte, den Eid auf Hitler zu leisten. Auch die Abgabe einer Erklärung zum Eid lehnte er ab.[116] Eine Initiative des Neunkirchener Presbyteriums, Schümer durch den westfälischen Bruderrat nach Neunkirchen zu entsenden, scheiterte.[117] Danach wirkte Schümer als Hilfsprediger für den erkrankten Pfarrer Barth in Oberfischbach (Okt. 1939 bis Juni 1941)[118]. Seine Lage blieb jedoch unsicher, da er als Hilfsprediger jederzeit zum Kriegsdienst im mittlerweile ausgebrochenen Zweiten Weltkrieg eingezogen werden konnte. Schümer lehnte aber aus Gewissensgründen den Kriegsdienst mit der Waffe ab. Die Hoffnung, für den scheidenden Pfarrer Barth die Pfarrstelle in

---

112 Meier III, S. 52.
113 Vgl. Jürgen Schäfer/Matthias Schreiber, Kompromiß und Gewissen. Der Weg des Pastors Wilhelm Schümer im Dritten Reich (= Schriften der Hans Ehrenberg Gesellschaft 1), Waltrop 1994.
114 Vgl. ebd., S. 74–76.
115 Kgm. Neunkirchen, Protokollbuch v. 30. 10. 1938
116 Vgl. Hesse an Brandes v. 15. 4. 1939, in: EKvW 5.1, Nr. 148, Fasc. 2.
117 Kgm. Neunkirchen, Protokollbuch des Presb. v. 6. 3. 1939.
118 Kgm. Oberfischbach, Lagerbuch, Bl. 42.

Oberfischbach übernehmen zu können, erfüllte sich nicht, da das Presbyterium Walter Kreck[119] zum Nachfolger bestimmte. Schümer wurde nun von der Bekenntnissynode Siegen mit der Erteilung des in der Schule abgeschafften Religionsunterrichtes beauftragt. Schümer unterstand dabei nicht der Dienstaufsicht des Konsistoriums, war also „illegal" beschäftigt. Ein Versuch des Superintendenten Heider, Schümer, dessen Einberufung mittlerweile bevorstand, als „unabkömmlich" zu reklamieren, scheiterte am Widerstand des Konsistoriums, das die U.K.-Stellung bestätigen mußte. In einem Gespräch am 23. Januar 1942 in Münster forderte das Konsistorium Schümer auf, sich seiner Dienstaufsicht zu unterstellen und den geforderten Eid zu leisten. Als Schümer die Eidesformel im Sinne der Erklärung des Präses Koch abzuändern wünschte, wurde ihm dies verweigert. Daraufhin lehnte Schümer die Eidesleistung erneut ab. Das Konsistorium sandte nun seinerseits die U.K.-Karte an das Wehrbezirkskommando Siegen mit dem Hinweis zurück, Schümer unterstehe nicht seiner Dienstaufsicht.[120] Schümer wurde daher im November 1942 zum Kriegsdienst eingezogen.[121] Als er sich weigerte, den Soldateneid zu leisten, drohten ihm Verurteilung und Hinrichtung als Kriegsdienstverweigerer. Durch die Hilfe eines Vorgesetzten konnte Schümer jedoch einen nichtöffentlichen Eid mit abgeänderter Eidesformel ablegen. Er kam als Sanitätssoldat an die Ostfront, wo er seit Juli 1943 vermißt wird.

5.3.3 Die Auseinandersetzung um die „Gebetsliturgie"

Im September 1938 verschärfte sich die außenpolitische Lage des Deutschen Reiches, als im Zusammenhang mit der Sudetenkrise eine militärische Intervention in der Tschechoslowakei bevorzustehen schien. Die drohende Kriegsgefahr nahm die Vorläufige Kirchenleitung zum Anlaß, für den 30. September 1938 einen Gebetsgottesdienst anzusetzen. Der Ankündigung des Gottesdienstes war eine Liturgie[122] beigefügt, die auf Bußgesinnung und Trost ausgerichtet war und den Krieg als Strafgericht Gottes bewertete. Der Gottesdienst sollte der Bitte um Frieden und der Warnung vor Kriegspropaganda dienen. Diese Gebetsliturgie empfand der Staat als Provokation.

---

119 Walter Kreck, Mitglied des Landesbruderrates der BK in Hessen-Nassau und Leiter des Predigerseminars der BK in Frankfurt, nach dem Krieg Professor für Evangelische Theologie in Bonn, war ebenfalls aus Hessen ausgewiesen und mit einem reichsweiten Redeverbot belegt worden (Stapostelle Darmstadt an die Außendienststellen und Landräte v. 5. 4. 1940, in: Dok.NH, Bd. 7,3, S. 693 f.). Daraufhin bemühte sich Kreck um eine Pfarrstelle in einer reformierten Gemeinde Westfalens (Kreck an Brandes v. 1. 5. 1940, in: EKvW 5.1, Nr. 148, Fasc. 1). Nach einem Jahr ohne Amt wurde er vom westfälischen BR nach Oberfischbach eingewiesen. Dort konnte er aber nur ein Jahr wirken, da er zum Militärdienst einberufen wurde und als Soldat in amerikanische Kriegsgefangenschaft geriet (vgl. Freispruch und Freiheit, S. 10; Kgm. Oberfischbach, Lagerbuch, Bl. 34 f.).
120 Vermerk des EK v. 3. 2. 1942, in: EKvW Best. 2neu, Siegen X, Bd. I.
121 Schäfer/Schreiber, Kompromiß und Gewissen, S. 94 ff.
122 Abgedr. KJ 1933–1944, 2. Aufl. 1976, S. 256–258.

Nachdem durch das Münchener Abkommen vom 29. September die Kriegsgefahr gebannt schien, wurde die VKL durch die SS-Presse scharf angegriffen. Die Landesbischöfe Marahrens, Wurm, Meiser und Kühlewein distan-
zierten sich auf Druck des Reichskirchenministers von dem Rundschreiben
der VKL und setzten damit innerhalb der Bekennenden Kirche eine Auseinandersetzung über die Bewertung der Gebetsliturgie in Gang. Am 4. Dezember 1938 stellte sich die Bekenntnissynode in Siegen einstimmig hinter
die VKL und forderte die Bischöfe auf, ihr Urteil zurückzunehmen oder
doch zumindest zu berichtigen.[123] Die Bischöfe versuchten im nachhinein
ihre Haltung zu rechtfertigen. Auch die angegriffenen Mitglieder der VKL
bemühten sich, die politischen Angriffe zu entkräften und den Sinn des
Gebetsgottesdienstes zu erläutern. Gegen sie wurden jedoch Disziplinarverfahren durch die zuständigen Kirchenbehörden eingeleitet. Zahlreiche Gemeinden gaben ihrer Solidarität mit den Betroffenen Ausdruck, so auch die
Kirchengemeinde Burbach, die „mit Entrüstung" die Angriffe gegen die
Bekennende Kirche zurückwies, „deren Glieder sich an Treue gegen Volk
und Staat von niemandem übertreffen lassen"[124].

Teilweise zogen sich die Verhandlungen gegen die Verfasser der Gebetsliturgie bis in die Kriegszeit hinein. Im Jahre 1940 verlangte die Disziplinar-
kammer des Konsistoriums für die Mark Brandenburg die Entfernung von
Lic. Albertz (Spandau) und Dr. Böhm (Berlin) aus ihrem Amt. Dieses Urteil
provozierte wieder eine Flut von Solidaritätsadressen, auch aus dem Siegerland, zumal Lic. Albertz ein führender Vertreter der reformierten Kirche
war. 18 Gemeinden des Siegerlandes beteiligten sich an dieser Solidaritätsaktion.[125] Bei dieser Gelegenheit wurde auch das Verhältnis zum Staat noch
einmal grundsätzlich thematisiert:

„Gerade darum benutzen wir den schmerzlichen Anlaß, um uns an die zuständigen Instanzen zu wenden und sie dringend und inständig zu bitten, von dem Mißtrauen, das so
viel verhängnisvolle Folgen für einzelne und die ganze Kirche gehabt hat, als verfolge
die B.K. politische, auf Störung der Volkseinheit gerichtete Tendenzen, zu lassen, damit
der Weg frei wird zu einer echten Überwindung des heutigen Notstandes und zu einer
Neuordnung der Kirche, bei der das Bekenntnis und insonderheit auch das reformierte
Bekenntnis, an das wir gebunden sind, wirklich unangetastet bleibt und den vielen wert-
vollen Kräften, die – was das Urteil auch nicht berücksichtigt – der heute geltenden
Ordnung *um des Gewissens willen* Widerstand leisten, die Möglichkeit gegeben wird,
mit freiem Gewissen in der deutschen evangel. Kirche ihrem Volk zu dienen. Wir werden uns selbstverständlich ebenso dafür einsetzen, daß auf Seiten der B.K. alles getan
wird, um auch *den falschen Schein* staatsfeindlicher Gesinnung zu meiden. Wir würden
es mit tiefem Dank begrüßen, wenn die Krisis, die auch in dem vorliegenden Verfahren
wieder aufgebrochen ist, unter dem Eindruck des großen Erlebens des Krieges zu einem
neuen Vertrauensverhältnis zwischen Staat und evangel. Kirche führen würde, wie es
zum Segen auch unseres Volkes früher stets bestanden hat."[126]

123 In: Kgm. Ferndorf, D 8, Bd. 3, Fasc. 2.
124 Kgm. Burbach, Protokollbuch des Presb. v. 17. 2. 1939; vgl. außerdem in den Protokollbüchern:
    Eiserfeld 2. 3. 1939, Neunkirchen 6. 3. 1939, Wilnsdorf 6. 3. 1939; Presb. der Kgm. Hilchen-
    bach an Kerrl u. EK Brandenburg v. 4. 3. 1939 (Abschr.), in: Kgm. Hilchenbach, 1/22.
125 Vgl. Heider an Brandes v. 1. 8. 1940, in: EKvW 5.1, Nr. 148, Fasc. 2; vgl. Thieme, Olpe, S. 206.
126 Erklärung des Presb. der Kgm. Siegen, o. Dat., in: EKvW 5.1, Nr. 148, Fasc. 2. Anhang zum
    Brief Heider (Anm. 125). Vgl. die Äußerung des Presb. der Kgm. Burbach (Protokollbuch v. 12.

In dieser Erklärung versuchte das Siegener Presbyterium noch einmal deutlich zu machen, daß der Widerstand gegen eine das Bekenntnis und damit das Gewissen verletzende kirchliche Ordnung keineswegs verbunden war mit der Aufkündigung der staatsbürgerlichen Loyalität. Gerade dieses Mißverständnis war die Bekennende Kirche stets bemüht zu zerstreuen. Daß der Staat seinerseits auch einen partiellen Widerspruch nicht duldete, sondern seinen Totalitätsanspruch auch im Leben der Kirche durchsetzte, war für viele eine schmerzhafte Erfahrung, die erst langsam den Blick für den grundsätzlichen Konflikt zwischen christlichem Glauben und Nationalsozialismus öffnete. Zu einem fundamentalen Widerstand gegen das Regime selbst konnte man jedoch nicht gelangen, solange der traditionelle Gehorsamsgeist das Verhältnis zur Obrigkeit prägte und die mentalen Voraussetzungen für eine Neuorientierung blockierte.

5.4 Konflikte mit den Deutschen Christen

5.4.1 Kirchliche Räume und Gebäude

Auch in die Auseinandersetzungen, die in einzelnen Kirchengemeinden zwischen Bekennender Kirche und den Deutschen Christen geführt wurden, griff der Staat nun ein. Dabei ging es meist darum, den Deutschen Christen Zugang zu kirchlichen Räumen und Gebäuden zu verschaffen.[127] Denn schon zu Beginn des Kirchenkampfes war den Deutschen Christen vielerorts die Benutzung kirchlicher Räume verweigert worden.[128] Und mit den Dahlemer Richtlinien war es den Presbyterien sozusagen zur Pflicht gemacht worden, den kirchenpolitischen Gegner von den entsprechenden Einrichtungen auszuschließen. Nur dort, wo DC-Pfarrer amtierten, nämlich in Siegen, Weidenau und Klafeld, konnte zumindest der Wunsch nach eigenen Gottesdiensten verwirklicht werden, da einem DC-Pfarrer das Recht auf Predigt in der eigenen Kirche nicht verwehrt werden konnte. In den übrigen Gemeinden, in denen nennenswerte DC-Gruppen bestanden, wurde dieses Anliegen aber zum Problem. Die Deutschen Christen mußten entweder auf langen Fußmärschen zu den DC-Gottesdiensten in den genannten Gemeinden „pilgern" oder aber einen auswärtigen DC-Pfarrer einladen und geeignete Räume anmieten. Dabei wurden sie zusätzlich durch die staatliche Gesetzgebung benachteiligt. Da man den Kirchenkampf so weit wie möglich aus der Öffentlichkeit heraushalten wollte, wurden mit dem 7. 12. 1934

---

7. 1940): „Gegen all dies blieb uns nur der Weg, unter Wahrung des Gehorsams gegenüber der Obrigkeit in allen Dingen, die nach Christi Wort ‚des Kaisers' sind, bis zum Einsatz des Lebens im Kriege, *innerhalb unserer Kirche* gemäß ihrem gottgegebenen Auftrage zu handeln, wie es ihre Synoden von Barmen (Mai 1934) und Dahlem (Oktober 1934) für recht erkannt haben."
127 Nach § 78,2 u. 92,2 KO bestimmen Presbyterien über die Nutzung der Kirchen und Gemeinderäume.
128 Vgl. Presb. der Kgm. Oberfischbach an die Kreisleitung der DC v. 16. 10. 1933 (Abschr.), in: Kgm. Oberfischbach, C 6; Kgm. Eiserfeld, Protokollbuch des Presb. v. 24. 11. 1933.

sämtliche öffentliche Veranstaltungen und Kundgebungen kirchlich-konfessionellen Charakters außerhalb der Kirche verboten.[129] Die Deutschen Christen waren von diesen Beschränkungen ungleich stärker betroffen als die Bekennende Kirche, da sie über keine eigenen Räume verfügten. Eine öffentliche Vortragsveranstaltung der Ferndorfer Deutschen Christen in einem Gasthof wurde aus diesem Grund untersagt.[130] Allerdings verfügte der Landrat wenig später, daß die Versammlungen der Deutschen Christen „in der Regel" nicht unter die Verordnung vom 7. 12. 1934 zu rechnen seien. Es handele sich hier vielmehr um „Veranstaltungen mit *politisch-weltanschaulichem* Charakter, die dem Zweck dienen, die Versammlungsteilnehmer *weltanschaulich*, d. h. parteipolitisch [!] zu schulen"[131]. Entsprechende Anträge seien daher zu genehmigen. Dies war eine interessante Einschätzung der Deutschen Christen durch den Landrat, welche jene stark in die Nähe politischer Gliederungen rückte. Möglicherweise ging es dem Landrat aber auch nur darum, die Deutschen Christen nicht gegenüber der Bekennenden Kirche zu benachteiligen. Bürgermeister M. vertrat jedoch gegenüber dem Landrat die Ansicht, daß Deutsche Christen und Bekenntnisfront einheitlich zu behandeln seien, auch wenn dies im Siegerland zu einer „Ausschaltung" der Deutschen Christen führen würde.[132] Die Stapostelle Dortmund gab ihm in dieser Einschätzung recht[133], woraufhin der Landrat mitteilte:

„Ich weise darauf hin, daß dem Verbot nur die Veranstaltungen unterliegen, die kirchlich-konfessionellen Charakter tragen. Soweit es sich um politisch-weltanschauliche Veranstaltungen handelt, verbleibt es bei meiner Verfügung vom 14. Januar 1935 – A.Z."[134]

Damit lag der „Schwarze Peter" wieder bei den örtlichen Behörden, die von Fall zu Fall zu entscheiden hatten, ob die Verordnung anzuwenden war. Gegen sog. Sprechabende der Deutschen Christen im geschlossenen Kreis war offenbar nichts einzuwenden. Die Gemeindegruppe Ferndorf hatte den Antrag gestellt, ihr für solche Sprechabende einen Schulraum zu überlassen.[135] Bis dahin hatte man sich in einer Gastwirtschaft getroffen, wo jedoch Miete zu bezahlen war.[136] Der Schulvorstand und der Landrat genehmigten in diesem Fall die Benutzung des Zeichensaals.[137] Als die Deutschen Christen allerdings die Abhaltung von Gottesdiensten im Zeichensaal beabsichtigten[138], stieß dies auf große Schwierigkeiten. Nach einer Mitteilung

---

129 Vfgg. der Stapo Dortmund v. 8. 12. 1934, in: Amt Ferndorf, Fach 86, Nr. 1; vgl. Hey, Kirchenprovinz, S. 279 f.
130 Bgm. M. an DC v. 12. 1. 1935 (Abschr.), in: Amt Ferndorf, Fach 86, Nr. 1.
131 In: Amt Ferndorf, Fach 86, Nr. 1.
132 Bgm. M. an LR v. 14. 1. 1935 (Abschr.), in: ebd.
133 Vfgg. der Stapo Dortmund v. 21. 1. 1935, in: ebd.
134 Vfgg. des LR v. 5. 2. 1935, in: ebd.
135 DC an Bgm. (Ferndorf) v. 11. 2. 1935, in: Amt Ferndorf, Fach 60, Nr. 2, H. 1.
136 Ebd.: „Es werden ernste religiöse Fragen erörtert, bei denen ein Verzehr von alkoholischen Getränken nicht infrage kommt. Wir müssen daher Saalmiete zahlen, die aber so hoch ist, daß sie nicht getragen werden kann. Bei der augenblicklichen Zusammensetzung der kirchlichen Vertretungen werden uns kirchliche Räume nicht zur Verfügung gestellt."
137 Auszug aus dem Sitzungsprotokoll des Schulvorstandes des Gesamtschulverbandes Kreuztal v. 18. 2. 1935 sowie LR an DC-Gemeindegruppe Ferndorf v. 8. 3. 1935 (Abschr.), in: ebd.
138 DC an Bgm. (Ferndorf) v. 25. 8. 1936, in: ebd.

der Stapo Dortmund konnte kirchenpolitischen Minderheiten zugemutet werden, im Umkreis bis zu einer Wegstunde einen Gottesdienst zu besuchen. Nur bei Wegfall dieser Möglichkeit konnte die Abhaltung von Gottesdiensten in Schulräumen gestattet werden. Die Abhaltung von Gottesdiensten in Wirtshäusern war grundsätzlich verboten.[139] Die nächste Möglichkeit für die Gemeindegruppe Ferndorf, einen deutsch-christlichen Gottesdienst zu besuchen, war die Kirche in Klafeld. Sie war jedoch fünfeinhalb Kilometer entfernt. Dies war auch nach Ansicht des Bürgermeisters nicht zumutbar.[140] Der Landrat dagegen meinte, dem Antrag „aus grundsätzlichen Erwägungen"[141] nicht entsprechen zu können. Damit waren die Deutschen Christen wieder auf die Kirche als Gottesdienstraum verwiesen, was aber vorläufig nicht möglich war.

Besonders hart betroffen waren auch die Vereine der Deutschen Christen. Das Presbyterium der Kirchengemeinde Siegen beschloß am 22. Juli 1935, Organisationen und Vereinen, „die im Gegensatz zur Bekenntniskirche stehen", das Gemeindehaus in Kaan nicht mehr zur Verfügung zu stellen.[142] Damit waren das Männerwerk der DEK und der deutsch-christliche Frauendienst angesprochen, die neben den bestehenden Vereinen ihre Arbeit aufgenommen hatten. Sie wurden nun aus den kirchlichen Räumen verbannt. Auch in Klafeld versagte man dem Frauendienst die Benutzung des Lutherhauses. Um eine unberechtigte Nutzung zu verhindern, wurden sogar neue Schlösser eingebaut und die Schlüssel bei Pfarrer Buscher deponiert.[143] Diese Situation war für die Deutschen Christen natürlich äußerst unbefriedigend. Die Verbitterung in ihren Reihen über die Benachteiligung durch die BK-Presbyterien wuchs. „Sind Deutsche Christen Christen zweiter Ordnung?"[144], fragte Pfarrer Pfeil in einem Brief an das Konsistorium.

Erst als die Kirchenausschüsse Richtlinien zur Regelung der Minderheitenversorgung erließen, sahen die Deutschen Christen eine neue Chance auf Mitbenutzung der kirchlichen Räume und richteten entsprechende Anträge an die Presbyterien. Die Richtlinien des Reichskirchenausschusses vom 26. Oktober 1935 und des preußischen Landeskirchenausschusses vom 27. November 1935 ließen jedoch die Sonderrechte der reformierten Gemeinden unberührt.[145] Nur bei Feststellung eines „kirchlichen Notstandes" konnte diese Sonderstellung aufgehoben werden. So mußte das Konsistorium den Deutschen Christen in Ferndorf, die wiederholt die Überlassung der Kirche beantragt hatten[146], mitteilen, es sei „nicht in der Lage, von aufsichtswegen

---

139 Vfgg. der Stapo Dortmund v. 14. 10. 1935, in: ebd.
140 Bgm. (Ferndorf) an LR v. 19. 9. 1936 (Abschr.), in: ebd.
141 LR an Bgm. (Ferndorf) v. 26. 10. 1936, in: ebd.
142 Schmidt an S. v. 24. 7. 1935 (Abschr.), in: EKvW 2neu, Siegen 8, Bd. I, S. 16; vgl. hier auch den Briefwechsel zwischen Pfr. Vacheroth und Frau G.
143 Vgl. Pfeil an EK v. 29. 7. 1935, in: EKvW 2neu, Klafeld 8, Bd. I.
144 Pfeil an EK v. 29. 7. 1935, in: EKvW 2neu, Klafeld 8, Bd. I.
145 Vgl. Hey, Kirchenprovinz, S. 175.
146 9. 11. 1935, 27. 5. 1936, 20. 6. 1936, in: Kgm. Ferndorf, D 9.

einzugreifen"[147]. Auch die Siegener Deutschen Christen, die gegen den Beschluß des Presbyteriums protestiert hatten[148], erhielten den Bescheid, das Konsistorium sei zur Entscheidung in dieser Angelegenheit nicht befugt.[149] Eine Beschwerde sei nur an den Provinzialkirchenausschuß zulässig.

Der Klafelder DC-Pfarrer Pfeil wandte sich an den preußischen Landeskirchenausschuß (LKA), um die Benutzung des Lutherhauses durchzusetzen, und machte erneut auf die „wachsende Erbitterung" über die „dauernde Zurücksetzung" aufmerksam.

„Vor allen Dingen ist es den hinter der Reichskirche stehenden Gemeindegliedern, die ein volles und freudiges Ja zum Nationalsozialismus sprechen, unverständlich, daß ihnen im nationalsozialistischen Staate eine derartige Behandlung zuteil wird."[150]

Das Konsistorium sah schließlich einen Notstand im Sinne der Verordnung des LKA vom 27. 11. 1935 als gegeben an, da die Rechte eines Pfarrers betroffen seien.[151] Somit wären die Räume ungeachtet des reformierten Bekenntnisstandes der Gemeinde dem Pfarrer zu überlassen. Praktisch ließ sich jedoch diese Entscheidung gegen den Willen des Presbyteriums, das sich hartnäckig weigerte, nicht durchsetzen. Pfeil teilte daraufhin dem Konsistorium mit, er werde, wenn er den Vorsitz im Presbyterium übernähme, selbst die erforderlichen Anordnungen treffen.[152] Da ihm auch dieses Recht vom Presbyterium bestritten wurde, setzte sich nun der Streit auf einer anderen Ebene fort. Die Zeit der Kirchenausschüsse war demnach geprägt durch einen „Schreibtischkrieg", der zwischen den beteiligten Gemeindegruppen und den kirchenbehördlichen Instanzen oft über Monate hin und her wogte. In der Praxis saßen aber die Presbyterien am längeren Hebel, weil den Kirchenbehörden die notwendigen Zwangsmittel fehlten, um ihre Anordnungen auch gegen den Willen der Presbyterien durchzusetzen. Dies änderte sich erst, als nach der Auflösung der Ausschüsse im Jahre 1937 Dr. Werner als Präsident des Evangelischen Oberkirchenrats die Leitung der EKdAPU übernahm. Er ordnete im Dezember 1937 die Überlassung kirchlicher Räume für Minderheiten an bzw. ermächtigte das Konsistorium, entsprechende Anträge zu genehmigen.[153] Dies führte in vier Gemeinden des Siegerlandes zu turbulenten Weihnachtstagen, mithin zu den schwersten und aufsehenerregendsten Auseinandersetzungen in dieser Frage: Pfarrer Eggers (Weidenau) beantragte beim Präsidenten des Evangelischen Oberkirchenrates für den zweiten Weihnachtstag 1937 die Freigabe der Kirchen in den Gemeinden Ferndorf, Krombach, Müsen und Siegen für einen Gottesdienst der Deutschen Christen.[154] Der Evangelische Oberkirchenrat gab dem Antrag

147 EK an Scheffe v. 14. 1. 1937 (Abschr.), in: Kgm. Ferndorf, D 9.
148 DC an EK v. 29. 7. 1935, in: EKvW 2neu, Siegen 8, Bd. I, S. 16.
149 EK an Baum v. 19. 12. 1935 (Abschr.), in: EKvW 2neu, Siegen 8, Bd. I, S. 22.
150 Pfeil an LKA v. 12. 11. 1935 u. Presb. an LKA v. 12. 11. 1935, in: EZA 7/6477.
151 EK an EO v. 15. 1. 1936, in: EZA 7/6477.
152 Vgl. EK an EO v. 4. 8. 1936, in: EZA 7/6477.
153 Vgl. Hey, Kirchenprovinz, S. 175 f.
154 Eggers an EO v. 10. 12. 1937, in: EKvW 2neu, Siegen 8, Bd. I, S. 46.

statt und verfügte, an dem betreffenden Tag die Kirchen für den DC-Gottesdienst zu öffnen. Außerdem sei für Glockengeläut und Orgelspiel zu sorgen.[155] Um diesmal die Durchführung der Anordnung zu gewährleisten, waren noch vor den Gemeinden die örtlichen Polizeibehörden informiert worden. Pfarrer Strothmann berichtete später, daß er als erstes aus der Zeitung von dem DC-Gottesdienst erfahren habe. Offiziell sei er am 24. 12. durch die Ortspolizeibehörde von der Anordnung informiert worden, danach habe ihm der Ortsgruppenleiter der NSDAP telefonisch mitgeteilt, daß er ein Schreiben vom Konsistorium in Händen habe, nach welchem der geplante DC-Gottesdienst vom EOK angeordnet worden sei.[156] Es war in der Tat ungewöhnlich und eine neuartige Auslegung des Dienstweges, daß die Kirchenbehörde Anordnungen über die staatlichen Behörden bzw. Parteistellen übermitteln ließ. Offensichtlich ging es hier um eine Demonstration der Macht, mit der Dr. Werner seinen neuen kirchenpolitischen Kurs durchsetzen wollte. Dazu erhielt er die Rückendeckung des Staates. Den Pfarrern wurde nun die Inhaftierung angedroht, falls sie sich den Anordnungen widersetzten.

Die betroffenen Gemeinden legten wegen der Kürze der Zeit telegrafisch Widerspruch gegen die Verfügung des Evangelischen Oberkirchenrates ein.[157] Auch der Synodalbruderrat verlangte noch am ersten Weihnachtstag die Zurücknahme der Verordnung.[158] In Ferndorf und Müsen wurden die Gemeindeglieder mit einer gleichlautenden Kanzelerklärung dazu aufgerufen, sich von dem DC-Gottesdienst fernzuhalten und „sich in keiner Weise des Verstoßes gegen Bekenntnis und Recht unserer Gemeinde mitschuldig zu machen"[159]. Ein öffentliches Schauspiel sollte damit vermieden werden. Nachdem sich die Presbyterien geweigert hatten, der Anordnung des Evangelischen Oberkirchenrates Folge zu leisten, wurden die Kirchenschlüssel förmlich beschlagnahmt und die Kirchen für die Deutschen Christen geöffnet. In Siegen wurde sogar eine Tür aufgebrochen, weil der Küster die Schlüssel mitgenommen hatte.[160] Die Pfarrer hatten es abgelehnt, durch Anordnung von Glockengeläut und Orgelspiel an dem DC-Gottesdienst mitzuwirken. Statt dessen versuchten sie mit allen Mitteln, den Gottesdienst zu behindern. In Krombach wurden der Weihnachtsbaum, Bibeln und Gesangbücher aus der Kirche entfernt.[161] Ebenso verhielt es sich in Ferndorf, wo auch noch Kollektenteller und Klingelbeutel entfernt worden waren. Für Glockengeläut mußten die Deutschen Christen selbst sorgen.[162] In Siegen mußten die Gottesdienstbesucher die Kirche durch eine Hintertür betreten,

---

155 EK an Germann v. 23. 12. 1937 (Abschr.), in: EZA 7/6480; EK an Wehmeier v. 23. 12. 1937 (Abschr.), in: KSA, E 9, Bd. XV; EK an Strothmann v. 23. 12. 1937, in: Kgm. Müsen, I.2, S. 146.
156 Strothmann an EK v. 5. 1. 1938 (Abschr.), in: Kgm. Müsen, I.3, S. 159–161.
157 Wehmeier an EK v. 25. 12. 1937, in: EZA 7/6335; Presb. Krombach an EK v. 25. 12. 1937, in: EZA 7/6480.
158 In: EZA 7/6662.
159 Kgm. Ferndorf, Protokollbuch v. 25. 12. 1937; vgl. Kgm. Müsen, I.2, S. 149.
160 Müller an D. Hesse u. Sup. Albertz v. 5. 1. 1938 (Abschr.), in: KSA, E 9, Bd. XV.
161 Laut Bericht der DC, in: EZA 7/6662, S. 273 f.
162 Ebd., S. 276–278.

die aufgebrochen wurde, weil das Haupttor verschlossen war. Auch Orgel und Glockenturm waren abgesperrt. „Ausgerechnet am Weihnachtsfeste, am Feste der Liebe und des Friedens, mußten die Bekenner, welche angeblich das Wort für sich gepachtet haben, ein solch Gebaren an den Tag legen"[163], klagte der Berichterstatter. Dennoch verbuchten die Deutschen Christen diesen Gottesdienst als Erfolg und hegten die Hoffnung, in Zukunft regelmäßig in den Genuß der Kirchenbenutzung zu kommen. Pfarrer Eggers stellte jedenfalls den Antrag, weitere Gottesdienste auch in Gemeinden mit kleineren DC-Gruppen (Freudenberg, Eiserfeld, Niederschelden) zu ermöglichen.[164] Die betroffenen Gemeinden und deren Bekenntnis-Presbyterien waren jedoch entschlossen, eine Wiederholung dieser Vorgänge zu verhindern, und wandten sich mit Eingaben an das Konsistorium.[165]

Auch der Konvent der reformierten Gemeinden Westfalens, der am 16. Januar in Hagen über diese und ähnliche Vorgänge aus der Kirchenprovinz beriet[166], richtete eine Beschwerde an den Evangelischen Oberkirchenrat und legte unter ausführlicher Darlegung der kirchenrechtlichen Gründe Verwahrung gegen das Vorgehen der Behörde ein.[167] Diese ging jedoch auf solch grundsätzliche Erwägungen nicht ein. In einer Antwort an die Kirchengemeinde Ferndorf teilte sie mit, daß einer nicht unerheblichen DC-Minderheit die Benutzung der Kirche zu einem Sondergottesdienst „in kirchlichem Interesse" nicht versagt werden könne, ohne die Verbitterung bei diesen zu verschärfen.[168]

Deutlich war in dem Schreiben des Konsistoriums das Bemühen zu erkennen, zwischen den kirchlichen Gruppierungen zu vermitteln und so den Frieden in der Kirche wiederherzustellen. Es enthielt sich dabei einer theologischen Wertung der unterschiedlichen Positionen. Für die Bekennenden Gemeinden ging es jedoch gerade um diesen Punkt. Da sie nach ihrem theologischen Verständnis die Lehre der Deutschen Christen als Häresie ablehnten, war für sie kein Entgegenkommen in der Frage der Gebäudebenutzung möglich. So schrieb Pfarrer Wehmeier (Ferndorf) in einer Erwiderung, das kirchliche Interesse könne allein darin bestehen, daß das Wort Gottes „lauter und rein" gepredigt werde.[169] Indes wurden bereits im Januar 1938 weitere DC-Gottesdienste für Siegen, Ferndorf, Müsen und Krombach beantragt[170] und mit Polizeigewalt durchgesetzt.[171] Pfarrer Germann (Krom-

---

163 Ebd., S. 279.
164 Eggers an EO v. 30. 12. 1937, in: EZA 7/6718.
165 Vacheroth an EK v. 30. 12. 1937, in: EKvW 2neu, Siegen 8, Bd. I, S. 49–51; Krombach an EK v. 6. 1. 1938 (Abschr.), in: Kgm. Müsen, I.2, S. 162–165; Müsen an EK v. 5. 1. 1938 (Abschr.), in: Kgm. Müsen, I.2, S. 159–161; Ferndorf an EK v. 30. 12. 1937 (Abschr.), in: EZA 7/6335.
166 Vgl. Bericht Reinacher, in: KSA, E 9, Bd. XV.
167 Schreiben v. 22. 1. 1938 (Abschr.), in: KSA, E 9, Bd. XV.
168 EO an Ferndorf v. 28. 1. 1938 (Abschr.), in: KSA, E 9, Bd. XV; vgl. EO an Strothmann v. 31. 1. 1938, in: Kgm. Müsen, I.3, S. 181 f.
169 Wehmeier an EO v. 2. 2. 1938, in: EZA 7/6335.
170 Vik. D. an EK v. 22. 1. 1938, in: EKvW 2neu, Siegen 8, Bd. I, S. 62.
171 Vgl. EK an Strothmann v. 26. 1. 1938, in: Kgm. Müsen, I.3, S. 172; Abkündigung Müsen v. 30. 1. 1938, in: ebd., S. 180.

bach) schlug daraufhin den betroffenen Amtsbrüdern vor, in Zukunft nach einem genau vereinbarten Schema zu verfahren:

„1.) Wir nehmen alle fraglichen Schlüssel an uns.
2.) Wir geben sie erst heraus, nachdem der Polizeibeamte förmlich erklärt: ‚Ich beschlagnahme die Schlüssel.‘
3.) Wir lassen uns zur Dokumentierung der förmlichen Beschlagnahme eine Quittung ausstellen. Anderen Falls wird nämlich nach oben berichtet: ‚Die Schlüssel sind freiwillig herausgegeben worden.‘
4.) Wir erteilen dem Küster und Organisten keine Anweisung, sondern
5.) Ein Verbot zur Hilfeleistung.
6.) Wir geben jedes Mal eine gleichlautende Abkündigung bekannt."[172]

Durch diese Verhaltensregeln sollte für jeden erkennbar bleiben, daß die DC-Gottesdienste nur unter Protest und gegen den erklärten Willen der Bekenntnisgemeinden stattfinden konnten. An dieser Stelle wird aber auch die Grenze des kirchlichen Widerstandes deutlich. Sobald die Staatsmacht auf den Plan trat, beugten sich die Gemeinden und Pfarrer der angedrohten Gewalt. Gegen den Staat selbst wagte man nicht zu opponieren; es hätte wohl auch nichts genutzt. Nicht überall ließ sich jedoch die Polizei in die kirchlichen Auseinandersetzungen hineinziehen. Es lag stets im Ermessen der staatlichen Stellen selbst, ob ein Eingreifen der Polizei gutgeheißen wurde, zumal eine gesetzliche Grundlage fehlte. Insgesamt ging die Tendenz eher dahin, sich aus dem Kirchenstreit herauszuhalten und nicht durch Gewaltmaßnahmen die Stimmung zusätzlich anzuheizen. Auch die Kirchenbehörde hatte kein Interesse, gottesdienstliche Veranstaltungen zu einem öffentlichen Schauspiel werden zu lassen. Das Konsistorium berichtete im Februar 1938 angesichts ähnlicher Vorgänge in der Kirchenprovinz, daß in einer ganzen Reihe von Fällen die Kirche lediglich auf dem Papier zur Verfügung stehe, während sie in Wirklichkeit verschlossen bleibe.[173] Es forderte daher gesetzliche Maßnahmen, um seine Anordnungen praktisch durchsetzen zu können. Weiter hieß es:

„Wir müssen aber gerade in dem Wunsche nach Schaffung einer neuen Rechtsbasis um der Gerechtigkeit willen mit allem Nachdruck betonen, daß nach zahllosen uns vorliegenden Beschwerden und Hilfegesuchen der Presbyterien und ihrer Vorsitzenden aus Minden-Ravensberg, dem Siegerlande und der Tecklenburger Grafschaft, also aus den kirchentreuesten Gebieten unserer Provinz, nicht etwa nur die Halsstarrigkeit des auf sein Eigentumsrecht pochenden Hofbesitzers, die zum Widerstande drängende Ursache ist, sondern vor allem die große Sorge um die Einheit der Gemeinde, die die Presbyterien und Pfarrer schon durch häufigere Vornahme von Amtshandlungen seitens ortsfremder Nachbarpfarrer, noch mehr aber durch das Amtieren von ortsfremden Hilfspredigern, Kandidaten und Lehrvikaren insbesondere nationalkirchlicher Richtung gefährdet sehen."[174]

In der Tat hatten die DC-Pfarrer Pfeil und Eggers auch in anderen Kirchengemeinden — besonders in Krombach, Ferndorf und Müsen — Amtshandlun-

172 Germann an die Amtsbrüder v. 4. 2. 1938, in: KSA, E 9, Bd. XV.
173 EK an EO v. 8. 2. 1938, in: EZA 7/6480.
174 Ebd.

gen vorgenommen.[175] Außerdem betreuten sie in diesen Gemeinden einen eigenen deutsch-christlichen Katechumenen- und Konfirmandenunterricht.[176] Darüber hinaus kam es wiederholt zu dem Auftreten eines Vikars, der noch nicht einmal das erste Examen abgelegt hatte.[177] Das Konsistorium forderte daher, in eine die Angelegenheit regelnde Verordnung die Bestimmung einzubauen, daß nur dann die Kirche freigestellt werden dürfe, wenn die Amtshandlung durch einen festangestellten Pfarrer oder einen ordnungsgemäß eingewiesenen Hilfsprediger durchgeführt werde. In den nächsten Monaten jedoch blieb vorerst alles beim alten, da eine weitere gesetzliche Regelung nicht erfolgte und sich die staatlichen Stellen wieder zurückhielten. Verfügungen zur Freigabe von Kirchen oder kirchlichen Gebäuden wurden von den Presbyterien zurückgewiesen. So konnte eine für Müsen geplante DC-Konfirmation nicht in der Kirche stattfinden.[178] Auch die Benutzung des Gemeindehauses wurde den Deutschen Christen trotz Freigabe durch das Konsistorium monatelang verweigert.[179] Für Krombach verzichtete das Konsistorium sogar darauf, eine Anordnung auf Überlassung der Kirche auszusprechen, weil keine Gewähr bestand, daß die Kirche trotz Freigabe tatsächlich den Deutschen Christen zur Verfügung gestellt wurde.[180] Gerade in Krombach war die Atmosphäre zwischen Bekennender Kirche und Deutschen Christen derart vergiftet, daß die Bürgermeister von Krombach und Eichen in einem Brief an den Evangelischen Oberkirchenrat die Amtsenthebung Germanns forderten.[181] Dieser Vorstoß, Pfarrer Germann auszuschalten, wurde jedoch auch vom Konsistorium zurückgewiesen.[182]

In bezug auf die Raumfrage wurden die Gemeinden durch den westfälischen Bruderrat in ihrer ablehnenden Haltung bestärkt: Ein Presbyterium, das den Deutschen Christen „auf Weisung der Bürokratie" Arbeitsräume gewähre, erniedrige sich zum Gemeindekirchenausschuß, schrieb Pfarrer Steil an Strothmann.[183] Erst ein Erlaß von Reichskirchenminister Kerrl vom 3. September 1938 schuf die rechtliche Grundlage für eine praktische Durchsetzung der kirchenbehördlichen Anordnungen. In diesem Erlaß wurden die

---

175 Entsprechende Beschwerden in: Kgm. Müsen, Protokollbuch des Presb. v. 22. 9. 1937; EZA 7/6480; EKvW 2neu, Krombach 8, B.I. Amtshandlungen in fremden Parochien mußten vorher beim zuständigen Pfarramt angemeldet werden. Da dieses den fälligen Abmeldeschein meist verweigerte, pflegte ihn das Konsistorium durch seine Zustimmung zu ersetzen. Auch kam es vor, daß die Stolgebühren nicht an die örtliche Kirchenkasse abgeführt wurden. Pfr. Strothmann verweigerte einmal die Eintragung einer Taufe ins Taufregister, da man selbst innerhalb der Landeskirche zwischen christlicher Taufe und „völkisch-heidnischer Kindesweihe" unterscheiden müsse; Strothmann an EK v. 17. 5. 1938 (Abschr.), in: Kgm. Müsen, II.4.
176 Vgl. Eggers an EK v. 19. 3. 1938, in: EKvW 2neu, Krombach 8, Bd. I. Als Eggers eine Abendmahlsfeier mit den Neukonfirmierten in Krombach plante, schrieb das Presbyterium, man könne die von Eggers „eingesegneten" Konfirmanden nicht als konfirmierte Angehörige der Gemeinde ansehen; ebd.
177 Vgl. Presb. Ferndorf an FA v. 5. 8. 1939 (Abschr.), in: Kgm. Ferndorf, D 9; Strothmann an EK v. 12. 8. 1939 (Abschr.), in: Kgm. Müsen, I.3, S. 286.
178 Kgm. Müsen, Protokollbuch des Presb. v. 12. 5. 1938.
179 Vgl. Kgm. Müsen, I.3, S. 224–236.
180 Vgl. EK an EO v. 13. 5. 1938, in: EZA 7/6718.
181 Schreiben v. 28. 5. 1938, in: EZA 7/6480.
182 Vgl. EK an EO v. 11. 8. 1938, in: EZA 7/6480.
183 Steil an Strothmann v. 8. 7. 1938, in: Kgm. Müsen, I.3, S. 230.

kirchlichen Gebäude einfach als Finanzobjekte eingestuft und damit den Finanzabteilungen die Möglichkeit gegeben, bei Streitfragen, welche die Benutzung der Gebäude betrafen, einzugreifen. Die Finanzabteilungen aber konnten die Amtshilfe staatlicher Organe in Anspruch nehmen und durch die Bestellung von Bevollmächtigten vor Ort ihre Anordnungen durchsetzen.[184] Die DC-Gemeindegruppe in Siegen beantragte am 10. Oktober 1938 bei der Finanzabteilung die Bestellung eines Schlüsselbevollmächtigten, um einen Antrag auf Benutzung des Gemeindehauses in der Tiergartenstraße, der vom Konsistorium längst genehmigt, vom Presbyterium jedoch über Monate verschleppt worden war, endlich durchsetzen zu können. Die Finanzabteilung setzte daraufhin speziell für dieses Gemeindehaus einen Bevollmächtigten ein, der den Auftrag hatte, die Benutzung des Gemeindehauses durch die Deutschen Christen sicherzustellen.[185] Auch in Müsen wurde auf diese Weise verfahren.[186] Den Presbytern blieb nur noch übrig, sich bescheinigen zu lassen, „daß sie ihre Pflichten als Älteste bis zur letzten Möglichkeit erfüllt haben"[187]. Zu Weihnachten 1938 fanden in Müsen und Ferndorf wieder DC-Gottesdienste statt.[188] Das Presbyterium in Ferndorf beschloß, die Kirche diesmal freiwillig zu öffnen, „weil nach den Erfahrungen des vergangenen Jahres damit zu rechnen ist, daß das klare Recht des Presbyteriums mit Gewalt unterdrückt wird und das Presbyterium am Weihnachtstage dieses traurige Schauspiel der Gemeinde ersparen möchte"[189]. Immer häufiger griff nun die Finanzabteilung in die Vergabe der kirchlichen Räume ein. Verweigerte ein Presbyterium die Freigabe der Kirche, wurde ein Bevollmächtigter bestellt, um die Anordnungen durchzusetzen, so zum Beispiel in Müsen anläßlich einer DC-Konfirmation und eines DC-Pfingstgottesdienstes.[190] In Ferndorf wurde eigens für eine DC-Trauung ein Bevollmächtigter eingesetzt.[191] Besonders pikant war, daß in Müsen stets der Bürgermeister und Ortsgruppenleiter der NSDAP zum Bevollmächtigten bestellt wurde, der ein erklärter Gegner der Bekennenden Kirche und besonders des Ortspfarrers war. Die Bevollmächtigten wurden in der Regel von den Deutschen Christen selbst benannt.[192] Es kam jedoch auch vor, daß die behördliche Verfügung auf Freigabe der Kirche zu spät eintraf und eine Einladung durch die Zeitung nicht mehr erfolgen konnte. Aus diesem Grund fiel in Siegen ein DC-Gottesdienst aus.[193] Nachdem sich diese Taktik als

184 Vgl. Hey, Kirchenprovinz, S. 177 f.
185 Vgl. den Briefwechsel in: EKvW 2neu, Siegen 8, Bd. I, S. 60–76.
186 FA an Strothmann v. 1. 12. 1938, in: Kgm. Müsen, I.3, S. 238, u. Bgm. Hein an Strothmann v. 11. 12. 1938, in: Kgm. Müsen, I.3, S. 239.
187 Abschr. des Protokolls v. 13. 13. 1938, in: a. a. O., S. 241.
188 Vgl. EK an Strothmann v. 20. 12. 1933, in: Kgm. Müsen, I.3, S. 244; Kgm. Ferndorf, Proklamationsbuch v. 25. 12. 1938.
189 Kgm. Ferndorf, Protokollbuch des Presb. v. 21. 12. 1938.
190 Vgl. Kgm. Müsen, I.3, S. 268 u. 275; vgl. S. 281; FA an Presb. Ferndorf v. 15. 5., 26. 5. u. 3. 8. 1939, in: Kgm. Ferndorf, D 9.
191 Vgl. Wehmeier an Koch v. 17. 11. 1938, in: EKvW 0.4, Bd. 29, S. 51; vgl. Hey, Kirchenprovinz, S. 179.
192 Eggers an EK v. 10. 5. 1939, in: EKvW 2neu, Siegen 8, Bd. I, S. 82.
193 B. an EK v. 1. 6. 1939, in: EKvW 2neu, Siegen 8, Bd. I.

erfolgreich erwiesen hatte, gingen die Deutschen Christen dazu über, nicht nur zu bestimmten Anlässen, sondern pauschal die Freigabe der Kirchen zu beantragen. So erhielten sie in Müsen, Krombach und Ferndorf das Recht, alle 14 Tage die Kirche zu benutzen.[194] In Müsen und Siegen wurde dieser Rhythmus schließlich noch auf eine Woche verkürzt.[195] Dabei war allerdings die Kirchenbehörde bemüht, die Zeiten für die Benutzung der kirchlichen Räume durch die Deutschen Christen so festzulegen, daß sie mit den übrigen Terminen des Gemeindelebens nicht kollidierten. Die Gemeindpfarrer wurden daher aufgefordert, Belegpläne für die kirchlichen Räume zu erstellen. Daß dabei durch die Pfarrer meist die völlige Auslastung der Gemeinderäume festgestellt oder ungeeignete Zeiten angeboten wurden, versteht sich beinahe von selbst.[196] Pfarrer Steil vom westfälischen Bruderrat hatte eine entsprechende Empfehlung ausgegeben.[197] In Siegen wurde schließlich ein Ortstermin anberaumt, bei dem durch den eigens angereisten Vertreter des Konsistoriums die Besichtigung der fraglichen Räumlichkeiten vorgenommen wurde.[198] So blieb die Benutzung der kirchlichen Räume ein stetiger Streitpunkt, da die BK-Presbyterien ihren Rechtsanspruch auf die Verwaltung der kirchlichen Räume nie aufgaben und durch eine Politik der Nadelstiche die Aktivitäten der Deutschen Christen zu behindern suchten. Für die Deutschen Christen aber wurde die Betreuung ihrer verstreuten Gruppen zudem dadurch immer schwieriger, daß ihnen der Krieg geeignete Kräfte entzog.

5.4.2 Pfarrstellenbesetzungen in der Kirchengemeinde Siegen

Die Besetzung von Pfarrstellen war für die kirchenpolitischen Gruppierungen von herausragender Bedeutung, besonders für die Deutschen Christen, die in der geringen Anzahl von Pfarrern ihrer Richtung im Siegerland ein Haupthindernis für die angemessene Betreuung ihrer Mitglieder sahen. Sie waren daher bestrebt, freiwerdende Pfarrstellen mit Pfarrern gleicher Gesinnung zu besetzen. Für die Bekenntnisgruppen galt natürlich dieselbe Devise. Da in den meisten Gemeinden, in denen eine Frontstellung zwischen Bekennender Kirche und Deutschen Christen vorlag, in dem untersuchten Zeitraum keine Pfarrerwahl anstand, seien hier exemplarisch die Vorgänge in der Kirchengemeinde Siegen, die als größte Gemeinde des Siegerlandes mit sechs Pfarrstellen ausgestattet war, beschrieben.

194 Kgm. Müsen, ebd., S. 278; FA an Presb. Ferndorf v. 3. 8. 1939, in: Kgm. Ferndorf, D 9; Krombach: EK an EO v. 5. 9. 1940, in: EZA 7/6480.
195 EK an Strothmann v. 18. 3. 1940, in: Kgm. Müsen, I.3; EK an Eggers v. 31. 7. 1939 (Abschr.), in: EKvW 2neu, Siegen 8, Bd. I.
196 Schmidt an EK v. 8. 8. 1939, in: EKvW 2neu, Siegen 8, Bd. I, und Germann an EK v. 20. 12. 1938, in: EKvW 2neu, Krombach 8, Bd. I.
197 Steil an Strothmann v. 8. 7. 1938, in: Kgm. Müsen, I.3, S. 230.
198 Reiseberichte Hagemann v. 21. 5. u. 17. 10. 1940, in: EKvW 2neu, Siegen 8, Bd. I. Einen solchen Ortstermin gab es auch in Krombach, wo die Fronten äußerst verhärtet waren; vgl. die Vorgänge in: EKvW 2neu, Krombach 8, Bd. I und EZA 7/6480.

Ein erster Fall ereignete sich bereits im Frühjahr 1934. Die Größere Gemeindevertretung hatte Pfarrer Höfker aus Bochum-Hordel mit 53 gegen 40 Stimmen zum neuen Pfarrer gewählt. Der Kreisobmann der Deutschen Christen, Baum, hatte daraufhin Bischof Adler gebeten, die Wahl Höfkers nicht zu bestätigen[199], da über die Parteistellen der NSDAP die Information lanciert worden war, daß gegen Höfker ein Disziplinarverfahren wegen mehrerer Verstöße gegen Verordnungen des Reichsbischofs laufe. Außerdem habe Höfker durch seine Ablehnung der Deutschen Christen die Gemeindearbeit „zeitweise lahmgelegt".[200] Tatsächlich hatte diese Eingabe Erfolg, und die Wahl Höfkers wurde nicht bestätigt. Statt dessen wurde er „aus dienstlichen Gründen" nach Herringen versetzt. Die Größere Gemeindevertretung weigerte sich, diese Entscheidung einfach hinzunehmen, und forderte das Konsistorium auf, die Mißachtung des Gemeindevotums zu begründen.[201] Eine Antwort darauf ist nicht bekannt, es blieb jedenfalls bei der Ablehnung der Wahl Höfkers. Erst im Jahre 1947 kam er dann doch nach Siegen. Vorerst blieb die sechste Pfarrstelle in Siegen vakant, bis sie im Jahre 1935 von Pfarrer Vacheroth (bis dahin Rödgen) übernommen wurde.[202] Einige Jahre später war durch den mysteriösen Tod von Pfarrer Noa[203] die erste Pfarrstelle neu zu besetzen. Am 1. November 1938 übernahm dieses Amt Pfarrer Lic. Hermann Schlingensiepen, der vorher Direktor des Kirchlichen Auslandsseminars in Ilsenburg (Sachsen) gewesen war, bis es zwangsweise aufgelöst wurde.[204] Der Evangelische Oberkirchenrat wollte jedoch die Wahl Schlingensiepens nur dann bestätigen, wenn sich die Gemeinde bereit erklärte, außerdem einen DC-Hilfsprediger einzustellen.[205] Die Deutschen Christen hatten mehrfach um die Entsendung eines Hilfspredigers nachgesucht.[206] Damit sollte die Versorgung der Deutschen Christen sichergestellt werden, die nach dem Austritt von Pfarrer Dr. Schmidt aus der Bewegung keinen Pfarrer ihrer Richtung mehr in Siegen besaßen. Das Presbyterium lehnte dies jedoch unter Berufung auf das Selbstverwaltungsrecht der Gemeinde ab. Das Konsistorium entsandte dennoch den DC-Hilfsprediger Wollenweber nach Siegen, der dort im vierten Pfarrbezirk Quartier bezog und seine Arbeit für die Deutschen Christen aufnahm. Das

199 Baum an Adler v. 6. 3. 1934, in: EKvW 0.6, Nr. 9.
200 NSDAP-Gauleitung Wf.-Süd an NSDAP-Kreisleitung v. 27. 2. 1934 (Abschr.), in: EKvW 0.6, Nr. 9.
201 Beschluß der GG v. 12. 4. 1934 (Abschr.), in: EKvW 0.6, Nr. 9; darin hieß es: „Wenn also die Versetzung Pfarrer Höfkers aus Hordel aus irgend einem Grunde in dienstlichem Interesse lag, warum wurde er dann nicht der Gemeinde geschickt, die ihn gewählt hatte."
202 Einführung Vacheroths am 12. 5. 1935; vgl. Bauks, Pfarrer, Nr. 6428.
203 Vgl. Hörsch/Stötzel, Theodor Noa (1891–1938), Siegen 1991.
204 Danach hatte sich Schlingensiepen an „illegalen" theologischen Prüfungen der BK beteiligt und wurde deswegen verhört und zeitweilig inhaftiert (vgl. Rundbrief Heider v. 3. 8. 1939, in: KSA, E 9, Bd. XI; W. Niemöller, Bekennende Kirche in Westfalen, S. 282; Bauks, Pfarrer, Nr. 5438). Nach dem Krieg wurde Schlingensiepen Professor für Praktische Theologie in Bonn, später Professor und Ephorus an der Kirchlichen Hochschule Wuppertal.
205 Vgl. Bericht Gädeke, o. D., in: KSA, DadG; Vermerk des EK über Besprechung v. 6. 9. 1938, in: EZA 7/6662, S. 333.
206 Eggers an EO v. 8. 2. 1938 u. 23. 3. 1938 sowie DC-Kreisgruppe an EO v. 25. 3. 1938, in: EZA 7/6662; S. 288 f. 292.

216

Presbyterium reichte nun ein Gutachten des Wuppertaler Rechtsanwaltes Dr. Mensing ein, in dem dieser nachzuweisen versuchte, daß einer Gemeinde nicht gegen ihren Willen ein Hilfsprediger aufgenötigt werden könne.[207] Das Konsistorium wies das Gutachten jedoch zurück und drohte, einen Finanzbevollmächtigten einzusetzen, wenn die Gemeinde sich weigere, die Auszahlung des Hilfspredigergehaltes für Wollenweber anzuweisen.[208] Das Presbyterium entschloß sich daraufhin „unter Zurückstellung schwerster Bedenken", das Gehalt des Hilfspredigers zu zahlen. Es weigerte sich allerdings, den DC-Hilfsprediger in den Predigtturnus einzureihen.[209] Die Gottesdienste für die Deutschen Christen fanden daher im Hotel „Kaisergarten", das der Kirchengemeinde gehörte, statt. Ostern 1939 hielt Wollenweber dennoch einen Gottesdienst in der Nikolaikirche, nachdem die Öffnung der Kirche vom Evangelischen Oberkirchenrat angeordnet worden war. Darüber hinaus betrieben die Deutschen Christen mit Unterstützung ihrer Landesleitung die Errichtung einer siebten Pfarrstelle in Siegen, die mit einem Pfarrer ihrer Richtung besetzt werden sollte. Bis dahin sollte Wollenweber mit der Verwaltung betreut werden.[210]

Die offizielle Einreihung von DC-Hilfsprediger Wollenweber in den Predigtturnus blieb ebenso aus wie die Bestätigung der Wahl von Lic. Schlingensiepen. Da das Presbyterium noch keine Dienstanweisung für Wollenweber ausgefertigt hatte, sah die Kirchenbehörde die Angelegenheit nicht als geklärt an. Außerdem war Wollenweber in der Zwischenzeit zur Wehrmacht eingezogen worden.[211] Für ihn kam vertretungsweise der Auslandspfarrer Hünemörder nach Siegen, der sich ebenfalls für die Belange der Deutschen Christen einsetzte. In einem Brief an den Reichskirchenminister forderte er gemeinsam mit Pfarrer Eggers (Weidenau) die volle Gleichberechtigung und die Erfüllung der deutsch-christlichen Wünsche nach Einreihung in den Predigtturnus, die Bereitstellung des Gemeindehauses und die Besetzung einer neu zu errichtenden siebten Pfarrstelle mit einem Prediger ihrer Richtung.[212] Die Bekenntnisgemeinde war jedoch ihrerseits bestrebt, die siebte Pfarrstelle mit Pfarrer Romberg zu besetzen, der bereits seit Februar 1937 ohne amtlichen Auftrag in Siegen wirkte, nachdem er aus kirchenpolitischen Gründen aus Hessen ausgewiesen worden war.[213] Ein Gemeindeglied setzte sich in einem Brief an den „Pg. Kerrl" für Pfarrer

207 In: KSA, Kirchenvertretung Siegen.
208 Vgl. Bericht Gädeke, ebd.
209 Vgl. Heider an EO v. 21. 4. 1939, in: EZA 7/6662.
210 Baum an EO v. 29. 3. 1939, in: EZA 7/6662. Darin hieß es: „Wenn das nationalsozialistische Kirchenvolk Siegens nicht weiter beunruhigt werden soll, so ist rasches Eingreifen der Behörde notwendig und wir hoffen, daß Sie unserem gerechten Wunsch entsprechen werden."
211 Vgl. EK an EO v. 25. 5. 1939, in: EZA 7/6662.
212 Eggers u. Hünemörder an Kerrl v. 29. 1. 1940, in: BA Potsdam, RKM Nr. 22390, S. 297 f.
213 Romberg war bereits von 1916 bis 1927 Pfarrer in Deuz und Krombach gewesen, hielt sich nun bei seiner Schwester in Siegen auf; vgl. EK an EO v. 25. 5. 1939, in: EZA 7/6662. Zu den Vorgängen in Dotzheim vgl. Volker Fabricius, Pfarrer Romberg und der Kampf der Bekennenden Kirche in Dotzheim (= Schriften des Heimat- und Verschönerungsvereins Dotzheim e.V. 13), Wiesbaden-Dotzheim 1988.

Romberg ein.[214] Das Reichskirchenministerium hatte jedoch bereits zu verstehen gegeben, daß die Besetzung einer weiteren Pfarrstelle mit einem Bekenntnispfarrer, der dazu noch aus Hessen ausgewiesen war, „völlig untragbar"[215] sei. Am 15. Mai 1940 reiste Konsistorialrat Hagemann nach Siegen, um mit Vertretern der beiden Gruppierungen über die verzwickte Lage zu verhandeln. Hagemann bekräftigte die Absicht der Kirchenbehörde, die nächste Pfarrstelle mit einem Deutschen Christen zu besetzen, und kündigte an, die Einreihung des DC-Predigers in den Predigtturnus durch das Konsistorium zu verfügen, falls das Presbyterium einen entsprechenden Beschluß verweigere.[216] Dies geschah unter dem 31. Mai 1940.[217] Das Presbyterium mußte sich dieser Anordnung beugen, um der angedrohten Zwangsauflösung zu entgehen, mißbilligte aber in einer Erklärung die Entscheidung der Kirchenbehörde.[218] Mit der getroffenen Maßnahme sah das Konsistorium die Hauptforderung der Siegener Deutschen Christen als erfüllt an. Der Evangelische Oberkirchenrat ermächtigte daher das Konsistorium, die Bestätigung Schlingensiepens endlich auszusprechen.[219] Am 14. Oktober 1940 reiste Konsistorialrat Hagemann jedoch erneut nach Siegen, da es bei der Ausstellung der Dienstanweisung für den DC-Hilfsprediger zu Unstimmigkeiten gekommen war. Die vom Presbyterium angefertigte Dienstanweisung sah nämlich vor, die Tätigkeit des DC-Hilfspredigers auf die DC-Mitglieder zu beschränken.[220] Außerdem war der Hilfsprediger gehalten, eine genaue Liste der eingeschriebenen DC-Mitglieder zu erstellen und diese monatlich zu korrigieren. Damit sollte angeblich eine „Doppelbetreuung" der Gemeindeglieder verhindert werden. Hagemann sah in diesen Bestimmungen der Dienstanweisung eine „untragbare Begrenzung" für die Tätigkeit des DC-Hilfspredigers. Gleichzeitig stellte sich aber das Problem, wie diese Tätigkeit gegenüber den Bezirkspfarrern abzugrenzen sei. Hagemann erwog in seinem Bericht daher die Möglichkeit, mit der Ausfertigung der Dienstanweisung zu warten, bis dem Hilfsprediger ein Gemeindeteil zur Betreuung zugewiesen werden könne.[221] Das Konsistorium sah in der Bildung einer kirchenpolitisch bestimmten Personalgemeinde eine Gefahr, weil dies die kirchenpolitischen Gegensätze verfestigt und letztlich die Aufspaltung der Gemeinde bewirkt hätte. Es beabsichtigte daher, Wollenweber in ein ordentliches Bezirkspfarramt zu berufen.[222] Diese Möglichkeit bot sich schon bald, als mit dem Tod von Pfarrer Röhrig am 11. Januar 1941 die

214 E. an Kerrl v. 7. 4. 1940, in: BA Potsdam, RKM Nr. 22390, S. 292 f.
215 RKM an EO v. 25. 7. 1939 (Abschr.), in: EZA 7/6662.
216 Vgl. Reisebericht Hagemann v. 21. 5. 1940, in: EKvW 2neu, Siegen 8, Bd. I.
217 Vgl. EK an EO v. 9. 7. 1940, in: EZA 7/6662.
218 Zit. in: EK an EO v. 9. 7. 1940, in: EZA 7/6662; vgl. BA Potsdam, RKM Nr. 22390, S. 294 f.
219 EO an EK v. 5. 8. 1940 (Abschr.), in: EZA 7/6662.
220 Darin hieß es: „Amtshandlungen bei anderen als eingeschriebenen Mitgliedern der D.C. innerhalb unserer Gemeinde dürfen nur ausnahmsweise in besonderen Fällen nach Rücksprache mit den Bezirkspfarrern vorgenommen werden." Abschr. der Dienstanweisung v. 25. 7. 1940, in: EKvW 2neu, Siegen 8, Bd. I.
221 Bericht Hagemann v. 17. 10. 1940, in: EKvW 2neu, Siegen 8, Bd. I.
222 EO an EK (Abschr. an RKM v. 27. 2. 1943), in: BA Potsdam, RKM Nr. 22390, S. 307.

vierte Pfarrstelle vakant wurde. Nun begann sofort das Tauziehen um die Wiederbesetzung dieser Pfarrstelle. Die Bekenntnisgemeinde wollte Pfarrer Romberg auf diese Stelle wählen, während die Deutschen Christen sie für ihren Kandidaten Wollenweber beanspruchten. Die Bekenntnisgemeinde erhielt in der sich über längere Zeit erstreckenden Auseinandersetzung Unterstützung von prominenter Seite, nämlich durch den früheren reformierten Kirchenminister Otto Weber, der nun Professor für reformierte Theologie in Göttingen war. Weber sprach sich in einem Brief an das Reichskirchenministerium für das freie Wahlrecht einer reformierten Gemeinde bei der Besetzung einer Pfarrstelle aus.[223] Eine Lösung des Konfliktes schien sich durch die ebenfalls freiwerdende zweite Pfarrstelle anzubieten, da ihr früherer Inhaber, Superintendent Heider, im Oktober 1942 in den Ruhestand trat. Nunmehr hätten zur Zufriedenheit beider Parteien die Pfarrstellen mit je einem Vertreter der Parteien besetzt werden können. Das Presbyterium sah jedoch keinen Anlaß, den Deutschen Christen eine Pfarrstelle einzuräumen, da es bereits mit der Einrichtung einer DC-Hilfspredigerstelle die seelsorgerliche Betreuung der Deutschen Christen gewährleistet sah. Es äußerte gegenüber dem Konsistorium den Wunsch, Pfarrer Romberg nunmehr auf die zweite Pfarrstelle zu wählen, und forderte für die Besetzung der vierten Pfarrstelle ebenfalls das freie Wahlrecht. Dem widersprach natürlich das an dem Ausgleich der kirchenpolitischen Spannungen interessierte Konsistorium. Schon die Person Rombergs werfe Bedenken auf, „zumal Romberg aus Hessen ausgewiesen ist und die nicht geringe Zahl der Pfarrer im Siegerland vermehrt, die kirchenpolitisch belastet sind"[224]. Das Konsistorium war aber bereit, Romberg zu akzeptieren, „wenn durch die Besetzung der 4. Pfarrstelle durch Wollenweber als DC-Pfarrer der Einbau der DC in die Gemeinde Siegen in vollem Umfang erfolgt wäre"[225]. Von der ursprünglich anvisierten Errichtung einer siebten Pfarrstelle war inzwischen wegen des kriegsbedingten Personalmangels abgesehen worden.

Am 24. März 1943 ging in Siegen die Verfügung über die Besetzung der vierten Pfarrstelle mit Wollenweber ein; sie wurde vom Presbyterium „mit lebhaftem Befremden"[226] aufgenommen. Mit dem Versuch, einer Gemeinde einen Amtsträger aufzuzwingen, der von der überwältigenden Mehrheit dieser Gemeinde abgelehnt werde, sei ein „Grundsatz der gesamten Reformation" verletzt. Das Presbyterium weigerte sich, die geforderten Unterlagen beizubringen oder irgendwelche Maßnahmen zur geplanten Einführung von Wollenweber zu unterstützen.[227] Beim Konsistorium gingen 262 Einsprüche von Gemeindegliedern ein, davon 101 aus Trupbach als dem von der Pfarrwahl betroffenen vierten Pfarrbezirk.[228] Nachdem der Evangelische

223 Weber an RKM (Haugg) v. 19. 6. 1942, in: BA Potsdam, RKM Nr. 22390, S. 305 f.
224 EK an EO v. 12. 10. 1942, in: EZA 7/6663.
225 Ebd.
226 Kgm. Siegen, Protokollbuch des Presb. v. 30. 3. 1943.
227 Ebd.
228 EK an EO v. 4. 5. 1943, in: EZA 7/6663.

Oberkirchenrat die Einsprüche abgewiesen hatte, wurde die Pfarrstelle zum 1. Juli 1943 mit Pastor Wollenweber besetzt.[229] Das Presbyterium protestierte erneut[230] und beschloß, eine eigene Pfarrwahl vorzunehmen.[231] Der designierte Superintendent der Kreissynode, Achenbach, hatte sich bereit erklärt, die Wahl durchzuführen, obwohl er damit seine eigene Ernennung gefährdete. In einem Schreiben forderte er die übrigen Presbyterien des Siegerlandes auf, die Haltung der Kirchengemeinde Siegen durch Eingaben an das Konsistorium zu unterstützen.[232] Zahlreiche Presbyterien folgten dieser Aufforderung.[233] Die Presbyter in Niederschelden empfanden das Vorgehen der Kirchenbehörde als „schallende Ohrfeige" und sahen darin eine „Bedrohung unserer heiligsten Pflichten"[234]. Das Presbyterium der Kirchengemeinde Hilchenbach führte folgendes aus:

„Bedeutet die Entziehung des Wahlrechts schon an sich für jede Kirchengemeinde ein bedenkliches Experiment, so für unsere vom Pietismus u. z. einem neben und nicht in der Kirche groß und reif gewordenen Pietismus erst recht. Was diese kirchliche Lage ganz allgemein angeht, so konnte einst gegenüber den Freikirchen der verstorbene, auch über das Siegerland weit hinaus in hohem Ansehen stehende Freudenberger Kirchmeister D. Walt. Alfr. Siebel immer wieder darauf hinweisen, daß der Siegerländer Pietismus stets bei der Kirchenbehörde, sonderlich in Münster, ein offenes Ohr für seine Wünsche und ein Verstehen für seine Eigenart gefunden habe. Dies Vertrauen bedeutete ihm und bis auf den heutigen Tag dem Siegerland etwas. Es muß aber zunichte werden, wenn mit der Entziehung des Wahlrechtes unseren Gemeinden klar demonstriert wird, daß man sie nicht mehr als mündig zu behandeln gedenkt. Dann aber würden – das muß man wissen – hierzulande die Wetterzeichen auf Sturm stehen. Meinten unsere Siegerländer Gemeinschaften – um von unseren Kirchengemeinden und ihren Rechten ganz zu schweigen – früher, jedem Versuche einer Verkirchlichung schon widerstehen zu sollen, so werden sie noch viel weniger eine mit der Entziehung des Wahlrechts unzweideutig ausgesprochene Entmündigung ertragen. [...]
Noch auf ein anderes sei hingewiesen: Das Siegerland hat in den letzten Jahren der Kirche eine auffallend große Anzahl von Theologen geschenkt. Und Berlin sah sich, bald nachdem die Früchte des letzten Kirchenkampfes offenbar wurden, gezwungen, um theologischen Nachwuchs zu werben. Will man erst einmal solch östliche [!] Methoden in unserer heimatlichen Kirche einführen, so wird man nur allzubald einsehen, wie tödlich damit das Vertrauen zur Kirche getroffen wird, das glücklicherweise in den letzten Jahrzehnten bei uns gewachsen war."[235]

So führten die Vorgänge um die Besetzung der vierten Pfarrstelle in Siegen noch einmal zu einem geschlossenen Auftreten der reformierten Gemeinden des Siegerlandes, die gegenüber der Kirchenbehörde ihre kirchliche Selb-

---

229 EK an EO, o. D. (Eingangsvermerk v. 15. 7. 1943), in: EZA 7/6663.
230 Kgm. Siegen, Protokollbuch des Presb. v. 25. 8. 1943. Dort wurde die Entscheidung der Behörde folgendermaßen kommentiert: „Man kann sich des Eindrucks nicht erwehren, als würden wir wie unmündige Kinder behandelt, die nicht wüßten, was zum Wohl der Gemeinde dient, als lebten wir unter mittelalterlich-fürstlichem Patronat mit dem Motto: cuius regio, eius religio." Sogar ein Ausscheiden aus der EKdAPU wurde erwogen.
231 In dieser Abstimmung wurde Hilfsprediger Alfred Steup gewählt; vgl. EK an Presb. Hilchenbach v. 30. 3. 1944, in: Kgm. Hilchenbach, 1/22.
232 Rundschr. Achenbach v. 15. 9. 1943, in: Kgm. Hilchenbach, 1/22.
233 S. jeweils Protokollbuch des Presb.: Kgm. Burbach 20. 9. 1943, Eiserfeld 27. 11. 1943, Ferndorf 20. 10. 1943, Freudenberg 11. 9. 1943, Müsen 3. 11. 1943, Neunkirchen 18. 10. 1943, Niederschelden 22. 9. 1943.
234 Kgm. Niederschelden, Protokollbuch des Presb. v. 22. 9. 1943.
235 Presb. Hilchenbach an Achenbach v. 1. 10. 1943 (Abschr.), in: Kgm. Hilchenbach, 1/22.

ständigkeit mit großer Beharrlichkeit einforderten. In den Auseinandersetzungen um die Besetzung von Pfarrstellen in der Kirchengemeinde Siegen, die sich über Jahre hinzogen, hatten die dortigen Presbyter und Pfarrer und die mit ihnen verbündeten Gemeinden des Siegerlandes zum Leidwesen der Kirchenbehörde wieder einmal bewiesen, daß sie von ihrer kirchlichen Eigenständigkeit nicht eine Handbreit aufzugeben bereit waren. So endeten die Auseinandersetzungen in Siegen zum Teil erst nach Kriegsende. Pfarrer Romberg wurde am 10. Dezember 1944 in die zweite Pfarrstelle der Kirchengemeinde Siegen eingeführt.[236] Alfred Steup übernahm 1947 offiziell die vierte Pfarrstelle. Ernst Wollenweber verließ das Siegerland und übernahm eine Pfarrstelle in Westhofen.[237]

5.5 Die Lage der Gemeinschaftsbewegung

Die Siegerländer Gemeinschaften waren bemüht gewesen, ihre Arbeit unauffällig und unberührt von politischen und kirchenpolitischen Entwicklungen weiterzuführen. Abgesehen von der Eingliederung der Jugend und einem zeitweisen Verbot der Siegerländer Posaunenvereinigung[238] gelang dies auch. Erst als die Gestapo eine Außendienststelle in Siegen einrichtete, meinte W. A. Siebel: „Jetzt hat man uns entdeckt."[239] Aufgabe des neuen Büros sei es nämlich, „die ‚Reactionsnester' der Secten auszuräuchern". Dies sei jedoch nicht so einfach, weil man wisse, welch starker Teil der Bevölkerung davon betroffen würde, und zwar „gerade der Teil, der sehr patriotisch eingestellt ist"[240]. Vorläufig beschränke man sich aber auf die Erstellung einer Kartothek.[241]

Eine weitaus größere Gefahr für den Bestand der Gemeinschaften ergab sich durch den Vorstoß des Staates zur Besteuerung der auf die Firma Michel & Co. eingetragenen Gemeinschaftshäuser. Da die Gemeinschaften keine Körperschaften des öffentlichen Rechts waren, wurden sie zur Grundsteuer veranlagt.[242] Aus diesem Grund verabschiedete der Verein für Reisepredigt im Jahre 1939 eine Satzungsänderung, mit der der Status der Gemeinnützigkeit erreicht werden sollte. Außerdem gingen einige Gemein-

---

236 Bauks, Pfarrer, Nr. 5154.
237 Ebd. Nr. 7098.
238 Das Verbot wurde nach kurzer Zeit „unter Berücksichtigung der besonderen Verhältnisse im Siegerland" wieder aufgehoben; vgl. Gestapa (Berlin) an O. Fick (Weidenau) v. 30. 1. 1936 (Abschr.), in: KSA, E 9, Bd. XIII.
239 Siebel an Michaelis v. 10. 4. 1937, in: GV, Nachlaß Michaelis, Briefe „S".
240 Ebd.
241 Bereits im Jahre 1935 war auf Veranlassung der Gestapo in Dortmund eine Sichtung der Gemeinschaften und Freikirchen durchgeführt worden. Eine Liste ist noch in der Gemeinde Wilnsdorf erhalten. Allen Vorständen der Gemeinschaften wurde „politische Zuverlässigkeit" bescheinigt; Amt Wilnsdorf, Nr. 2.00.18.05.06 B 451.
242 Vgl. Rüppel, Gemeinschaftsbewegung, S. 232.

schaftshäuser wieder in das Eigentum der örtlichen Gemeinschaften über.[243] Im übrigen besaßen die Gemeinschaften durchaus das Wohlwollen von Partei und Regierung. Siebel schrieb im Jahre 1938, man genieße im Kreis und im Regierungsbezirk *„volles Verständnis* u. Hilfe" bei beiden Instanzen. Man werde „völlig in Ruhe gelassen u. beschützt", so daß man mehr Freiheit habe als in früheren Jahren.[244] Die Auflösung des Pfingsttreffens der Ev. Jungmännerbünde 1938 in Siegen[245] wurde auf die Unkenntnis Berliner Instanzen zurückgeführt. Der Regierungspräsident bedauerte im nachhinein diesen „Fehler" und sagte den Gemeinschaften seine Unterstützung zu.[246] Auf der Generalversammlung am 26. 2. 1939 wurde festgestellt, daß die Arbeit noch ungestört weitergehe.[247] Gleiches berichtete Jakob Schmitt, nunmehr Präses im Verein für Reisepredigt, im Jahre 1942.[248] Dies war durchaus nicht selbstverständlich, da andere christliche Denominationen, wie z. B. die Darbysten, die im Siegerland große Gemeinden besaßen, bereits verboten waren.[249] Erst im Jahre 1943 begann sich die Gestapo näher für die Gemeinschaften zu interessieren. Es kam zu insgesamt vier Besprechungen zwischen Vertretern der Gestapo und den Gemeinschaften. Dabei ging es um die Arbeit der Vereine und um die äußere Form der Gemeinschaften. Die Gestapo forderte eine straffere Organisation mit eingetragenen Mitgliedern und festen Jahresbeiträgen. In die innere Arbeit wollte man sich nicht einmischen. Sogar die Erhebung von Kollekten, die eigentlich nur den Kirchen erlaubt war, wurde den Gemeinschaften zugestanden. „Im übrigen", so Schmitt, „geht die Arbeit in der seitherigen Weise weiter."[250]

Auch im Verhältnis zur Landeskirche änderte sich wenig. Die Entwicklung innerhalb der Bekennenden Kirche hin zu einer Spaltung schien die Entscheidung zur organisatorischen Eigenständigkeit zu bestätigen. Auch als die staatliche Gesetzgebung die Gemeinschaften bedrängte, wurde daher an der Unabhängigkeit festgehalten. W. A. Siebel sagte auf der Pfingstkonferenz des Gnadauer Verbandes im Jahre 1937:

„Wenn die Gemeinschaftsmitglieder die Gottesdienste der BK nicht besucht hätten, dann wären die Kirchen leer gewesen. Die Frage ist nur, ob wir uns ihr organisatorisch anschließen oder nicht. Anschluß wäre Ruin. Dazu ist mir das Gefäß zu schade, dabei steht noch in Frage, ob die Entwicklung der BK zu Ende ist."[251]

Damit versuchten die Gemeinschaften, ihre schwierige Gratwanderung zwischen organisatorischer Unabhängigkeit und staatlicher Duldung weiterzugehen. Die Kirchengemeinden des Siegerlandes konnten damit leben,

---

243 GeVerb, Protokollbuch v. 3. 12. 1939 u. 17. 2. 1940.
244 Siebel an Michaelis v. 22. 10. 1938, in: GV, Nachlaß Michaelis, Briefe „S".
245 Siehe oben S. 201.
246 Vgl. Siebel an Michaelis v. 18. 6. 1938, in: GV, Nachlaß Michaelis, Briefe „S".
247 GeVerb, Protokollbuch v. 26. 2. 1939.
248 Schmitt an Michaelis v. 19. 6. 1942, in: GV, Nachlaß Michaelis (Akte ohne Bez.).
249 W. A. Siebel berichtete darüber am 2. 5., 29. 7. u. 9. 11. 1937, in: GV, Nachlaß Michaelis, Briefe „S".
250 Schmitt an Michaelis v. 1. 8. 1943, in: GV, Nachlaß Michaelis, Briefe „SCH".
251 Übertragung der stenographischen Niederschrift der Vorträge der Pfingstkonferenz 1937, in: GV, Vorstandssitzungen von 1937–1940.

kannten sie doch die Gemeinschaftschristen als wichtigen Teil ihrer eigenen Basis. Die Verbundenheit von Kirche und Gemeinschaft war ein wesentlicher Grund für die kirchenpolitische Homogenität des Siegener Kirchenkreises in der NS-Zeit.

Zu einer gewissen Krise kam es allerdings im Herbst 1937, als der Vorstand des Vereins für Reisepredigt das Vordringen „gemeinschaftsfeindlicher Pastoren" zu bemerken glaubte.[252] Hintergrund dieser Feststellung war offenbar eine Tagung im Haus „Hohegrete" (bei Au an der Sieg) Ende September 1937, die von der Gemeinschaftsbewegung nahestehenden Pastoren veranstaltet worden war. Dort waren Thesen eines Pfarrers aus dem Oberbergischen diskutiert worden, in denen die Vereinigung der Gemeinschaftsbewegung mit der Bekennenden Kirche gefordert wurde. Die Gemeinschaftsbewegung solle ihre freie Organisation aufgeben und den alten Christliebschen Grundsatz fallenlassen zugunsten des Satzes: „In der Kirche, mit der Kirche, für die Kirche"[253]! Solche Thesen stießen natürlich in den Siegerländer Gemeinschaftskreisen auf wenig Gegenliebe. W. A. Siebel machte aus seinem Zorn über diese Vorgänge keinen Hehl („Schwärmer", „blutjunge Utopisten"). Er sah darin eine Bestätigung dessen, „was wir in unserem Kreis längst wahrgenommen haben"[254]. Auch Jakob Schmitt, seit Juli 1937 Präses im Verein für Reisepredigt, zeigte sich fassungslos über die Thesen, die ihm von Pfarrer Dr. Müller zugesandt worden waren.[255] Von einer Stellungnahme im „Evangelisten" wollte Schmitt jedoch absehen, um nicht den Gegnern der Bekennenden Kirche in die Hände zu spielen. Intern sorgte die Angelegenheit jedoch noch für einigen Wirbel. W. A. Siebel sah sich veranlaßt, den lippischen Landessuperintendenten, Prof. Lic. W. Neuser, um einen Vortrag über die Erweckungsbewegung im Siegerland, ihren Verlauf und ihr geschichtliches Recht zu bitten.[256] Interessanterweise fällt der Rücktritt Pfarrer Dr. Müllers vom Amt des Bruderratsvorsitzenden in diese Zeit hinein.[257] Als Gründe für diesen Schritt nannte Müller neben gesundheitlichen Beschwerden die Rücksicht auf seine Gemeinde, der er die Belastungen durch seine Tätigkeit nicht mehr zumuten zu können glaubte.[258] Pfarrer Barth aus Oberfischbach vermutete indes ganz andere Gründe hinter Müllers Rücktrittsabsichten: „Ich sehe wohl sicher richtig, wenn ich als Hauptgrund Deiner Absicht die theologische Discrepanz zwischen Dir und mir vermute."[259] Diese Diskrepanz bezog sich auf die unterschiedliche Wertung des Pietismus, dem Müller nahestand, der von Barth jedoch scharf

252 GeVerb, Protokollbuch v. 23. 10. 1937.
253 Abschr. der Thesen von Pfr. Dr. Wieter (Odenspiel), in: KSA, E 9, Bd. XV.
254 Siebel an Michaelis v. 9. 11. 1937, in: GV, Nachlaß Michaelis, Briefe „S".
255 Schmitt an Müller v. 4. 12. 1937, in: KSA, E 9, Bd. XV: „Daß wir die Dinge grundsätzlich u. praktisch anders ansehen, daß wir unseren alten Kurs weitersteuern — weil darin unser Leben liegt — das ist selbstverständlich."
256 W. Neuser, Die Erweckungsbewegung im Siegerlande (= Nach Gottes Wort reformiert 8), Neukirchen 1953. Der Vortrag fand am 21. April 1938 statt; vgl. Neuser, D. Walther Alfred Siebel, S. 283.
257 Müller an Vethake v. 23. 3. 1938, in: Kgm. Ferndorf, D 9.
258 Müller an Lücking v. 7. 4. 1938 (Abschr.), in: KSA, E 9, Bd. XV.
259 Barth an Müller v. 6. 4. 1938, in: KSA, E 9, Bd. XV.

kritisiert wurde. Barth erläuterte anhand der Themen Bekehrung und Heiligung noch einmal seine grundsätzliche Ablehnung des Pietismus, bei dem er das reformatorische „solus Christus" gefährdet sah. Barth betonte jedoch, daß seine theologische Haltung keine persönliche Animosität gegenüber Müller beinhalte. Der Dissensus sei daher „kein Grund, eine so große und notwendige Sache wie die B.K., über deren Notwendigkeit doch gerade Du uns zuerst die Augen geöffnet hast, zu verlassen oder sich irgendwie aus ihr zurückzuziehen"[260].

Es ist schwierig, die Bedeutung dieser theologischen Differenzen für Müllers Entschluß, den Vorsitz im Bruderrat niederzulegen, zu gewichten. Denn mit der angesprochenen Problematik war nicht nur eine persönliche Auseinandersetzung zwischen Müller und Barth, sondern ein Grundkonflikt des Protestantismus im Siegerland schlechthin angesprochen: das Nebeneinander von pietistischen Gemeinschaften und evangelischer Landeskirche. Der Konflikt zwischen Anhängern und Gegnern des Pietismus war in der evangelischen Kirche des Siegerlandes latent stets vorhanden und hin und wieder auf den Pfarrkonferenzen aufgebrochen (Barth sprach in seinem Brief einen konkreten Vorfall an). In der ersten Phase des Kirchenkampfes war dieser Gegensatz durch die Abwehr des gemeinsamen Gegners, die Deutschen Christen, überdeckt worden. Nun, nachdem dieser Gegner keine Rolle mehr spielte, wurden die inneren Brüche wieder sichtbar. Von einer echten inneren Zerreißprobe zwischen Kirche und Gemeinschaft ist jedoch in den zeitgenössischen Zeugnissen keine Rede, allenfalls von atmosphärischen Störungen.[261] Es ist daher nicht anzunehmen, daß dieser Konflikt ursächlich war für Müllers Entscheidung, möglicherweise aber ein Auslöser. Auch W. A. Siebel äußerte die Vermutung, Müller habe „anscheinend mit d. Barthianern nicht mehr Schritt halten"[262] können. Letztere wurden von ihm als Protagonisten einer geplanten Einverleibung der Gemeinschaftsbewegung in die Kirche ausgemacht. Pfarrer Barth (Oberfischbach) hatte bereits 1935 in einem Artikel die Väter der Erweckungsbewegung im Siegerland, Tillmann Siebel und Jakob Gustav Siebel d. Ä., als „Vorläufer" der Bekennenden Kirche bezeichnet.[263] Was lag also näher, als die Bekennende Kirche als Nachfolgerin der Erweckungsbewegung zu sehen!

Das Verhältnis der Gemeinschaftsbewegung zu Karl Barth war stets ein ambivalentes gewesen.[264] Barth hatte in der ersten Auflage seines „Römerbriefs" dem Pietismus ein eigenes Kapitel gewidmet und teils scharfe Kritik

---

260 Ebd.
261 Dafür spricht auch ein Brief Sup. Heiders an Barth. Anspielend auf die Auseinandersetzung während der Pfarrkonferenz, schrieb er: „Ich war bei dem Disput nicht mehr anwesend, hatte aber davon gehört u. freue mich sehr, daß Sie den Weg der Verständigung beschritten haben, u. wie ich annehmen darf, mit Erfolg. Es darf in der Tat nicht sein, daß die Bruderschaft an einem solchen Unterschied zerbricht." Heider an Barth v. 15. 4. 1938, in: Kgm. Oberfischbach, C 6.
262 Siebel an Michaelis v. 18. 6. 1938, in: GV, Nachlaß Michaelis, Briefe „S".
263 UdW Nr. 31 v. 4. 8. 1935.
264 Vgl. Eberhard Busch, Karl Barth und die Pietisten. Die Pietismuskritik des jungen Karl Barth und ihre Erwiderung (= Beiträge zur evangelischen Theologie 82), München 1978; Siegfried Lodewig, Der Pietismus im Spiegel seiner Kritiker, S. 193 ff.

an ihm geübt.[265] Erst im Laufe der Jahre kam Barth zu einer differenzierteren Würdigung des pietistischen Anliegens. In den Gemeinschaftskreisen wurde die Kritik zumeist als ungerechtfertigt empfunden; auf der anderen Seite würdigte man aber die bedeutenden Neuansätze in der Theologie Karl Barths, besonders innerhalb des reformierten Pietismus wie im Rheinland und dem Siegerland. Als Karl Barth im Jahre 1935 Deutschland verließ, wurde dies im „Evangelisten" bedauert, auch wenn man die Differenzen nicht verschwieg.[266]

Besonders zu den jungen und radikalen Schülern Barths in der Bekennenden Kirche war das Verhältnis gespannt. Im Frühjahr 1936 berichtete Pfarrer Dr. Müller, daß sich eine „neue Kluft zwischen Kirche und Gemeinschaft" aufzutun beginne, hervorgerufen „durch die Haltung einer Reihe von jungen Barthianern"[267]. Und Anfang 1939 schrieb W. A. Siebel an Michaelis:

„Die Barthianer, also die treibende Kraft in der rhein. u. südwestfälischen Bek. Kirche, haben kein Vertrauen bei uns. Sie sind – trotz feiner [?] Predigt – hintenherum unsere schlimmsten Gegner."[268]

Siebel war darüber enttäuscht, daß gerade junge reformierte Theologen, die mit der Hilfe der Gemeinschaftskreise ins Siegerland gekommen waren, theologisch gegen die Gemeinschaften arbeiteten. Wie er die Entwicklung im Siegerland während des vergangenen Jahrhunderts sah, beschrieb Siebel im Dezember 1940:

„Im Siegerland waren die Gemeinschaften seit ca. 100 Jahren die Träger des reformat., [?] reformiert pietistischen Gedankens. Die herrlichen Begriffsbestimmungen und Lehren des ‚Heidelberger Katechismus' wurden von ihnen gelehrt u. praktiziert. Mit solchem Erfolg, daß die kirchl. Organe nicht daran vorbeikommen […]. Je mehr die Gemeinschaften Einfluß bekamen in den Kirchenvorständen, desto mehr *reformierte* Pastoren wurden gewählt. Nun kam die Prof. Barthsche Bewegung in die Theologie, d. h. – bei aller Anerkennung Prof. Barths in anderen Dingen gegenüber links – die *Übertreibung* des confessionalistischen Elements u. des Kirchenbegriffs. Namentlich die ganz jungen Schüler Barths, z. T. ganz unreife Elemente, gefielen sich als Reformatoren gerade gegenüber den Wahrheiten, die der Pietismus betonte."[269]

Hier kamen wieder die Bruchlinien zum Vorschein, die im Verhältnis zwischen Kirche und Gemeinschaft latent stets vorhanden waren und durch den „Barthianismus" wieder virulent wurden. Zu einer echten Krise im Verhältnis zwischen Kirche und Gemeinschaft führten diese Differenzen aber nicht. Sie sind nicht zuletzt als Teil eines Generationenkonflikts zu verstehen. Siebel war bereits 73 Jahre alt und in einer anderen Zeit geprägt worden als die Schüler Barths. Seinen Rücktritt aus dem westfälischen Bruderrat verband er mit dem Hinweis, daß der Rat der Alten nicht mehr gehört

265 Karl Barth, Der Römerbrief, Bern 1919, S. 204–217. Die Hauptvorwürfe Barths gegenüber dem Pietismus waren: Individualismus und Gesetzlichkeit.
266 „Evangelist" Nr. 28 v. 24. 3. 1935.
267 Müller an Lücking v. 31. 3. 1936, in: EKvW 5.1, Nr. 851, Fasc. 2.
268 Siebel an Michaelis v. 8. 1. 1939, in: GV, Nachlaß Michaelis, Briefe „S".
269 Siebel an Michaelis v. 18. 12. 1940, in: GV, Nachlaß Michaelis, Briefe „S".

werde.[270] Siebel berichtete in dem zitierten Brief aber bereits von einem gewissen Einlenken bei jüngeren Barthianern. Kirchliche Kämpfe gebe es nicht mehr.[271] Auch Pfarrer Dr. Müller sah neue Gemeinsamkeiten zwischen Kirche und Gemeinschaft sich anbahnen.[272] In der Kriegszeit, die viele Beschränkungen mit sich brachte, begann man, näher zusammenzurücken.

Insgesamt ist festzuhalten, daß die Gemeinschaften von ihrer traditionellen Haltung zur Volkskirche auch im „Dritten Reich" nicht abgingen. Dem Grundsatz Christliebs gemäß versuchten sie, innerhalb der Kirche, aber ohne organisatorische Unterordnung, ihr volksmissionarisches Anliegen zu verwirklichen. Die gemeinsame Bedrohung durch die deutsch-christliche Irrlehre und die antichristliche Propaganda brachte jedoch ein neues Einvernehmen zwischen Kirche und Gemeinschaft, das auch bestehende Differenzen überbrückte und dem kirchlichen Leben im Siegerland ein stärkeres Gewicht in den Auseinandersetzungen mit dem NS-Staat verlieh.

---

270 Vgl. Siebel an D. Koch v. 16. 3. 1936 (Abschr.), in: KSA, E 9, Bd. XIII.
271 Siebel v. 18. 12. 1940.
272 Müller an Hesse v. 24. 1. 1941, in: EKvW 5.1, Nr. 824.

6. Der Weg junger Theologen in die Illegalität

Seit dem Jahre 1934 führte der westfälische Bruderrat in eigener Regie theologische Prüfungen durch, um den Nachwuchs an Theologen, die sich dem Weg der Bekennenden Kirche verpflichtet wußten, zu sichern.[1] Die Übernahme der geprüften Kandidaten in den landeskirchlichen Dienst wurde durch das Konsistorium großzügig gehandhabt. Mit dem Einsetzen der Kirchenausschüsse trat jedoch eine neue Entwicklung ein. Zwar konnten nach einer Entscheidung des Landeskirchenausschusses der Evangelischen Kirche der Altpreußischen Union die Prüfungen der Bekennenden Kirche auch offiziell anerkannt werden, sofern sie im allgemeinen den kirchenrechtlichen Bestimmungen entsprochen hatten.[2] Gleichzeitig wurden jedoch Bestimmungen erlassen, nach denen die Provinzialkirchenausschüsse fortan die Prüfungskommissionen bilden und die Konsistorien über die Zulassung der Kandidaten entscheiden sollten. Damit war die bisherige Prüfungspraxis der Bekennenden Kirche in Westfalen grundsätzlich in Frage gestellt. Die besonderen Entwicklungen in Westfalen bei der Bildung eines Provinzialkirchenausschusses verhinderten allerdings eine Neuordnung der Prüfungspraxis während der Tätigkeit der Kirchenausschüsse, so daß weiterhin die meisten Kandidaten vor der Kommission der Bekennenden Kirche ihre theologischen Prüfungen ablegten.[3] Mittlerweile war die Ausbildung des theologischen Nachwuchses der Bekennenden Kirche aber auch durch die repressiven Maßnahmen des NS-Staates bedroht. Als Himmler alle Ausbildungsstätten und Prüfungsämter der Bekennenden Kirche verbot, wurde auch die Ausbildungsarbeit der Bekennenden Kirche Westfalens in die Illegalität abgedrängt und dem Zugriff des staatlichen Machtapparates ausgesetzt. Verschärfend kam hinzu, daß nach dem Ende der Kirchenausschüsse der Evangelische Oberkirchenrat die Regie für das kirchliche Prüfungswesen an sich zog und provinzialkirchliche Sonderregelungen erschwerte.[4] Bezüglich der Anerkennung der vor einer nichtamtlichen (BK-)Kommission geprüften Theologen und Theologinnen wurde der Stichtag des 20. April 1936 festgelegt. Prüfungen, die vor diesem Stichtag abgelegt worden waren, konnten anerkannt werden. Kandidaten, die nach diesem Termin, aber vor dem 1. Oktober 1937 eine Prüfung absolviert hatten, mußten sich einer außerordentlichen Anerkennungsprüfung unterziehen. Nichtamtliche Prüfun-

---

1 Vgl. zu diesem Kapitel: Hey, Kirchenprovinz, S. 306 ff., und den Überblick über die Prüfungsfrage innerhalb der APU bei Meier III, S. 202–208. Außerdem: Hans Thimme, Die westfälische Bruderschaft der Hilfsprediger und Vikare im Kirchenkampf 1933–1945, in: JWKG 85 (1991), S. 287–346; Wolfgang Scherffig, „Junge Theologen im ‚Dritten Reich‘", Bd. 3 (1938–1945), Neukirchen-Vluyn 1994.
2 GDEK.B Nr. 36/1935, S. 131.
3 Hey, Kirchenprovinz, S. 311 f.
4 GDEK.B Nr. 2/1938, S. 12 f.

gen nach diesem Termin waren grundsätzlich illegal und mußten wiederholt werden.[5] Damit stand die Bekennende Kirche in Westfalen und besonders natürlich die Kandidaten, die von dieser Regelung betroffen waren, vor einer schwierigen Entscheidung. Eine Unterordnung unter die Bestimmungen der Kirchenbehörde hätte bedeutet, daß man den eigenen Anspruch auf Kirchenleitung in einem wesentlichen Punkt zurücknahm und den Eintritt in ein konsistoriales Prüfungsamt, in dem auch Prüfer der Deutschen Christen mitwirkten, akzeptierte. Im Gegenzug erhielt man für eine große Zahl der ja überwiegend der Bekennenden Kirche angehörenden Kandidaten in Westfalen legale Anstellungs- und Arbeitsbedingungen. Eine Ablehnung der neuen Bestimmungen und das Festhalten an der bisherigen Prüfungspraxis hätten bedeutet, daß die Prüfer dem staatlichen Terror ausgesetzt und die Kandidaten in eine rechtliche und wirtschaftliche Unsicherheit entlassen wurden.

Die Auseinandersetzung um diese Frage veränderte das Gesicht der Bekennenden Kirche in Westfalen und belastete auch das Verhältnis zum altpreußischen Bruderrat. In dieser Diskussion, die noch einmal grundsätzlich die Frage nach Zielen und Strategie des Kirchenkampfes aufwarf, schieden sich die Geister. Der westfälische Bruderrat hielt es angesichts der schwierigen Umstände für unumgänglich, bei zukünftigen Prüfungen mit dem Konsistorium zu kooperieren, lehnte jedoch eine außerordentliche Anerkennungsprüfung der bereits abgelegten BK-Prüfungen als untragbar ab.[6] Präses Koch versuchte daher, in Verhandlungen mit dem Oberkirchenrat die Anerkennung aller BK-Prüfungen pauschal zu erreichen. Als der Oberkirchenrat jedoch nicht von seiner Verfahrensordnung abrückte und nur in Teilfragen Zugeständnisse machte, sah Koch keine andere Möglichkeit mehr, als den Kandidaten den Weg der Legalisierung nach dem behördlich vorgeschriebenen Verfahren zu empfehlen. Dieser Alleingang brachte Koch jedoch in eine Opposition zu der Mehrheit des westfälischen Bruderrates, was letztlich dazu führte, daß Koch sein Amt im Bruderrat niederlegte und sich fortan ganz der Betreuung der „präsidialen" Prüflinge widmete.

Die 271 Kandidaten, deren Anträge auf Anerkennung der BK-Prüfungen vom Evangelischen Oberkirchenrat abgelehnt worden waren, mußten nun selbst über ihre Zukunft entscheiden. Auf einer Tagung der westfälischen Bruderschaft der Hilfsprediger und Vikare am 11. Januar 1939 in Hamm stellte sich die Mehrheit der Anwesenden auf die Seite Kochs.[7] Eine Minderheit von ca. 70 Hilfspredigern und Vikaren kam am 20. Januar erneut in Hamm zusammen, um mit Vertretern des Rates der APU, des rheinischen Rates und des westfälischen Bruderrates die Problematik noch einmal zu erörtern. Von ihnen schlossen sich zwei Tage später in Dreistiefenbach (Kreis Siegen) 36 Theologen und Theologinnen zusammen „zur Konferenz derer, die dem Rat des Präses nicht Folge leisten können, bevor nicht eine

5   GDEK.B Nr. 3/1938, S. 16 f.
6   Hey, Kirchenprovinz, S. 317.
7   Scherffig, Junge Theologen, Bd. III, S. 166–174.

gesamtkirchliche Entscheidung der altpreußischen Union vorliegt"[8]. Zur Leitung wurde ein Viererausschuß gebildet, dem auch der Siegerländer Hilfsprediger Adolf Schmidt (Dreistiefenbach, Kgm. Netphen) angehörte.[9] Schmidt hatte im Frühjahr 1937 sein zweites theologisches Examen vor der Prüfungskommission der Bekennenden Kirche abgelegt und hätte sich daher einer außerordentlichen Nachprüfung unterziehen müssen.[10] Die Tätigkeit Schmidts im Leitungsausschuß blieb auch der Gestapo nicht verborgen. Bei einem Verhör durch die Stapo-Außendienststelle in Siegen wurde ihm eröffnet, daß er jede weitere Tätigkeit im Viererausschuß zu unterlassen habe und daß ihm jede andere organisatorische Arbeit in Sachen Legalisierung untersagt sei.[11]

Der Siegerländer Bruderrat beriet in seiner Sitzung vom 25. Januar 1939 über die Lage der Hilfsprediger und Vikare. Die Einberufung einer Kreissynode wurde in Aussicht genommen, jedoch bis zu einer gesamtkirchlichen Entscheidung vertagt. Grundsätzlich hieß es:

„Muß die ganze Arbeit der BK. auf ein anderes Geleise geschoben werden bzw. das Steuer herumgeworfen werden, statt Kampf um Rechte u. Anerkennung Volksmission u. Evangelisation?"[12]

Die gesamtkirchliche Entscheidung ließ nicht lange auf sich warten, da bereits für Ende Januar 1939 eine Bekenntnissynode der EKdAPU in Berlin (sog. Epiphaniassynode) einberufen wurde. Die Synode stellte noch einmal die theologischen Grundlagen fest, welche als maßgeblich dafür angesehen wurden, daß die Organe der Bekennenden Kirche selbst die kirchenregimentlichen Aufgaben wahrnahmen. Die jungen Theologen wurden davor gewarnt, kirchenregimentliche Maßnahmen, die zur Berufung ins Predigtamt dienten, durch staatskirchliche Behörden an sich vollziehen zu lassen. Pfarrer und Gemeinden wurden zur Unterstützung der jungen Theologen in die Pflicht genommen.[13] Damit hatte die Synode, dem durch Präses Koch beschrittenen Sonderweg eine Absage erteilt und sich auf die Seite der „Renitenten" gestellt, die den Weg des Präses ablehnten. Viele Gemeinden, darunter einige aus der Siegener Synode, schlossen sich diesem Votum an und gaben Solidaritätskundgebungen für die renitenten Theologen ab.[14] Der Bruderrat der Kreisbekenntnissynode beschloß allerdings, von einer Synode abzusehen, da eine einheitliche Stellungnahme zur Lage der jungen Brüder

8 Viererausschuß (Schmidt) an wf. BR (Heuner) v. 22. 1. 1939 (Abschr.), in: EKvW 3.5, Nr. 2, Bd. I; Scherffig, Junge Theologen, Bd. III, S. 180. Die Zahl der Mitglieder, der „Renitenten", stieg noch. Bis zum Schluß blieben 53 Theologen dabei; vgl. van Randenborgh, Der Weg der „renitenten" Brüder, in: EKvW 5.1, Nr. 238, Fasc. I.
9 Ebd. Die anderen waren: Ulrich Dähne, Helmut Quarz und Hans-Heinrich Wolf.
10 EK an Schmidt v. 20. 12. 1938, in: PA A. Schmidt.
11 Protokoll der Vernehmung v. 22. 2. 1940 (Abschr.), in: PA A. Schmidt.
12 Protokoll über die Sitzung des BR v. 25. 1. 1939, in: KSA, E 9, Bd. XIX.
13 KJ 1933–1944, 2. Aufl., S. 270.
14 Vgl. jeweils im Protokollbuch des Presbyteriums: Burbach 27. 4. 1939, Eiserfeld 2. 3. 1939, Hilchenbach 4. 3. 1939, Müsen 2. 3. 1939, Oberfischbach 17. 3. 1939, Wilnsdorf 6. 3. 1939, Neunkirchen 6. 3. 1939.

in der Examensfrage nicht zu erzielen sei.[15] Unterstützung erhielten die Renitenten indes von führenden Persönlichkeiten der reformierten Kirche. D. Hesse schrieb an Adolf Schmidt:

„Nun wollen wir hoffen, daß die in Westfalen niedergesunkene Fahne der BK von irgend jemand aufgegriffen wird, nötigenfalls einfach von ihrem Viererrat der jüngeren Brüder. [...] Ich konnte und kann nur allen, die dem Rat von Koch gefolgt sind, die dringende Bitte aussprechen: widerruft! Denen aber, die nicht gefolgt sind, gilt der fröhliche Zuspruch im Glauben: Resister!"[16]

Hesse sprach am 4. Dezember 1939 auf der Pfarrkonferenz der Siegerländer Pfarrer und warb für den Weg der Renitenten. Die Konferenz verlief jedoch für ihn recht unbefriedigend, weil sie kein greifbares Ergebnis erzielte.[17] Pfarrer Buscher führte die „lendenlahme kirchl. Lage in W[estfalen]" auf den „Präses-Mythus" zurück, der bei vielen noch tief sitze. Buscher kündigte aber an, dem „schläfrigen" Bruderrat der Synode Arbeit verschaffen zu wollen.[18] Er forderte wenige Tage später im Auftrag des Presbyteriums der Kirchengemeinde Klafeld vom Kreisbruderrat eine klare Wegweisung bezüglich der Prüfungsfrage für die Siegener Synode. Das Vorgehen Kochs wurde vom Presbyterium als „ein Verlassen des ehedem von ihm von Schrift u. Bekenntnis her für richtig gehaltenen Weges von Barmen"[19] bezeichnet. Der Bruderrat sträubte sich allerdings, in dieser Frage ein Urteil abzugeben. Ein jeder der jungen Theologen müsse vor Gott und seinem Gewissen selbst entscheiden, ob er dem Rat des Präses folgen wolle oder nicht, so die Antwort des Bruderrates.[20] So blieb die Synode Siegen in dieser Frage unentschieden, versagte jedoch den renitenten Theologen nicht die Unterstützung.[21]

Die renitenten Theologen trafen sich am 8. März 1939 erneut in Hamm und richteten an den westfälischen Bruderrat die Bitte, weiterhin für Prüfungen, Ordinationen und Einweisungen sorgen zu wollen und die Gemeinden zur Aufnahme „illegaler" Hilfsprediger und Vikare zu bewegen.[22] Deren Situation wurde nun immer schwieriger, weil die Kirchenbehörde ihre Tätigkeit in den Gemeinden zu unterbinden suchte. Sie verbot den Kirchengemeinden, öffentliche Gelder für die Besoldung illegaler Theologen zu verwenden. Bereits gezahlte Beträge wurden zurückgefordert.[23] Die Gemeinden hielten sich an dieses Verbot, lehnten jedoch eine Rückzahlung

15 Protokoll über die Sitzung des BR v. 2. 2. 1939, in: KSA, E 9, Bd. XIX.
16 Hesse an Schmidt v. 1. 2. 1939 (Abschr.), in: EKvW 5.1, Nr. 824.
17 Hesse an Schlingensiepen v. 5. 12. 1939 (Abschr.) und Hesse an Jochums v. 5. 12. 1939 (Abschr.), in: EKvW 5.1, Nr. 824. Hesse sprach darin von einer „Lähmung der Intakten".
18 Buscher an Hesse v. 4. 12. 1939, in: EKvW 5.1, Nr. 824.
19 Presb. Klafeld (Buscher) an BR (Vethake) v. 26. 12. 1939, in: Kgm. Ferndorf, D 9.
20 BR (Vethake) an Buscher v. 10. 1. 1940 (Abschr.), in: Kgm. Ferndorf, D 9.
21 Nach Auskunft von Pastor i. R. Gossing (Detmold) verhielt sich die Synode gegenüber den Renitenten aber „in hervorragender Weise". Sie seien „völlig gleichberechtigt" behandelt und von „echter Solidarität" getragen worden.
22 Viererausschuß an wf. BR v. 10. 3. 1939 (Abschr.), in: EKvW 3.5, Nr. 2, Bd. I.
23 FA beim EK an Presb. Netphen v. 8. 3. 1939 (Abschr.), in: PA A. Schmidt; vgl. Kgm. Neunkirchen, Protokollbuch des Presb. v. 6. 3. 1939.

ab.[24] Die betroffenen Theologen wurden nun aus Mitteln der Bekennenden Kirche bezahlt.[25] Unterstützung erfuhren die Renitenten auch durch die Gründung einer sogenannten „Sozietät", in der sich Pfarrer, Hilfsprediger und Vikare unter der Leitung des Beauftragten des westfälischen Bruderrates für die renitenten Theologen, Lic. van Randenborgh, zusammenschlossen. In einer Denkschrift über die Aufgaben und Ziele der Sozietät wurde der Weg des Präses in der Prüfungsfrage als Lähmung im Kampf gegen das schriftwidrige Kirchenregiment angesehen und als Vernebelung der Tatsache, „daß heute um nichts anderes gekämpft wird als 1934"[26]. Ziel müsse es sein, die auf den großen Bekenntnissynoden ausgesprochenen Richtlinien über die unaufgebbaren Bekenntnisgrundlagen wieder zur Geltung zu bringen. Die Mitglieder der Sozietät unterzeichneten folgende Erklärung:

„Der Zusammenhang der B.K. Westfalens mit der BK. Altpreußens wird ernstlich gefährdet durch den Sonderweg, der in Westfalen vor allem in der Frage des theolog. Nachwuchses beschritten wird.
Wir wissen uns an den Weg gebunden, der durch die Synodalbeschlüsse der B.K., angefangen von Barmen 1934 bis hin zu der Altpreußischen Bekenntnissynode Ende Januar 1939 gekennzeichnet wird.
Wir wollen uns dafür einsetzen, daß der Weg der B.K. in Westfalen in Gemeinschaft mit der B.K. Altpreußens weiterbeschritten wird. Darum schließen wir uns zusammen zur Sozietät der B.K. in Westfalen."[27]

Aus dem Siegerland unterschrieben die Erklärung die Pfarrer Graffmann (Niederschelden), Jochums (Eiserfeld), Tersteegen (Neunkirchen), außerdem die renitenten Hilfsprediger Kopsch (Eisern), Pfisterer (Neunkirchen), Adolf Schmidt (Dreistiefenbach) und Gossing (Klafeld) sowie der renitente Vikar Erich Schmidt (Eiserfeld).[28] Zur Renitenz zählte außerdem noch Otto Adam (Niederndorf).[29] Im Siegerland gab es vier Vikare, die das vom Konsistorium vorgeschriebene Verfahren der außerordentlichen Anerkennungsprüfung bzw. Wiederholungsprüfungen durchschritten.[30]

---

24 Dem Hilfsprediger Schmidt (Dreistiefenbach) wurde eine Forderung von 900,- RM (für die Zeit vom 1. Juli 1938 bis 31. März 1939) präsentiert. Schmidt und das zuständige Presbyterium in Netphen erklärten, daß die Gelder kirchenordnungsgemäß für Schmidt als dem rechtmäßigen Prediger des Evangeliums gezahlt worden seien; Schmidt an Presb. Netphen v. 31. 1. 1940 (Abschr.), in: PA A. Schmidt, und Briefentwurf Pfr. Prange, ebd.; vgl. auch Kgm. Müsen, Protokollbuch des Presb. v. 4. 5. 1939.
25 Nach Auskünften von Pfr. i. R. A. Schmidt sowie Pfr. i. R. E. Schmidt kam der Kreisbruderrat der Synode Siegen für ihr Gehalt auf. Darüber hinaus gab es einen überregionalen Fond. Nach Auskunft von Pfr. i. R. Gossing kam die Bekenntnisgemeinde Klafeld durch Sammlung für seinen Unterhalt auf.
26 Denkschr. verm. von van Randenborgh, o. Dat., in: EKvW 5.1, Nr. 278, Fasc. 1.
27 In: EKvW 5.1, Nr. 278, Fasc. 1.
28 Unterschriftskarten ebd.
29 Liste des Theol. Ausbildungs- u. Prüfungsamtes der BK über die Renitenten (in: EKvW 0.4a, Nr. 6). Auch eine Liste aus dem Nachlaß P. Dähnes (EKvW 3.5, Nr. 2, Bd. 2) erwähnt Otto Adam neben den bereits Genannten. In einer Liste der Renitenten der Synode Siegen vom April 1940 fehlt Adam jedoch (vgl. Schmidt an Schmalenbach v. 10. 4. 1940, in: EKvW 3.5, Nr. 2, Bd. 2). Lic. van Randenborgh wiederum führt Adam in der Liste derjenigen, die bis zum Schluß in der Renitenz geblieben sind (vgl. van Randenborgh, Der Weg der „renitenten" Brüder). In dieser Liste fehlt Fritz Gossing, der sich 1943 wegen der finanziellen Belastung noch legalisieren ließ (Auskunft Pastor i. R. Gossing; KABl. Nr. 6/1943, S. 24).
30 Listen in: EKvW 0.4a, Nr. 1, und EKvW 0.4a, Nr. 6.

Trotz der Unterstützung, die den renitenten Theologen zuteil wurde, hatten in Westfalen bis zum August 1939 drei Theologen dem Druck nachgegeben und den Weg zur Legalisierung gewählt. Dies veranlaßte den Viererausschuß, eine Besuchsreise zu organisieren und in den Synoden eine Art „Visitation" durchzuführen. Dadurch sollte der Zusammenhalt und der Informationsaustausch gefördert werden.[31] Im September 1939 wurde angesichts des Kriegsausbruchs und des durch die Einberufung von Pfarrern bedingten Theologenmangels ein erneuter Versuch zur Legalisierung der bisher nicht anerkannten Theologen gestartet. Vorausgegangen war eine Initiative des altpreußischen Bruderrates beim Evangelischen Oberkirchenrat. Lic. van Randenborgh gab nun Instruktionen für ein gemeinsames Vorgehen an die Betroffenen weiter, die ein Gesuch über die Anerkennung ihrer theologischen Prüfungen an den Evangelischen Oberkirchenrat richten sollten.[32] Auch die sechs Siegerländer Renitenten beteiligten sich an dieser Aktion und wurden dabei von den Gemeinden, in denen sie ihren Dienst versahen, unterstützt.[33] Der Aktion war jedoch, wie wohl auch zu erwarten gewesen war, kein Erfolg vergönnt. Der Evangelische Oberkirchenrat sah sich nicht in der Lage, die vor einer nichtamtlichen Stelle abgelegten Prüfungen anzuerkennen, weil damit auch die Zustimmung zu der Auffassung verbunden sei, nach der den Konsistorien grundsätzlich das Recht abgesprochen werde, kirchlich gültige Prüfungen abzuhalten. Es sei jedoch „schlechterdings unmöglich", jedem Kandidaten die Entscheidung darüber zu überlassen, ob er das Konsistorium als Dienstaufsichtsbehörde anerkennen wolle oder nicht. Für den Fall, daß ein Kandidat die Ablegung einer Ergänzungs- oder Wiederholungsprüfung ablehne, müsse daher abgewartet werden, „daß der junge Theologe ein reiferes Verständnis für die Notwendigkeit kirchlicher Ordnung gewinnt"[34]. Dies mußte den Angesprochenen wie Hohn in den Ohren klingen, ging es ihnen doch gerade um die kirchliche Ordnung, allerdings um eine, die dem Bekenntnis verpflichtet war. So konnten sich die meisten der renitenten Theologen auch nicht auf Angebote des Konsistoriums einlassen, das trotz Ablauf gewisser Fristen noch einmal die Möglichkeit einer Wiederholungsprüfung offenhielt.[35] Ein letzter Versuch, ohne Nachprüfungen zu einer Legalisierung zu kommen, scheiterte im Jahre 1942.[36] Inzwischen hatten sich auch die Bedingungen für die Prüfungen vor dem konsistorialen Prüfungsamt deutlich verschlechtert. Entgegen den Zusagen, die Koch erhalten hatte, wurde seine Tätigkeit in der Prüfungskommission behindert. Dies hing auch mit dem Tod von Oberkonsistorialrat Schlabritzky zusammen, der Koch diese Zusagen gegeben hatte.[37]

31 Schmidt an Dähne v. 24. 8. 1939, in: EKvW 3.5, Nr. 2, Bd. 1.
32 RB van Randenborgh v. 21. 9. 1939, in: PA A. Schmidt.
33 Abschriften in: EKvW 3.5, Nr. 2, Bd. 2.
34 EO an die Konsistorien v. 12. 12. 1939 (Abschr.), in: PA A. Schmidt.
35 EK an Schmidt v. 29. 1. 1940, in: PA A. Schmidt.
36 Hey, Kirchenprovinz, S. 323 f.
37 Vgl. Viererausschuß v. 29. 3. 1939, in: EKvW 3.5, Nr. 2, Bd. I.

Außerdem wurde durch neue Forderungen die Bereitwilligkeit, sich auf das Legalisierungsverfahren des Konsistoriums einzulassen, auf eine schwere Probe gestellt. Zum einen verlangte man von den Kandidaten eine Verpflichtungserklärung, mit der sie das Konsistorium als vorgesetzte Dienstbehörde anerkennen sollten.[38] Zu diesem Punkt war bereits auf der Tagung am 11. Januar 1939 eine sog. Mantelnote verabschiedet worden. Darin hieß es, daß auch nach erfolgter Legalisierung die Stellung der Kandidaten zum Konsistorium keine andere sein könne als die der bereits in einem bestätigten Pfarramt tätigen Theologen, die „genötigt" seien, mit dem Konsistorium als der vorgesetzten Dienststelle Verbindung zu halten. Diese Mantelnote sollte gemeinsam mit den Prüfungsanträgen beim Konsistorium eingereicht werden. Dies unterblieb jedoch, weil sie vermutlich einigen als zu dehnbar erschien. Die Renitenten lehnten die Mantelnote ohnehin als „Selbsttäuschung" ab. Nach ihrer Meinung hätte eine Mantelnote zum Ausdruck bringen müssen, *„daß das Konsistorium nicht rechtmäßige Kirchenleitung sei* und daß der Antragsteller seine kirchliche Berufung nicht vom Konsistorium, sondern von den Organen der BK herzuleiten willens sei"[39]. Statt der Mantelnote reichte Koch am 14. Februar 1939 dem Konsistorium eine Erklärung nach, in der zum Ausdruck kam, daß die behördlichen Maßnahmen nur soweit Anerkennung finden konnten, wie sie dem Bekenntnis und dem Ordinationsgelübde nicht widersprachen. Der Viererausschuß der Renitenten sah in dieser Erklärung einen wesentlichen Fortschritt gegenüber der Mantelnote, hielt jedoch auch diese Erklärung für unzureichend, weil sie die Ausführungen der altpreußischen Synode zum Kirchenregiment nicht aufnahm und den Anspruch der Bekennenden Kirche auf Kirchenleitung nicht wiedergab.[40] Lic. Thimme hingegen hielt die Erklärung für ausreichend.[41]

Neben einer Verpflichtungserklärung verlangte das Konsistorium nach wie vor den Treueid auf den Führer und forderte ab Juli 1939 auch noch einen Abstammungsnachweis. Dieser erneute Versuch, den „Arierparagraphen" in der Kirche einzuführen, stieß sowohl beim westfälischen Bruderrat als auch bei Präses Koch auf Widerstand.[42] Koch wollte jedoch an dieser Frage die Legalisierung nicht scheitern lassen. Er beschränkte sich gegenüber dem Konsistorium auf eine rein rechtliche Argumentation und lehnte die Unterzeichnung einer Denkschrift, die vom Bekenntnis her dem „Arierparagraphen" in der Kirche grundsätzlich die Geltung bestritt, ab.[43]

38 Hey, Kirchenprovinz, S. 328.
39 Viererausschuß: Zur Lage der westf. Hilfsprediger u. Vikare nach der gesamtkirchlichen Entscheidung, in: EKvW 3.5, Nr. 2, Bd. I.
40 Dähne an Koch v. 18. 2. 1939 und Viererausschuß an die Mitglieder der Konferenz westf. Hilfsprediger u. Vikare v. 18. 2. 1939, in: EKvW 0.4, Nr. 3.
41 Thimme an synodale Obleute v. 23. 3. 1939, in: EKvW 3.5, Nr. 2, Bd. 1.
42 Hey, Kirchenprovinz, S. 328 f.
43 In einem Gespräch zwischen dem neuen Vorsitzenden des wf. Bruderrates, Dahlkötter, und van Randenborgh einerseits sowie Präses Koch und D. Merz – bis zur Auflösung 1939 Leiter der Theologischen Schule Bethel – andererseits sagte letzterer, daß die Frage über den Weg des „Israel nach dem Fleisch" noch nicht genügend geklärt und nicht eindeutig zu beantworten sei; vgl. van Randenborgh, Der Weg der „renitenten" Brüder.

Die Leitung der Renitenten hingegen hielt in dieser Frage keinen Zweifel für möglich:

„In der Kirche hat der Arierparagraph kein Recht. Daß er im Falle der politischen Forderung von uns beachtet wird, der Einwand, daß es in der Kirche sozusagen keine Nichtarier mehr gebe und man ihn ruhig unterschreiben könne, machen es umso nötiger, nun ganz grundsätzlich diesem Paragraphen sein Recht *in der Kirche* zu bestreiten, auch wenn es keinen einzigen Nichtarier mehr unter den Amtsträgern geben sollte."[44]

Der Viererausschuß sah in dieser Diskussion einen Rückschritt hinter die grundlegenden Entscheidungen der Bekennenden Kirche seit den Anfängen des Jahres 1933. Für diejenigen aber, die den Weg zu der amtlichen Prüfungskommission beschritten hatten, erwies sich dieser Weg als eine Gratwanderung, bei der es immer schwieriger wurde, die Balance zwischen der Bindung an die verpflichtenden Äußerungen der Bekennenden Kirche und das Eingehen auf die behördlichen Vorgaben zu halten. Bestürzung riefen auch Berichte über die ersten Nachprüfungen hervor, die in einem scharfen Stil durchgeführt und bei denen zum Teil neue Zensuren verteilt wurden. Ein Kandidat war sogar durchgefallen.[45] Auch wirkte sich negativ aus, daß für den weiteren Berufsweg der jungen Theologen der Zeitpunkt der Legalisierung als maßgeblich angesehen wurde. Dies hatte – verstärkt durch das schleppend verlaufende Verfahren – Verzögerungen hinsichtlich der Wahlfähigkeit und der Ordinationen, aber auch wirtschaftliche Nachteile zur Folge. So konstatierte Lic. Thimme Ende September 1939 eine große Enttäuschung, ja Verbitterung über den bisherigen Stand der Legalisierung. Dies mehre den Zweifel an der Berechtigung des begonnenen Weges und treibe gerade die Besten der Gruppe der Renitenten zu.[46] Letztere wurden durch diese Schikanen nicht gerade ermutigt, auf Angebote des Konsistoriums einzugehen. Sie vertrauten ihre weitere Ausbildung dem westfälischen Bruderrat an. Weil es diesem aber nicht möglich war, eine eigene Prüfungskommission zu bilden, wurden die renitenten Theologen von der rheinischen BK-Prüfungskommission mitgeprüft. So legten zwischen April 1939 und Herbst 1940 24 Kandidaten z. T. im zweiten und z. T. im ersten und zweiten Examen und 15 Kandidaten im ersten Examen ihre Prüfungen ab.[47] Beim Ostertermin 1940 war auch Otto Adam unter den Prüflingen. Als Vertreter Westfalens nahm Lic. van Randenborgh an der Prüfung teil.[48] Am 19. Juni 1940 legte Erich Schmidt in Barmen sein zweites theologisches

---

44 Viererausschuß vom Ende September 1939, in: EKvW 3.5, Nr. 2, Bd. I. Vgl. auch RB Schmidt v. 20. 12. 1939, in: ebd., Bd. II: „Wir sind der Meinung, daß jeder, der den Arierparagraphen im kirchlichen Dienst annimmt, sich dadurch selber von der Bruderschaft trennt und ausschließt."
45 Vgl. Thimme an synodale Obleute v. 23. 2. 1939, in: EKvW 3.5, Nr. 2, Bd. I.
46 RB Thimme v. 23. 9. 1939, in: EKvW 3.5, Nr. 2, Bd. I.
47 Vgl. van Randenborgh, Der Weg der „renitenten" Brüder.
48 Kgm. Oberfischbach, Lagerbuch, Bl. 42.

Examen ab.[49] Als die Prüfungen im Rheinland von Staats wegen nicht mehr möglich waren, wurden die Kandidaten von der Lippischen Landeskirche, deren Prüfungskommission keine Deutschen Christen aufwies, geprüft.[50] Für die zum Kriegsdienst eingezogenen renitenten Kandidaten war es schwierig, für ihr Examen Urlaub zu bekommen, da dies keine „legale" Kirchenleitung für sie beantragen konnte. Überhaupt wurden die meisten männlichen renitenten Theologen schon früh eingezogen oder dienstverpflichtet, weil es nicht möglich war, sie als unabkömmlich zu reklamieren. Außer Gossing (ab November 1942) und Kopsch, der aus gesundheitlichen Gründen erst 1943 eingezogen wurde, mußten alle Siegerländer Renitenten bereits im Jahre 1940 den Militärdienst antreten. Der Neunkirchener Hilfsprediger Franz-Ernst Pfisterer fiel im August 1944 in Belgien.[51] Otto Adam wurde schwer verletzt und kehrte 1943 aus dem Lazarett zurück.[52] Nach Kriegsende wurden die renitenten Theologen durch die neue Kirchenleitung übernommen und ihre vor der BK-Prüfungskommission abgelegten Prüfungen anerkannt, um ihnen den Weg in ein legales Pfarramt zu ebnen. So kamen auch diejenigen, die den Weg Kochs nicht hatten mitgehen können, wieder unter die Obhut Kochs als dem Präses der Evangelischen Landeskirche von Westfalen.[53]

---

49 Nach Auskunft von Pfr. i. R. E. Schmidt. Schmidt wurde von Lic. van Randenborgh zu diesem „verabredeten Gespräch", wie er das Examen nannte, eingeladen. Am Vortage fand ein Vorbereitungstreffen statt, an dem Schmidt jedoch nicht teilnehmen konnte, weil er am selben Tag nachgemustert wurde. Van Randenborgh lud Schmidt daher für den 17. Juni zu einem Vorgespräch in sein Pfarrhaus nach Iserlohn ein; vgl. van Randenborgh an E. Schmidt v. 11. 6. 1940, im Besitz von Pfr. i. R. Schmidt. Zu Erich Schmidts Auseinandersetzungen während des Studiums in Halle vgl. Scherffig, Junge Theologen, Bd. II, S. 248–254.
50 Zwischen 1941 und 1943 acht Kandidaten im zweiten theol. Examen; vgl. ebd.
51 Am 9. September 1944 fand in Neunkirchen eine Trauerfeier für Pfisterer statt; vgl. den Bericht und den Lebenslauf Pfisterers, in: Kgm. Neunkirchen, Protokollbuch des Presb. v. 6. 9. 1944. Die Namen der übrigen gefallenen renitenten Theologen sind: Heinrich Althaus, Karl-Wilhelm Schmalenbach, Wilhelm Otto Münter, Hermann Schröder, Erwin Sander, Kurt Oetting und Karl Friedrich Schumacher; vgl. van Randenborgh, Der Weg der „renitenten" Brüder, a. a. O. Hier ist Pfisterer zu ergänzen.
52 Kgm. Oberfischbach, Lagerbuch, Bl. 36.
53 Koch an Schmidt v. 13. 7. 1945, in: PA A. Schmidt.

7. Der Kirchenkreis Siegen im Zweiten Weltkrieg

7.1 Kirchliches Leben im Krieg

Nach dem Ausscheiden von Pfarrer Dr. Müller aus dem Siegerländer Bruderrat übernahm Pfarrer Vethake (Ferndorf) – vorerst kommissarisch – den Vorsitz. In den letzten Kriegsjahren ging der Vorsitz dann an Pfarrer Demandt (Freudenberg) über.[1] Über die Tätigkeit des Bruderrates in den Kriegsjahren läßt sich nur wenig berichten, da aus dieser Zeit keine Protokolle über seine Sitzungen erhalten sind.[2] Offenbar trat nach dem Ausscheiden von Pfarrer Müller eine gewisse Lähmung ein. Es gibt Hinweise darauf, daß der Bruderrat zeitweise gar nicht oder nur sporadisch zusammenkam.[3]

Die wichtigste Äußerung des Bruderrates in der Kriegszeit stellt eine Vorlage aus dem Jahre 1942 dar, die unter dem Eindruck der Kriegswirkungen auf das kirchliche Leben an die Presbyterien zur Beratung versandt wurde.[4] Darin wurden unter dem Gesamtthema „Gemeindeaufbau" Vorschläge darüber unterbreitet, wie in den Gemeinden den kriegsbedingten Beschränkungen bezüglich Gottesdienst, christlicher Unterweisung und Einzelseelsorge zu begegnen sei:

a. Gottesdienst: Zum Thema Gottesdienst zitierte der Bruderrat in seiner Vorlage eine „Handreichung" der neunten Bekenntnissynode der EKdAPU vom 12. bis 13. 10. 1940 in Leipzig[5] und fuhr dann fort:

„Es ist darauf Bedacht zu nehmen, daß unter keinen Umständen in einer Gemeinde der sonntägliche Gottesdienst ausfällt und daß nach Möglichkeit alle bisherigen Predigtstellen erhalten bleiben."[6]

---

1 Jochums an W. Niemöller v. 3. 8. 1949, in: EKvW 5.1, Nr. 248, Fasc. 2.
2 Jochums, der in den letzten Kriegsjahren Schriftführer war, vernichtete alle Protokolle, damit sie nicht in falsche Hände gerieten; vgl. Anm. 1.
3 So schrieb Pfr. Buscher am 4. 12. 1939 an D. Hesse, nachdem dieser am selben Tag auf der Pfarrkonferenz der Synode Siegen gesprochen hatte, er werde dafür sorgen, „daß unser schläfriger Bruderrat aus unseren Gemeinden heraus Arbeit bekommt" (in: EKvW 5.1, Nr. 824). Hesse schrieb am 5. 12. 1939 zurück: „Zunächst freue ich mich, wenn Euer Bruderrat wieder in Tätigkeit kommt" (Abschr. in: ebd.). Und Pfr. Müller schrieb am 24. 1. 1941 an Hesse: „Ich bin froh, daß der BrR nun wieder arbeitet. Es war eine Not, daß er nur noch auf dem Papier vorhanden war" (in: ebd.).
4 In: Kgm. Ferndorf, D 9. Zum kirchlichen Leben im Krieg vgl. auch: Helmut Geck, Die Bekennende Kirche und die Deutschen Christen im Kirchenkreis Recklinghausen unter nationalsozialistischer Herrschaft (1933–1945), Recklinghausen 1984, S. 130–136; Günther van Norden/Volkmar Wittmütz (Hrsg.), Evangelische Kirche im Zweiten Weltkrieg (= SVRKG 104), Köln 1991; Günter Brakelmann (Hrsg.), Kirche im Krieg. Der deutsche Protestantismus am Beginn des Zweiten Weltkriegs, München ²1980.
5 „Ursprung, Mitte und Ziel alles Gemeindeaufbaus ist der Gottesdienst, in dem die versammelte Gemeinde auf die rechte Verkündigung und die [rechte] Darreichung der Sakramente Gott antwortet in Danksagung, Bekenntnis und Gebet" (KJ 1933–1944, S. 362).
6 Ebd.

Die Gottesdienste der Gemeinden waren in der Kriegszeit manchen Einschränkungen unterworfen. Dies begann schon beim Glockenläuten. Es wurde zu Kriegsbeginn gänzlich verboten – angeblich, um die Tätigkeit der Abhördienste nicht zu erschweren – und später auf kürzere Läutezeiten (drei Minuten) beschränkt.[7] Ob diese Maßnahme wirklich kriegsbedingten Erfordernissen entsprach und nicht das notwendige Maß überschritten wurde, ist allerdings fraglich.[8] Die Kriegsführung war indes weniger an dem Klang der Glocken interessiert als an dem Material, aus dem sie gefertigt waren.[9] Auch Siegerländer Gemeinden mußten ihre Glocken abgeben.[10] Im Zusammenhang der Beschlagnahme von Glocken für die Kriegswirtschaft ordnete die Kirchenleitung sog. Glockenopferfeiern an.[11] Schwierigkeiten gab es auch bei der Brennstoffversorgung, besonders in den letzten Kriegsjahren. Da die Beheizung von Kirchen in der Einschätzung der Behörden eine geringe Priorität besaß, war auch die Kohlenzuteilung niedrig, so daß im Winter viele Gottesdienste wegen Brennstoffmangels in andere Räumlichkeiten, die besser zu beheizen waren, verlegt wurden.[12] Auch Abendgottesdienste mußten wegen der gebotenen Verdunkelung in den Gemeindehäusern stattfinden.[13] Solche Abendgottesdienste waren besonders während der Passionszeit üblich. Der Staat ging aber auch dazu über, kirchliche Feiertage, die auf Wochentage fielen, aus Gründen der Kriegswirtschaft als Arbeitstage einzustufen und die Feiertage auf den vorhergehenden oder folgenden Sonntag zu verlegen. So geschah es bereits mit dem Buß- und Bettag im Jahre 1939.[14] Im Jahre 1940 wurde auch das Reformationsfest verlegt.[15] War dies für die Kirche noch zu akzeptieren, so fiel ihr dies bei Feiertagen, die durch das Kirchenjahr festgelegt waren, bedeutend schwerer. Als im Jahre 1941 der Himmelfahrtstag auf den folgenden Sonntag verlegt

---

7 KABl. Nr. 9 v. 1. 5. 1940, S. 37, u. Nr. 16 v. 15. 8. 1940, S. 77, sowie Kgm. Ferndorf, Proklamationsbuch v. 17. 9., 12. 11. 1939 u. 15. 12. 1940; Kgm. Klafeld, Protokollbuch des Presb. v. 12. 12. 1940.
8 So Zipfel, Kirchenkampf in Deutschland, S. 222.
9 Nach Anordnung Görings v. 15. 3. 1940 waren Glocken aus Bronze abzuliefern; RGBl. I.1940, S. 510. Die schwierige Glockenabnahme wurde generalstabsmäßig vorbereitet; vgl. KABl. Nr. 22 v. 5. 12. 1941, S. 89 f., u. Nr. 8 v. 15. 4. 1942, S. 32 f.
10 Kgm. Burbach, Lagerbuch, S. 129; A. Kühn, Aus der Geschichte der ev.-ref. Kirchengemeinde Netphen, S. 50.
11 EK an sämtliche Pfarrämter v. 9. 5. 1940, in: Kgm. Oberfischbach, E 5. Dabei wurde auf die Möglichkeit einer Schallplattenaufnahme hingewiesen, welche den Klang der Glocke festhalten und – bei Benutzung einer elektronischen Übertragungsanlage – sogar weiterhin für den kirchlichen Gebrauch nutzbar machen sollte! Im Jahre 1943 wurden die Gemeinden zu einer Bestandsanzeige von Metallgegenständen in kirchlichem Besitz aufgefordert (Sup. an die Gemeinden v. 27. 1. 1943, in: Kgm. Burbach, Chronik, Bd. 2, Fasc. 14). Dazu bemerkte das Presbyterium der Kirchengemeinde Klafeld: „Von abzuliefernden kriegswichtigen Metallen konnten in dem uns zugestellten Fragebogen nur 8 Türklinken des Gemeindehauses angegeben werden. Alles übrige ist schon im ersten Weltkriege abgeliefert worden [!]" (Protokollbuch des Presb. v. 3. 2. 1943).
12 Z. B. Kgm. Hilchenbach, Protokollbuch des Presb. v. 7. 1. 1940. Zum Kohlenmangel vgl. Zipfel, Kirchenkampf in Deutschland, S. 235.
13 Kgm. Klafeld, Protokollbuch des Presb. v. 7. 2. 1940; Kgm. Ferndorf, Protokollbuch des Presb. v. 25. 10. 1944; Kgm. Hilchenbach, Privat-Chronik, S. 72.
14 Erlaß des Führers und Reichskanzlers über den Bußtag 1939 v. 18. 11. 1939, in: RGBl. I.1939, S. 2235.
15 RGBl. I.1940, S. 1390.

wurde[16], mochten die Gemeinden nicht auf eine geistliche Begehung des eigentlichen Feiertages am Donnerstag verzichten. In den meisten Gemeinden des Siegerlandes fanden daher Abendandachten statt.[17] Nur in Müsen wurde ein Abendmahlgottesdienst veranstaltet, was nach Meinung des Bürgermeisters über die Verordnung hinausging, welche die Veranstaltungen auf den Umfang der Veranstaltungen an gewöhnlichen Werktagen beschränkte.[18] Im Zusammenhang des Himmelfahrtgottesdienstes wurden alle Pfarrer des Landkreises Siegen von der Gestapo verhört.[19] Die „Verordnung über die Handhabe des Feiertagrechts während des Krieges" vom 27. Oktober 1941[20] regelte schließlich für die Dauer des Krieges, daß Himmelfahrt, Fronleichnam und Reformationstag auf den folgenden und Bußtag auf den vorhergehenden Sonntag verlegt wurden. An den eigentlichen Feiertagen selbst durften erst nach 19 Uhr Gottesdienste in der üblichen Form stattfinden.[21] In den letzten Kriegsjahren mußten wegen der zunehmenden Fliegerangriffe zahlreiche Gottesdienste unterbrochen werden oder aber ganz ausfallen.[22] Aus dem gleichen Grund wurde in Ferndorf eine kürzere Gottesdienstliturgie eingeführt.[23]

Das größte Problem für die Gemeinden war jedoch der Mangel an ausgebildeten Predigern, um die üblichen Gottesdienste aufrechterhalten zu können. Denn auch viele Geistliche wurden während des Krieges eingezogen. Im Jahre 1942 waren aus der Synode Siegen 20 Pastoren, Hilfsprediger und Vikare zur Wehrmacht eingezogen, zwei Pastoren dienstverpflichtet. Fünf Pfarrstellen (Krombach, Deuz, Oberfischbach, Rödgen, Buschhütten) sowie eine Hilfspredigerstelle waren gänzlich unbesetzt, zwei Pfarrstellen durch den Tod der Amtsinhaber vakant. Zu ihrer Vertretung standen nur 17 Pfarrer, zehn Hilfsprediger und ein Ruhestandsgeistlicher zur Verfügung. Von ersteren waren vier über 65 Jahre alt und einige wegen gesundheitlicher Beschwerden nur beschränkt dienstfähig.[24] Aufgrund der Rationierung von Benzin und der schlechten Verkehrsverbindungen waren Amtshandlungen in den vielen abgelegenen Ortschaften extrem zeitaufwendig und an-

16 RGBl. I.1941, S. 269.
17 Vgl. Kgm. Ferndorf, Proklamationsbuch v. 18. 5. 1941, u. den Sammelbericht v. 10. 6. 1941, in: STA MS, Kr. Siegen, LA, Nr. 1866.
18 Bgm. an LR v. 3. 6. 1941, in: STA MS, Kr. Siegen, LA, Nr. 1866.
19 Auskunft von Pfr. i. R. Kopsch.
20 RGBl. I.1941, S. 662.
21 Dieses Zugeständnis wurde allerdings in einer späteren Verfügung der Gestapo Dortmund auch noch bestritten. Es dürften nur Handlungen stattfinden, die auch sonst an Werktagen üblich seien. Gestapo Dortmund v. 20. 5. 1944, in: STA MS, Kr. Siegen, LA, Nr. 1866.
22 Vgl. Kgm. Weidenau, Predigtbuch. Sup. Achenbach gab am 13. 9. 1944 Maßregeln über das Verhalten bei Alarm während des Gottesdienstes oder des Unterrichts aus: Bei Vollalarm war der Gottesdienst sofort zu schließen, eine Beerdigung abzubrechen. Bei Voralarm war die Veranstaltung fortzusetzen, den Teilnehmern jedoch anheimzugeben, die Schutzräume aufzusuchen. Der kirchliche Unterricht und der Kindergottesdienst waren in beiden Fällen sofort abzubrechen (in: Kgm. Burbach, Chronik, Bd. 2, Fasc. 14). Zu den Luftangriffen und Kriegsereignissen im Siegerland vgl. Krieg und Elend im Siegerland. Das Inferno an der Heimatfront, bearb. v. Adolf Müller, Siegen 1981.
23 Kgm. Ferndorf, Protokollbuch des Presb. v. 25. 10. 1944.
24 Achenbach an EK v. 22. 8. 1942, in: EKvW 2neu, Siegen X, Bd. I.

strengend. Die Kirchenbehörde versuchte dem kriegsbedingten Theologen-
mangel mit einer Verordnung zu begegnen, nach der die Konsistorien befugt waren, einen festangestellten Pfarrer vorübergehend mit der Wahrneh-
mung der pfarramtlichen Geschäfte in einer anderen Kirchengemeinde zu
beauftragen.[25] Die Bekenntnissynode Siegen, die am 24. August 1940 tagte,
legte gegen diese Verordnung Einspruch ein. Denn mit ihr ließ sich auch
das „Wildern" von DC-Pfarrern in fremden Pfarrbezirken rechtfertigen. Die
Bekenntnissynode stellte daher fest, daß die Sorge um die rechte Verkündigung allein den Organen der Gemeinde und der von den Gemeinden beauftragten Kirchenleitung zustehe. Sie erklärte, sie sei „nicht willens, die Entsendung von Pfarrern durch das Konsistorium oder sonst einer Behörde
auch nur vorübergehend anzuerkennen"[26]. Statt dessen versuchte man, den
Mangel an Geistlichen aus der Synode selbst zu beheben. In der Vorlage des
Kreisbruderrates hieß es, daß in erster Linie die Presbyter einer Gemeinde
den fehlenden Prediger vertreten sollten.[27] Dies bedeutete, daß nun verstärkt
Laien als Lektoren oder Prediger mit selbstverfaßten Predigten herangezogen wurden.[28] Neben Kräften aus den Gemeinden selbst sollten auch für den
Bereich der gesamten Synode „Männer" zum Predigtamt berufen und den
Gemeinden empfohlen werden. Zu ihnen zählte u. a. das Mitglied des
Kreisbruderrates und des westfälischen Bruderrates, Dipl.-Ing. Reinacher
aus Weidenau[29], sowie die Prediger des Vereins für Reisepredigt. Der Vorstand des Vereins betonte jedoch den Freiwilligkeitscharakter dieses Dienstes und lehnte eine Bestellung durch die Kirche ab. Außerdem wurde auf
das Tragen eines Talars und Sakramentshandlungen verzichtet.[30] Das Angebot der Laienprediger wurde von den Gemeinden dankbar angenommen.[31]
Die Tätigkeit von über 400 Laienpredigern innerhalb der Gemeinschaftsbewegung kam so auch der Kirche zugute. In Eiserfeld wurde aufgrund der
Initiative des Bruderrates ein Helferkreis gegründet, der 30 Personen umfaß-
te und die verschiedenen Dienste während der Abwesenheit von Pfarrer
Jochums verrichtete.[32]

---

25 Verordnung über die Beschäftigung von Pfarrern und Ruhestandsgeistlichen während der
   Kriegszeit v. 19. 6. 1940, in: GDEK.B Nr. 20/1940, S. 37.
26 Bek. Synode Siegen (Heider) an EO v. 10. 9. 1940, in: EZA 7/6048. Sup. Heider, der diese
   Erklärung unterzeichnet hatte, wurde ihretwegen vor das Konsistorium zitiert. Er wurde darauf
   hingewiesen, „daß eine Beteiligung an einer derartigen Entschließung und ihre Weiterleitung
   für ihn als Superintendent völlig unstatthaft" sei (EK an EO v. 2. 12. 1940, in: EZA 7/6048).
   Weiter hieß es in dem Bericht: „Wir nehmen an, daß Superintendent Heider in Zukunft vorsichtiger sein wird. Dagegen trauen wir ihm die Kraft nicht zu, sich gegenüber seiner fest geschlossen den radikal-bekenntniskirchlichen Weg verfolgenden Pfarrerschaft wirklich durchzusetzen"
   (ebd.).
27 In: Kgm. Ferndorf, D 9.
28 Vgl. dazu Albert Stein, Evangelische Laienpredigt. Ihre Geschichte, ihre Ordnung im Kirchenkampf und ihre gegenwärtige Bedeutung (= AGK 27), Göttingen 1972.
29 Vgl. W. Niemöller, Bekennende Kirche in Westfalen, S. 303.
30 GeVerb, Protokollbuch v. 9. 5. 1942, und Schmitt an Michaelis v. 19. 6. 1942, in: GV, Nachlaß
   Michaelis (ohne Bez.).
31 Kgm. Ferndorf, Protokollbuch des Presb. v. 3. 1. 1944; Kgm. Neunkirchen, Protokollbuch des
   Presb. v. 1. 6. 1942; Kgm. Hilchenbach, Privat-Chronik, S. 71.
32 Kgm. Eiserfeld, Protokollbuch des Presb. v. 17. 6. u. 11. 8. 1942 sowie das Protokollbuch über
   die Sitzungen der Gemeindehelfer v. 21. 7. 1942–14. 11. 1972.

b. Christliche Unterweisung: Nachdem schon vor dem Kriege die Entchristlichung der Schulen durch Umwandlung von Bekenntnisschulen, Reduzierung des Religionsunterrichtes und Entfernung der Geistlichen aus den Schulen eingesetzt hatte, wurde im Jahre 1940 unter dem Vorwand großer, kriegsbedingter Belastungen der Religionsunterricht in den nicht mehr schulpflichtigen Jahrgängen aller fortführenden Schulen beseitigt und in den unteren Klassen weiter eingeschränkt.[33] Aus diesem Grund übernahmen die Kirchengemeinden nun den Religionsunterricht in eigene Regie. Je nach den örtlichen Verhältnissen wurde für bestimmte Jahrgänge (meist ab dem 6. Schuljahr) ein kirchlicher Religionsunterricht anberaumt.[34] In einigen Gemeinden wurde ein drittes Unterrichtsjahr zur Vorbereitung auf die Konfirmation eingeführt.[35] Die Synoden Siegen und Wittgenstein arbeiteten einen gemeinsamen Lehrplan für den kirchlichen Unterricht aus.[36] Die konfirmierte Jugend wurde nach wie vor in der sog. Christenlehre erfaßt. Der Kreisbruderrat sah in der christlichen Unterweisung der Jugend eine große Aufgabe, die nicht von den Pfarrern allein zu bewältigen sei. Er nahm besonders die Eltern für diese Aufgabe in die Pflicht. Die Presbyterien sollten weniger darauf bedacht sein, hauptamtliche Kräfte einzustellen, „als vielmehr *möglichst viele Gemeindeglieder, junge Männer und junge Mädchen, Väter und Mütter*, die selbst im Glauben stehen, in den Dienst an der Jugend zu berufen und diesen Dienst weiter auszubauen"[37]. Auch in der Frage der Jugendunterweisung setzte der Bruderrat also auf die Laienkräfte. Trotz dieser Empfehlung stellten einige Gemeinden Lehrschwestern für die Erteilung des Religionsunterrichts an.[38] Da die Schulräume nun nicht mehr zur Verfügung standen, mußte der Unterricht teilweise in Wirtschaften, Privaträumen oder sogar im Freien stattfinden![39]

c. Seelsorge: Als letzten Punkt sprach die Vorlage des Kreisbruderrates den „außerordentlich wichtigen Dienst der Einzelseelsorge" an. Die Pfarrer wurden an ihre Pflicht zu Hausbesuchen erinnert. In dieser Arbeit sollten sie von den Presbytern unterstützt werden, um alle Familien eines Bezirks vierteljährlich besuchen zu können. Gegebenenfalls sei die Anzahl der Presbyter zu erhöhen. In einer Zeit, in der die Kirche mehr und mehr aus der Öffentlichkeit verdrängt wurde, war der persönliche Kontakt zu den Gemeindegliedern besonders wichtig. Doch auch in den Bereich der Seelsorge griff der Staat beschränkend ein. So durften Besuche von Pfarrern in öffentlichen Kranken- und Pflegeanstalten nur noch nach ausdrücklicher Einla-

33 Eilers, Die nationalsozialistische Schulpolitik, S. 26.
34 Vgl. jeweils im Protokollbuch des Presb.: Eiserfeld 15. 1. u. 14. 2. 1941, Ferndorf 8. 1. 1941, Hilchenbach 27. 10. 1940, Freudenberg 16. 4. 1941, Müsen 7. 3. 1941, Neunkirchen 12. 5. 1941, Niederschelden 4. 4. 1940, 12. 2. 1941, Oberholzklau 6. 3. 1941.
35 Kgm. Ferndorf, Protokollbuch des Presb. v. 26. 2. 1941; Kgm. Neunkirchen, Protokollbuch des Presb. v. 11. 12. 1940.
36 Vgl. Kgm. Hilchenbach, Privat-Chronik, S. 61.
37 Vorlage des BR, in: Kgm. Ferndorf, D 9.
38 Vgl. jeweils im Protokollbuch des Presb.: Burbach 21. 10. 1942, Ferndorf 9. 10. 1942, Freudenberg 16. 4. 1941, Hilchenbach 23. 3. 1941, Siegen 9. 10. 1942 u. 23. 6. 1943.
39 Vgl. Kgm. Hilchenbach, Privat-Chronik, S. 60 f.

dung stattfinden![40] Ein Sonderfall der Einzelseelsorge war die Betreuung der zur Wehrmacht eingezogenen Gemeindeglieder. Pfarrer Barth (Oberfischbach) startete im Oktober 1939 eine Initiative zur Versendung sog. Soldatenbriefe. Statt auf fertige Schriften, die von einigen Druckereien angeboten wurden, zurückzugreifen, schlug Barth vor, den Soldaten aus dem Siegerland etwas zu schicken, was „Heimatcharakter" habe und „auf die besondere geistige und geistliche Art und Haltung unserer Siegerländer"[41] eingehe. Als Autoren sollten sich daher in erster Linie die Siegerländer Pastoren betätigen. Die Auflage der Briefe sollte − entsprechend der Zahl der bisher Eingezogenen − 6.000 Exemplare betragen. Diese Initiative scheint indes nicht zur Durchführung gelangt zu sein. Statt dessen brachten einige Gemeinden eigene Soldatenbriefe heraus, die speziell auf ihre Gemeindeglieder an der Front zugeschnitten waren. So enthielten die Soldatenbriefe der Kirchengemeinde Ferndorf neben persönlichen Grüßen des Pfarrers (an die „lieben deutschen Brüder und Gemeindeglieder im feldgrauen Rock"[42]) kirchliche Nachrichten (über Taufen, Beerdigungen, Gefallene, militärische Auszeichnungen usw.) aus den einzelnen Gemeindebezirken. Im Mittelpunkt des ersten Ferndorfer Soldatenbriefes vom 7. Dezember 1939 stand eine geistliche Besinnung, welche den Kriegsbeginn in den Horizont des Glaubens stellten wollte. Darin wurde der Krieg als eine „harte Schule" bezeichnet, in der Gott den Menschen zu größerer „Spannkraft und Überwinderkraft des Glaubens"[43] erziehe. Der auf Trost ausgerichtete Brief ließ von Kriegsbegeisterung, wie sie im Ersten Weltkrieg zu beobachten war, nichts erkennen, zeigte allenfalls ein gewisses Einverständnis mit den Kriegszielen. Dagegen war der vierte Soldatenbrief vom 1. Juli 1940 schon wesentlich euphorischer gehalten. Er war geschrieben unter dem Eindruck der militärischen Erfolge in Nord- und Westeuropa (9. April bis 10. Juni gegen Dänemark und Norwegen, 10. Mai bis 22. Juni gegen Frankreich und die Beneluxstaaten) und brachte Erstaunen, Freude und Dankbarkeit über die Leichtigkeit und Schnelligkeit dieser Erfolge zum Ausdruck:

„Die ganze Welt hält den Atem an. Wir Deutsche können es selbst kaum glauben und umd [sic!] fassen. Wir in der Heimat haben ja am Radio die Ereignisse in einer Weise miterlebt, wie es im Weltkrieg noch unmöglich war. Die Heeresberichte und Frontberichte, die Vorträge von Sachverständigen des Heerwesens, der Marine, der Luftwaffe, der Sondermeldungen ließen uns an Euren gewaltigen Erlebnissen und Erfolgen teilnehmen, als ob wir mit dabei wären. Die Menschenstimme vermag ja viel unmittelbarer die Lebenswärme und den Gluthauch des Geschehens auf uns zu übertragen als die Zeitung."[44]

Das Radio eröffnete der Kriegspropaganda eine neue Dimension und gab dieser die Möglichkeit, die Kriegsereignisse dramaturgisch aufzubereiten und so in die Wohnstuben zu projizieren, daß die Identifikation mit den

---

40 Runderlaß des RuPrMdI v. 9. 4. 1941, in: KJ 1933–1944, 2. Aufl. 1976, S. 446 f.; vgl. Kgm. Ferndorf, Proklamationsbuch v. 25. 5. 1941.
41 Barth an die Amtsbrüder v. 4. 10. 1939, in: Kgm. Ferndorf, C 5.
42 Vethake v. 7. 12. 1939, in: Kgm. Ferndorf, C 5.
43 Ebd.
44 Brief v. 1. 7. 1940.

Soldaten an der Front gefördert und im gemeinsamen Hören am Radio die Schicksalsgemeinschaft geschaffen wurde, die zur Mobilisierung mentaler Ressourcen im Kriege unverzichtbar war. So war es auch kein Wunder, daß die propagandistische Aussage, man führe einen Präventivkrieg, mit dem man den Angriffsabsichten der Gegner gerade noch zuvorgekommen sei, von der Bevölkerung aufgenommen worden war.[45] Hitler schien sich durch die militärischen Erfolge auch als großartiger Feldherr erwiesen zu haben, was Zuversicht hinsichtlich des scheinbar letzten Kriegsgegners, England, weckte:

„Daß unsere Heimat so behütet ist und unser Volk auf den Kampf mit dem letzten Feinde, England, zuversichtlich entgegensieht, danken wir Euch und der Güte und Freundlichkeit Gottes, der unserem Volke den Führer gab und mit ihm unserem Volke ein neues Glauben, Lieben und Hoffen, einen Weg zur Einheit und Größe."[46]

Der Kontakt der Kirchengemeinden mit ihren eingezogenen Gemeindegliedern wurde jedoch durch behördliche Anordnungen zunehmend erschwert. Es wurde − „aus Gründen der Reichsverteidigung"[47] − verboten, Feldpostanschriften zum Zwecke der Versendung religiösen Schrifttums zu sammeln. Außerdem wurde dieses Schrifttum der Zensur unterworfen.[48] Im Juli 1940 wurde schließlich die Versendung religiösen Schrifttums an Soldaten gänzlich untersagt.[49] Die Kirche selbst blieb unter Beobachtung. Im Jahre 1940 forderte die Kriminalpolizei bei Superintendent Heider ein Verzeichnis aller in der Synode tätigen Pfarrer, Vikare und Organisten sowie der Mitglieder des Kreisbruderrates an.[50] Auch wurden nach wie vor einzelne Gottesdienste überwacht.[51]

---

45 Vgl. ebd. Tatsächlich war die Offensive schon lange vorher geplant; vgl. Gerhard Schreiber, Deutsche Politik und Kriegführung 1939 bis 1945, in: K. D. Bracher/M. Funke/H.-A. Jacobsen, Deutschland 1933–1945. Neue Studien zur nationalsozialistischen Herrschaft, Düsseldorf 1992, S. 345 f.
46 Vierter Soldatenbrief v. 1. 7. 1940, in: Kgm. Ferndorf, C 5.
47 RP an LR v. 30. 11. 1939 (Abschr.), in: STA MS, Kr. Siegen, LA, Nr. 1866.
48 EK v. 16. 12. 1939 u. 19. 2. 1940, in: Kgm. Ferndorf, C 5.
49 Erlaß des RKM v. 12. 7. 1940, in: KJ 1933–1944, S. 441 f. Das Presbyterium der Kgm. Eiserfeld protestierte in einer Eingabe an das Oberkommando der Wehrmacht gegen diese Maßnahme und wies darauf hin, daß über 400 Antworten ein Beleg dafür seien, „daß die Briefe vielen Soldaten Kraft für Kampf und Sieg gegeben haben" (Protokollbuch des Presb. v. 25. 9. 1940); vgl. Kgm. Niederschelden, Protokollbuch des Presb. v. 22. 10. 1940, und die Eingabe des Presb. in Oberfischbach (Abschr., in: Kgm. Oberfischbach, C 6).
50 Vgl. Sup. Heider v. 6. 3. 1940, in: KSA, E 9, Bd. XXI. In bezug auf den Kreisbruderrat hatte Heider geantwortet, er sei „ein Ausschuß von Pfarrern und Presbytern in der Kreissynode Siegen für kirchliche Angelegenheiten und besonders für kirchliche Notstände". Damit umschrieb er die kirchenleitende Funktion dieses Organs.
51 Flächendeckend am Reformationstag 1942. Die Spitzel erhielten eine Liste mit Fragen, die zu beantworten waren: Leitgedanke und Inhalt der Predigt, die Beteiligung der Bevölkerung, die Bestimmung der Kollekte, Inhalt des Schlußgebetes und Angaben darüber, ob auf das „augenblickliche Zeitgeschehen" eingegangen werde; Rundverfgg. der Gestapo Dortmund v. 27. 10. 1942 sowie zahlreiche Berichte, in: STA MS, Kr. Siegen, LA, Nr. 1860.

7.2 Die Wahl eines neuen Superintendenten

Superintendent Heider trat am 30. September 1942 nach elfjähriger Amtszeit im Alter von siebzig Jahren in den Ruhestand. Über seine Nachfolge hatte das Konsistorium zusammen mit dem Evangelischen Oberkirchenrat zu entscheiden, da die Kreissynoden, denen nach der Kirchenordnung die Wahl des Superintendenten eigentlich zustand, mit der Verordnung über die Vertretung der Kirchenkreise vom 26. Februar 1936 aufgelöst und deren Befugnisse – mit Ausnahme der Wahl des Superintendenten – auf den Kreissynodalvorstand übergegangen waren.[52] Da diese Gesetzgebung von der Bekennenden Kirche jedoch abgelehnt wurde, führte die Pfarrer- und Presbyterkonferenz als inoffizielle Vertretung des Kirchenkreises Siegen am 6. Dezember 1941 eine Neuwahl für das Amt des Superintendenten durch. Man wollte angesichts der behördlichen Bestrebungen „eine schnelle, einstimmige Wahl auf lange Sicht hin"[53] tätigen. Dabei sprachen sich 19 Pfarrer und 55 Älteste einstimmig für Pfarrer Ernst Achenbach (Niederschelden) als neuen Superintendenten aus.[54] Der Kreissynodalvorstand bestätigte zwei Tage später ebenfalls die Wahl Achenbachs.[55] Zwei Pfarrer waren an der Wahl allerdings nicht beteiligt worden, nämlich die beiden DC-Pfarrer Pfeil und Eggers. Sie wurden erst nachträglich um ihre Stellungnahme gebeten. Dies lehnten beide jedoch ab und legten beim Konsistorium Einspruch gegen die Superintendentenwahl ein, weil sie die Durchführung der Wahl als Verletzung der Kirchenordnung und als „unwürdige Kampfesweise" der Bekennenden Kreise betrachteten.[56] Der Vertreter der Deutschen Christen in

52 GDEK.B Nr. 7/1936, S. 19 f., und 1938, S. 68–70. Eine weitere Verordnung vom 21. 3. 1939 (GDEK.B Nr. 4/1939, S. 17) bestimmte, daß ein Superintendent, dessen Wahlzeit abgelaufen war, bis zu einer anderweitigen Regelung sein Amt weiterführen sollte. Das Konsistorium war jedoch berechtigt, einen anderen Superintendenten zu bestimmen, wenn dies zur Aufrechterhaltung oder Wiederherstellung einer geordneten Verwaltung des Kirchenkreises notwendig schien. War das Amt des Superintendenten auf andere Weise als durch Ablauf der Wahlzeit zur Erledigung gekommen, so hatte das Konsistorium mit Genehmigung des EO einen Superintendurverwalter zu bestellen.

53 Kgm. Hilchenbach, Privat-Chronik, S. 68.

54 Anwesenheitsliste u. Auszug aus dem Protokoll, in: EKvW 2neu, Siegen III. Fünf Pfarrer, die nicht anwesend waren, gaben ihre Zustimmung zwei Tage später; vgl. die schriftlichen Erklärungen, ebd. Drei Pfarrer waren bei der Wehrmacht.

55 Auszug aus dem Protokoll über die Sitzung des KSV v. 10. 12. 1941 (Abschr.), in: EKvW 2neu, Siegen III.

56 Eggers an EK v. 17. 1. 1942, in: EKvW 2neu, Siegen III. In diesem Zusammenhang gab es außerdem einen interessanten Briefwechsel zwischen Eggers und Pfr. Dr. Müller (Hilchenbach), dem früheren Vorsitzenden des Kreisbruderrates. Eggers fragte, ob Müller mit dem Vorgehen der BK einverstanden sei (Eggers an Müller v. 28. 1. 1942, in: Kgm. Hilchenbach, 1/22). Müller antwortete ausweichend, er stehe nun „ganz an der Peripherie des synodalen Lebens", und wies damit die Verantwortung für die Ausgrenzung der DC-Pfarrer von sich. Er gab zu, daß die Wahl „formalrechtlich" nicht ganz korrekt gewesen sei, gab jedoch zu bedenken: „Man kann – und das wirst Du verstehen müssen – nun nicht mit einem Mal nach hundertprozentigem Recht handeln, wenn in das Fundamente die Unrecht eingebaut ist" (Müller an Eggers v. 4. 2. 1942 [Abschr.], in: Kgm. Hilchenbach, 1/22). Interessant ist auch der freundschaftliche und herzliche Ton („Sei herzlich Gott befohlen und gegrüßt! Dein Eggers"; „In herzlichem Gedenken, Dein [Müller]"), in dem beide Briefe gehalten sind. Zwischen dem einstigen Leiter der Bekennenden Kirche im Siegerland und dem rührigsten Pfarrer der hiesigen DC bestand offenbar trotz der kirchenpolitischen Gegensätze ein freundschaftliches Verhältnis.

der Geistlichen Leitung Westfalens, Fiebig, unterstützte den Einspruch der beiden Pfarrer und schlug einen anderen Kandidaten für das Amt des Super-intendenten vor. Seines Erachtens käme nur der bisherige Synodalassessor, Pfarrer Dr. Schmidt, in Frage, da nur dieser die Gewähr für eine Befolgung kirchenbehördlicher Anordnungen biete.[57] Für eine dann notwendig wer-dende Ergänzung des Synodalvorstandes forderte Fiebig die Berücksichti-gung der Deutschen Christen und lehnte die „Beteiligung früher illegaler Pfarrer und Anhänger der Barth'schen Theologie"[58] ab. Er sah in dem Vor-gehen der Bekennenden Kirche im Siegerland „das Bemühen, die Leitung der Kreissynode Siegen in eindeutiger Weise konfessionell reformiert fest-zulegen und damit der Altpreußischen Union zu entfremden"[59]. Diese Aus-führungen zeigten, daß der Kirchenkampf noch nicht beendet war. Weiter wurde um Einfluß in den wichtigen Gremien gekämpft und die konfessio-nelle Frage neu aufgerührt. Das Konsistorium, das in Absprache mit dem Evangelischen Oberkirchenrat über die Bestellung eines Superintendentur-verwalters zu entscheiden hatte, nahm mit dem ausscheidenden Superinten-denten Heider, Pfarrer Achenbach und Pfarrer Dr. Schmidt Verhandlungen auf. Dabei wurde Heider auf das „völlig Ungesetzliche", „Herausfordernde" und „Törichte" seines Vorgehens hingewiesen. Der Beschluß der Pfarrer-und Presbyterversammlung über die Wahl Achenbachs entbehre „jeder ge-setzlichen Grundlage".[60] Trotzdem sprach sich aber das Konsistorium für Achenbach als neuen Verwalter der Superintendentur aus. Als Gründe wur-den genannt: 1. Heider habe erklärt, er könne „um des Friedens in der Syn-ode und um des ungestörten Zusammenarbeitens mit den Behörden willen" erst dann von seinem Amt zurücktreten, wenn die Bestellung eines Nach-folgers „im Sinne der weitaus übergehenden Mehrheit der Synode" gesi-chert sei. Es liege indes ein „kirchliches Interesse" vor, daß Heider mög-lichst bald die Superintendentur niederlege. Gerade die unter seiner Führung vorgenommene Wahl eines Nachfolgers habe gezeigt, daß er nicht die not-wendige Eignung für dieses Amt besitze.[61] 2. Pfarrer Dr. Schmidt habe zwar ausgezeichnet mit der Behörde zusammengearbeitet, seine Bestellung zum Superintendenturverwalter würde aber „zu schweren Erschütterungen" und „untragbaren Verhältnissen" führen.

„Das können wir umso weniger verantworten, als ein Streit um die Superintendentur die ohnehin zur Separation von der altpreußischen Union neigende schroff reformierte Hal-tung der Siegerländer Pfarrer noch verstärken würde."[62]

---

57 Fiebig an EO v. 21. 1. 1942, in: EZA 7/6048.
58 Ebd.
59 Ebd.
60 Bericht des EK v. 23. 4. 1942, in: EZA 7/6048.
61 EK an EO v. 23. 4. 1942, in: EZA 7/6048. Es lag schon eine gewisse Paradoxie darin, daß die Durchführung einer „illegalen" Wahl als Grund für eine notwendige Ablösung Heiders angese-hen, jedoch ausgerechnet die Person, die aus dieser „illegalen" Wahl hervorgegangen war, als sein Nachfolger befürwortet wurde!
62 Ebd.

3. Achenbach habe erklärt, daß er bereit sei, sein Amt „legal" zu führen. Seine Bestellung würde im Verhältnis zur Behörde gegenüber den bisherigen Zuständen „eine wesentliche Besserung" bedeuten. Auch hoffe man, daß unter seiner Amtsführung „die bisher zu beklagenden Kleinigkeiten und Gehässigkeiten"[63] zwischen den kirchenpolitischen Gruppierungen verschwinden würden.

Das Konsistorium plädierte also dafür, die an sich ungesetzliche Wahl Achenbachs anzuerkennen, um so den kirchlichen Frieden in der Synode zu bewahren und einen ungehinderten Geschäftsablauf mit den Gemeinden, der ja über die Superintendentur lief, zu gewährleisten. Der Evangelische Oberkirchenrat teilte diese pragmatische Einschätzung und erklärte sich mit der Bestellung Achenbachs einverstanden.[64] Nachdem Heider in den Ruhestand verabschiedet worden war, führte Präses D. Koch Pfarrer Achenbach am 25. Oktober 1942 in sein neues Amt ein.[65] Fast ein Jahr später übersandte der Evangelische Oberkirchenrat die Bestallungsurkunde an das Konsistorium. Dieses hielt jedoch die endgültige Verfügung zur Amtseinsetzung Achenbachs zurück, nachdem bekannt geworden war, daß das Presbyterium der Kirchengemeinde Siegen Achenbach auf die vierte Pfarrstelle berufen hatte. Für diese Stelle war jedoch vom Evangelischen Oberkirchenrat der DC-Pfarrer Wollenweber vorgesehen. Unter diesen Umständen hielt das Konsistorium die Verleihung der Amtsbezeichnung Superintendent für „unangebracht"[66]. Eine gedeihliche Zusammenarbeit mit Achenbach erschien angesichts dieser Mißachtung behördlicher Verfügungen – entgegen früheren Erwartungen – nicht mehr möglich. Davon abgesehen war die Bestallungsurkunde bei der Zerstörung des Dienstgebäudes durch alliierte Bomben ebenfalls vernichtet worden.[67] Eine Veröffentlichung der Ernennung Achenbachs im Gesetzblatt der Kirche konnte jedoch nicht mehr verhindert werden.[68] Der Evangelische Oberkirchenrat entschloß sich daher, obwohl er Achenbachs Verhalten mißbilligte, diesem nicht länger die Amtsbezeichnung „Superintendent" vorzuenthalten. Eine neue Urkunde wurde ausgefertigt und an das Konsistorium übersandt.[69] Damit war das Verfahren um die Bestellung eines neuen Superintendenten nach über drei Jahren endlich abgeschlossen.

63 Ebd.
64 EO an EK v. 7. 5. 1942 (Abschr.), in: EZA 7/6048.
65 Vgl. Koch an EK v. 28. 10. 1942, in: EKvW 2neu, Siegen III.
66 EK an EO v. 19. 11. 1943, in: EZA 7/6048.
67 Vgl. ebd.
68 GDEK.B Nr. 10/1943, S. 62.
69 EO an EK v. 15. 2. 1944 (Abschr.), in: EZA 7/6048.

7.3 Die Situation nach Kriegsende

Nach Beendigung des Krieges und der Befreiung von der nationalsozialistischen Herrschaft versuchten die Kirchen das im Laufe der zurückliegenden Jahre verlorene Terrain innerhalb der Gesellschaft zurückzugewinnen. „Rechristianisierung" war der Leitbegriff für die nun einsetzenden Aktivitäten.[70] Dabei wurden die Kirchen von der Militärregierung und den neugebildeten Verwaltungen unterstützt.[71] Der Landrat des Kreises Siegen forderte in einer Unterredung mit Vertretern des Handels und der Kirchen die Geistlichen auf, das Evangelium wieder zu verkünden. Wo es erforderlich sei, sollten die Gottesdienste mit der Gemeindeschelle bekanntgegeben werden.[72] Nach Jahren der Unterdrückung kirchlicher Aktivitäten mußte dies Balsam sein in den Ohren der Kirchenvertreter!

Viele Einrichtungen, die in der Vergangenheit in Einrichtungen der NSV umgewandelt worden waren, gingen nun wieder oder auch erstmals in kirchliche Trägerschaft über. Davon betroffen waren vor allem Kindergärten und Schwesternstationen.[73] Der unter dem NS-Regime zurückgedrängten christlichen Erziehung widmete man besondere Aufmerksamkeit: Die Arbeit unter den Jugendlichen wurde wiederaufgenommen, die Christenlehre weitergeführt. Der Religionsunterricht wurde wieder ordentliches Unterrichtsfach an den Schulen. Dabei griff man auch auf Lehrer zurück, die durch ihre frühere Zugehörigkeit zur NSDAP belastet waren. In solchen Fällen konnten die Presbyterien Zeugnisse („Persilscheine") ausstellen, in denen der betreffenden Person die Eignung für diese Tätigkeit bescheinigt wurde.[74] Auch in anderen Fällen waren solche Empfehlungsschreiben der Kirchen gefragt. Einem früheren Parteigenossen und Deutschen Christen, der im Jahre 1934 als Presbyter entlassen worden war, wurde bescheinigt, er habe trotz seines Irrweges als Deutscher Christ den Glauben an Jesus Christus nicht preisgegeben und innerhalb der Partei im Gegensatz zu Rosenbergs Weltanschauung um einen christlichen Geist gekämpft.[75] Pfarrer Romberg (Siegen)[76] konnte aufgrund seiner früheren Zugehörigkeit zur

---

70 Vgl. Martin Greschat, Zwischen Aufbruch und Beharrung. Die evangelische Kirche nach dem Zweiten Weltkrieg, in: V. Conzemius/M. Greschat/H. Kocher (Hrsg.), Die Zeit nach 1945 als Thema kirchlicher Zeitgeschichte. Referate der internationalen Tagung in Hüningen/Bern (Schweiz) 1985, Göttingen 1988, S. 99–126 (hier: S. 122); Dirk Bockermann, Ein schneller Aufbruch aus den Trümmern: Die ersten Tagungen der Kreissynode Hagen im Mai und Juli 1945, in: JWKG 89 (1995), S. 248–262.
71 Vgl. Jörg Thierfelder, Die Kirchenpolitik der vier Besatzungsmächte und die evangelische Kirche nach der Kapitulation 1945, in: Geschichte und Gesellschaft 18 (1992), S. 5–21.
72 Protokoll der Sitzung, in: STA MS, Kr. Siegen, LA, Nr. 2103.
73 Vgl. jeweils im Protokollbuch des Presb.: Eiserfeld 18. 6. 1945, Hilchenbach 3. 6. 1945, Klafeld v. 6. 6. 1945, Neunkirchen 28. 5. u. 22. 7. 1945.
74 Vgl. Kgm. Neunkirchen, Protokollbuch des Presb. v. 10. 9. 1945; Kgm. Ferndorf, N-1.11 u. N-1.12; Kgm. Hilchenbach, Protokollbuch des Presb. v. 21. 10. 1945.
75 Schr. Wehmeier v. 7. 7. 1945, in: Kgm. Ferndorf, N-1.11.
76 Vgl. Volker Fabricius, Pfarrer Romberg und der Kampf der Bekennenden Kirche in Dotzheim (= Schriften des Heimat- und Verschönerungsvereins Dotzheim e.V. 13), Wiesbaden-Dotzheim 1988.

NSDAP seine pfarramtliche Tätigkeit eine Zeitlang nicht im vollen Umfang ausüben, bis sein Fall von der Militärbehörde geklärt war. Sowohl das Siegener Presbyterium als auch Martin Niemöller und Lic. Otto Fricke (Frankfurt) setzten sich unter Verweis auf die Auseinandersetzungen in Wiesbaden-Dotzheim, die zu Rombergs Parteiausschluß, zu Redeverbot und seiner Ausweisung aus Hessen geführt hatten, dafür ein, daß er seinen Dienst wiederaufnehmen konnte.[77]

Weniger schonend ging man innerhalb der eigenen Gremien mit den früheren Gegnern um. Schon Ende Mai 1945 forderte der Kreissynodalvorstand die Presbyterien auf, Deutsche Christen nicht mehr als Presbyter anzuerkennen und sich durch Neuwahl zu ergänzen. Ebenso sollten DC-Pfarrer nicht mehr zu den Sitzungen eingeladen werden.[78] Letztere wurden von der neuen westfälischen Kirchenleitung beurlaubt und zogen ein Disziplinarverfahren auf sich, in dem ihr Verhalten während des Kirchenkampfes untersucht wurde.[79] Sie wurden in den Ruhestand versetzt oder mußten das Siegerland verlassen.

Die Kreissynode Siegen, die am 5. September 1945 erstmals seit dem Jahre 1933 wieder als ordentliche Synode tagte, verabschiedete eine Botschaft an die Gemeinden, in der eine erste Deutung der nationalsozialistischen Ära unternommen wurde. Man verstand diese Zeit als „einziges gewaltiges Zeugnis für die Wahrheit und Majestät dessen, der zu seinem Worte steht"[80]. Dieses Zeichen gelte es denen gegenüber, die nun vor dem Nichts stünden, zu deuten:

„Es geht heute wie ein Erwachen durch Unzählige, aber wie ein Erwachen der Ratlosigkeit und Bitterkeit, wie ein Erwachen Betrogener, die nun plötzlich steinigen und verfluchen möchten, was sie angebetet oder wozu sie doch geschwiegen haben. Es ist nicht unser Christenberuf, hier mitzutun. Der Geist enttäuschter Rachsucht ist nicht der Geist, der Gott die Ehre gibt. Wo Gott anhebt mit seinen Gerichten, da können wir nur alle miteinander in tiefem Erschrecken nach unserer eigenen Schuld fragen. Wir bekennen es offen, daß auch die Stimme der Kirche in unserem Volk weithin nur eine matte und kleinlaute oder auch stolze und liebearme Stimme gewesen ist. Wenn es dennoch in unserer Mitte, auch den Machthabern gegenüber zu einem echten Zeugnis für die Wahrheit gekommen ist in Unerschrockenheit und Hingabe, wenn sich Männer und Frauen fanden, die sich um der Herrschaft Christi willen in die Konzentrationslager bringen, ja zum Tode führen ließen, so können wir das nur als ein Geschenk Seiner unbegreiflichen Treue verstehen, die unser Volk trotz seiner Untreue noch nicht hat fahren lassen."[81]

Diese Treue gelte es nun auch gegenüber den früheren und noch gegenwärtigen Feinden der Kirche zu beweisen. Nicht explizit, aber doch wohl im Blick auf die Entnazifizierungsverfahren hieß es:

77 Abschr. der Bescheinigungen und Eingaben in: Kgm. Ferndorf, N-1.11.
78 Sup. Achenbach v. 28. 5. 1945, in: Kgm. Ferndorf, N-1.14.
79 Vgl. im Protokollbuch: Kgm. Klafeld v. 28. 8. 1945, Kgm. Weidenau v. 19. 9. 1945; vgl. die Notverordnung der westfälischen und der rheinischen Kirche v. 1. 9. 1945 für das Verfahren bei Verletzung von Amtspflichten der Geistlichen, in: Clemens Vollnhals, Entnazifizierung und Selbstreinigung im Urteil der evangelischen Kirche. Dokumente und Reflexionen 1945–1949, München 1989, S. 86–88.
80 „Wort der Kreissynode Siegen an die zu ihr gehörenden Gemeinden", in: KSA, E 9, Bd. XXII.
81 Ebd.

„Wenn wir so dem Geiste Jesu unter uns Raum geben, brauchen wir uns, auch unter dem schwersten Druck, nicht zu fürchten vor den Menschen, die es unternommen haben, uns zu strafen. Wir können als Christen den Richtern in unserem Volk und denen, die von außen gekommen sind, nicht in den Arm fallen. Wir können nur Gott bitten, daß sie selbst seines Gerichtes eingedenk sein möchten und seiner Furcht Raum geben. Auch sie stehen und fallen Ihm."[82]

Schließlich wurde zu gemeinsamem Neubeginn aufgerufen und die „Rückkehr zu dem lebendigen Gott" als die einzige Hoffnung des Volkes beschrieben. Aufgabe der Kirche sei es bei diesem Neuanfang, vor neuen Göttern und irdischen Heilshoffnungen zu warnen.

Schon zu Anfang dieser Erklärung wird ihre seelsorgerliche Absicht deutlich: Vom „Trost im Leben und im Sterben" (Heidelberger Katechismus, Frage 1) ist die Rede. Entsprechend sollte es nicht Ziel der Erklärung sein, zu richten und den Stab über einzelne zu brechen, sondern unter der Bereitschaft zur Versöhnung die Hoffnung auf einen Neuanfang zu wecken. Die Geschehnisse selbst wurden als Gericht Gottes gewertet. Auch die vage und allgemein gehaltene Sprache drückt das Bemühen um eine sensible Annäherung an die Ereignisse der jüngsten Vergangenheit aus. Es wurde eine bewußt vage Sprache gewählt, um nicht Wunden, die kaum verheilt waren, neu aufzureißen. Es ist wichtig, diese seelsorgerliche Ausrichtung sowie ihre Adressaten, die Gemeinden, im Blick zu behalten. Denn sicher läßt sie für den geschichtlichen Betrachter noch einige Fragen offen. So wurden die Verbrechen des Nationalsozialismus mit keinem Wort erwähnt. Fast ist so etwas wie Solidarität zu spüren mit denen, die in Entnazifizierungsverfahren verwickelt waren. Hier stellt sich die Frage, ob nicht zu schnell eine Allianz mit möglichen Tätern gebildet wurde, während die Opfer des Nationalsozialismus unerwähnt blieben.[83] Auch die eigene Rolle im Nationalsozialismus wurde nur knapp und unzureichend dargestellt. Der Schulterschluß der Kirche mit dem Nationalsozialismus, besonders im Jahre 1933, wurde verschwiegen. So trägt diese Erklärung eher die Handschrift des Siegers, gibt einer Geisteshaltung Ausdruck, in der sich das Bewußtsein widerspiegelt, auf der „richtigen Seite" gestanden zu haben, sowie die Bereitschaft, die „Irrenden" wieder bei sich aufzunehmen. Hier ist festzustellen, daß im Selbstverständnis der Kirche nach dem Krieg die Zeit der Unterdrückung und des Kampfes eine größere Rolle spielte als die anfängliche Sympathie für den Nationalsozialismus.[84]

Sicher ist die seelsorgerliche Bemühung dieser Erklärung, die auf den „äußeren und inneren Zusammenbruch" der Bevölkerung reagieren möchte, zu würdigen. Doch für eine differenzierte und selbstkritische Auseinandersetzung mit der Zeit des Nationalsozialismus konnte dies nur ein Anfang sein.

---

82 Ebd.
83 Vgl. zum Problem: Clemens Vollnhals, Evangelische Kirche und Entnazifizierung 1945–1949. Die Last der nationalsozialistischen Vergangenheit (= Studien zur Zeitgeschichte, Bd. 36), München 1989.
84 Vgl. Greschat, Aufbruch und Beharrung, S. 104.

Rückblick

Ziel der vorliegenden Studie über den Kirchenkreis Siegen in der NS-Zeit war es, den Verlauf und die Erscheinungsformen des evangelischen Kirchenkampfes auf der Ebene eines Kirchenkreises darzustellen und vor dem Hintergrund der historischen Gesamtentwicklung zu beleuchten. Dabei waren zwei Leitfragen für die Untersuchung bestimmend: zum einen die Frage nach den innerkirchlichen Auseinandersetzungen, Konstellationen und Frontstellungen, zum anderen die Frage nach dem Standort und der Rolle der evangelischen Kirche in Staat und Gesellschaft unter den Bedingungen nationalsozialistischer Herrschaft. Im folgenden sollen die wichtigsten Ergebnisse noch einmal zusammengefaßt werden.

1. Die vorangehenden Untersuchungen haben die These bestätigt, daß der Kampf der evangelischen Kirche in der NS-Zeit auch auf der *Ebene des Kirchenkreises* eine Fülle an Entwicklungen und Aktivitäten hervorrief. Als traditionelle Organe der synodalen Selbstverwaltung fungierten hier die Kreissynode und der Kreissynodalvorstand, letzterer auch als Teil der allgemeinen kirchlichen Verwaltung mit dem Superintendenten an seiner Spitze. Die letzte ordentliche *Kreissynode* in Siegen während der Zeit der NS-Herrschaft tagte am 19. Juni 1933 in Müsen. Diese Synode war geprägt von der Euphorie über den „nationalen Aufbruch", der Diskussion um die kirchliche Neuordnung und die üblichen Geschäfte einer Kreissynodaltagung. Auf dieser Synode war noch eine große Einmütigkeit hinsichtlich der Bewertung der politischen Verhältnisse und der kirchenpolitischen Entwicklung erkennbar. Bereits wenig später aber begann mit den Kirchenwahlen auch die innerkirchliche Gruppenbildung. Aufgrund der öffentlichen Propaganda und der praktischen Einflußnahme örtlicher Parteifunktionäre in den Wahlkommissionen schafften es die Deutschen Christen, die bisher im Siegerland eine weitgehend unbekannte Größe darstellten, die Hälfte der Sitze in der neuen Synodalvertretung für sich zu gewinnen. Die außerordentliche Kreissynode vom 18. August 1933 entsandte jeweils gleichviele Vertreter der Deutschen Christen und der Gruppe „Evangelium und Kirche" in die Provinzialsynode und den Kreissynodalvorstand. Mit Beginn der kirchlichen Auseinandersetzungen verschoben sich jedoch die Mehrheitsverhältnisse in der Synode zugunsten der entstehenden Bekenntnisfront, weil die von den Deutschen Christen forcierte Übernahme staatlicher Organisationsprinzipien (Führertum, „Arierparagraph") in den Bereich der Kirche auf Widerspruch stieß. So verabschiedete die außerordentliche Kreissynode, die am 14. März 1934 tagte, eine Entschließung, die sich gegen die Gleichschaltungsgesetzgebung des Reichsbischofs Müller wandte. Entschieden sprachen sich die Delegierten für den Erhalt der Rheinisch-Westfälischen Kirchenordnung und der in ihr verbürgten presbyterial-synodalen Verfassung

aus. Zum letzten Mal tagte dann die Kreissynode in außerordentlicher Sitzung am 30. August 1934. Sie lehnte die Beschlüsse der Nationalsynode, die als Legitimation für die Reichskirchenpolitik dienen sollte, mehrheitlich ab. Dies war die letzte „gemischte" Synode in Siegen, d. h. mit Beteiligung der Deutschen Christen. Danach tagte nur noch die Bekenntnissynode.

Das zweite Organ des Kirchenkreises, der *Kreissynodalvorstand*, war – wie erwähnt – nach den Kirchenwahlen jeweils paritätisch mit Deutschen Christen und Vertretern der Gegenseite besetzt. Bei Stimmengleichheit entschied daher der Superintendent. Auch hier verschoben sich die Gewichte zugunsten der Bekennenden Kirche: Im Herbst 1934 waren nur noch zwei Deutsche Christen im Kreissynodalvorstand. Obwohl die Bekenntnisgemeinden ihren Rücktritt forderten, hielten sie hartnäckig an ihrem Amt fest. Sie konnten jedoch nicht verhindern, daß der Kreissynodalvorstand die Entlassung von deutsch-christlichen Presbytern aussprach. Auch bei der Vertretung des Superintendenten wurden die Ansprüche der Deutschen Christen abgeblockt. So blieb der Kreissynodalvorstand als intaktes Gremium ein wirksames Instrument der Bekennenden Kirche im Siegerland.

Das Amt des *Superintendenten* war mit Albert Heider ebenfalls in den Händen der Bekenntniskräfte. Heiders renitente Haltung gegenüber der Kirchenbehörde führte dazu, daß unter dem westfälischen Bischof Adler zeitweise seine Abberufung erwogen wurde. Heider leitete auch die Sitzungen der Bekenntnissynode und gab ihnen so einen offiziösen Charakter. Laut Beschluß der zweiten Bekenntnissynode vom 26. Oktober 1936 führte er sein Amt *im Auftrag* der Bekenntnissynode. So wurden die legalen Strukturen des Kirchenkreises mit den inoffiziellen Strukturen der Bekenntnissynode verzahnt. Im Jahre 1941 wählten die Bekenntnispfarrer Pfarrer Achenbach zu Heiders Nachfolger. Obwohl diese Wahl nach der zu dieser Zeit geltenden Gesetzgebung „illegal" war, begrüßte die Kirchenbehörde den Rücktritt Heiders und bestätigte das Votum der Pfarrer. Damit blieb auch dieses wichtige Amt vor den Machtbestrebungen der Deutschen Christen und vor willkürlichen Eingriffen der Kirchenbehörde verschont.

Neben diesen offiziellen Organen des Kirchenkreises entstanden im Laufe der kirchlichen Auseinandersetzungen neue Strukturen kirchlichen Lebens auf synodaler Ebene. Zunächst ist die Siegerländer *Pfarrerbruderschaft* zu nennen, die sich im Herbst 1933 als Zweig der Westfälischen Pfarrerbruderschaft konstituierte. Von ihr gingen die ersten Impulse im beginnenden Kirchenstreit aus, wurde der Widerstand gegen die Zerstörung der Kirchenordnung eingeleitet. Auch nach der schärfsten Phase im Kirchenstreit im Jahre 1934 blieb die Pfarrerbruderschaft bestehen. In ihren monatlichen Treffen wurden kirchenpolitische Fragen und theologische Themen erörtert. Im Anschluß fanden die traditionellen Pfarrkonferenzen statt.

Als weiterer Pfarrerzusammenschluß bildete sich ebenfalls im Herbst 1933 ein Zweig des von Karl Immer (Barmen-Gemarke) gegründeten *Coetus Reformierter Prediger*. Er sollte die in Deutschland verstreuten reformierten Pastoren zum Kampf um Bekenntnis und Kirchenordnung sammeln. Die Arbeit des Coetus, die auf Kreisebene durch einen „Obmann" geleitet wurde, war vor allem für die überregionale Kontaktpflege und den Informationsaustausch über Kirchengrenzen hinweg von Bedeutung. Aber auch im Kirchenkreis sorgte er mit einer „Theologischen Woche" für Resonanz.

In die Tätigkeit der Pfarrerorganisationen wurden schon früh die interessierten Laienkreise mit einbezogen. So entstand im Siegerland eine *presbyteriale* bzw. *synodale Arbeitsgemeinschaft* aus Pfarrern und Presbytern. Diese Arbeitsgemeinschaft entfaltete ihre größte Wirksamkeit gerade in der „heißen" Phase im Frühjahr 1934, indem sie die Gemeinden und Gemeindeglieder des Kirchenkreises mobilisierte. Als leitendes Organ wurde ein *Bruderrat* herausgestellt, der auch in den nächsten Jahren die Aktivitäten der Bekennenden Kirche im Siegerland koordinierte. Er war im Kirchenkampf das wichtigste Gremium auf Kreisebene: Er sammelte die Vertreter der Siegerländer Bekenntnissynode, der offiziellen Leitung des Kirchenkreises und den Vertreter des Siegerlandes im westfälischen Bruderrat zum Informationsaustausch; er organisierte Bekenntnisgottesdienste und -synoden, Vortragsreisen und Visitationen und pflegte den Kontakt zu den einzelnen Gemeinden und zu den Organen der Bekennenden Kirche in Westfalen. Der Bruderrat war somit die geschäftsführende Leitung der Bekennenden Kirche im Siegerland und nahm diese Funktion im Auftrag der Bekenntnissynode wahr.

Die *Bekenntnissynode* Siegen übernahm gemäß den Beschlüssen der Dahlemer Reichsbekenntnissynode die Funktionen der früheren Kreissynode. Die Delegierten wurden von den Bekenntnisgemeinden ordnungsgemäß bestellt, Superintendent Heider erhielt die Leitung übertragen. Darin zeigte sich, daß sich die Bekenntnissynode als legitime Leitung des Kirchenkreises verstand. Sie besaß damit mehr als bloß informellen Charakter. Ihre Beschlüsse hatten für die Gemeinden eine bindende Wirkung. Dies ist zum Beispiel bei der Einführung einer Christenlehre festzustellen, die allen Gemeinden zur Pflicht gemacht wurde. Die genaue Anzahl der Bekenntnissynoden im Kirchenkreis Siegen ist nicht bekannt. Von 1935 bis 1938 fand jeweils eine Tagung jährlich statt. Die wichtigste war die Tagung vom 26. Oktober 1936, die sich auch ausführlich mit dem Verhältnis zum NS-Staat befaßte. Im Blick auf zentrale Felder kirchlichen Wirkens (Schule, Erziehung, innere und äußere Mission, Sonntagsheiligung) forderte sie die bleibende Geltung christlicher Normen und Werte ein. Diese Synode war daher im Kirchenkampf zentraler Ausdruck des kirchlichen Selbstbehauptungswillens im Siegerland während der Zeit der NS-Herrschaft.

Zu erwähnen sind noch Veranstaltungen, in denen die Laienkreise besonders angesprochen wurden: die regionalen Presbyterkonferenzen, die Vortragsreihen in verschiedenen Gemeinden eines Bezirks und auch die Evangelische Woche in Siegen im Jahre 1936. Alle diese Aktivitäten trugen dazu bei, der Bekennenden Kirche im Siegerland Gestalt zu geben.

Die genannten Beispiele haben gezeigt, daß die Strukturen der Bekennenden Kirche im Siegerland stark ausgebaut waren und mit den bestehenden legalen Strukturen eine Einheit bildeten. Die These von A. Kersting, daß die Bekennende Kirche auf der Ebene des Kirchenkreises am schwächsten ausgebildet war, läßt sich jedenfalls für den Kirchenkreis Siegen nicht aufrechterhalten. Sicher spielten die Stärke der Bekennenden Kirche im Siegerland und die Verhältnisse in Westfalen dabei eine wichtige Rolle. Doch gilt für einen Kirchenkreis allgemein, daß hier die Wege kürzer und die Verbindungen intensiver sind als auf Provinzebene oder in der Landeskirche. Dies ermöglichte auch eine größere Zahl an Aktivitäten und einen engeren Zusammenhalt der Gemeinden. Der Kirchenkreis erwies sich daher gerade in den Auseinandersetzungen des Kirchenkampfes als Ebene, auf der sich kirchliche Identität und gemeindliche Solidarität manifestierten.

2. Die *Deutschen Christen* waren im Siegerland als Kreisgruppe Siegen mit einem Kreisobmann an ihrer Spitze vertreten. Vor 1933 hatten sie nur in Weidenau eine Ortsgruppe besessen und mußten sich daher im Siegerland erst die nötige Aufmerksamkeit verschaffen. Bei den Kirchenwahlen im Jahre 1933 profitierten sie in erster Linie von der reichsweiten Propaganda und erreichten dadurch die Mehrheit oder ein beachtliches Mitspracherecht in den meisten kirchlichen Gremien. Auch fand der von den Deutschen Christen angekündigte volksmissionarische Aufbruch positiven Anklang in den Kreisen der Gemeinschaften und Kirchen, die vom Geist der Erweckung noch durchdrungen waren. Den Impetus der nationalsozialistischen Bewegung auf kirchlichem Gebiet in Evangelisation und Volksmission umzusetzen schien vor allem den Deutschen Christen zuzutrauen zu sein. In umgekehrter Weise hatte auch der Skandal im Berliner Sportpalast für sie negative Auswirkungen, da die umstrittenen Äußerungen des Dr. Krause mit der religiösen Prägung der Siegerländer Christen kollidierten. Die radikale Kritik am Alten Testament, der paulinischen Rechtfertigungslehre und der biblischen Jesusgestalt war ein Schock für die in tiefer Bibelfrömmigkeit verwurzelten Gläubigen. Auch ließ die gewaltsame Durchsetzung des „Führerprinzips" in der Kirche viele Deutsche Christen an der Reichskirchenpolitik zweifeln, denn ein kirchliches Führertum stand dem in reformierter Gemeindetradition und Gemeinschaftsbewegung gepflegten Laienprinzip diametral entgegen. Die Kreisgruppe der Deutschen Christen mußte daher einen drastischen Mitgliederschwund hinnehmen und besaß ab 1934 nur noch in wenigen Gemeinden eine nennenswerte Ortsgruppe. Nachdem sich die Bekennende Kirche durchgesetzt hatte, mußten die Deutschen Christen erleben, daß sie von den legalen Strukturen des Kirchenkreises ausgeschlossen oder in ihnen majorisiert wurden: Die Kreissynode tagte ab 1934 nicht mehr, und im Kreissynodalvorstand wurden ihre Interessen unterdrückt. Versuche des deutsch-christlichen Synodalassessors, die Vertretung des Superintendenten wahrzunehmen, scheiterten. Aus den örtlichen Presbyterien wurden die deutsch-christlichen Mitglieder in den meisten

Fällen entlassen und die Veranstaltungen der DC-Gemeindegruppen behindert. Die Deutschen Christen fühlten sich zu Unrecht ausgegrenzt, da sich der Dissens gegenüber der Bekennenden Kirche nach ihrer Überzeugung nur auf periphere Fragen der Kirchenordnung bezog. Für die Bekennende Kirche war jedoch die äußere Ordnung untrennbar mit dem Bekenntnis verknüpft. Den Deutschen Christen blieb daher nur der Weg, über die Kirchenbehörde ihre Beteiligung am kirchlichen Leben einzufordern. Doch erst mit der Einsetzung der Kirchenausschüsse konnten diese Ansprüche ansatzweise verwirklicht werden. Teilweise kam es zur Einsetzung von Finanz- oder Schlüsselbevollmächtigten durch die Behörde. Der kirchliche Alltag der Deutschen Christen und ihrer Gegner in den betroffenen Gemeinden blieb jedoch von einem nervtötenden Kleinkrieg geprägt. Die Öffentlichkeit versuchten erstere mehrfach durch Verbreitung von Flugblättern und Pamphleten oder die Ausgabe von „blauen Karten" zu erreichen. Die Deutschen Christen blieben jedoch im Siegerland eine marginale Gruppe, die unter den gegebenen Bedingungen einen schweren Stand hatte.

3. Die *Gemeinschaftsbewegung* und die im Verein für Reisepredigt zusammengeschlossenen Gemeinschaften stellten auch in der NS-Zeit einen wirksamen Faktor des kirchlichen Lebens im Siegerland dar. Sie trugen mit zur Stärke der Bekennenden Kirche im Siegerland bei, da viele Gemeinschaftschristen auch die Veranstaltungen der Bekennenden Kirche besuchten. Die Führung der Gemeinschaftskreise, vor allem der in Kirchenpolitik erfahrene Walther Alfred Siebel, verhinderte im Sommer 1933 eine Bindung an die Glaubensbewegung Deutsche Christen. Ein Jahr später wurde ihnen gegenüber die klare Scheidung vollzogen. Gleichzeitig versuchte man, die eigene organisatorische Unabhängigkeit auch gegenüber der Bekennenden Kirche zu behaupten.

Den politischen Umschwung des Jahres 1933 wohl begrüßend, verneinte man einen politischen Auftrag der Gemeinschaften. Glaube und Politik wurden streng getrennt und daher auch die Übertragung staatlicher Organisationsprinzipien auf die Gemeinschaftsarbeit abgelehnt. Entsprechend wehrte man sich gegen die Eingliederung der evangelischen Jugendverbände in die HJ. Die staatlichen Behörden respektierten – von einzelnen Übergriffen abgesehen – die Besonderheiten des Siegerländer Gemeinschaftslebens. Man forderte nur – zur besseren Kontrolle – eine straffere Organisation. Im übrigen ging die Arbeit der Gemeinschaften in der gewohnten Weise weiter.

4. Für den Verlauf des Kirchenkampfes im Kirchenkreis Siegen war auch der Charakter als *reformierte Synode* prägend. Die Diskussion um die kirchliche Neuordnung im Frühjahr und Sommer 1933 gab den Anlaß für eine Rückbesinnung auf die theologischen Grundlagen der evangelischen Kirche, bei der schon früh die Erkenntnis formuliert wurde, daß die äußere Ordnung der Kirche in einem engen Verhältnis zu ihrem Bekenntnis zu

sehen sei. Dies galt bisher schon in besonderem Maße für die presbyterial-synodale Kirchenordnung in Rheinland und Westfalen, die als Ausdruck der dort geltenden Bekenntnisse angesehen wurde. Die Kreissynode Siegen forderte daher den Erhalt dieser Ordnung entsprechend ihrer eigenen reformierten Tradition. In der neuen Reichskirchenregierung sah man sich durch das reformierte Mitglied, weniger durch den neuen Reichsbischof repräsentiert. Das Bischofsamt stand in Konkurrenz zum presbyterial-synodalen Aufbau der Kirche und dem Anliegen kirchlicher Selbstverwaltung. Wenn man sich schon mit dem Bischofstitel anfreunden mußte, suchte man ihn im Sinne eines Geschäftsführers, nicht im Sinne einer geistlichen Lehrautorität zu interpretieren. Als im Herbst 1933 das Bischofsamt dann doch dem staatlichen „Führerprinzip" entsprechend ausgestaltet wurde, stieß dies gerade in den Gebieten, die auf eine lange synodale Tradition zurückblicken konnten, auf Widerspruch. Im Siegerland forderte man – anfangs sogar mit den Deutschen Christen (!) –, daß die Rheinisch-Westfälische Kirchenordnung „in ihren Grundzügen" erhalten bleiben solle. Bei den nachfolgenden Auseinandersetzungen betonten die Siegerländer Gemeinden ihren reformierten Charakter und dessen Bedeutung für die äußere Verfassung der Kirche. Gleichzeitig beteiligte man sich an dem reformierten Aufbruch in den freien reformierten Synoden, deren zweite im Jahre 1935 in Siegen stattfand. Im Zuge der Differenzierung innerhalb der Reformierten orientierten sich die Siegerländer Bekenntnisgemeinden zum konsequent bekenntniskirchlichen Flügel hin. Die zweite Kreisbekenntnissynode in Siegen im Oktober 1936 ordnete sich dem reformierten Konvent der Bekennenden Kirche zu und erklärte, nur eine solche Leitung der Reformierten anerkennen zu können, die ebenfalls innerhalb der Bekennenden Kirche ihren Auftrag ausübe. Damit erteilte sie reformierten Entwicklungen zur kirchlichen „Mitte" hin eine Absage. Durch die reformierten Sammlungsbewegungen in den Synoden, den Reformierten Bund und den Coetus Reformierter Prediger wurden auch die alten Beziehungen zum nahen Wuppertal belebt, das in seiner religiösen Struktur dem Siegerland ähnelte. In Westfalen engagierten sich die reformierten Siegerländer für die Bildung eines reformierten Konventes der bekennenden Gemeinden Westfalens, der im August 1937 erstmals zusammentrat.

Auch bei den Auseinandersetzungen mit den Deutschen Christen spielte das reformierte Bekenntnis eine wichtige Rolle. Da die Gemeinden ihr Recht auf Selbstbestimmung aus dem Bekenntnis ableiteten, versuchten die Deutschen Christen, die anfangs noch für die Wahrung reformierter Belange eingetreten waren, den reformierten Charakter der Siegerländer Gemeinden zu bestreiten. Letzterer wurde jedoch durch das Konsistorium bestätigt und den reformierten Gemeinden eine eigene geistliche Leitung zugesprochen. Eine abschließende Vergewisserung über den reformierten Bekenntnisstand der Siegener Synode fand im Juli 1937 statt. Nach einem Beschluß der Bekenntnissynode wurde der reformierte Charakter für alle Kirchengemeinden des Siegerlandes außer Olpe festgestellt.

Der Kirchenkampf führte also zu einer Rückbesinnung auf das reformierte Erbe, das seit dem 16. Jahrhundert dem kirchlichen Leben im Siegerland seinen Stempel aufgedrückt und auch dem Siegerländer Pietismus ein spezifisches Gepräge verliehen hatte. In diesem Erbe war der reformatorische Grundsatz vom *allgemeinen Priestertum* der Gläubigen weitergebildet worden zu einem Kirchenverständnis, welches die Selbständigkeit der Gemeinden in inneren Angelegenheiten und die Beteiligung der Laien betonte. Danach ist *wahre* Kirche nur dort, wo sie presbyterial-synodal verfaßt ist. Dieses Kirchenverständnis ging einher mit einem großen religiösen Selbstbewußtsein, das in dem Glauben an die persönliche Erwählung und Rechtfertigung gründete. Es ist einleuchtend, daß diese religiösen Einstellungen und Mentalitäten auch das Verhalten während des Kirchenkampfes beeinflußten, wie die obigen Ausführungen gezeigt haben. Aus dieser Beobachtung heraus anzunehmen, daß die reformierten Gemeinden in besonderem Maße resistent gegenüber der nationalsozialistischen Kirchenpolitik gewesen seien, würde jedoch in die falsche Richtung führen. Für das Siegerland waren neben der eigenen Tradition die Verhältnisse in der Kirchenprovinz Westfalen insgesamt maßgebend, wo reformierte und lutherische Gemeinden gemeinsam um den Erhalt ihrer angestammten Ordnung kämpften. In diesen Kampf versuchten die reformierten Gemeinden ihre besondere Sichtweise einzubringen. Die Annahme, daß vom reformierten Kirchenverständnis aus eine größere Nähe zu demokratischen Entscheidungsformen gegeben sei, ist so nicht haltbar. Auch nach reformiertem Verständnis wurde die Leitung der Gemeinde nicht gewählt, sondern nach sorgfältiger Prüfung *berufen*. Abstimmungen im Presbyterium wurden üblicherweise „einstimmig" getroffen; schließlich sollte es in der Kirche nicht um die Mehrheit, sondern um die *Wahrheit* gehen. Entsprechend nahm man bei der Neuordnung der Landeskirchen nach 1918 die Übernahme demokratischer Strukturen in die Kirchenverfassung nur widerwillig und unter Einbau gewisser „Sicherungen" (Wählerlisten, Siebwahlsystem) hin. Die Kirche sollte nicht der Ort sein, an dem sich neue Ideen allzu leicht durchsetzen konnten. Dies wirkte sich auch beim Angriff der Deutschen Christen auf die kirchlichen Strukturen hemmend aus. Die „Vorwürfe" der Deutschen Christen, die Bekennende Kirche vertrete das „alte System des Parlamentarismus", trafen daher ins Leere. Nach damaligem Verständnis war also Demokratie in der Kirche mit dem reformierten Kirchenverständnis ebensowenig vereinbar wie ein nach politischem Muster geformtes autoritäres Bischofssystem. Der Kampf gegen eine diktatorische Bischofskirche stellte jedoch kein reformiertes Proprium dar.

5. Innerhalb der *westfälischen Kirchenprovinz* zählte das Siegerland zu den am stärksten vom Protestantismus und einer intensiven Kirchlichkeit geprägten Gebieten. Fernab von den Zentren der Kirchenbürokratie hatte sich hier durch Erweckungsbewegung und reformierte Gemeindetradition ein ausgeprägtes Selbstbewußtsein entwickelt, mit dem religiöse und kirchliche

Fragen behandelt wurden. Dies zeigte sich auch im Kirchenkampf, als die Gemeinden Verfügungen der Kirchenbehörde häufig mißachteten. Einige Maßnahmen konnten erst mit staatlicher Amtshilfe durchgesetzt werden. Die Siegerländer Bekenntnissynode ging sogar so weit, dem Konsistorium und dem Provinzialkirchenausschuß jede Legitimität abzusprechen. Gelegentlich wurde auch die Frage gestellt, ob ein Verbleib in der Union überhaupt als selbstverständlich anzusehen sei. Das Konsistorium versuchte natürlich solchen Tendenzen entgegenzuwirken. Es war in erster Linie am kirchlichen Frieden und dem Funktionieren der kirchlichen Verwaltung interessiert. Es mußte daher die realen Kräfteverhältnisse im Siegerland berücksichtigen und den Leitungsanspruch der Bekenntniskräfte respektieren. Auch die in ihren Augen illegale Wahl eines neuen Superintendenten wurde trotz formaler Einwände letztlich anerkannt. Konflikte gab es in erster Linie in Verbindung mit Ansprüchen der Deutschen Christen. Mehrfach reisten Vertreter des Konsistoriums ins Siegerland, um die Streitigkeiten zwischen den Parteien zu schlichten. In den späteren Jahren, ab 1937, konnte die Behörde meist unter Androhung von Zwangsmaßnahmen ihre Sichtweise durchsetzen.

Im Rahmen der Bekennenden Kirche Westfalens stellte das Siegerland hinter Tecklenburg die – prozentual gesehen – mitgliederstärkste Synode dar. Hier wurden schon früh BK-Strukturen aufgebaut, welche die gesamte Synode erfaßten und ihr ein geschlossenes Erscheinungsbild gaben. So konnten auch in den Nachbarsynoden Werbeaktivitäten für die Bekennende Kirche durchgeführt werden. Als größte reformierte Synode Westfalens suchte man die Fühlungnahme mit den übrigen reformierten Gemeinden und Synoden und trieb die Bildung eines reformierten Konventes der Bekennenden Kirche Westfalens voran.

Die Siegerländer Gemeinden standen hinter Präses Koch und der westfälischen Leitung der Bekennenden Kirche, doch vertrat man auch eigene Positionen, indem man z. B. den westfälischen Sonderweg in der Frage der Kirchenausschüsse ablehnte. Hier spielte auch das Bewußtsein der eigenen Stärke eine Rolle, für das eine Beteiligung der Deutschen Christen als Rückschritt erscheinen mußte.

Wenn man das Diktum vom *intakten* Kirchengebiet auch auf einen Kirchenkreis anwendet, könnte man die Synode Siegen als intaktes Gebiet bezeichnen, da die Bekennende Kirche hier die legalen Strukturen besetzt hielt und sich so den maßgeblichen Einfluß im kirchlichen Leben sicherte. Dadurch konnten auch Theologen, die aus anderen Teilen Deutschlands ausgewiesen worden waren, hier eine Zeitlang oder dauerhaft Unterschlupf finden.

So verlief der Kirchenkampf in dem an der Peripherie der westfälischen Kirchenprovinz gelegenen Siegerland insgesamt eher unspektakulär. Die Zentren des Kirchenkampfes in Westfalen lagen mehr im Ruhrgebiet und im Raum Bielefeld. Doch war das Siegerland ein Zentrum kirchlichen Lebens und eine Hochburg der Bekennenden Kirche in Westfalen. Die theologische

Verarbeitung des Kirchenkampfes im Rahmen reformierten Theologietreibens trug dazu bei, daß das Siegerland in der westfälischen Kirchenprovinz seinen eigenen Charakter bewahrte.

6. Die Untersuchung der Frage nach dem *Verhältnis der Kirche zum nationalsozialistischen Staat* erbrachte Ergebnisse, die differenzierende Antworten erfordern. Zunächst konnte festgestellt werden, daß auch die Kreissynode Siegen – wie die Mehrheit der evangelischen Christen in ganz Deutschland – die nationalsozialistische Machtergreifung begrüßte. In dem Umbruch des Jahres 1933 sah man – nach dem Ende der Verbindung von Thron und Altar sowie den enttäuschenden Erfahrungen der religionsneutralen Weimarer Republik – die Chance der Kirche zu einem neuen Schulterschluß mit dem zum Christentum vermeintlich „positiv" eingestellten Staat. Damit verbunden war die Hoffnung auf einen volksmissionarischen Aufbruch und eine stärkere Geltung der Kirche im öffentlichen Leben. Doch schon bald wich die anfängliche Euphorie einer wachsenden Ernüchterung. Die innerkirchlichen Kontroversen und der religionspolitische Kurs des NS-Regimes ließen die Erkenntnis reifen, daß die anfänglichen Erwartungen unerfüllt bleiben würden, ja daß auf die evangelische Kirche die größte Existenzkrise in ihrer Geschichte zukommen würde. Man sah sich zunehmend staatlichen Zwangsmaßnahmen und einer restriktiven Gesetzgebung ausgesetzt, die die Aktivitäten der Kirche auf den rein religiösen Bereich zu beschränken suchte. Die Bekenntnissynode setzte sich in einer Erklärung gegen die Entkonfessionalisierungstendenzen in Erziehung und Schule und in der Wohlfahrtspflege zur Wehr. Im Jugendbereich suchte man neue Wege christlicher Unterweisung. Auch die in Partei und Gesellschaft propagierte völkische Religiosität wurde kritisiert und der Kampf der Weltanschauungen aufgenommen. Bei aller Kritik an Einzelmaßnahmen des Staates gab man aber die staatsbürgerliche Loyalität nie preis.

Die staatlichen Behörden verfolgten die kirchenpolitische Entwicklung im „frommen" Siegerland mit großer Aufmerksamkeit. Zeitweise kamen in umfassender Weise Überwachungsmaßnahmen für kirchliche Veranstaltungen zur Anwendung. Die dabei angelegten Protokolle und Sammelberichte zeigen, daß der Kirchenstreit auch im lokalen Bereich als eine ernsthafte Belastung für das Verhältnis zwischen Kirche und Staat und als Behinderung wesentlicher Ziele des NS-Regimes angesehen wurde. Pfarrer, die sich aktiv am Kirchenkampf beteiligten, wurden als „politisch unzuverlässig" eingestuft. Der Kampf der Bekennenden Kirche rief also eine – wenn auch ungewollte – politische Wirkung hervor.

Gerade für den lokalen Bereich ist zu beachten, daß Kirche und Staat nicht nur als Gegenüber zu sehen sind. Denn die Staat und Partei repräsentierenden Personen waren nicht in jedem Fall kirchenpolitisch neutral eingestellt. Zudem besaßen sie in ihrem Verhalten einen gewissen Spielraum. So konnte ein Bürgermeister, der der Bekennenden Kirche nahestand, zur Entschärfung bestimmter Konflikte in seinem Aufsichtsbereich beitragen, indem er die Beschlagnahmung einer Kollekte im Vorfeld verhinderte. In einem anderen Fall zog ein Bürgermeister durch die Beschlagnahmung einer traditionellen Naturalspende den Zorn der Bevölkerung auf sich. Örtliche Parteifunktionäre engagierten sich teilweise für die Deutschen Christen, was die Auseinandersetzungen innerhalb der Gemeinde durchaus verschärfen konnte. Wenn ein Ortsgruppenleiter aus dem Presbyterium entlassen wurde, war dies natürlich ein Politikum ersten Ranges! Die scharfe Trennung von den Deutschen Christen, die ja anfangs die Unterstützung des NS-Staates besaßen, mußte auch als Widerspruch gegen Ziele des NS-Regimes aufgefaßt werden. Auch hinter der Kritik an Rosenbergs „Mythus" wurde eine religiös verbrämte politische Intention vermutet.

Dies bedeutet, daß resistenzgeschichtlich zwischen der Intention des kirchlichen Widerspruchs in der NS-Zeit und seiner tatsächlichen Wirkung unterschieden werden muß. Die evangelische Kirche beschränkte ihren Widerspruch ausdrücklich auf die Bereiche, in denen ihre essentiellen Interessen tangiert waren: nämlich in den Bereichen Theologie und Kirchenordnung, Schule und Jugendpflege sowie Diakonie und Sonntagsheiligung. Ein politischer Widerspruch war damit nicht intendiert, die Kirche agierte hier rein defensiv. Dennoch wurde das kirchliche Verhalten durch Staat und Partei als politisch relevant eingestuft. Denn es stellte das Weltanschauungsmonopol des NS-Staates in Frage und widersetzte sich seinem totalen Gestaltungswillen aller gesellschaftlichen Teilbereiche. So besaß der defensiv und unpolitisch vorgetragene Kampf der Bekennenden Kirche durchaus den Charakter von Resistenz. Dies konnte bis zu der Behauptung führen, die Bekennende Kirche sei ein Sammelbecken oppositioneller Kreise. Dies war natürlich so nicht zutreffend, doch ist es bezeichnend für die Art und Weise, wie das kirchliche Verhalten wahrgenommen werden konnte.

Selbst ein totalitärer Staat kann nicht auf Dauer eine Politik betreiben, die von großen Teilen seiner Bevölkerung abgelehnt wird. Dies mußte der NS-Staat in seiner Religionspolitik erfahren. Die Breite des Widerspruchs in der kirchlich geprägten Bevölkerung und das Beharrungsvermögen kirchlicher Institutionen und Strukturen gegenüber der nationalsozialistischen Gleichschaltung führten dazu, daß der kirchenpolitische Kurs des NS-Staates wechselhaft blieb, weil er seine Ziele nicht durchsetzen konnte. Auch im Kirchenkreis Siegen mit seiner überwiegend protestantisch geprägten Bevölkerung ist zu beobachten, daß sich die staatlichen Behörden mit Rücksicht auf die Stärke der Bekennenden Kirche Zurückhaltung auferlegten. In ihren Maßnahmen gegenüber der Bekennenden Kirche blieben sie meist moderat. Das Verfahren gegen Pfarrer Steinle, der aufgrund privater Äußerungen über NS-Größen verurteilt und zeitweise ausgewiesen wurde, stellte einen Einzelfall dar. Dabei ist zu beachten, daß es hier um explizit politische Äußerungen ging, die rücksichtslos geahndet wurden.

Als das tragischste Opfer des Kirchenkampfes im Siegerland ist sicher Pfarrer Noa aus Siegen anzusehen, der aufgrund seiner teilweise jüdischen Herkunft Repressionen ausgesetzt war und unter ungeklärten Umständen ums Leben kam. Die übrigen Verfahren, die – meist wegen geringfügiger „Vergehen" – gegen Pfarrer angestrengt wurden, endeten mit einer geringen Geldbuße oder wurden ganz eingestellt. Die staatlichen Behörden begnügten sich mit punktuellen Machtdemonstrationen und waren im übrigen bestrebt, die öffentliche Ruhe zu gewährleisten.

Resistenzgeschichtlich ist festzuhalten, was auch für andere Bereiche der evangelischen Kirche beobachtet worden ist: Die evangelische Kirche im Siegerland sperrte sich gegenüber der ideologischen und organisatorischen Gleichschaltung durch den Nationalsozialismus und versuchte, ihre Eigenständigkeit in den angestammten Wirkungsfeldern zu behaupten. Dies glückte in besonderem Maße im Bereich der Verkündigung, der sich staatlicher Kontrolle weitgehend entzog und Möglichkeiten bot, versteckte Kritik am Regime zu üben. Im übrigen war der sonntägliche Gottesdienst der Ort, wo sich die christliche Gemeinde im Hören der Predigt und der Feier des Abendmahls sichtbar festmachen ließ. Die große Resonanz, welche der Gottesdienst bei der Bevölkerung fand, war den Machthabern stets ein Dorn im Auge. So dienten die sonntäglichen Gottesdienste auch der Aufrichtung einer *Gegenwelt* gegenüber der ideologischen Vereinnahmung durch den Nationalsozialismus. Es gelang den nationalsozialistischen Machthabern nicht, tiefverwurzelte religiöse Bindungen und Mentalitäten zu zersetzen und die volkskirchlichen Strukturen zu zerstören. Somit zeigt sich auch in dieser Untersuchung, wie religiöse Einstellungen sowie kirchliche Strukturen und Organisationsformen als Resistenzfaktoren gegenüber dem nationalsozialistischen Totalitätsanspruch wirksam sein konnten. Daß der Kirchenkampf dennoch kein uneingeschränktes Ruhmesblatt für die evangelische Kirche im Siegerland darstellt, liegt vor allem daran, daß man diesen Kampf nur in eigener Sache führte und andere Opfer der NS-Herrschaft nicht ins Blickfeld nahm.

Anhang

1. Verzeichnis der Pfarrer der Synode Siegen 1933–1945

Achenbach, Ernst, 31. 5. 1902–9. 10. 1967, Niederschelden 1928, Sup. Siegen 1942–1967 (Bauks, Nr. 26).

Arndt, Johann Wilhelm, 18. 3. 1886–21. 6. 1968, Weidenau 1929–1954 (Bauks, Nr. 123).

Barth, Hermann, 19. 7. 1902, Oberfischbach 1929–1940 (Bauks, Nr. 264).

Blecher, Adolf, 22. 7. 1869–20. 9. 1938, Neunkirchen 1930–1935 (Bauks, Nr. 536).

Blecher, Johann Heinrich Carl, 9. 7. 1862–19. 6. 1938, Siegen 1905–1930 (Bauks, Nr. 534).

Boyde, Johannes Gustav, 10. 4. 1875–15. 8. 1955, Rödgen 1921–1936 (Bauks, Nr. 693).

Bruckhaus, Peter, 12. 4. 1901–15. 1. 1967, Burbach 1929 (Bauks, Nr. 798).

Buscher, Emil, 4. 6. 1872–19. 3. 1963, Klafeld 1919–1945 (Bauks, Nr. 922).

Busse, Cornelius August Heinrich Gottlieb, 12. 1. 1902–26. 3. 1945, Siegen 1929–1933 (Bauks, Nr. 933).

Dahm, Friedrich Wilhelm Julius, 23. 3. 1894, Niederdresselndorf 1928–1959 (Bauks, Nr. 1125).

Demandt, Hermann Otto, 1. 3. 1876–13. 7. 1957, Freudenberg 1907–1947 (Bauks, Nr. 1202).

Eggers, Gustav Hermann Ernst, 8. 5. 1885–1. 7. 1975, Weidenau 1928–1946 (Bauks, Nr. 1437).

Erlbruch, Paul Gustav Wilhelm, 22. 5. 1895, Oberholzklau 1926–1960 (Bauks, Nr. 1549).

Germann, Johannes Walter, 27. 8. 1894–30. 12. 1975, Krombach 1928–1946 (Bauks, Nr. 1924).

Graffmann, Heinrich, 17. 2. 1901, Niederschelden 1938–1948 (Bauks, Nr. 2050).

Haarbeck, Gustav Gerhard Hermann, 14. 8. 1898, Weidenau 1926–1933 (Bauks, Nr. 2198).

Heider, Heinrich Karl Albert, 7. 2. 1872–4. 6. 1954, Siegen, 1931–

1942, Sup. Siegen 1931–1942 (Bauks, Nr. 2413).

Heider, Heinrich Paul, 9. 2. 1886, Müsen 1917–1934 (Bauks, Nr. 2415).

Hoffmann, Walter, 17. 3. 1906–(2. 5. 1945 verm.), Rödgen 1935 (Bauks, Nr. 2729).

an Huef, Paul Gerhard, 21. 5. 1903–31. 8. 1952, Weidenau 1934–1951 (Bauks, Nr. 2848).

Jochums, Heinrich Wilhelm, 17. 8. 1904, Eiserfeld 1934–1956 (Bauks, Nr. 2977).

Koch, Paul Bernhard, 4. 5. 1875–27. 8. 1953, Olpe 1912–1946 (Bauks, Nr. 3328).

Kreck, Walter, 7. 6. 1908, Oberfischbach 1941–1946, aus polit. Gründen aus Hessen ausgewiesen 3/1940, Reichsredeverbot 9/1940 (Bauks, Nr. 3466).

Krusius, Paul, 15. 1. 1879–12. 11. 1958, Niederschelden 1929–1938 (Bauks, Nr. 3531).

Müller, Hermann, 30. 11. 1887–14. 8. 1977, Hilchenbach 1926–1958 (Bauks, Nr. 4334; Kurt Heimbucher/Adolf Kühn, Aufbruch im Siegerland. Dr. Hermann Müller – Zeuge der Gnade Gottes, Neuhausen-Stuttgart 1983).

Müller, Franz Eberhard, 17. 11. 1905–22. 12. 1967, Netphen 1933–1936 (Bauks, Nr. 4337).

Münker, Heinrich, 7. 8. 1874–3. 2. 1956, Netphen 1921–1937 (Bauks, Nr. 4345).

Neunobel, Georg Heinrich, 14. 9. 1893, Eiserfeld 1931–1933, 1940 wegen „Kanzelmißbrauchs“ zu 25 Monaten Haft verurteilt (Bauks, Nr. 4457).

Noa, Theodor Paulus Walther, 10. 5. 1891–(14. 3. 1938 tot aufgefunden), Siegen 1927, aufgrund jüdischer Vorfahren Repressalien ausgesetzt (Bauks, Nr. 4523; Ursula Hörsch/Andrea Stötzel, Theodor Noa [1891–1938], Siegen 1991;

Reinhard Gädeke, Theodor Noa, der erste evangelische Jugendpfarrer von Hagen – ein Opfer der Rassengesetze des „Dritten Reiches", in: JWKG 80 [1987], S. 69–103).

Pfeil, Otto, 26. 6. 1900–1. 5. 1973, Klafeld 1932–1946 (Bauks, Nr. 4728).

Prange, Fritz Walter, 10. 7. 1909–27. 7. 1943, Netphen 1938 (Bauks, Nr. 4859).

Röhrig, Otto, 8. 7. 1871–11. 1. 1941, Siegen 1908 (Bauks, Nr. 5110).

Röhrig, Otto-Ernst, 25. 3. 1910–24. 10. 1954, Netphen 1945 (Bauks, Nr. 5112).

Romberg, Hermann, 21. 2. 1886–27. 2. 1977, Siegen 1937– 1953, aus polit. Gründen aus Hessen ausgewiesen 1. 5. 1936 (Bauks, Nr. 5154; Volker Fabricius, Pfarrer Romberg und der Kampf der Bekennenden Kirche in Dotzheim, Wiesbaden-Dotzheim 1988).

Schlingensiepen, Wilhelm Ferdinand Hermann, 13. 8. 1896–2. 2. 1980, Siegen 1938–1946, Lehrbefugnis entzogen 27. 3. 1935 (Bauks, Nr. 5438).

Schmidt, Heinrich August Gottfried, 27. 6. 1880–21. 3. 1962, Stift Keppel 1922–1939 (Bauks, Nr. 5507).

Schmidt, Paul, 18. 8. 1881–23. 3. 1945, Siegen 1909 (Bauks, Nr. 5508).

Schmidt, Ernst Wilhelm, 12. 2. 1898, Siegen 1930–1946 (Bauks, Nr. 5513).

Stein, Josef Siegfried, 6. 4. 1903, Wilnsdorf 1931–1945 (Bauks, Nr. 6052).

Steinle, Gustav Adolf, 14. 11. 1890–6. 4. 1944, Netphen 1932, Aug.–Nov. 1935 Ausweisung aus dem Kr. Siegen u. Redeverbot außerhalb der Kirche im Reg.bezirk Arnsberg (Bauks, Nr. 6086).

Strothmann, Heinrich Friedrich, 8. 10. 1906–5. 1. 1944, Müsen 1934 (Bauks, Nr. 6197).

Tersteegen, Johannes, 29. 8. 1904–15. 12. 1963, Neunkirchen 1937–1949 (Bauks, Nr. 6274).

Thiemann, Walter Wilhelm August, 6. 8. 1898–26. 3. 1983, Neunkirchen 1940–1946, aus polit. Gründen verhaftet 10. 7. 1939, ins KZ Buchenwald verbracht 15. 12. 1939 (Bauks, Nr. 6301; Walter Thiemann, In meines Herren Hand. Erinnerungen 1934–1939, Siegen 1978).

Vacheroth, Hans Christian, 8. 4. 1907, Siegen 1935–1969 (Bauks, Nr. 6428).

Vethake, (Hans) Johannes Hermann Friedrich, 13. 12. 1885–19. 7. 1968, Ferndorf 1916–1953 (Bauks, Nr. 6498).

Wehmeier, August Wilhelm, 3. 3. 1905–23. 11. 1992, Ferndorf 1930–1945 (Bauks, Nr. 6712).

Weßler, Erwin Wilhelm Heinz, 25. 1. 1909–27. 5. 1967, Netphen 1944 (Bauks, Nr. 6836).

Witzel, Christoph Friedrich, 28. 1. 1881–22. 6. 1942, Neunkirchen 1914–1938 (Bauks, Nr. 7076).

„Illegale" Theologen (Renitenz):

Adam, Otto, 13. 10. 1912, Oberfischbach 1943–1974 (Bauks, Nr. 30).

Gossing, Fritz, 22. 2. 1906, Klafeld 1937–1949.

Kopsch, Helmut, 16. 4. 1909, Rödgen-Eisern 1936–1946.

Pfisterer, Franz-Ernst, 2. 6. 1911–3. 8. 1944, Neunkirchen 1938.

Schmidt, Adolf, 26. 10. 1908, Netphen 1937.

Schmidt, Erich, 1. 2. 1914, Netphen 1940–1949.

Schümer, Wilhelm, 22. 1. 1909–(Juli 1943 verm.), Oberfischbach 1940, Siegen 1941.

2. Quellenverzeichnis

2.1 Ungedruckte Quellen

2.1.1 Kreissynodalarchiv, Siegen (KSA)

- Bestand E 9: Schriftverkehr und Veröffentlichungen der Bekenntnis-Synode 1934–1939, Bd. I–XXIII.
- Mappe: Kirchenvertretung Siegen 1933–1945 (liegt im Karton mit den Akten: E 9, Bd. I–IV).
- Karton mit der Aufschrift „Bekenntnis-Gem.". Innen ein Zettel: „Aus der Zeit des Kirchen-kampfes", mit Stempel von Rudolf Gädeke: I. Mappe: DEK, Niemöller, Thielicke, Wischmann u. a., II. Mappe: Dienst in der ev. Gemeinde, III. Mappe: Bek. Kirche, W. Prov.Synode 1946.
- Karton mit der Aufschrift „Bekennende Kirche": I. Mappe: Schrifttum zum Kirchenkampf, II. Mappe: Wochenbriefe des Westfäl. Bruderrates, III. Mappe: Predigtentwürfe des Volksmis-sionarischen Amtes der Kirchenprov. Westf., IV. Mappe: Material über D.C. und d.G., V. Mappe: Kirchliche Dokumente, Presse-Notizen 1933/34.

2.1.2 Archive der Kirchengemeinden des Kirchenkreises Siegen

Kirchengemeinde Burbach
- Bestand I: Zur Geschichte und Chronik, Bd. 2 (Fasc. 14): 2. Weltkrieg, kriegsbedingte behördli-che Verfügungen.
- Bestand III: Konfessionelles, Bd. 5a–5d: Kirchenkampf.
- Bestand IV: Soziale Aufgaben der Kirche, Bd. 6 (Fasc. 3): Jugendpflege 30. 8. 1929–1947.
- Bestand VI: Geistliche, Bd. 9: Pfarrstelle.
- Bestand VIII: Kultus, Unterricht, Bd. 13: Fasc. 4: Kirche und Schule 1933–1945.
- Bestand XI: Synodalia, Bd. 17 (Fasc. 3).
- Protokollbuch des Presbyteriums.
- Lagerbuch.

Kirchengemeinde Eiserfeld
- Protokollbuch des Presbyteriums.
- Protokollbuch über die Sitzungen der Gemeindehelfer v. 21. 7. 1942–14. 11. 1972.
- Lagerbuch mit Chronik.

Kirchengemeinde Ferndorf
- Bestand C: Allgemeine Verhältnisse der Kirchengemeinde, Nr. 2: Statistik, Nr. 5: Soldatenbriefe der Kirchengemeinde 1939–1940, Nr. 6: Feldpostbriefe an Pastor Vethake und die Kirchenge-meinde 1939–1943, Nr. 7: Zeitungen und Zeitungsausschnitte aus der Zeit des 3. Reiches 1933–1943.
- Bestand D: Kirchliches Bekenntnis und konfessionelle Verhältnisse, Nr. 5: Austritte aus der Landeskirche 1857–1942, Nr. 8: Auseinandersetzung zwischen Kirche und Nationalsozialismus, Nr. 9: Kirchenkampf in Ferndorf und im Siegerland 1932–1940, Nr. 10: Mitgliederlisten der Be-kenntnisgemeinde, Nr. 11: Reformierter Bund und Coetus reformierter Prediger 1934–1942.
- Bestand F: Kirchenordnung und -verfassung, Synodalangelegenheiten, Nr. 8: Geistliche Leitung des Präses D. Koch 1940–1942.
- Bestand G: Presbyterium und Repräsentanten, Nr. 5: Bd. 4: Protokollbuch des Presbyteriums 1917–1934, Nr. 6: Presbyterium und Gemeindevertretung 1888–1943, Nr. 7: Presbyter- und Re-präsentantenwahl, Nr. 8: Presbyterschulung 1936.
- Bestand H: Kirchliche Ämter, Bd. 15: Kirchmeisterkonferenz 1937.
- Bestand I: Schulsachen, Bd. 13: Verhältnis zwischen Kirche und Schule 1827–1942.
- Bestand K: Gottesdienst und Liturgie, Nr. 9: Proklamationsbücher.
- Bestand L: Amtshandlungen und kirchlicher Unterricht, Nr. 7: Kirchlicher Unterricht und Kon-firmation 1822–1943.
- Bestand N (Nachträge zum Repertorium)
  1.11: Kirchenkampf 1945/46, u. a.: DC-Pfarrer.
  1.12: „Persilscheine" 1945/46.
  1.14: Rundschreiben 1945/46, 1951, 1958/59.
  1.19: Protokollbuch des Presbyteriums 19. 7. 1934–11. 6. 1957.
  1.22: Familienforschung wegen Ariernachweis 1932–1943.
  6.23: Kirchensteuerbeschlüsse 1933–1953.
- Nachlaß von Pfr. Arthur Lindenschmidt.

Kirchengemeinde Freudenberg
- Bestand D 5, Bd. 1–2: Kirchenkampf.
- Bestand D 6: Kirchenkampf in Freudenberg und in der Synode Siegen 1933–1937.
- Bestand G 20: Kirchliche Jugendarbeit 1934–1936.
- Bestand D 4: Bekämpfung der Gottlosenbewegung 1931.
- Protokollbuch des Presbyteriums.

Kirchengemeinde Hilchenbach
- Bd. 1/9: Chronik.
- Bd. 1/7 (Tit. I, No. 7): Kirchenverfassung, Bekenntnisstand 1776.
- Bd. 1/22: Schriftverkehr 1936–1944.
- Bd. 1/35 (Tit. I, No. 35): Kirche und Staat 1933.
- Grüne Mappe: „Presbyter-Akten Hilchenbach I".
- Privat-Chronik der evangelischen Pfarrer zu Hilchenbach.

Kirchengemeinde Klafeld-Geisweid
- Ordner mit Akten zum Kirchenkampf 1934–1938.
- Protokollbuch des Presbyteriums.
- Protokollbuch des Ev. Jungmännervereins 1930–1959.
- Proklamationsbuch.

Kirchengemeinde Krombach
- Bd. 11: Kirchenlehre, Konfessionelles, (Fasc. 6): Austritte aus der Kirchengemeinde 1923–1938.
- Bd. 13: Gemeindeangelegenheiten, Fasc. 1: Denkschrift über die Benutzung des Lutherhauses durch nichtkirchliche Organisationen.
- Gemeindebericht von Pfr. Germann: „Zur Geschichte der Evangelisch-reformierten Kirchengemeinde Krombach während der Amtsführung ihres Pfarrers Johannes Walther Germann, geb. am 27. 8. 1894 zu Hagen i. W., in der Zeit von Anfang März 1928 bis Ende September 1946", ohne Datum.
- Heft, DIN A5: Liste der Mitglieder der Bekenntnisgemeinde.
- Unterschriftenlisten der Mitglieder der Bekenntnisgemeinde.
- Mappe mit Akten über die Disziplinarsache Presbyterium gegen Kirchmeister M. 1936–1939.

Kirchengemeinde Müsen
- Bestand C 57, Bd. 4: Feldpostbriefe 5. 4. 1939–22. 8. 1940.
- Bestand C 58: Feldpostbriefe.
- 3 dunkelgrüne Mappen: 1. Beleidigungsklage Pfr. Heider gegen Ortsgruppenleiter H. 30. 6. 1933–10. 1. 1935, 2. Akten aus der Amtszeit von Pfr. Strothmann 21. 1. 1934–23. 12. 1937, 3. Akten aus der Amtszeit von Pfr. Strothmann 30. 12. 1937–13. 3. 1943.
- 4 grüne Leitz-Ordner mit der Aufschrift „Kirchenkampf".

Kirchengemeinde Netphen
- Bestand C. Kirchliches Bekenntnis, Nr. 5: Kirchenkampf im „3. Reich", Sammlung von Aufsätzen, Rundbriefen, Flugblättern, Zeitungsausschnitten, Nr. 6: Mitglieder der Bekenntnisgemeinde Netphen. Liste und eigenhändige Beitrittserklärungen 1935.
- Bestand H, Bd. 3: Denunziationen gegen Pfarrer Steinle 1934–1951.

Kirchengemeinde Neunkirchen
- Protokollbuch des Presbyteriums.

Kirchengemeinde Niederdresselndorf
- Protokollbuch des Presbyteriums.

Kirchengemeinde Niederschelden
- Protokollbuch des Presbyteriums.

Kirchengemeinde Oberfischbach
- Bestand B: Allgemeine Verhältnisse der Kirchengemeinde, Nr. 6: Feldpostbriefe 1939–1940.
- Bestand C: Kirchliches Bekenntnis und konfessionelle Angelegenheiten, Nr. 6: Kirchenkampf 1933–1944.
- Bestand E: Verhältnisse zu vorgesetzten Behörden, Nr. 5: Verordnungen von Behörden 1937–1943.
- Bestand F: Organe der Kirchengemeinde, Nr. 5: Protokollbücher.
- Bestand H: Schulangelegenheiten, Nr. 19: Schulfragen 1926–1941.
- Bestand K: Kirchliche Wohlfahrts- und Gemeindepflege, Nr. 13: Kirchliche Jugendarbeit 1927–1940.
- Lagerbuch.

Kirchengemeinde Oberholzklau
- Bestand D: Kirchliches Bekenntnis und konfessionelle Angelegenheiten, Nr. 7: Kirchenkampf, Allgemeines, Nr. 8: Kirchenkampf im Kreise Siegen 1933–1940.
- Protokollbuch des Presbyteriums vom 6. 8. 1908–15. 12. 1959.

Kirchengemeinde Siegen
- Protokollbuch des Presbyteriums, Bd. 13: 1941–1944.

Kirchengemeinde Weidenau
- Protokollbuch des Presbyteriums v. 1. 1. 1926–3. 9. 1949
- Predigtbuch Kirche 1933–1944
- Mappe mit der Aufschrift „Kirchenkampf": I. Ersatzwahlen, II. Entlassung L., III. Eggers, IV. Mancherlei Briefwechsel, V. Kassenprüfung/Entlassung F.

Kirchengemeinde Wilnsdorf
- Blauer Schnellhefter: Allgemeines, Synodenprotokolle, Coetus-Briefe.
- Heller Schnellhefter mit der Aufschrift „Juni 1933–Dezember 1935".
- Gelbe Mappe mit der Aufschrift: „Grundstücke (Kapellen u. -rechte usw.)".
- Ordner mit der Aufschrift I–20 (Bd. 37): „Allgemeine Kirchenangelegenheiten (Verschiedenes) 1927–Dez. 1982".
- Ordner I–18: „Kollekten, Sammlungen, Geschenke, Vermächtnisse".
- Protokollbuch des Presbyteriums vom 30. 10. 1911–11. 12. 1962.

2.1.3 Landeskirchliches Archiv der Ev. Kirche von Westfalen, Bielefeld (EKvW)

- Bestand 0, Nr. 4: Geistliche Leitung der Kirchenprovinz Westfalen 1935–1948, Nr. 3, 18, 29, 35.
- Bestand 0, Nr. 4a: Theologisches Ausbildungs- und Prüfungsamt der BK 1934–1942, Nr. 1, 6.
- Bestand 0, Nr. 6: Evangelisches Bistum Münster (Bischof Adler) 1933–1934, Nr. 8, 9.
- Bestand 3, Nachlässe, Nr. 5: Pfarrer Ulrich Dähne, Nr. 12: Pfarrer Ludwig Steil.
- Bestand 5, Nr. 1: Bielefelder Archiv des Kirchenkampfes
  a. Sammlung W. Niemöller: Nr. 110, 118, 119, 123, 148, 238, 241, 248, 294, 743.
  b. Sammlung D. Hesse: Nr. 824.
  c. Sammlung Westfälischer Bruderrat (Lücking): Nr. 843–845, 848–852, 853.
- Bestand 2 neu: Spezialia des Konsistoriums und des Landeskirchenamtes:
  a. Kirchenkreis Siegen:
  Siegen II, Bd. I: Kreissynodalvorstand 1938–1987; Siegen III, Bd. I: Superintendent 1930–1978; Siegen X, Bd. I: Verschiedenes 1942–1963; Siegen XI, Bd. I: Verhandlungen der Kreissynode 1930–1958.
  b. Kirchengemeinden:
  Eiserfeld 1; Siegen 8, Bd. I; Klafeld 6, Bd. I; Klafeld 8, Bd. I; Krombach 8, Bd. I; Weidenau 6, Bd. I.

2.1.4 Evangelisches Zentralarchiv, Berlin (EZA)

- Bestand 7: Evangelischer Oberkirchenrat:
  Nr. 1037–1038, 6014, 6048, 6075. Nr. 6274 (Burbach), 6335 (Ferndorf), 6340 (Freudenberg), 6477 (Klafeld), 6480 (Krombach), 6560 (Netphen), 6568 (Neunkirchen), 6623 (Rödgen), 6662–6663 (Siegen), 6717–6718 (Weidenau).
- Bestand 50: Archiv für die Geschichte des Kirchenkampfes in der Kirchlichen Hochschule Berlin: Nr. 322, 620, 717.

2.1.5 Archiv der Lippischen Landeskirche, Detmold

- Depositum Reformierter Bund, Nr. 39, 102, 257, 276, 311, 377.

2.1.6 Archiv des Gnadauer Verbandes, Dillenburg (GV)

- Vorstandssitzungen 1926–1940.
- Vorstandssitzungen 1941–1952.
- Vorstandssitzungen und Konferenzen 1908–1913, 1919–1936.
- Vorstandssitzungen 1937–1940.
- Nachlaß W. Michaelis.

2.1.7 Archiv des Ev. Gemeinschaftsverbandes Siegerland und angrenzende Gebiete e.V., Weidenau (GeVerb)

- Protokollbuch des Vereins für Reisepredigt.

2.1.8 Kommunale Archive der Städte und Gemeinden

Stadtarchiv Freudenberg
- C 232: Kirchenwesen und religiöse Vereine 1935–1942.
- C 234: Überwachung von Gottesdiensten und Anordnungen betr. öffentliche Veranstaltungen 1934–1937.
- C 235: Kirchenwesen und religiöse Vereine 1933–1935.

Stadtarchiv Hilchenbach
- Nr. 2/1042: Kirchen- und Religionssachen 1819–1933.
- Nr. 2/1690: Sonder-Akten: Evangelisches Kirchenwesen und Pfarrbesoldungsgesetz 1907–1935.
- Nr. 2/3181: „Bekennende Kirche", Kirchenkampf 1934–1939.
- Nr. 2/3184: Pfarrer, Kirchen, Kollekten u. a.

Stadtarchiv Kreuztal (Amt Ferndorf)
(Das Archiv ist noch im Aufbau. Die Akten befinden sich im Keller der Grundschule Krombach. Zitiert wird nach der auf den Akten befindlichen Signatur. Neues Fach als aktueller Standort in Klammern.)
- Amt Ferndorf. Haupt-Akten betr. Kirchen- u. Kultusangelegenheiten. Fach 60, Nr. 1, H. 1 [100].
- Amt Ferndorf. Sonder-Akten betr. Kirchen- u. Kultusangelegenheiten im Allgemeinen. Fach 60, Nr. 2, H. 1 [100].
- Amt Ferndorf. Sonder-Akten betr. Ev. Kirchenangelegenheiten. Fach 60, Nr. 3, H. 1 [100].
- Amt Ferndorf. Haupt-Akten betr. Umwandlung der konfessionellen Schulen des Amtes Ferndorf in Gemeinschaftsschulen und umgekehrt. Fach 61, Nr. 10 [101].
- Amt Ferndorf. Hauptakten betr. Kollekten u. öffentliche Sammlungen. Fach 78, Nr. 4, H. 1 [201].
- Amt Ferndorf. Haupt-Akten betr. Vereins- u. Versammlungspolizei. Fach 86, Nr. 1, H. 1 [202].
- Amt Ferndorf. Haupt-Akten betr. Presspolizei, Buchhandlungen u. Bibliotheken. Fach 88, Nr. 1, H. 1 [196].

Stadtarchiv Siegen
- Dokumente zum Kirchenkampf 1933–1937.

Archiv der Gemeinde Wilnsdorf (Amt Wilnsdorf)
- Akte 2.00.18.05.06 B451: Kirchliche Vereine und Veranstaltungen, Prozessionen, Sekten, Wallfahrten.
- Akte 2.00.06.01.19 B167 und 2.00.06.01.21 B167: Statistik.

2.1.9 Nordrhein-Westfälisches Staatsarchiv, Münster (STA MS)

- Bestand Oberpräsidium: Nr. 5027.
- Bestand Regierung Arnsberg, Kirchenregistratur: Abt. II F: Nr. 148 (Müsen), 174 (Oberfischbach), Abt. II G: Nr. 770 (Weidenau).
- Bestand Kreis Siegen, Landratsamt: Nr. 1839, 1842, 1858–1860, 1865, 1866, 1868, 1901, 2103.
- Bestand Politische Polizei III. Reich: Nr. 394 (Ferndorf), Nr. 401 (Freudenberg); Nr. 414, 415, 417, 421, 425, 426: Politische Lageberichte.
- Bestand NSDAP Kreis- und Ortsgruppenleitungen: Nr. 89: Eiserfeld.

2.1.10 Bundesarchiv Koblenz (BA Koblenz)

– R 22. Reichsjustizministerium: Nr. 1904–1905, 4038: Statistik über Kirchenaustritte.

2.1.11 Bundesarchiv, Abteilungen Potsdam (BA Potsdam)

– Bestand 51.01: Reichsministerium für die kirchlichen Angelegenheiten (RKM): Nr. 23958–24005; Nr. 23764, 23257, 22390

2.1.12 Quellen aus privaten Archiven

– Pfr. i. R. Adolf Schmidt (Dahlbruch) [PA A. Schmidt].
– Pfr. i. R. Erich Schmidt (Eckenhagen) [PA E. Schmidt].
– Pfr. i. R. Helmut Kopsch (Eisern) [PA Kopsch].

2.2 Gedruckte Quellen

2.2.1 Gesetzblätter, Rechtssammlungen, Kirchenverfassungen

Gesetzblatt der Deutschen Evangelischen Kirche, hg. v. der Deutschen Evangelischen Kirchenkanzlei, Berlin, 1933–1944 [GDEK], ab Nr. 33/1935, Ausgabe B: Altpreußen [GDEK.B].
Kirchliches Amtsblatt der Kirchenprovinz Westfalen, Münster, Jg. 75 (1933) – 87 (1945) [KABl.].
Reichsgesetzblatt, hg. v. Reichsministerium des Innern, Berlin, Jg. 1933–1944/45 [RGBl.].
Hoche, Werner (Hrsg.), Die Gesetzgebung des Kabinetts Hitler. Die Gesetze in Reich und Preußen seit dem 30. Januar 1933, Berlin 1933 ff.
Giese, Friedrich/Hosemann, Johannes (Hrsg.), Die Verfassungen der Deutschen Evangelischen Landeskirchen, Unter Berücksichtigung der kirchlichen und staatlichen Ein- und Ausführungsgesetze (= Quellen des Deutschen Evangelischen Kirchenrechts, Sammlung der in den Deutschen Evangelischen Landeskirchen geltenden Kirchengesetze, I. Die Verfassungen), 2 Bde., Berlin 1927.
Dies. (Hrsg.), Das Wahlrecht der Deutschen Evangelischen Landeskirchen (= Quellen des Deutschen Evangelischen Kirchenrechts, Sammlung der in den Deutschen Evangelischen Landeskirchen geltenden Kirchengesetze, II. Das Wahlrecht), 2 Bde., Berlin 1929.
Lüttgert, G./Koch, Friedrich (Hrsg.), Verfassungsurkunde für die Evangelische Kirche der altpreußischen Union vom 29. September 1922, für den Handgebrauch erläutert mit den zugehörigen Gesetzen, Berlin ²1932.
Noetel, H., Die Kirchenordnung für die Gemeinden der Provinz Westfalen und der Rheinprovinz vom 6. November 1923 mit Erläuterungen nebst Ergänzungsbestimmungen im Anhang, Dortmund 1928.

2.2.2 Zeitungen und Zeitschriften

2.2.2.1 Kirchliche Zeitschriften

Evangelium im Dritten Reich. Sonntagsblatt der Deutschen Christen, hg. v. J. Hossenfelder, Berlin, Jg. 2 (1933) – 4 (1935).
Evangelisch-Kirchliches Sonntagsblatt für Siegerland und Wittgenstein, Siegen, 1933 f.
Der Evangelist aus dem Siegerland, Weidenau, 1933–1941.
Licht und Leben. Evangelisches Wochenblatt, Barmen/Elberfeld, Jg. 45 (1933) – 49 (1937).
Junge Kirche. Halbmonatsschrift für reformatorisches Christentum, hg. v. Hanns Lilje (ab 1937 ohne Angabe des Herausgebers), Göttingen, Jg. 1 (1933) – 9 (1941) [JK].
Reformierte Kirchenzeitung. Organ des Reformierten Bundes für Deutschland, hg. v. Wilhelm Kolfhaus, Wuppertal-Elberfeld, Jg. 83 (1933) – 88 (1938) [RKZ].

Reformiertes Sonntagsblatt (Lippisches Sonntagsblatt), Lage, Jg. 1937 f.
Unter dem Wort. Ein biblisches Wochenblatt, hg. v. Lic. H. Klugkist Hesse und Karl Immer, Wuppertal-Elberfeld, Jg. 1 (1933) – 4 (1936) [UdW].

2.2.2.2 Überkonfessionelle Tages- und Wochenzeitungen

Siegener Zeitung, Siegen 1933 ff. [SZ].
Siegerländer National-Zeitung (Jg. 4, Nr. 229 ff.:) National-Zeitung. Siegerländer Ausgabe. Amtl. Organ der NSDAP für die Kreise Siegen-Stadt, -Land und Wittgenstein, Siegen, Jg. 1 (1931) – 13 (1943) [SNZ].

2.2.3 Sonstige gedruckte Quellen

Barth, Karl, Fürchte dich nicht! Predigten aus den Jahren 1934 bis 1948, München 1949.
Beckmann, Joachim (Hrsg.), Briefe zur Lage der Evangelischen Bekenntnissynode im Rheinland, Neukirchen-Vluyn 1977.
Ders., Rheinische Bekenntnissynoden im Kirchenkampf. Eine Dokumentation aus den Jahren 1933–1945, Neukirchen-Vluyn 1975.
Beschlüsse der Zweiten Freien Reformierten Synode in Siegen vom 26.–28. März 1935, hg. von Karl Immer, Wuppertal 1935.
Dokumente des Kirchenkampfes II. Die Zeit des Reichskirchenausschusses, hg. von Kurt D. Schmidt, unter Mitwirkung von Claus H. Feilcke und Hans J. Reese, Teil 1: 1935–28. 5. 1936 (= AGK 13), Göttingen 1964; Teil 2: 29. 5. 1936–Ende Februar 1937 (= AGK 14), Göttingen 1965.
Dokumente zum Kirchenkampf in Hessen und Nassau [Dok.NH], in: JHKGV [diverse Jahrgänge].
Dokumente zur Kirchenpolitik des Dritten Reiches, hg. von Georg Kretschmar, Bd. 1: Das Jahr 1933, München 1971, Bd. 2: 1934/35, München 1975.
Eine Erklärung der Siegener Deutschen Christen gegen Barth und Bekenntnissynode, ihre verkehrte Bibel- und Bekenntnisauffassung und ihre Irreführung unserer Gemeinden, Siegen o. J. [1935].
Einwohnerbuch Siegen und das Siegerland 1935. Auf Grund amtl. Materials bearb. u. hg. v. Vorländer, Siegen 1935.
Gauger, Joachim, Chronik der Kirchenwirren,
1. Teil: Vom Aufkommen der Deutschen Christen 1932 bis zur Bekenntnis-Reichssynode im Mai 1934 (= Gotthard-Briefe 138–145), Elberfeld 1934;
2. Teil: Von der Barmer Bekenntnis-Reichssynode im Mai 1934 bis zur Einsetzung der Vorläufigen Leitung der Deutschen Evangelischen Kirche im November 1934 (= Gotthard-Briefe 146–158), Elberfeld 1935;
3. Teil: Von der Einsetzung der Vorläufigen Leitung der Deutschen Evangelischen Kirche bis zur Errichtung eines Reichsministeriums für die kirchlichen Angelegenheiten im Juli 1935 (= Gotthard-Briefe 159–169), Elberfeld 1936.
Heimbucher, Kurt/Schneider, Theo (Hrsg.), Sammlung und Zeugnis. Gnadauer Dokumente I: Die Gnadauer Pfingstkonferenzen 1888–1988, Gnadauer Worte und Erklärungen von 1930 bis 1987, Dillenburg 1988.
Kirchliches Heimatbuch für das Siegerland, hg. im Auftrag der Kreissynode Siegen, Siegen 1927.
Kirchliches Jahrbuch für die Evangelische Kirche in Deutschland 1933–1944, 60.–71. Jg., Gütersloh ²1972 [KJ 1933–1944].
Materialdienst, hg. von der Landesgeschäftsstelle des Evangelischen Volksbundes für Württemberg, Stuttgart 1933.
Mommsen, Wilhelm (Hrsg.), Deutsche Parteiprogramme, München ³1960.
Müller, E. F. Karl, Die Bekenntnisschriften der reformierten Kirche, Leipzig 1903.
Niemöller, Gerhard (Hrsg.), Die erste Bekenntnissynode der Deutschen Evangelischen Kirche zu Barmen, II. Texte – Dokumente – Berichte (= AGK 6), Göttingen 1959.
Ders. (Hrsg.), Die Synode zu Halle 1937, Die zweite Tagung der vierten Bekenntnissynode der Evangelischen Kirche der altpreußischen Union, Text – Dokumente – Berichte (= AGK 11), Göttingen 1963.
Niemöller, Wilhelm (Hrsg.), Bielefelder Dokumente zum Kirchenkampf, Bielefeld 1947.
Ders. (Hrsg.), Die zweite Bekenntnissynode der Deutschen Evangelischen Kirche zu Dahlem. Text – Dokumente – Berichte (= AGK 5), Göttingen 1958.
Ders. (Hrsg.), Die vierte Bekenntnissynode der Deutschen Evangelischen Kirche zu Bad Oeynhausen, Text – Dokumente – Berichte (= AGK 7), Göttingen 1960.
Ders. (Hrsg.), Die dritte Bekenntnissynode der Deutschen Evangelischen Kirche zu Augsburg, Text – Dokumente – Berichte (= AGK 20), Göttingen 1970.

Ders., Die Synode zu Steglitz, Die dritte Bekenntnissynode der Evangelischen Kirche der Altpreußischen Union, Geschichte – Dokumente – Berichte (= AGK 25), Göttingen 1970.
Niesel, Wilhelm, Bekenntnisschriften und Kirchenordnungen der nach Gottes Wort reformierten Kirche, Zollikon-Zürich ³1938.
Ders., Um Verkündigung und Ordnung. Die Bekenntnissynoden der Evangelischen Kirche der Altpreußischen Union 1934–1943, 1949.
Noa, Theodor, Sozialismus und Christentum, hg. vom Arbeitskreis Christen in der SPD, Siegen-Eiserfeld 1988.
von Preradovich, Nikolaus/Stingl, Josef, „Gott segne den Führer!" Die Kirche im Dritten Reich. Eine Dokumentation von Bekenntnissen und Selbstzeugnissen, Leoni am Starnberger See 1985.
Schäfer, Gerhard, Die Evangelische Kirche in Württemberg und der Nationalsozialismus, Bd. 1–6, Stuttgart 1971–1986.
Schmidt, Kurt Dietrich, Die Bekenntnisse und grundsätzlichen Äußerungen zur Kirchenfrage des Jahres 1933, Göttingen 1934.
Siebel, Walther Alfred, Die Herzen empor! Ein Wort zum Weltkrieg, Stuttgart 1915.
Verantwortung für die Kirche. Aufzeichnungen und stenographische Mitschriften von Landesbischof H. Meiser 1933–1955, bearb. v. H. Braun u. C. Nicolaisen, Bd. 1: Sommer 1933 – Sommer 1935 (= AKZG A 1), Göttingen 1985, Bd. 2: August 1935 – Februar 1937 (= AKZG A 4), Göttingen 1993.
Verhandlungsniederschrift der 2. außerordentlichen Tagung der 33. westfälischen Provinzialsynode vom 16. März 1934, im Auftrag des Landeskirchenamtes der Evangelischen Kirche von Westfalen hg. v. Ernst Brinkmann und Hans Steinberg, Bielefeld 1976.
Verhandlungsniederschriften der Kreissynode Siegen 1919–1933 [VKS].
Vollnhals, Clemens, Entnazifizierung und Selbstreinigung im Urteil der evangelischen Kirche. Dokumente und Reflexionen 1945–1949, München 1989.

3. Literaturverzeichnis

Abrath, Gottfried, Subjekt und Milieu im NS-Staat. Die Tagebücher des Pfarrers Hermann Klugkist Hesse 1936–1939. Analyse und Dokumentation (= AKZG B 21), Göttingen 1994.
Achenbach, Ernst, Aus 100 Jahren Siegerländer Kirchengeschichte. Von der Erweckungsbewegung zum Kirchenkampf (Vortrag am 24. 9. 1987 im Gemeindehaus der Ev.-ref. Kirchengemeinde Ferndorf), in: Unsere Kirche. Evangelisches Sonntagsblatt für Westfalen und Lippe (Beilage Kirchenkreis Siegen) Nr. 47/48 u. 49/50 1987, Nr. 1/2 u. 3/4 1988.
An Huef, Paul/Kopsch, Helmut, 100 Jahre evangelische Kirchengemeinde Weidenau, Weidenau 1973.
Bald, Ludwig, Das Fürstentum Nassau-Siegen. Territorialgeschichte des Siegerlandes (= SIGLH 15), Marburg 1939.
Bauks, Friedrich Wilhelm, Die evangelischen Pfarrer in Westfalen von der Reformationszeit bis 1945 (= BWKG 4), Bielefeld 1980.
Ders., Nachträge zu: Die evangelischen Pfarrer in Westfalen von der Reformationszeit bis 1945, Bielefeld 1980, in: JWKG 76 (1983), S. 231–258.
Ders., Der westfälische DC-Bischof Bruno Adler, in: JWKG 80 (1987), S. 153–159.
Baumgärtner, Raimund, Weltanschauungskampf im Dritten Reich. Die Auseinandersetzungen der Kirchen mit Alfred Rosenberg (= VKZG F 22), Mainz 1977.
Benz, Wolfgang, Herrschaft und Gesellschaft im nationalsozialistischen Staat. Studien zur Struktur- und Mentalitätsgeschichte, Frankfurt a. M. 1990.
Besier, Gerhard, Widerstand im Dritten Reich – ein kompatibler Forschungsgegenstand für gegenseitige Verständigung heute?, in: KZG 1 (1988), S. 50–68.
Bethge, Eberhard, Umstrittenes Erbe. Zum Selbstverständnis der Bekennenden Kirche und seine Auswirkungen heute, in: ders., Am gegebenen Ort. Aufsätze und Reden 1970–1979, München 1979, S. 103–116.
Beyreuther, Erich, Die Erweckungsbewegung (= KIG 4), Göttingen 1963.
Bockermann, Dirk, Die Anfänge des evangelischen Kirchenkampfes in Hagen 1932 bis 1935 (= SPSGNC 4), Bielefeld 1988.
Ders., Ein schneller Aufbruch aus den Trümmern: Die ersten Tagungen der Kreissynode Hagen im Mai und Juli 1945, in: JWKG 89 (1995), S. 248–262.
Bracher, Karl Dietrich, Die deutsche Diktatur. Entstehung, Struktur, Folgen des Nationalsozialismus, Köln/Berlin 1969.
Ders./Sauer, Wolfgang/Schulz, Gerhard, Die nationalsozialistische Machtergreifung. Studien zur Errichtung des totalitären Herrschaftssystems in Deutschland, 3 Bde., Frankfurt a. M. 1973.

Ders./Funke, Manfred/Jacobsen, Hans-Adolf (Hrsg.), Deutschland 1933–1945. Neue Studien zur nationalsozialistischen Herrschaft (= Bonner Schriften zur Politik und Zeitgeschichte 23), Düsseldorf 1992.
Brakelmann, Günter/Greschat, Martin/Jochmann, Werner, Protestantismus und Politik. Werk und Wirkung Adolf Stoeckers, Hamburg 1982.
Ders. (Hrsg.), Kirche im Krieg. Der deutsche Protestantismus am Beginn des Zweiten Weltkriegs, München ²1980.
Brandenburg, Hans-Christian, Die Geschichte der HJ. Wege und Irrwege einer Generation, Köln 1968.
Brandenburger, Heinz-Wilhelm, Ley-Land. Dr. Robert Ley und der Nationalsozialismus im Oberbergischen, Köln 1988.
Brinkmann, Ernst, Der erste westfälische Sozialpfarrer. Zur 100. Wiederkehr des Geburtstages von Reinhard Mumm, in: JWKG 65 (1972), S. 177–188.
Ders., Der letzte westfälische Generalsuperintendent. Zur 20. Wiederkehr des Todestages von Wilhelm Weirich, in: JWKG 67 (1974), S. 195–205.
Ders., Karl Lücking 1893–1976. Eine biographische Skizze, in: JWKG 70 (1977), S. 179–186.
Ders., Die evangelische Kirche im Dortmunder Raum in der Zeit von 1815 bis 1945 (= Geschichte Dortmunds im 19. und 20. Jahrhundert 2), Dortmund 1979.
Ders., Fritz Heuner. Eine biographische Skizze, in: JWKG 74 (1981), S. 191–205.
Broszat, Martin, Der Staat Hitlers. Grundlegung und Entwicklung seiner inneren Verfassung, München ²1971.
Ders., Resistenz und Widerstand. Eine Zwischenbilanz des Forschungsprojekts „Widerstand und Verfolgung in Bayern 1933–1945", in: ders., Nach Hitler. Der schwierige Umgang mit unserer Geschichte, München 1988, S. 136–161.
Ders. u. a., Bayern in der NS-Zeit, 6 Bde., München/Wien 1977–1983.
Ders./Frei, Norbert (Hrsg.), Das Dritte Reich im Überblick. Chronik, Ereignisse, Zusammenhänge, München 1989.
Brune, Friedrich, Die bevölkerungspolitische Entwicklung in Westfalen seit 1818 im Hinblick auf die Evangelische Kirche von Westfalen, in: JVWKG 55/56 (1962/63), S. 131–149.
Brunotte, Heinz, Der kirchenpolitische Kurs der Deutschen Evangelischen Kirchenkanzlei 1937 bis 1945, in: Zur Geschichte des Kirchenkampfes. Gesammelte Aufsätze I (= AGK 15), hg. von Ernst Wolf und Heinz Brunotte, Göttingen 1965, S. 92–145.
Brunotte, Heinz, Die Auswirkungen der nationalsozialistischen Schrifttums- und Pressepolitik auf die Deutsche Evangelische Kirche, in: Kirche und Nationalsozialismus. Zur Geschichte des Kirchenkampfes, München 1969, S. 207–233.
Busch, Helmut, Die Stoeckerbewegung im Siegerland. Ein Beitrag zur Siegerländer Geschichte in der zweiten Hälfte des 19. Jahrhunderts, Siegen 1968.
Ders., Reinhard Mumm als Reichstagsabgeordneter, in: JVWKG 65 (1972), S. 189–217.
Ders., Das Problem einer christlichen Politik in den Siegerländer Wahlkämpfen während der Weimarer Zeit, in: JWKG 71 (1978), S. 119–165.
Busch, Eberhard, Karl Barth und die Pietisten. Die Pietismuskritik des jungen Karl Barth (= Beiträge zur evangelischen Theologie 82), München 1978.
Cochlovius, Joachim, Art. „Gemeinschaftsbewegung", in: TRE XII (1984), S. 355–368.
Conway, John S., Der deutsche Kirchenkampf. Tendenzen und Probleme seiner Erforschung an Hand neuerer Literatur, in: VZG 17 (1969), S. 423–449.
Ders., Die nationalsozialistische Kirchenpolitik 1933–1945. Ihre Ziele, Widersprüche und Fehlschläge, München 1969.
Dahm, Karl-Wilhelm, Pfarrer und Politik. Soziale Position und politische Mentalität des deutschen evangelischen Pfarrerstandes zwischen 1918 und 1933 (= Dortmunder Schriften zur Sozialforschung 29), Köln/Opladen 1965.
Ders., Siegerland-Mentalität und Max-Weber-These, in: B. Gemper (Hrsg.), Religion und Verantwortung, Festschrift für Karl Klein, Siegen 1982, S. 185–510.
Damberg, Wilhelm, Der Kampf um die Schulen in Westfalen 1933–1945, Mainz 1987.
Danielsmeyer, Werner, Die Evangelische Kirche von Westfalen. Bekenntnisstand, Verfassung, Dienst am Wort und Sakrament, Bielefeld ²1978.
Ders., Zur Lage der Kirchengeschichtsschreibung in Westfalen, in: JWKG 77 (1984), S. 211–221.
Ders., Lippstadt im Kirchenkampf, in: JWKG 79 (1986), S. 287–310.
Demandt, Karl E., Das Siegerland im Widerstreit von Glauben, Recht und Politik 1607–1651, in: HJLG 32 (1982), S. 175–206.
Denzler, Georg/Fabricius, Volker, Die Kirchen im Dritten Reich. Christen und Nazis Hand in Hand?, Frankfurt a. M. 1984.
Der Raum Westfalen, Bd. I: Grundlagen und Zusammenhänge, im Auftrag der Provinz Westfalen hg. v. Hermann Aubin, Ottmar Bühler, Bruno Kuske, Aloys Schulte, Berlin 1931.
Dienst, Karl, Art. „Herborn", in: TRE XV (1986), S. 66–69.
Dierks, Margarethe, Jakob Wilhelm Hauer 1881–1962. Leben – Werk – Wirkung, Heidelberg 1986.
Dietermann, Klaus, Untersuchungen zur Geschichte der Juden im Siegerland unter dem Nationalsozialismus, Examensarbeit GH Siegen, SS 1973.

Ders./Übach, Gerd/Welkert, Hans-Joachim, Die Juden im Siegerland zur Zeit des Nationalsozialis-
mus. Eine Handreichung für Geschichts- und Deutschlehrer, Siegen 1981.
Disharmonien. Fotos und Dokumente zur Siegerländer Gesellschaftsgeschichte. Katalog zur Ausstel-
lung vom 4.–31. Januar 1980, hg. von der Arbeitsgruppe Regionalgeschichte an der Gesamthoch-
schule Siegen, Siegen o. J.
Doering-Manteuffel, Anselm/Nowak, Kurt, Kirchliche Zeitgeschichte. Urteilsbildung und Methoden
(= Konfession und Gesellschaft 8), Stuttgart/Berlin/Köln 1996.
Dreisbach, Hans-Joachim, Der Kirchenkampf im Dritten Reich in den Jahren 1933–1936/37 –
dargestellt am Beispiel der Kirchengemeinde Klafeld, Examensarbeit GH Siegen 1971.
Dülffer, Jost, Deutsche Geschichte 1933–1945. Führerglaube und Vernichtungskrieg, Stutt-
gart/Berlin/Köln 1992.
Eichenauer, Hartmut, Das Siegerland als Beispiel wirtschaftsgeschichtlicher und wirtschaftsgeogra-
phischer Harmonie? Überprüfung eines kulturlandschaftlichen Exempels, in: Sauerland – Sieger-
land – Wittgensteiner Land. Jahrestagung der Geographischen Kommission in Olpe 1989, hg. v.
Günther Becker, Alois Mayr, Klaus Temlitz (= Schriftenreihe der Geographischen Kommission
im Provinzialinstitut für Westfälische Landes- und Volksforschung des Landschaftsverbandes
Westfalen-Lippe 33), Münster 1989.
Eilers, Rolf, Die nationalsozialistische Schulpolitik. Eine Studie zur Funktion der Erziehung im
totalitären Staat (= Staat und Politik 4), Köln/Opladen 1963.
Elkar, Rainer S., Menschen – Häuser – Schicksale. Hilchenbach zwischen Monarchie, Diktatur und
Republik, Kreuztal 1992.
Fabricius, Volker, „Ich untersage hiermit mit sofortiger Wirkung die Abhaltung jeglicher Gottes-
dienste in Dotzheim". Nationalsozialistischer Staat und evangelische Kirche im Kampf um die
Kirche (= Materialien zum Unterricht, Sek. I, Heft 84, Projekt „Hessen im Nationalsozialismus",
hg. v. Hessischen Institut für Bildungsplanung und Schulentwicklung), Wiesbaden 1988.
Ders., Pfarrer Romberg und der Kampf der Bekennenden Kirche in Dotzheim (= Schriften des
Heimat- und Verschönerungsvereins Dotzheim e.V. 13), Wiesbaden-Dotzheim 1988.
Fickeler, Peter, Das Siegerland als Beispiel wirtschaftsgeschichtlicher und wirtschaftsgeographi-
scher Harmonie, in: Erdkunde. Archiv für wissenschaftliche Geographie, Bd. VIII (1954), Lfg. 1,
S. 15–51.
Fleischmann-Bisten, Walter, Der Evangelische Bund in der Weimarer Zeit und im sogenannten
Dritten Reich (= EHS.T 372), Frankfurt a. M. 1989.
Flender, Hans-Martin, Der Raum Siegen im Zweiten Weltkrieg. Eine Dokumentation, Siegen 1979.
Freispruch und Freiheit. Theologische Aufsätze für Walter Kreck zum 65. Geburtstag, in Zusam-
menarbeit mit H. Reifen und B. Klappert hg. v. Hans-Georg Geyer, München 1973.
Frick, Robert, Zur Geschichte des Kirchenkampfes. Ein Literaturbericht, in: PTh 52 (1963), S. 181–
186.
Ders., Zur Geschichte des Kirchenkampfes, in: PTh 58 (1969), S. 130–141.
Gädeke, Reinhard, Theodor Noa, der erste evangelische Jugendpfarrer von Hagen – ein Opfer der
Rassengesetze des „Dritten Reiches", in: JWKG 80 (1987), S. 69–103.
Geck, Helmut, Die Bekennende Kirche und die Deutschen Christen im Kirchenkreis Recklinghausen
unter nationalsozialistischer Herrschaft (1933–1945), Recklinghausen 1984.
Gellately, Robert, Die Gestapo und die deutsche Gesellschaft. Die Durchsetzung der Rassepolitik
1933–1945, Paderborn 1993.
Gerlach, Wolfgang, Als die Zeugen schwiegen. Bekennende Kirche und Judentum, mit einem
Vorwort von E. Bethge, Berlin 1987.
Gerlach-Praetorius, Angelika, Die Kirche vor der Eidesfrage. Die Diskussion um den Pfarrereid im
Dritten Reich (= AGK 18), Göttingen 1967.
Germann, Otto/Sahm, Ewald/Pannekoek, Jakobus, Aus dem Leben der Evangelisch-Reformierten
Kirchengemeinde Burbach. Festschrift anläßlich der 200-Jahrfeier der Evang. Kirche zu Burbach
(Siegerland), Neunkirchen [1977].
Glawischnig, Rolf, Niederlande, Kalvinismus und Reichsgrafenstand 1559–1584. Nassau-
Dillenburg unter Graf Johann VI., Marburg 1973.
Göbel, Walter, Die Rheinisch-Westfälische Kirchenordnung vom 5. März 1835. Ihre geschichtliche
Entwicklung und ihr theologischer Gehalt, Bd. 1, Duisburg 1948, Bd. 2, Düsseldorf 1954.
Goebel, Max, Geschichte des christlichen Lebens in der rheinisch-westphälischen Kirche, Bd. I,
Koblenz ²1862, Bd. II, Koblenz 1852, Bd. III, Koblenz 1860 (ND Gießen 1992).
Greschat, Martin, Kirche und Öffentlichkeit in der deutschen Nachkriegszeit (1945–1949), in:
Armin Boyens/Martin Greschat/Rudolf von Thadden/Paolo Pombeni, Kirchen in der Nachkriegs-
zeit. Vier zeitgeschichtliche Beiträge (= AKZG B 8), Göttingen 1979, S. 11–124.
Ders., Adolf Stoecker, in: GK Bd. 9.2 (1985), S. 261–277.
Ders., Die Bedeutung der Sozialgeschichte für die Kirchengeschichte. Theoretische und praktische
Erwägungen, in: HZ 256 (1993), S. 67–103.
Ders., Neue Literatur zur Geschichte des Kirchenkampfes, in: PTh 75 (1986), S. 475–490.
Ders., Zwischen Aufbruch und Beharrung. Die evangelische Kirche nach dem Zweiten Weltkrieg,
in: Victor Conzemius/Martin Greschat/Hermann Kocher (Hrsg.), Die Zeit nach 1945 als Thema

271

kirchlicher Zeitgeschichte. Referate der internationalen Tagung in Hüningen/Bern (Schweiz) 1985, Göttingen 1988, S. 99–126.

Ders., Protestantischer Antisemitismus in Wilhelminischer Zeit – Das Beispiel des Hofpredigers Adolf Stoecker, in: Antisemitismus. Von religiöser Judenfeindschaft zur Rassenideologie, hg. v. Günter Brakelmann und Martin Rosowski, Göttingen 1989, S. 27–51.

Ders., Protestanten in der Zeit. Kirche und Gesellschaft in Deutschland vom Kaiserreich bis zur Gegenwart, hg. v. Jochen-Christoph Kaiser, Stuttgart 1994.

Gründel, Reinhard, Das Siegerland in der Zerstörungsphase der Weimarer Republik. Eine regional-geschichtliche Untersuchung von Bedingungen, die zur faschistischen Machtergreifung führten, Examensarbeit GH Siegen 1979.

Guhrt, Joachim (Hrsg.), 100 Jahre Reformierter Bund. Beiträge zur Geschichte und Gegenwart, hg. im Auftrag des Moderamens des Reformierten Bundes, Bad Bentheim 1984.

Güthling, Wilhelm, Siegen und das Siegerland. Zur Entwicklung des Begriffes Siegerland, in: Siegerland. Blätter des Siegerländer Heimatvereins e. V. 34 (1957), S. 1–8.

Hansen, Eckhard, Wohlfahrtspolitik im NS-Staat. Motivationen, Konflikte und Machtstrukturen im „Sozialismus der Tat" des Dritten Reiches (= Beiträge zur Sozialpolitik-Forschung 6), Augsburg 1990.

Heimbucher, Kurt/Kühn, Adolf, Aufbruch im Siegerland. Dr. Hermann Müller – Zeuge der Gnade Gottes, Neuhausen-Stuttgart 1983.

Heinrich, Volker, „Wir verwerfen die falsche Lehre". Evangelische Kirchengemeinde Eiserfeld im Dritten Reich, in: Eiserfeld – Im grünen Kranz der Berge, Dokumentation zur 700jährigen Geschichte des ehemaligen Bergmannsdorfes, zusammengestellt u. bearb. v. Horst G. Koch, hg. im Auftrag des Eiserfelder Heimatvereins, Siegen/Eiserfeld 1992, S. 183–190.

Ders., Die evangelische Kirchengemeinde Hilchenbach in nationalsozialistischer Zeit (1933–1945), in: Das schönste Haus. 150 Jahre evangelische Kirche in Hilchenbach, hg. v. Presbyterium, Hilchenbach 1996, S. 59–81.

Hey, Bernd, Ausstellungen und Veröffentlichungen in Westfalen im Jahre 1983 anläßlich des 50. Jahrestages der NS-Machtergreifung, in: WF 34 (1984), S. 175–183.

Ders., Die Kirchenprovinz Westfalen 1933–1945 (= BWFKG 2), Bielefeld 1974.

Ders., Der Fall Holzwickede. Eine westfälische Gemeinde im Kirchenkampf, in: JWKG 73 (1980), S. 131–148.

Ders., Die nationalsozialistische Zeit, in: Westfälische Geschichte, hg. v. Wilhelm Kohl, Bd. 2: Das 19. und 20. Jahrhundert. Politik und Kultur, Düsseldorf 1983, S. 211–268.

Ders., Zur Machtergreifung in Westfalen und Lippe, in: K. D. Bracher/H. Lademacher/B. Hey/H. A. Winkler, Die nationalsozialistische Machtergreifung. Der 30. Januar 1933 in Rheinland, Westfalen, Lippe, hg. v. der Landeszentrale für politische Bildung, Düsseldorf 1983, S. 63–81.

Ders., Neue regionale Studien zur NS-Zeit, in: WF 36 (1986), S. 178–183.

Ders., Zur Geschichte der westfälischen Staatspolizeistellen und der Gestapo, in: WF 37 (1987), S. 58–90.

Ders., Regionen, Kommunen, Personen unter dem Nationalsozialismus. 3. Sammelrezension über neue regionale und lokale Studien zur NS-Zeit, in: WF 38 (1988), S. 309–325.

Ders., Opfer, Täter, Juden und andere Deutsche, 4. Sammelrezension über neue regionale und lokale Studien zur NS-Zeit, in: WF 40 (1990), S. 661–687.

Ders., „Was ist alles doch zerstört!" 5. Sammelrezension über neue regionale und lokale Studien zur NS-Zeit, in: WF 43 (1993), S. 724–736.

Hoffmann, Karl, Die Siegerländer Gemeinschaftsbewegung in neuerer Zeit. Ein Beitrag zur religiösen Volkskunde und Volkspsychologie, Siegen 1925.

Hörsch, Ursula/Stötzel, Andrea, Theodor Noa (1891–1938) (= Beiträge zur Geschichte der Stadt Siegen und des Siegerlandes 4), Siegen 1991.

Hühne, Werner, Thadden-Trieglaff. Ein Leben unter uns, Stuttgart 1959.

Hürten, Heinz, Zehn Thesen eines profanen Historikers zur Diskussion um den Widerstand der Kirchen in der nationalsozialistischen Zeit, in: KZG 1 (1988), S. 116–117.

Iber, Harald, Christlicher Glaube oder rassischer Mythus. Die Auseinandersetzung der Bekennenden Kirche mit Alfred Rosenbergs „Der Mythus des 20. Jahrhunderts" (= EHS.T 286), Frankfurt a. M. 1987.

Irle, Lothar, Der Siegerländer Mensch und seine Heimat, in: Siegerland. Blätter des Siegerländer Heimatvereins e. V. 32 (1955), S. 45–50.

Ders., Siegerländer Persönlichkeiten- und Geschlechter-Lexikon, hg. aus Anlaß der 750-Jahr-Feier der Stadt Siegen vom Siegerländer Heimatverein, Siegen 1974.

Jacke, Jochen, Kirche zwischen Monarchie und Republik. Der preußische Protestantismus nach dem Zusammenbruch von 1918 (= Hamburger Beiträge zur Sozial- und Zeitgeschichte XII), Hamburg 1976.

100 Jahre Ev. Jungmännerverein – CVJM Weidenau 1875–1975, FS zur 100-Jahr-Feier, hg. v. Vorstand des Vereins, Weidenau 1975.

100 Jahre Ev.-Ref. Kirche Eiserfeld/Sieg 1859–1959, im Auftrag des Presbyteriums hg. v. Pastor Albert Fricke, Eiserfeld o. D.

75 Jahre Ev. Männer- u. Jünglingsverein Weidenau-Sieg 1875–1950, FS zur 75-Jahrfeier, hg. v. Vorstand des Vereins, o. J.

75 Jahre Evangelische Kirchengemeinde Weidenau (Sieg), hg. zur 75-Jahrfeier der Gemeindegründung im Auftrag des Presbyteriums v. Pfr. Paul an Huef, Siegen 1949.

Kaiser, Jochen-Christoph, Die Arbeitsgemeinschaft der diakonischen und missionarischen Werke und Verbände 1934/35, in: JWKG 80 (1987), S. 197–205.

Ders., Evangelische Diakonie im Dritten Reich, in: MEKGR 36 (1987), S. 261–275.

Ders., Sozialer Protestantismus im 20. Jahrhundert. Studien zur Geschichte der Inneren Mission 1918–1945, München 1989.

Ders., NS-Volkswohlfahrt und Innere Mission im „Dritten Reich", in: Theodor Strohm/Jörg Thierfelder (Hrsg.), Diakonie im „Dritten Reich". Neuere Ergebnisse zeitgeschichtlicher Forschung (= VDWI 3), Heidelberg 1990, S. 37–59.

Ders., Kirchliche Zeitgeschichte in Westfalen. Das evangelische Beispiel, in: WF 42 (1992), S. 420–444.

Ders., Walter Michaelis (1866–1953) – ein westfälischer Pfarrer zwischen Kirche und Gemeinschaftsbewegung, in: JWKG 88 (1994), S. 252–276.

Kampmann, Jürgen, Die Einführung der Berliner Agende in Westfalen. Die Neuordnung des evangelischen Gottesdienstes 1813–1835 (= BWFKG 1992), Bielefeld 1992.

Ders., Die 1. Westfälische Bekenntnissynode am 16. März 1894 in Dortmund: Konzeption, Vorbereitung und Durchführung, in: JWKG 88 (1994), S. 277–411.

Kater, Horst, Die Deutsche Evangelische Kirche in den Jahren 1933 und 1934 (= AGK 24), Göttingen 1970.

Kersting, Andreas, Kirchenordnung und Widerstand. Der Kampf um den Aufbau der Bekennenden Kirche der altpreußischen Union aufgrund des Dahlemer Notrechts von 1934–1937 (= HUWJK 4), Gütersloh 1994.

Kirchen und Religionsgemeinschaften in der Provinz Westfalen, mit Beiträgen von Eduard Hegel, Robert Stupperich und Bernhard Brilling (= Beiträge zur Geschichte der preußischen Provinz Westfalen), Münster 1978.

Kirchliches Heimatbuch für das Siegerland, hg. im Auftrage der Kreissynode, Siegen 1927.

Klein, Arnold, Katholisches Milieu und Nationalsozialismus. Der Kreis Olpe 1933–1939 (= Schriftenreihe des Kreises Olpe 24), Siegen 1994.

Klein, Thomas, Die Lageberichte der Geheimen Staatspolizei über die Provinz Hessen-Nassau, 2 Bde. (= Veröffentlichungen aus dem Preußischen Kulturbesitz 22/I u. 22/II), Köln/Wien 1986.

Koechling, Ludwig, Die Separatisten in Freudenberg. Ein Beitrag zur Geschichte des Pietismus im Siegerland, in: JVWKG 49/50 (1956/57), S. 101–123.

Köhne, Hertha, Die Entstehung der westfälischen Kirchenprovinz (= BWFKG 1), Witten 1974.

Kratzsch, Gerhard, Der Gauwirtschaftsapparat der NSDAP. Menschenführung – „Arisierung" – Wehrwirtschaft im Gau Westfalen-Süd. Eine Studie zur Herrschaftspraxis im totalitären Staat (= Veröffentlichungen des Provinzialinstituts für westfälische Landes- und Volksforschung des Landschaftsverbandes Westfalen-Lippe 27), Münster 1989.

Krieg und Elend im Siegerland. Das Inferno an der Heimatfront in den 1940er Jahren, bearb. v. Adolf Müller, Siegen 1981.

Krumwiede, Hans-Walter, Evangelische Kirche und Theologie in der Weimarer Republik, Neukirchen-Vluyn 1990.

Kruse, Hans, Das Siegerland unter preußischer Herrschaft 1815–1915. Festschrift aus Anlaß der hundertjährigen Vereinigung des oranischen Fürstentums Nassau-Siegen mit Preußen, Siegen 1915.

Kühn, Adolf, Aus der Geschichte der evangelisch-reformierten Kirchengemeinde Netphen, hg. im Auftrag des Presbyteriums, Schwelm 1953.

Ders., Dein Ruf hat uns getroffen. Geschichte des CVJM im Siegerland, Siegen 1974.

Kupisch, Karl, Zur Genesis des Pfarrernotbundes, in: ThL 91 (1966), Sp. 721–730.

Lange, Dieter, Eine Bewegung bricht sich Bahn. Die deutschen Gemeinschaften im ausgehenden 19. und beginnenden 20. Jahrhundert und ihre Stellung zu Kirche, Theologie und Pfingstbewegung, Gießen [3]1990.

Lauterer, Heide-Marie, Liebestätigkeit für die Volksgemeinschaft. Der Kaiserswerther Verband deutscher Diakonissenmutterhäuser in den ersten Jahren des NS-Regimes (= AKZG B 22), Göttingen 1994.

Lekebusch, Sigrid, Der Reformierte Bund in den Jahren 1933/1934, in: MEKGR 37/38 (1988/1989), S. 585–593.

Dies., Die Reformierten im Kirchenkampf. Das Ringen des Reformierten Bundes, des Coetus reformierter Prediger und der reformierten Landeskirche Hannover um den Weg in der Reichskirche (= SVRKG 113), Köln 1994.

Lessing, Eckhard, Zwischen Bekenntnis und Volkskirche. Der theologische Weg der Evangelischen Kirche der Altpreußischen Union (1922–1953) unter besonderer Berücksichtigung ihrer Synoden, ihrer Gruppen und der theologischen Begründungen (= Unio und Confessio 17), Bielefeld 1992.

Lorenz, Friedebert, Die Gründung des Deutschen Evangelischen Kirchentages durch Reinold von Thadden-Trieglaff und die kirchenpolitische Situation der Evangelischen Kirche in Deutschland im Jahre 1949. Eine Skizze, in: JHKGV 33 (1982), S. 357–370.

Ders., Reinold von Thadden-Trieglaff, in: GK Bd. 10,2 (1984), S. 176–186.

Loycke, Ernst, Die rechtliche Entwicklung der Evangelischen Kirche der altpreußischen Union 1937 bis 1945, in: ZEvKR (1952/53), S. 64–83. 169–185. 270–311.

Lüpsen, Focko, Der Weg der kirchlichen Pressearbeit von 1933 bis 1950, in: KJ 76 (1950), S. 415–454.

Mann, Reinhard, Protest und Kontrolle im Dritten Reich. Nationalsozialistische Herrschaft im Alltag einer rheinischen Großstadt (= Studien zur Historischen Sozialwissenschaft 6), Frankfurt a. M./ New York 1987.

Matzerath, Horst, Nationalsozialismus und kommunale Selbstverwaltung, Stuttgart 1970.

Mehlhausen, Joachim, Art. „Nationalsozialismus und Kirchen", in: TRE XXIV (1994), S. 43–78.

Meier, Kurt, Kirche und Nationalsozialismus. Ein Beitrag zum Problem der nationalsozialistischen Religionspolitik, in: Zur Geschichte des Kirchenkampfes. Gesammelte Aufsätze I (= AGK 15), hg. von Ernst Wolf und Heinz Brunotte, Göttingen 1965, S. 9–29.

Ders., Die Deutschen Christen. Das Bild einer Bewegung im Kirchenkampf des Dritten Reiches (= AGK E 3), Göttingen ³1967.

Ders., Der Kirchenkampf im Dritten Reich und seine Erforschung, in: ThR N.F. 33 (1968), S. 120–173 und 237–275.

Ders., Kirche und Judentum. Die Haltung der evangelischen Kirche zur Judenpolitik des Dritten Reiches (= AGK E 7), Göttingen 1968.

Ders., Die Religionspolitik der NSDAP in der Zeit der Weimarer Republik, in: Zur Geschichte des Kirchenkampfes. Gesammelte Aufsätze II (= AGK 26), hg. von Heinz Brunotte, Göttingen 1971, S. 9–24.

Ders., Kirchenkampfgeschichtsforschung, in: ThR N.F. 46 (1981), S. 19–57. 101–148. 237–275. 389.

Ders., Der evangelische Kirchenkampf, Bd. 1, Göttingen ²1984, Bd. 2, Göttingen ²1984, Bd. 3, Göttingen 1984.

Ders., Methodische Anmerkungen zum gegenwärtigen Stand der Kirchenkampfforschung, in: JWKG 80 (1987), S. 45–67.

Ders., Neuere Konzeptionen der Kirchenkampfhistoriographie, in: ZKG 99 (1988), S. 63–86.

Ders., Position und Funktion der evangelischen Kirche im zweiten Weltkrieg, in: WZ(L).G 37 (1988) 1, S. 55–64.

Ders., Literatur zur kirchlichen Zeitgeschichte, in: ThR N.F. 54 (1989), S. 112–168.

Ders., Literatur zur kirchlichen Zeitgeschichte (Nachtrag), in: ThR N.F. 55 (1990), S. 89–106.

Meintz, Peter, Das Kölnische Heck im Raum Wenden-Freudenberg. Der Einfluß einer alten Konfessionsgrenze – Zur Sozialgeographie des Olper Landes und des Siegerlandes, in: Sauerland – Siegerland – Wittgensteiner Land. Jahrestagung der Geographischen Kommission in Olpe 1989, hg. v. Günther Becker, Alois Mayr, Klaus Temlitz (= Schriftenreihe der Geographischen Kommission im Provinzialinstitut für Westfälische Landes- und Volksforschung des Landschaftsverbandes Westfalen-Lippe 33), Münster 1989, S. 207–218.

Meyer-Zollitsch, Almuth, Nationalsozialismus und evangelische Kirche in Bremen (= Veröffentlichungen aus dem Staatsarchiv der Freien Hansestadt Bremen 51), Bremen 1985.

Minkner, Detlev, Christuskreuz und Hakenkreuz. Kirche im Wedding 1933–1945 (= SJVCG 9), Berlin 1986.

Moor, Rudolf, Ein zu Unrecht vergessener Pietist: Johann Henrich Reitz (1655–1720), in: MEKGR 22 (1973), S. 45–109.

Müller, Hermann, Florenburgs Kirche. Geschichte und Leben einer reformierten Gemeinde nassauoranischen Landes, Hilchenbach 1960.

Münch, Paul, Zucht und Ordnung. Reformierte Kirchenverfassungen im 16. und 17. Jahrhundert (Nassau-Dillenburg, Kurpfalz, Hessen-Kassel), Stuttgart 1978.

Närger, Nikolaus, Das Synodalwahlsystem in den deutschen evangelischen Landeskirchen im 19. und 20. Jahrhundert (= JusEcc 36), Tübingen 1988.

Neumann, Peter, Die Jungreformatorische Bewegung, Göttingen 1971.

Neuser, Wilhelm H., D. Walther Alfred Siebel – Siegerländer Gemeinschaftschrist, reformierter Synodaler und Mann der Bekennenden Kirche, in: JWKG 85 (1991), S. 267–283.

Ders., Die Einführung der presbyterial-synodalen Kirchenordnung in den Grafschaften Nassau-Dillenburg, Wittgenstein, Solms und Wied im Jahre 1586, in: JWKG 71 (1978), S. 47–58.

Ders., Die Kirche und ihre Ordnung – Die Kirchenwahlen des Jahres 1933 in Westfalen, in: JWKG 76 (1983), S. 201–221.

Ders., Art. „Christoph Pezel (1539–1604)", in: HDThG II (1980), S. 292–296.

Ders., Die Entstehung der Rheinisch-Westfälischen Kirchenordnung, in: Die Geschichte der Evangelischen Kirche der Union, Bd. 1, Leipzig 1992, S. 241–256.

Ders., Die Revision der Rheinisch-Westfälischen Kirchenordnung, in: Die Geschichte der Evangelischen Kirche der Union, Bd. 2, Leipzig 1994, S. 78–94.

274

Neuser, Wilhelm, Die Erweckungsbewegung im Siegerlande (= Nach Gottes Wort reformiert, H. 8), Neukirchen 1953.

Nicolaisen, Carsten, Die Stellung der „Deutschen Christen" zum Alten Testament, in: Zur Geschichte des Kirchenkampfes. Gesammelte Aufsätze II (= AGK 26), hg. von Heinz Brunotte, Göttingen 1971, S. 197–220.

Niemöller, Gerhard, Organisation und Aufbau der Bekennenden Kirche in ihren Anfängen, in: Zur Geschichte des Kirchenkampfes. Gesammelte Aufsätze II (= AGK 26), hg. von Heinz Brunotte, Göttingen 1971, S. 105–120.

Niemöller, Wilhelm, Aus der Polizeiakte des Bekenntnispfarrers Joachim Beckmann, in: Zur Geschichte des Kirchenkampfes. Gesammelte Aufsätze I (= AGK 15), hg. von Ernst Wolf und Heinz Brunotte, Göttingen 1965, S. 217–257.

Ders., Bekennende Kirche in Westfalen, Bielefeld 1952.

Ders., Chronik des Kirchenkampfes in Westfalen, Bielefeld 1962.

Ders., Aus der Polizeiakte des Bekenntnispfarrers Joachim Beckmann, in: Zur Geschichte des Kirchenkampfes. Gesammelte Aufsätze I (= AGK 15), hg. von Ernst Wolf und Heinz Brunotte, Göttingen 1965, S. 217–257.

Ders., Der Pfarrernotbund. Geschichte einer kämpfenden Bruderschaft, Hamburg 1973.

Ders., Die Preußensynode zu Dahlem. Die zweite Bekenntnissynode der Evangelischen Kirche der altpreußischen Union, Geschichte – Dokumente – Berichte (= AGK 29), Göttingen 1975.

Niesel, Wilhelm, Kirche unter dem Wort. Der Kampf der Bekennenden Kirche der altpreußischen Union 1933–1945 (= AGK E 11), Göttingen 1978.

Nowak, Kurt, Evangelische Kirche und Weimarer Republik. Zum politischen Weg des deutschen Protestantismus 1918–1932 (= Arbeiten zur Kirchengeschichte 7), Göttingen 1981.

Ders., Kirchenkampf und Widerstand im „Dritten Reich" – Erwägungen zu einem historiographischen Prinzipienproblem, in: WZ(L).GS 30 (1981), S. 584–596.

Ders., Wie es zu Barmen kam. Problem- und ereignisgeschichtliche Aspekte der Barmer Bekenntnissynode und ihrer „Theologischen Erklärung", in: Reinhard Rittner (Hrsg.), Barmen und das Luthertum (= FuH 27), Hannover 1984, S. 9–35.

Ders., Art. „Deutsch-gläubige Bewegungen", in: TRE VIII (1981), S. 554–559.

Ders., Evangelische Kirche und Widerstand im Dritten Reich. Kirchenhistorische und gesellschaftswissenschaftliche Perspektiven, in: GWU 38 (1987), S. 352–364.

Opitz, Günter, Der Christlich-soziale Volksdienst. Versuch einer protestantischen Partei in der Weimarer Republik, hg. von der Kommission für Geschichte des Parlamentarismus und der politischen Parteien, Düsseldorf 1969.

Patch, William L., Adolf Hitler und der Christlich-Soziale Volksdienst. Ein Gespräch aus dem Frühjahr 1932, in: VZG 37 (1989), S. 145–155.

Pertiet, Martin, Das Ringen um Wesen und Auftrag der Kirche in der nationalsozialistischen Zeit (= AGK 19), Göttingen 1968.

Petri, Franz/Lucas, Otto/Schöller, Peter, Das Siegerland. Geschichte, Struktur und Funktionen (= Veröffentlichungen des Provinzialinstitutes für westfälische Landes- und Volkskunde, Reihe 1, Heft 8), Münster 1955.

Priepke, Manfred, Die Evangelische Jugend im Dritten Reich, Hannover, Frankfurt a. M. 1960.

Reekers, Stephanie, Westfalens Bevölkerung 1818–1955. Die Bevölkerungsentwicklung der Gemeinden und Kreise im Zahlenbild (= Veröffentlichungen des Provinzialinstitutes für westfälische Landes- und Volkskunde, Reihe 1, Heft 9), Münster 1956.

Reese, Hans J., Bekenntnis und Bekennen. Vom 19. Jahrhundert zum Kirchenkampf der nationalsozialistischen Zeit (= AGK 28), Göttingen 1974.

Riedel, Heinrich, Kampf um die Jugend. Evangelische Jugendarbeit 1933–1945, München 1976.

Rohls, Jan, Theologie reformierter Bekenntnisschriften, Göttingen 1987.

Röhm, Eberhard/Thierfelder, Jörg, „Zwischen den Stühlen". Zur „judenchristlichen" Selbsthilfe im Dritten Reich, in: ZKG 103 (1992), S. 332–360.

Ders./Thierfelder, Jörg, Juden – Christen – Deutsche 1933–1945, Bd. 1: Stuttgart 1990, Bd. 2: Stuttgart 1992.

Ruhbach, Gerhard, Der Weg der Gemeinschaftsbewegung im Dritten Reich (1933–1945), in: Kurt Heimbucher (Hrsg.), Dem Auftrag verpflichtet. Die Gemeinschaftsbewegung, Basel/Dillenburg 1988, S. 26–46.

Rüppel, Erich G., Die Gemeinschaftsbewegung im Dritten Reich. Ein Beitrag zur Geschichte des Kirchenkampfes (= AGK 22), Göttingen 1969.

Sachsse, Christoph/Tennstedt, Florian, Geschichte der Armenfürsorge in Deutschland, Bd. 3: Der Wohlfahrtsstaat im Nationalsozialismus, Stuttgart/Berlin/Köln 1992.

Schaab, Meinrad (Hrsg.), Territorialstaat und Calvinismus (= Veröffentlichungen der Kommission für geschichtliche Landeskunde in Baden-Württemberg B 127), Stuttgart 1993.

Schäfer, Jürgen/Schreiber, Matthias, Kompromiß und Gewissen. Der Weg des Pastors Schümer im Dritten Reich (= Schriften der Hans Ehrenberg Gesellschaft 1), Waltrop 1994.

Schenck, Karl Friedrich, Statistik des vormaligen Fürstenthums Siegen, Siegen 1820 (Nachdruck, Kreuztal 1981).

Scherffig, Wolfgang, Junge Theologen im „Dritten Reich". Dokumente, Briefe, Erfahrungen, Bd. 1: 1933–1935. Es begann mit einem Nein, Neukirchen-Vluyn 1989, Bd. 2: 1936–1937. Im Bannkreis politischer Verführung, Neukirchen-Vluyn 1990, Bd. 3: 1938–1945. Keiner blieb ohne Schuld!, Neukirchen-Vluyn 1994.

Schilling, Heinz (Hrsg.), Die reformierte Konfessionalisierung in Deutschland – Das Problem der „Zweiten Reformation". Wissenschaftliches Symposium des Vereins für Reformationsgeschichte (= SVRG 195), Gütersloh 1986.

Schlingensiepen, Ferdinand, Kein Heldenepos. Neuere Literatur über den Kirchenkampf, in: EK 3 (1970), S. 413–415.

Schlosser, D. Heinrich/Neuser, Wilhelm, Die Evangelische Kirche in Nassau-Oranien 1530–1930, hg. von den Kirchenkreisen Siegen und Herborn, Bd. 1–2, Siegen 1930–1933.

Schmidt, Georg, Der Wetterauer Grafenverein. Organisation und Politik einer Reichskorporation zwischen Reformation und Westfälischem Frieden (= Veröffentlichungen der Historischen Kommission für Hessen 52), Marburg 1989.

Schmidt, Jürgen, Die Erforschung des Kirchenkampfes. Die Entwicklung der Literatur und der gegenwärtige Stand der Erkenntnis (= TEH 149), München 1968.

Ders., Studien zur Vorgeschichte des Pfarrernotbundes, in: ZKG 79 (1968), S. 43–67.

Ders., Martin Niemöller im Kirchenkampf (= Hamburger Beiträge zur Zeitgeschichte, Bd. VIII), Hamburg 1971.

Schmitt, Jakob, Die Gnade bricht durch. Aus der Geschichte der Erweckungsbewegung im Siegerland, in Wittgenstein und den angrenzenden Gebieten, Gießen, Basel ³1958.

Ders., In Jesu Dienst gestellt. Autobiographie, Wuppertal 1973.

Schneider, Hans, Jung-Stilling aus der Sicht der Theologie, in: Jung-Stillings Welt. Das Lebenswerk eines Universalgelehrten in interdisziplinären Perspektiven, hg. v. Hans-Günter Krüsselberg u. Wolfgang Lück, Krefeld 1992, S. 196–217.

Ders., Der radikale Pietismus im 17. Jahrhundert, in: Martin Brecht (Hrsg.), Geschichte des Pietismus, Bd. 1: Der Pietismus vom sechzehnten bis zum frühen achtzehnten Jahrhundert, Göttingen 1993, S. 391–437.

Schneider, Thomas Martin, Reichsbischof Ludwig Müller. Eine Untersuchung zu Leben, Werk und Persönlichkeit (AKZG B 19), Göttingen 1993.

Scholder, Klaus, Die evangelische Kirche in der Sicht der nationalsozialistischen Führung bis zum Kriegsausbruch, in: VZG 16 (1968), S. 15–35.

Ders., Zur gegenwärtigen Situation der Erforschung des Kirchenkampfes, in: VF 13 (1968), S. 110–133.

Ders., Die theologische Grundlage des Kirchenkampfes. Zur Entstehung und Bedeutung der Barmer Erklärung, in: EvTh N.F. 39 (1984), S. 505–524.

Ders., Die Kirchen und das Dritte Reich, Bd. 1, Frankfurt a. M./Berlin 1977, Bd. 2, Frankfurt a. M./Berlin 1985.

Ders., Die Kirchen zwischen Republik und Gewaltherrschaft. Gesammelte Aufsätze, hg. von Karl Otmar von Aretin und Gerhard Besier, Berlin 1988.

Schreiber, Gerhard, Hitler. Interpretationen 1923–1983. Ergebnisse, Methoden und Probleme der Forschung, Darmstadt 1984.

Schroer, Alois, Die Reformation in Westfalen. Der Glaubenskampf einer Landschaft, Bd. 1, Münster 1979, Bd. 2, Münster 1983.

Siegele-Wenschkewitz, Leonore, Nationalsozialismus und Kirche. Religionspolitik von Partei und Staat bis 1935 (= Tübinger Schriften zur Sozial- und Zeitgeschichte 5), Düsseldorf 1974.

Dies., Die evangelische Kirche in Deutschland während des Zweiten Weltkriegs 1939–1945, in: EvTh N.F. 34 (1979), S. 389–409.

Smid, Marikje, Deutscher Protestantismus und Judentum 1932/33 (= HUWJK 2), München 1990.

Sollbach, Gerhard E., Nationalsozialistische Schulpolitik in Westfalen/Regierungsbezirk Arnsberg und die Einführung der Gemeinschaftsschule in der Stadt Hagen, in: JWKG 89 (1995), S. 139–168.

Sonne, Hans-Joachim, Die politische Theologie der Deutschen Christen (= GTA 21), Göttingen 1982.

Stallmann, Edith, Martin Stallmann – Pfarramt zwischen Republik und Führerstaat. Zur Vorgeschichte des Kirchenkampfes in Westfalen (= SPSGNC 5), Bielefeld 1989.

Stein, Albert, Evangelische Laienpredigt. Ihre Geschichte, ihre Ordnung und ihre gegenwärtige Bedeutung (= AGK 27), Göttingen 1972.

Steinbach, Peter, Zu den aktuellen Kontroversen in der historisch-politischen Widerstandsforschung, in: KZG 1 (1988), S. 306–309.

Steinberg, Hans, Gerhard Thümmel und sein Anteil an der Entstehung der Finanzabteilungen beim Evangelischen Oberkirchenrat und den Konsistorien 1934/35, in: JWKG 81 (1988), S. 113–138.

Steiner, Robert, Der Weg der reformierten Kirchen und Gemeinden 1933–1950, in: KJ 77 (1950), S. 228–332.

Stoll, Gerhard E., Die evangelische Zeitschriftenpresse im Jahre 1933, Witten 1963.

Stupperich, Robert, Westfälische Reformationsgeschichte. Historischer Überblick und theologische Einordnung (= BWKG 9), Bielefeld 1993.

Strauss, Herbert A./Kampe, Norbert (Hrsg.), Antisemitismus. Von der Judenfeindschaft zum Holocaust (= Schriftenreihe der Bundeszentrale für politische Bildung 213), Frankfurt a. M. 1985.
Strohm, Theodor, Diakonie im „Dritten Reich" – Versuch einer Bilanz, in: Theodor Strohm/Jörg Thierfelder (Hrsg.), Diakonie im „Dritten Reich". Neuere Ergebnisse zeitgeschichtlicher Forschung (= VDWI 3), Heidelberg 1990, S. 15–33.
Tennstedt, Florian, Wohltat und Interesse. Das Winterhilfswerk des Deutschen Volkes: Die Weimarer Vorgeschichte und ihre Instrumentalisierung durch das NS-Regime, in: Geschichte und Gesellschaft [GuG] 13 (1987), S. 157–180.
Thamer, Hans-Ulrich, Verfolgung, Verweigerung und Widerstand in Westfalen in der NS-Zeit. Eine Projektskizze, in: WF 39 (1989), S. 496–503.
Thiemann, Gotmar, Die Kirchengemeinde Oberfischbach. Ein Bericht über 650 Jahre ihrer Geschichte, Siegen 1979.
Thiemann, Walter, Wenn du durchs Feuer gehst … Aus der Geschichte der evangelischen Kirchengemeinde Siegen 1930–1967, hg. v. Evangelischen Gemeindeverband Siegen, Siegen 1973.
Ders., In meines Herren Hand. Erinnerungen 1934–1939, Siegen 1978.
Thieme, Hans-Bodo, Geschichte der Evangelischen Kirchengemeinde Olpe von 1842 bis 1946 im Zusammenhang örtlicher und überörtlicher profan- und kirchengeschichtlicher Bezüge (= Schriftenreihe des Kreises Olpe 22), Kreuztal 1993.
Thierfelder, Jörg, Die Kirchenpolitik der vier Besatzungsmächte und die evangelische Kirche nach der Kapitulation 1945, in: GuG 18 (1992), S. 5–21.
Thimme, Hans, Die westfälische Bruderschaft der Hilfsprediger und Vikare im Kirchenkampf 1933–1945, in: JWKG 85 (1991), S. 287–346.
Thuemmel, Gerhard, Die Verwaltung der Evangelischen Kirche von Westfalen seit 1815, unter Mitarbeit von Hugo Descher und Emil Müller, Bielefeld 1957.
Tiesmeyer, Ludwig, Die Erweckungsbewegung in Deutschland während des 19. Jahrhunderts. H. 2: Das Siegerland, d. Dillthal u. d. Homburger Land, Kassel 1902, S. 86–178.
Trütken-Kirsch, Heinz-Jürgen, Der Kirchenkreis Tecklenburg in der NS-Zeit (= BWKG 10), Bielefeld 1996.
Unter dem Wort. Textbeiträge, Katalog und Abbildungen zu der Ausstellung „Das evangelische Siegerland in Vergangenheit und Gegenwart", hg. von Walter Thiemann, Siegen 1967.
Vandre, Rudolf, Ein empfindlicher Dämpfer für Tillmann Siebel und die Versammlung in Freudenberg, in: JWKG 88 (1994), S. 196–217.
van Norden, Günther, Zwischen Kooperation und Teilwiderstand: Die Rolle der Kirchen und Konfessionen. Ein Überblick über Forschungspositionen, in: Der Widerstand gegen den Nationalsozialismus. Die deutsche Gesellschaft und der Widerstand gegen Hitler, hg. v. Jürgen Schmädeke u. Peter Steinbach, München, Zürich 1985, S. 227–239.
Ders., Sieben Thesen eines profanen Historikers zur Diskussion um den Widerstand der Kirchen in der nationalsozialistischen Zeit, in: KZG 2 (1989), S. 291–293.
Ders./Wittmütz, Volkmar (Hrsg.), Evangelische Kirche im Zweiten Weltkrieg (= SVRKG 104), Köln 1991.
Vetter, Klaus, Wilhelm von Oranien. Eine Biographie, Berlin 1987.
Vollnhals, Clemens, Evangelische Kirche und Entnazifizierung 1945–1949. Die Last der nationalsozialistischen Vergangenheit (= Studien zur Zeitgeschichte 36), München 1989.
Vorländer, Herwart, Kirchenkampf in Elberfeld 1933–1945 (= AGK E 6), Göttingen 1968.
Ders., Aufbruch und Krise. Ein Beitrag zur Geschichte der deutschen Reformierten vor dem Kirchenkampf (= BGLRK 37), Neukirchen-Vluyn 1974.
Wasse, Günter, Die Werke und Einrichtungen der evangelischen Kirche. Ein Beitrag zum kirchlichen Organisationsrecht (= Göttinger Rechtswissenschaftliche Studien 11), Göttingen 1954.
Wenneker, Erich, Art. „Christoph Pezel", in: BBKL 7 (1994), Sp. 403–408.
Wesseling, Klaus-Gunther, Art. „Heinrich Schlier", in: BBKL 9 (1995), Sp. 282–289.
Wetzel, Detlef/Durt, Hartwig, Bekämpft, verschwiegen, zerschlagen. Gewerkschaften und ihre Kämpfe im Siegerland bis 1933, hg. v. der IG Metall, Verwaltungsstelle Siegen, Siegen 1989.
Wistrich, Robert, Wer war wer im Dritten Reich. Anhänger, Mitläufer, Gegner aus Politik, Wirtschaft, Militär, Kunst und Wissenschaft, München 1983.
Wolf, Karl, Zur Einführung des reformierten Bekenntnisses in Nassau-Dillenburg, in: NasA 66 (1955), S. 160–193.
Zehrer, Karl, Evangelische Freikirchen und das „Dritte Reich", Göttingen 1986.
Ziegert, Richard (Hg.), Die Kirchen und die Weimarer Republik, Neukirchen-Vluyn 1994.
Zipfel, Friedrich, Kirchenkampf in Deutschland 1933–1945. Religionsverfolgung und Selbstbehauptung der Kirchen in der nationalsozialistischen Zeit (= Veröffentlichungen der Historischen Kommission zu Berlin beim Friedrich-Meinecke-Institut der Freien Universität Berlin 11; Publikationen der Forschungsgruppe Berliner Widerstand beim Senator für Inneres von Berlin 1), Berlin 1965.

4.   Personenregister

Achenbach   41, 73, 88 f., 110, 138 f.,
    193, 220, 238, 243–245, 250.
Adam   231, 234 f.
Adler, Bischof   56 f., 72, 76 f., 82 f.,
    94, 99 f., 105, 116, 120, 123, 125,
    182, 216, 250.
Albertz   169, 179, 205.
Althaus   235.
Arndt   73, 94, 100, 145, 166.
Asmussen   132, 167.
Arnold   24.
Barth, Hermann   53, 67, 73, 102, 110,
    114, 122, 145 f., 163, 167, 169, 186,
    203, 223 f., 241.
Barth, Presbyter   168.
Barth, Professor   68, 71, 94 f., 123,
    125, 134, 140–142, 182, 224 f.
Baum   61 f., 105 f., 108, 123, 139, 157,
    174, 216.
Becke   84.
Becker   102.
Blecher   58 f., 65 f., 71, 83 f., 140,
    174.
Bleek   73, 99.
Bodelschwingh   54 f.
Böhm   205.
Bormann   202 f.
Boyde   73.
Brandes   179.
Brandt   167.
Bruckhaus   73.
Brück   123.
Brüning   41.
Brunner   167.
Burk   49.
Buchner   173.
Busch   102, 167.
Buscher   54, 62, 94, 130 f., 145, 182,
    230, 236.
Buschtöns   115 f.
Calvin   36, 102, 167.
Christlieb   79, 223, 226.
Dähne   229, 231.
Dahlkötter   233.
Dahm   73.
Demandt   48, 62, 73, 102, 135, 137,
    138 f., 158 f., 166 f., 189, 191, 236.
Dippel   24.
Eggers   130, 137, 173, 209, 211–213,
    217, 243.
Erlbruch   73.
Fezer   74.
Fiebig   89, 131, 163, 244.
Fiedler   126.

Flender   113.
Flor   126.
Forsthoff   85.
Frick, Innenminister   57, 97, 111, 113.
Fricke   247.
Friedrich III. von der Pfalz   20.
Frör   170.
Gaedeke   110.
Germann   59, 69, 197, 211, 213.
Giesler   42.
Goebbels, Propagandaminister   150.
Göring, Ministerpräsident   237.
Gontermann   173.
Gossing   230 f., 235.
Gräber   97 f.
Graffmann   102, 231.
Gürtner, Justizminister   199.
Haarbeck   85.
Hagemann   218.
Hedwig Sophie von Berleburg   24.
Heider, Sup.   46, 50 f., 57 f., 60 f., 73
    f., 83, 94, 107 f., 113, 116, 130–132,
    137, 139, 156, 174 f., 179–181, 194,
    202, 204, 219, 224, 239, 242–245,
    250 f.
Heider, Heinrich   73.
Heilmann   162.
Hein   102.
Heinrich Albrecht von Wittgenstein
    24.
Hellweg   51, 55 f.
Hesse   50, 52 f., 114, 125, 178 f., 230,
    236.
Hesse, Klugkist   102, 134–136.
Heß   202.
Himmler   196, 198, 227.
Hindenburg   57, 198.
Hochmann von Hochenau   24.
Höfker   216.
Hoffmann   73.
Hoffmann, Sup.   85.
Homann   167.
Horch(e)   24.
Hossenfelder   50, 52, 56, 74.
Hubbert   24, 35, 39.
an Huef   68–70, 100, 149.
Hugenberg   40.
Humburg   125 f., 154, 167.
Immer   114, 125, 178, 250.
Irle   108, 157, 173.
Jäger   55 f., 58, 96, 102 f., 108 f., 116–
    118, 120, 153.
Jakubski   80–82.
Jeß   84.

5. Ortsregister

Beiträge zur Westfälischen Kirchengeschichte

Herausgegeben von Bernd Hey, Wilhelm Kohl, Gerhard Ruhbach, Martin Stiewe und Robert Stupperich im Auftrag des Landeskirchenamtes der Evangelischen Kirche von Westfalen und des Vereins für Westfälische Kirchengeschichte

Band 1: Hertha Köhne
Die Entstehung der westfälischen Kirchenprovinz (1815)
192 Seiten, Paperback, DM 10,80

Band 2: Bernd Hey
Die Kirchenprovinz Westfalen 1933–1945
400 Seiten, Paperback, DM 19,80

Band 3: Hans Eckhard Lubrich
Geistliche Schulaufsicht und Religionsunterricht in Minden-Ravensberg 1754–1894
244 Seiten, Paperback, DM 19,80

Band 4: Friedrich Wilhelm Bauks
Die evangelischen Pfarrer in Westfalen von der Reformationszeit bis 1945
624 Seiten, Hardcover, DM 120,–

Band 5: Klaus Breuer
Die Westfälische Provinzialkirche im Zeitalter von Liberalismus und Kulturkampf 1861–1879
300 Seiten, Paperback, DM 19,80

Band 6: Werner Philipps
Wilhelm Zoellner – Mann der Kirche in Kaiserreich, Republik und Drittem Reich
204 Seiten, Paperback, DM 19,80

Luther-Verlag · Bielefeld

Band 7: Gerhard Thümmel
40 Jahre kirchliche Verwaltung (1925–1965)
144 Seiten, Paperback, DM 12,80

Band 8: Jürgen Kampmann
Die Einführung der Berliner Agende in Westfalen
560 Seiten, Paperback, DM 60,–

Band 9: Robert Stupperich
Westfälische Reformationsgeschichte
266 Seiten, Hardcover, DM 36,–

Band 1 bis 9: DM 240,–

Band 10: Heinz-Jürgen Trütken-Kirsch
Der Kirchenkreis Tecklenburg in der NS-Zeit
304 Seiten, Paperback, DM 58,–

Band 11: Edith Stallmann
Martin Stallmann – Ein westfälischer Pfarrer im Kirchenkampf (1934–1948)
360 Seiten, Paperback, DM 62,-

Band 12: Bernd Hey/Günther van Norden (Hrsg.)
Kontinuität und Neubeginn
Die rheinische und westfälische Kirche
in der Nachkriegszeit (1945–1949)
346 Seiten, Paperback, DM 38,–

Luther-Verlag · Bielefeld